논어명언삼백선

論語名言三百選

陶硯 陳起煥 編譯

明文堂

孔子聖蹟圖(공자성적도)
明나라, 仇英(구영, ?1494~1552) 作 孔子像

머리글

北宋의 개국공신으로 3차례 재상을 역임했던 趙普(조보, 922~992년)는 학문이 깊은 사람은 아니었다. 그가 宋 太宗(趙匡義, 재위 976~997년)에게 말했다.

"臣에게 《論語》 한 권이 있는데 그 절반으로 太祖의 천하 평정을 도왔고, 나머지 반으로는 폐하께서 太平을 이루도록 도왔습니다.(臣有論語一部. 以半部佐太祖定天下, 以半部佐陛下致太平.)"

후세 사람들은 이를 두고 조보가 '《論語》 반 권으로 세상을 다스렸다(半部論語治天下).'고 말했다. 이는 《論語》의 효용성을 과장하여 강조한 말이지만, 사실 《論語》가 아닌 어떤 책이든 읽으면 유익하기에(開卷有益), 언제나 손에 책을 들고 살아야 한다(手不釋卷).

《論語》는 儒家 經典의 기초이며, 유가사상의 원천으로 지금도 영향력을 행사하는 책이다. 젊은이나 나이 든 사람을 막론하고 많은 사람들이 여전히 《論語》를 읽고 나름대로 해석하고 교훈을 얻는다. 《論語》를 읽고 나서 아무렇지도 않은 사람이 있고, 마음에 와닿는 한두 구절에 좋아하는 사람, 또 《論語》를 소중히 여기는 사람도 있으며, 자신도 모르게 덩실덩실 춤추는 사람도 있다고 하였다.

그러나 지금 세상에 《論語》를 교과서 배우듯 읽고 외우는 사람은 거의 없을 것이다. 필자 역시 젊어 《論語》를 배웠지만, 여전히 읽을 때마다 새로운 느낌으로 다가온다. 필자는 여러 史書를 공부하며 漢代에도 《論語》가 여전히 정치와 학문에서 큰 영향을 행사했음을 알았다. 이에 《論語》의 핵심을 요약하고 강조할 방법을 생각하였다.

《論語》의 全文과 그 번역은 얼마든지 구해 읽을 수 있다. 그러나 《論語》 20편의 서술 내용은 단계적이거나 체계적이 아니며, 같은 의미의 말이나 문장이 곳곳에 흩어져 있다. 우리가 《論語》의 구절이나 名句를 자연스럽게 활용하지만, 《論語》의 故事나 名言을 요약정리하고 전후 내용도 참고로 제시하면, 그 뜻을 훨씬 깊게 이해할 수 있을 것이다.

이에 故事나 名言名句의 요약과 종합, 그리고 깊은 뜻을 해설하는 방편으로 《論語名言三百選》을 엮었다. 필자는 四書三經을 배웠고 史學徒로 《史記》를 읽었으며, 그간에 明文堂에서 《史記講讀》과 《論述로 읽는 論語》를 출간했었다. 그리고 《十八史略》에 이어 《漢書》와 《後漢書》의 紀傳(기전) 부분을 譯註(역주)하였지만, 그런데도 《論語》는 여전히 새로운 세계이며 경탄의 대상이다.

나의 공부와 탐구의 한 방편으로 《論語》를 읽고 정리하면서, 여러분과 함께 《論語》의 참뜻을 다시 한번 탐색하는 것도 생애의 큰 보람이라 생각한다.

2018. 2. 16

陶硯 陳起煥

1. 필자는 평생을 고등학교에서 학생을 가르쳤고 또 지금도 공부를 계속하기에, 누구에게 무엇이 가장 기본적이며 필요한가를 우선 알아야 했다.

   공자가 왜 위대하며, 얼마나 好學(호학)했고 勉學(면학)했는가를 여러 사람에게 알려주어야 하고, 공자의 사상이 왜 지금도 여전히 살아 빛을 내는가를 많은 사람에게 제대로 인식시켜 주어야 한다. 아마 이는 공자를 흠모하는 나같은 後學이 해야 할 일이 아니겠는가?

2. 《論語》는 공자 사상의 핵심이 담겨 있는 책이며 인생의 교훈이 가득한 책으로, 《論語》가 결코 처세만을 위한 책이 아니며, 《論語》에는 사상이나 논리가 정연하며 확실하다. 필자는 여러 사람이 《論語》를 읽으면서 공자의 사상을 이해하고 받아들이며 배우도록 돕기 위하여 이 책을 썼다.

3. 사실 《論語》는 매력적인 내용을 담고 있어 오랜 세월을 거쳐 온 베스트셀러이며 또 무한한 자원을 캐낼 수 있는 鑛山(광산)과도 같아, 1백 명이면 1백 명 모두 제 나름대로 활용할 수 있는 책이다. 그러나 그간 《論語》의 여러 책은 너무 딱딱하다는 선입견이 있었고, 그런 느낌을 벗어나려니 너무 가벼울 수밖에 없었다. 겨울옷은 적당한 무게가

있어야 보온에도 좋다. 《논어》 같은 고전의 무게를 무시한 홍미 위주의 가벼운 터치는 도리어 《論語》의 참맛을 잃게 한다.

4. 필자는 공자 사상에 대한 바르고 빠른 이해를 위하여 《論語》와 공자의 생애의 대략을 설명한 뒤에, 공자의 호학과 교육, 仁義와 禮樂, 그리고 爲政(위정)과 충효, 또 君子와 小人 등 영역을 나눠 그 사상의 요체를 이해할 수 있는 명언 3백 개를 선정하고 해설하였다. 필자는 이책에서 '고전에 바탕을 둔 올바른 현실 인식'에 중점을 두었다. 모든 사람에게 학문의 바른길과 어진 마음을 가질 수 있도록 현실과 연관된 주제를 선택하였고 그런 가르침을 설명하고 서술하였다.

5. [原文]을 쉬운 말로 서술하여 이해를 도왔다.
《論語》의 원문은 漢文을 전공하지 않은 사람이라면 독해가 어려운 글이다. 《논어》의 名言과 故事를 선정하면서 그 인용의 근거 [원문]이 무엇이며, 그 원문을 逐條(축조) 번역이 아닌, 大義를 설명한 [解釋]을 달았다. 그 [해석]에서 《논어》의 다른 구절을 이용할 경우 그 [원문]을 脚註(각주)로 달았다. 이는 필자의 恣意(자의)에 의한 설명이나 인용이 아니라는 뜻이다. 그리고 지금은 원문 독해를 못 하지만 뒷날 원문에 대한 관심을 가질 때를 생각하였다. 그리고 필요한 내용에 대해 다른 경전을 인용할 경우에도 그런 원문을 각주로 처리하여 필요한 원문을 직접 찾아볼 수 있게 배려하였다.

6. 필요로 하는 漢字를 倂記(병기)하였다. 요즈음 대학에서 출판되는 교재에도 한자가 거의 사용되지 않는다. 그러하다 보니 한글만으로는 정확한 의미를 이해하는데 어려움이 많다. 예를 들어 陳(진), 秦(진), 晉(진), 그리고 衛(위)와 魏(위)나라의 한자가 병기되지 않는다면 어떻게 이해되겠는가? 한자가 없어도 국명이나 인명, 개념어나 서술어를 전후 문맥을 통해 이해할 수 있다고 하지만 한자어를 병기하면 이해가 훨씬 빠르고 정확하다.

정확한 용어의 바른 선택은 이해의 기본이며, 한자가 병기된 글을 읽으면서 자연스레 깨우치는 것이 漢字이고 漢文이다. 또 한자를 병기하면 독서에서 집중도를 더 높일 수 있다는 것이 필자의 기본 생각이다. 보통 영어 단어를 모르면 핸드폰으로 금방 검색하지만 우리말 뜻이나 한자를 정확히 모르면서도 사전을 찾지 않는데 이는 빨리 고쳐야 할 습성이라고 생각한다.

7. 부록으로 공자 생애를 이해하기 위한 〈孔子年表〉를, 그리고《論語》의 主役(주역)이 공자와 그 제자이기에 司馬遷《史記 仲尼弟子列傳》의 全文을 수록하고 譯註를 달았다.

參考 圖書 目錄

《論語集註》朱熹 集註, 서울 明文堂.

《孟子集註》朱熹 集註, 서울 明文堂.

《論語》張基槿 譯, 서울 明文堂, 1973.

《大學》《中庸》金學主 譯, 서울 明文堂, 1973.

《詩經》金學主 譯, 서울 明文堂, 1973.

《書經》車相轅 譯, 서울 明文堂, 1973.

《周易》金敬琢 譯, 서울 明文堂, 1973.

《禮記》權五惇 譯解, 弘信文化社, 1982.

《孔子家語》李民樹 譯, 乙酉文化社, 1972.

《老子道德經》張基槿 譯, 三省出版社, 1976.

《史記》司馬遷 著, 附 三家註, 臺灣, 宏業書局, 1987.

《孔子辭典》傅佩榮 主編, 北京 東方出版社, 2013.

《孔子大辭典》張大年 主編, 上海辭書出版社, 1997.

《孔子大傳》張宗舜. 李景明 著, 山東友誼出版社, 2003.

《孔子之道與論語其書》徐剛 著, 北京大學出版社, 2009.

《論語中的名言》南懷瑾 講述, 上海人民出版社, 2014.

《論語講義》錢遜 著, 北京人民出版社, 2012.

《論語譯註》楊伯峻 譯註, 中華書局, 2006.

《論語解讀》黃克劍 撰, 中國人民大學出版社, 2008.

《論語感悟》于丹 著, 中華書局, 2008.

《論語智慧全解》丁一 編著, 華中科技大學出版社, 2016.

《論語三解》馮家祿 著, 北京 東方出版社, 2014.

차례

IV 孔子의 仁義와 禮樂

4. 智慧와 誠信 342

V 공자의 政治와 社會思想

2. 處身과 交友 464

VI 君子와 小人

I

《論語》와 孔子

1. 《論語》는 어떤 책?

　《論語》는 孔子 철학에 관한 기본 자료이며 공자 사상의 결정판으로, 공자가 죽은 뒤 2,500년간 지속적으로 읽혀 온 최고의 인문교양서이다. 《논어》는 공자의 사상이 일관되게 관통하고 있는 儒家(유가) 최고의 경전으로 간결하고도 아름다운 문장이 가득하다.

　《논어》는 읽으면 읽을수록 그 느낌이나 감동이 다르고, 읽을 때마다 그 地平(지평)이 끝없이 넓어지는 책이다. 《논어》를 제대로 읽지도 않은 사람들이 《논어》가 낡은 사상이나 전통 윤리를 강요하고 진보적인 사고를 가로막는다고 생각하지만, 실제로 《논어》는 매우 논리적이고 진보적인 동양 고전 중의 고전이다.

　北漢山(북한산)은 서울의 어디에서 보느냐에 따라 그 경관이 다르다. 마찬가지로 《논어》는 어떤 생각으로 읽느냐에 따라 그 의미가 분명히 다르다. 《논어》는 한 번 읽어 감흥을 느끼는 책이 아니다. 여러 번 읽어야만 내용이 제대로 파악되고 그 깊이와 참뜻이 우리에게 와 닿는다.

고전을 읽는 마음 자세

1973년, 젊은 날의 필자가 전국에서 유일하게 남아 있던 재래식 書堂(서당)을 찾아낸 곳은 公州 麻谷寺(마곡사) 근처의 생골이라는 산골 마을이었다. 敎鞭(교편)을 잡은 필자는 한문의 文理(문리)를 깨치려는 방편으로 방학 중에 재래식 서당을 찾았고, 약간 공부한 것이 있다고 건방진 마음에서 바로 《論語》를 배우기 시작했다. 비록 聖人의 깊은 뜻을 제대로 알지는 못했지만, 배움과 깨우치는 즐거움을 확실하게 알았다.

그때 훈장님은 필자에게 聖人의 학문을 공부하는 마음자세를 자주 말씀해 주셨는데, 부지런해야 하고, 공경심이 있어야 참뜻이 마음에 들어오며 또 남는다고 하셨다. 그리고 성인의 가르침은 어느 시대이든 두루 다 통하며 그 가르침을 따르는 생활이 곧 바른 삶이라고 하셨다.

《論語》에서 시작하여 유가의 경전, 그리고 중국의 역사와 문학에 대한 필자의 관심과 공부는 그 이후 계속되었다. 가르침(敎)과 배움(學)을 함께 하며 지내온 40년 가까운 세월에 《논어》의 가르침은 여전히 필자의 마음속에 살아 있었다. 그 가르침의 실천이 어렵다는 것을 알았고, 깊은 뜻이 뒤늦게 마음속에 감동으로 남았다. 誠(성)과 敬(경)으로 읽는《論語》– 읽을 때마다 느끼는 새로운 뜻과 희열은 나이가 들수록 더욱 새로웠다.

모두를 위한《論語》

지금 우리나라의 각급 학생들은 굉장한 재능과 열정으로 대단한 노력을 쏟으며 진학과 취업을 위한 공부를 하고 있다. 이 젊은이들에게 왜 학문을 해야 하며, 노력하는 마음 바탕과 목표를 어디에 두어야 하는가를 분명히 가르쳐 주어야 한다. 진학과 취업을 위한 공부이지만 그 궁극적 목표는 바른 인간이 되는 것이며, 공부와 진학과 취업은 그 과정의 하나일 뿐이다.

바른 인간으로 성장하기, 그리고 바른 지향점을 위한 부단한 노력을 해야 하는 당위성을 어디에서 찾아야 하는가? 어느 시대이건 仁義禮智信(인의예지신)의 덕목은 인간이 추구해야 할 숭고한 목표이다.

공자는 超人(초인)이 아니었으며, 높은 관직에 오래 있지도 않았다. 다만 보통 사람과 같은 감정으로 성실하게 노력하며 실천했던 영원한 스승이었다. 때문에 공자를 바로 알아야 하고, 바른 학문과 배움의 길을 위해서라도 꼭《論語》를 읽어야 한다.

공자의 일생과 가르침, 사상을 전체적으로 파악하면서 그 핵심

사상의 의의를 설명하기 위한 방법으로써 필자는 필자 나름으로 《論語》를 요약하고 정리하였다. 필자는 학자로서 《論語》의 새로운 모습을 찾고 밝혀낸 것이 아니라 공부하면서 설명하는 입장에서 이 책을 썼다.

옛날 농촌에 살면서 '서울 도련님이 쪼갠 장작이 잘 탄다.'는 우스갯소리를 들었다. 숙련된 나무꾼이 단 한 번에 쪼갠 통나무 장작보다 서투른 도끼질로 쪼갠 장작이 불붙이기도 쉽고 또 활활 잘 타는 것은 사실이었다.

필자가 컴퓨터 워드를 처음 배울 때 컴퓨터를 전공한 선생님에게 물어 설명을 들어도 흡족하지가 않았다. 초보자는 아주 기초적인 것을 몰라서 물어보는데, 전문가는 초보자가 그런 기본도 모르고 있다는 것을 생각하지 못했다. 때문에 나보다 한두 달 먼저 배운 사람에게 듣는 설명이 더 흡족했고 이해가 빨랐다. 본래 무엇이든지 알면 쉽고, 모르면 어려운 것이다.(會的不難, 難的不會.)

필자가 공자 사상의 참뜻과 모습을 전문가처럼 능숙하게 제시하거나 심오한 내용을 다 밝혀내지는 못해도, 초보자가 알고 싶은 것이 무엇인가를 나는 설명해 주어야 한다.

공자가 왜 위대하며 공자가 얼마나 好學(호학)하고 勉學(면학)했는가를 일러주어야 하고, 공자의 사상이 왜 지금도 여전히 살아 빛을 내고 있는가를 여러 사람들에게 제대로 인식시켜 주어야 한다. 그것이 바로 공자를 흠모하는 後學이 해야 할 일이 아니겠는가?

《論語》는 공자의 생활 모습과 생각, 그리고 그의 사상을 알 수 있는 최상급 자료이며 유가 최고의 경전이다. 오늘날에도 수많은 사람들이 《논어》를 읽고 공자의 생각이나 인간의 본질, 사회생활의 실제를 생각하고 있으며, 적어도 《논어》를 읽지 않고서는 교양인이라 자처할 수 없다.

국립중앙도서관 홈페이지에서 《논어》란 이름으로 장서를 검색하면 총 검색 건수가 8,200건이 떠오른다. 시대를 초월하여 계속 읽혀지고 지금도 새로운 책이 계속 출간되고 있으니 《논어》는 분명 매력적인 소재이며 영역이다.

《논어》는 논리적 체계를 갖고 있어 설득력이 있는 고전인가? 아니면 다른 이유에서 읽어야 하는 책인가?

《論語》의 대략

儒學(유학)을 모르고 동양문화를 논할 수 없으며, 《論語》를 제외하고서 유학을 공부하겠다고 말할 수 없다. 《논어》가 하나의 이념이나 사상으로서 유학의 기본적인 경전이라고 한다면, 《논어》가 읽혀지고 연구된 시간의 길이만큼 유학은 중국과 우리나라에서 인기가 있는 사상이었다고 말할 수도 있다.

《논어》는 공자의 직접 저술이 아니며 완벽하게 신뢰할 수 있는 자료도 아니지만 공자의 사상이나 모습 등 공자에 관한 정보를 가장 많이 알려주는 책이다. 《논어》가 비록 2, 3代 제자들에 의해 편찬되었지만[1] 그래도 공자의 가르침을 직접 받은 제자들이 전한 내용을 많이 수록하고 있다는 점에서 공자의 진면목을 보여주는 최고의 史料(사료)라고 평가되고 있다.

漢代에 《논어》는 《五經》만큼 중요시되지 않았고, 《孝經》, 《孟子》, 《爾雅(이아)》 등과 함께 傳記類(전기류)로 분류되었다. 前漢 文帝는 《논어》와 《효경》을 교육하는 '傳記博士'를 두어 교육하게 하였지만, 곧 폐지하였다.

漢代의 《논어》는 《魯論》과 《齊論》이 있었다. 그리고 漢 武帝 때 魯 共王(공왕)이 孔子의 옛집을 부술 때 벽 속에서 《尙書》, 《禮記》 등과 함께 《論語》가 나왔는데, 이 책들은 모두 옛 글씨체로 쓰였다 하여 '古' 붙여 지칭하였는데 공자의 11대 후손 孔安國이 바친[2] 《논어》를 《古論》이라고 하였다.

그리하여 《魯論》, 《齊論》, 《古論》의 編目(편목)이나 章數 또 文章 내용이 서로 달랐다. 이런 《論語》의 주석본으로 孔安國이 전한 《古論》이 있었으나 크게 유행하지 못했고, 後漢代에 馬融(마융)이 주석

....

1 《論語》의 論은 論纂(논찬)의 뜻이고 語는 語言, 곧 言語로, 공자로부터 듣거나 전해진 말이다. 그 제자들에 의해 편찬되어 이름이 통용되었지 후대인이 붙여준 이름은 아니다.

2 孔安國(생졸년 미상) – 前漢 魯國 曲阜人, 申培公(신배공)에게 《詩經》을, 伏生(복생)에게 《尙書》를 배웠으며 經學에 밝아 董仲舒(동중서)와 나란한 명성을 누렸다. 司馬遷도 《堯典》, 《禹貢》 등을 공안국에게 배웠다. 漢 武帝에 의해 五經博士가 되었고 臨淮太守 등을 역임하였다. 당시 魯 恭王이 자신의 궁궐을 확장하려고 孔子 舊宅을 헐었는데 壁에서 蝌蚪(과두, 올챙이 머리) 문자로 쓰여진 古書가 대량 발견되었는데, 이는 秦始皇의 焚書坑儒(분서갱유) 시기에 孔子 家族이 소장한 것이라 하였다. 晚年에 《論語訓解》, 《古文孝經傳》, 《孔子家語》 등을 저술하였고 古文尙書學派의 개조가 되었다.

한 《논어》, 마융의 제자인 鄭玄(정현, 127~200년)이 주석한 《논어》가 많이 읽혀졌다. 이어 後漢末 魏(曹魏)의 何晏(하안, 195?~249년)이 그간의 여러 주석을 集成한 《論語集解》를 편찬하여 널리 알려졌고 성행하였다.

經學者의 연구에 의하면, 《논어》는 經書의 반열에 오르지 못하다가 魏蜀吳의 三國 시대에는 經書로 인정받았지만, 《五經》만큼 중시되지 않았다. 그러다가 南宋의 朱熹(주희, 朱子, 朱文公)가 《禮記》의 한 편명이었던 《大學》과 《中庸》을 독립시켜 《論語》, 《孟子》와 함께 《四書》라 칭하였고, 전심전력하여 《四書集註》를 편찬하면서 유학의 입문서로 지위가 확고해졌다. 이후 明, 淸代에 科擧의 기본과목으로 지정되면서 《논어》는 본문뿐만 아니라 朱子의 集註까지 통째로 외워야 하는 책이 되었다.

공자는 교육자로서 대화를 통해 제자들을 교육했다. 대화는 본인의 마음속 생각과 태도를 표현하는 방법이며 생각을 키우는데 유용했다. 공자는 자신과의 대화를 제자들이 기억하리라 생각했겠지만, 그것이 글로 기록되어 후세에 전해질 줄은 생각하지 못했을 것이다. 《논어》에는 공자의 꾸밈없는 대화가 수록되어 있지만 우상화나 신격화되는 내용은 하나도 들어있지 않다. 이는 《논어》가 그만큼 실제적이라는 뜻이다.

《論語》는 20편에 총 12,700여 자로 구성되어 있는데,[3] 그 20편이

---

3 20편 구성은 동일하지만, 판본에 따라 492장, 501장, 502장으로 서로 다르다.

어떤 체계에 의하여 분류된 것도 아니며 그 순서에 특별한 의미가 있는 것도 아니다. 또한 20편 각각에 서로 다른 주제가 있는 것도 아니다. 물론 각 편의 길이나 분량 또한 통일된 것이라고는 하나도 없다.

20편의 이름은 처음 구절에서 시작하는 말 2~3자로 제목을 삼았는데 그런 단어가 그편의 내용을 대표하거나 요약한 뜻은 아니다. 다시 말해, 20편의 어느 장에 '仁'이나 '禮'를 주제로 특별히 많이 다룬 어느 한 장이 따로 있지도 않으며, 그 제자들과의 대화나 공자의 말씀만을 따로 모은 편도 없거니와 또 그런 대화가 언제, 어디서 있었다는 기록도 없다.

따라서 '두서가 없다'는 표현이 가장 적합하지만, 두서나 체계가 없다 하여 공자의 신념이나 철학이 비논리적이거나 단순한 공자 언행의 나열만은 결코 아니다. 동시에 공자의 사상이 난해하다든지 복잡한 것도 절대로 아니다.

옛날 우리 조상들은 열서너 살이면 《論語》를 읽고 책 전체를 그대로 다 외웠다. 물론 그 참뜻에 대한 깊이 있는 성찰이 이루어졌는가는 별개의 문제이지만, 이는 문장 자체가 난해하지 않다는 뜻이다. 그리고 그 학습방법은 그야말로 讀書百遍意自見(독서백편의자현)의 경지가 가장 바람직하다고 생각하였다.

그러나 지금 《論語》를 공부해야 하는 사람이라면 공자의 일생이나 사상의 요점을 알고서 읽으면 그 진수를 보다 쉽게 터득할 수 있을 것이다.

《論語》의 내용

　漢의 성립(기원 前 202년)되기 이전에는《論語》라는 이름이 다른 문헌에 나타나지 않았다고 한다. 그러나《논어》가 비록 단행본으로 세상에 알려지지는 않았지만 책의 내용이 전승되어 온 것은 확실하였다.[4]

　司馬遷은《史記 仲尼弟子列傳》의 論贊(太史公曰~)에서 '나는 제자들의 이름과 그들의 말을 모두《논어》의 공자와 제자들의 문답을 중심으로 엮었다.' 하여《논어》라는 책 이름을 거명하였다.[5] 또《禮記 坊記》에도《논어》의 이름이 보이지만[6] 이《예기》의 저술 연대

----

4 班固《漢書 藝文志》《論語》는 공자가 제자나 당시 사람들과 이야기한 것과 제자들이 서로 말한 것과 夫子(스승)로 부터 직접 들은 말이다. 당시에 여러 제자들이 각자 기록하였다. 공자가 죽은 뒤에 문인들이 서로 모아서 논찬하였기에《論語》라 하였다. 漢이 건국되었을 때에 齊에 전해져 오는 齊論(제론), 魯나라에 전해져 오는 魯論(노론) 등이 있었다.(論語者, 孔子應答弟子時人及弟子相與言而接聞於夫子之語也. 當時弟子各有所記. 夫子旣卒, 門人相與輯而論篹, 故謂之論語. 漢興, 有齊, 魯之說.)

5《史記 仲尼弟子列傳》太史公이 말하나니, 많은 학자들이 70 제자들을 언급하는데, 칭찬하는 경우에는 그 실제보다 지나치고, 비방할 경우에는 그 진실조차 나쁘게 말하지만, 이 모두가 그 실제 모습을 보지 못하고 하는 말이다. 제자의 명단을 논하면서 孔氏 저택에서 나온 古文이 그래도 사실에 가까울 것이다. 나는 제자의 성명이나 행적을 모두《論語》에서 취하고 제자의 문답을 함께 엮으면서 의문이 나는 것은 그대로 비워두었다.(太史公曰, 學者多稱七十子之徒, 譽者或過其實, 毀者或損其眞, 鈞之未睹厥容貌. 則論言弟子籍, 出孔氏古文近是. 余以弟子名姓文字悉取《論語》弟子問並次爲篇, 疑者闕焉.)

6《禮記 坊記》子云 "君子弛其親之過, 而敬其美."《論語》曰, "三年無改於父之道, 可謂孝矣."

에 대해서는 의논이 분분하다. 여하튼 戰國時代에는《논어》라는 책이 형성되었고 계속적인 보완이 있었을 것이다.

《論語》에는 공자 사상의 모든 것이 다 들어있다. 특히 공자 사상의 핵심이 仁이기에《논어》는 仁을 서술한 책이라 해도 과언이 아니다.

仁이란 무엇이며, 仁을 어떻게 체득하고, 어떻게 실천하는가에 대하여 공자는 제자에게 각각 다른 내용으로 설명해 주는데, 이는 묻고 배우는 제자들의 수준이나 개성이 다르기 때문이었다.

공자는《詩》삼백 편의 기본정신을 제자에게 '마음에 나쁜 생각이 없는 것(思無邪)'이라고 설명해 주었다. 그렇다면《禮》의 기본은 한마디로 '공경 아닌 것이 없음'이라는 뜻으로 無不敬(무불경)이라 표현할 수 있으며,《논어》20편의 기본 뜻은 '인이 아닌 것이 없음' 곧 無不仁(무불인)이라 말할 수 있다.

공자는 仁을 체득하기 위해 스스로 학문을 했고, 仁을 제자들에게 가르치려 했으며, 仁을 기준으로 세상의 모든 것을 보았다. 때문에《논어》는 '仁의 교과서'라고 말할 수도 있다.

일반적인 관점에서 본다면《논어》는 空理空論의 辨說(변설)이 아닌 실천의 학문이고, 실천을 위한 교과서이며 가르침이다.《논어》는 우리가 생활하면서 지혜로 받아들일 수 있는 名句나 감동적 警句(경구)가 많으며 감동과 함께 인생을 새롭게 인식할 수 있게 해주며 우리 생각의 품위를 높여주는 책이라 할 수 있다.

다만 지나치게 설교적이며 교훈적인 글귀도 많아 논리적이기보다는 감성적인 글이라는 생각이 먼저 드는 것도 사실이다.

우리의 한글은 정말 배우기 쉽다. 초등학교 1학년 2학기 국어 시간에 받아쓰기를 한 손자의 학습장에서 '굵은 나뭇가지를 닮았습니다.' 라는 글을 보고 정말 놀랐다. 학교 공부를 시작한 지 1년도 안 되어 이렇게 어려운 글자를 다 쓸 수 있으니 한글이 얼마나 배우기 쉬운가!

그러다 보니 상대적으로 漢字는 배우기와 쓰기가 어렵다는 생각을 갖게 된다. 그러면서 학교에서 한자 교육을 시행하지 않았으니, 지금 10대는 물론 4~50대 성인도 한자만 보면 먼저 외면해 버린다.

글자를 처음 배우는 여섯 살 아이에게 한글의 '하늘'이나 중국 아이가 '天'을 배우고 익히기는 똑같다. 만약 한자가 한글보다 10배 배우기 힘들다고 한다면, 초등학교를 마친 중국의 아이는 우리나라 어린이 어휘력의 10분의 1이 되어야 할 것이다. 논리적 어폐가 있다고 하겠지만, 필자의 이런 말은 한자가 결코 어려운 문자가 아니라는 사실을 설명하려는 뜻이다.

아울러 《논어》가 만들어지는 그 시기에 한자는 지금처럼 많지 않았다. 《논어》의 문자 자체가 어려운 것이 아니나, 다만 지금은 별로 쓰지 않는 僻字(벽자)가 좀 있고, 또 글자 하나가 가진 뜻이 다양하기에 읽고 이해하기가 쉽지 않은 것이다.

그리고 《논어》뿐만 아니라 중국인의 문장이 우리에게 어려운 것은 우리말과 중국어의 언어체계가 다르기 때문이다.

우선 《논어》는 읽기에 어려운 책이 아니다. 한자를 사용하는 중국, 우리나라, 일본에서 《논어》에 사용된 한자 자체가 어려운 글자가 아니며 그 문장이 난해하지도 않다.

《논어》에는 논리적 설명을 위한 긴 문장이 없이 짤막한 대화체 문장이 주를 이루고 있다. 이는 당시에 공자와 그 제자들 사이에 대화를 통한 교육이 이루어졌다는 뜻이다. 대화에 의한 교육이라면 문자에 의한 교육만큼 논리적일 수 없을 것이라는 생각을 할 수 있다.

또 간략한 문장으로 깊은 뜻을 요약했던 것은 아마 당시 필기도구 사용이 매우 어려웠다는 점도 염두에 두어야 한다. 일반적으로 붓은 秦의 통일 무렵에 널리 보급되었고, 종이(紙)는 後漢 초이니 1세기 말에 발명 보급되었다.

수사학적 명문장

《論語》가 많은 사람이 읽고 배우는 불후의 고전이며 하나의 철학서로서 그토록 길고 긴 생명력을 가진 원인이 무엇인가를 생각해 보아야 한다. 또 《논어》 속에 들어있는 공자의 사상은 오늘날에도 객관적으로 보아 가치가 있느냐는 문제가 제기될 수 있다.

《논어》에 수록된 공자의 언행이나 제자들과의 대화 내용 또는 제자들이 들었던 공자의 말씀, 곧 《논어》의 수많은 명제들은 하나하나 개별적으로 볼 때 특별히 논리적인 체계를 갖추고 있지는 않다고 볼 수 있다. 이러한 명제들은 철학적, 논리적 체계 속에 빛나는 보석이 아니라 들판에 흩어져 피어있는 야생화와 같다고 생각할 수 있다. 그리고 《논어》의 주장이 설득력을 가지려면 그것은 어떤 논증에 의하여 뒷받침이 되어야 한다. 그러나 우리가 《논어》를 읽어보면 한 편의 체계나 개별적 주장이 논증도 없이 제시되거나 나열되어 있을 뿐이다.

특히 修辭學的(수사학적)으로 뛰어난 명문장들은 그 자체가 논리적인 것으로 인식되기도 하지만, 《논어》 속의 구절은 엄밀히 말해 논리적인 글은 아니다.

예를 들어 '남이 나를 몰라주는 것을 근심하지 말고, 내가 남을 모르는 것을 걱정해야 한다.' 라는 문장은[7] 정확하게 對句(대구)의 형식을 취하면서도 그 뜻은 명확하나 논리적 근거를 제시하지는 않았다.

이처럼 《논어》는 수사학적 가치에 의해 암송에 편하고 기억에 오래 남아 고전으로서의 명성을 오래 유지했다고도 볼 수 있다. 다만 한문으로 다듬어진 《논어》의 수사학적 명문장을 우리가 한글로 번역하여 읽으면 명문장이라는 느낌이 전혀 오지 않는다. 이는 漢文과 한글의 언어적 차이이니까 어쩔 수 없는 것이다.

··············

7 《論語 學而》 子曰, "不患人之不己知, 患不知人也."

《論語》는 논리적인 글

論理(logic)의 사전적 의미는 '생각이나 추론이 지녀야 하는 원리나 법칙'이며, '사물의 이치나 법칙성에 바탕을 둔 사고방식'이다. 넓은 의미로 논리는 思惟(사유, 생각)의 보편적 형식이나 규범 또는 규칙이며 근거라고 생각해도 된다.

《論語》가 논리적인 책인가에 대해서는 《논어》의 어떤 명제 또는 여러 명제 상호 간에 어떤 논리적 구성이 있는가를 살피면서 그런 명제의 뜻을 다각도로 해석하거나 분석하고 재구성하는 종합적인 작업을 통해 밝힐 수 있다고 생각한다.

그동안 우리 조상들이 읽었던 《논어》에 대한 연구는 분석적 또는 비판적이기보다는 정확한 의미를 파악하는데 많은 노력을 했다. 곧 註釋(주석)에 치중하여 사전적 해설을 읽고 외우는 공부이며 연구였다고 말할 수 있다. 그리고 실제로 《논어》의 구절은 한 가지 해석이 아닌 매우 다양한 해석이 가능하다.

《논어》 20편 500여 章句의 텍스트는 언뜻 보기에 그 구성 자체가 산만하며, 단편적 생각이나 서술들의 무질서한 집합처럼 보이는 것이 사실이다. 그러나 20편에 흩어져 있는 단편적인 명제들을 '헤쳐 모여!' 하는 식으로 재구성을 하면 매우 일관적인 논리를 발견할 수 있다. 본서에서도 이런 각도에서 《논어》의 여러 명언 속에 들어 있는 주제나 이슈를 설명하려고 한다.

그리고 공자의 일관된 사상이 갖고 있는 인간관이나 가치관, 윤리관은 그 고유한 특성과 함께 매우 참신하여 오늘날 21세기에도 통할 수 있는 가치를 가지고 있다. 서양 철학이나 논리학을 전공한 학자들의 연구에서도 이러한 사실이 공통적으로 언급되는 것을 보면 다른 어느 철학서보다도 심오한 사상과 논리가 내포되어 있다고 할 수 있다.

《論語》의 효용성

趙普(조보 922~992)는 北宋 太祖 趙匡胤(조광윤)을 도와 북송 건국에 큰 공을 세운 개국공신이다. 그는 3차에 걸쳐 재상을 역임하면서 북송의 文治主義 정책의 확립에 기여하였다. 조보는 국사를 담당하며 난제에 봉착할 때마다 집에서 폐문하고 《論語》만을 읽었다고 한다.

뒷날 임종 무렵에 북송 太宗에게 "臣에게 《論語》한 권이 있습니다만, (논어에서 배운 가르침의) 절반은 태조를 도와 천하를 차지하는데, 또 절반은 태조를 도와 천하를 다스리는데 도움이 되었습니다.(臣有論語一部. 以半部佐太祖定天下, 以半部佐陛下致太平.)"라고 말하였다. 그런데 뒷날 이 말이 '조보는 《論語》반 권으로 세상을 다스렸다는(半部論語治天下)' 말로 訛傳(와전)되었다고 한다.

결론적으로 《論語》는 지난 과거에 대한 호기심으로 읽어야 하는 책이 아니라 현대의 삶과 상황을 새롭게 인식하면서 미래지향적인 방향 설정을 위한 지침서가 되고 있다. 또 이 《論語》는 2,500년 가까운 세월 동안 변치 않고 많은 사람들이 자신을 돌아볼 수 있는 거울

趙匡胤(조광윤), 北宋 太祖
대만국립고궁박물관 소장

역할을 다했으며 현대인에게도 빛을 주는 위대한 사상이 담겨 있으며 일관된 철학과 논리가 책 전체에 실려 있는 논리적인 책이라고 할 수 있다.

《論語》의 편명과 해설

《論語》는 모두 20개 篇(편)으로 구성되어 있지만, 그 내용에 따른 분류가 아니다. 또 각 편에 수록된 문장의 분량이 비슷하지도 않고, 내용에 일정한 배열 원칙이나 순서도 없다. 옛날에《논어》를 공부했다면 책 전체를 외웠기에《논어》의 내용을 검색하기 위한 索引(색인)이 없어도 큰 불편은 없었다.《논어》의 편명은 각 편의 시작하는 단어 2, 3자로 편명을 삼았다. 각 편의 대략은 아래와 같다.

1. 學而(학이) ;《論語》의 첫째 편명.[8] '子曰, 學而時習之, 不亦說乎(자왈 학이시습지 불역열호)' 로 시작한다. 당시 孔門(공문)에서 교육하는 교훈과 같은 격언이나 치국과 平天下에 관한 내용이 많다. 이 편의 내용은 배움의 기본이나 道에 들어가는 문(入道之門), 덕행의 기본(積德之基) 등 儒家의 宗旨(종지)의 개략을 설명하며, 배우는 자가 마땅히 노력해야 될 일들을 많이 기록하였다.

2. 爲政(위정) ;《논어》의 2번째 편명. '爲政以德(위정이덕, 덕으로써 다스리다)' 의 뜻. 공자 자신의 인생을 설명한 "吾十有五而志于學" 이나 "學而不思則罔" 등 배움에 임하는 여러 자세, 성실과 守信 등 학문을 쌓고 자신을 수양한 다음에야 政事(정사)에 참여할 수 있다고 강조하였다.

3. 八佾(팔일) ;《논어》의 3번째 편명. 佾 춤추는 줄 일. "季氏(계씨)가 자기 집 뜰에서 팔일무를 추게 하였는데, ~"로 시작한다. 팔일은 제사를 지낼 때 周나라 王(天子)만이 시연케 할 수 있는 禮樂인데 제후국인 魯나라는 예외적으로 허용되었다. 이런 팔일무를 魯나라의 가신인 季氏가 자기 집에서 행했는데, 이는 예악의 근본을 무너트린

....

8 《논어》의 편명은 후인의 方便을 위하여 붙여졌다. 각 첫 句에서 子曰~을 제외한 2, 3자로 이름을 지어 통용한다.

처사였기에 공자는 계씨를 비난했다. 이편에는 禮의 근본인 공경과 군신 간의 예의 등을 설명하였다.

4. 里仁(이인) ; 《논어》의 4번째 편명. '子曰, 里仁爲美(이인위미)~'로 시작. 살고 있는 마을(里)에 인자한 기풍이 있다면 아름다움, 곧 善이 된다는 뜻이다. '德不孤 必有隣'이나 군자와 小人 등 仁德(인덕)에 관한 좋은 말이 많다.

5. 公冶長(공야장) ; 《논어》의 5번째 편명. 公冶長은 공자의 사위 이름으로 여기에 딱 한 번만 나타나기에 그 행적을 알 수 없다. '敏而好學 不恥下問' 등 학문에 관한 내용과 여러 사람에 대한 인물평이 많이 수록되어 있다.

6. 雍也(옹야) ; 《논어》의 6번째 편명. 雍(옹)은 공자의 제자 冉雍(염옹, 字 仲弓). 孔門十哲 중 덕행이 뛰어난 제자이다. 공자의 교화와 성취, 공자의 학문과 仁을 이해하는데 매우 중요한 명언, 그리고 안회의 好學, 安貧樂道, 樂山樂水 등 名句가 많이 있다.

7. 述而(술이) ; 《논어》의 7번째 편명. '子曰, 述而不作(자왈, 술이부작)~'으로 시작한다. '술이부작'은 先人의 말을 근거로 삼아 서술하고 밝힌다는 뜻의 祖述(조술)을 할 뿐 새로운 제도나 예악을 만들지 않는다는 의미이다. 이는 과거의 문화유산과 학문에 대한 철저한 계승을 강조한 것이지, 결코 전통에 대한 맹종이나 단순한 복고주의적 태도는 아니다. 실제로 공자가 六經을 修撰(수찬)하여 고대 선왕의 道를 확실하게 밝힌 학문적 업적 자체가 바로 새로운 창작이라 할 수 있다. 이편에는 공자의 修身에 관한 내용도 많고, 發憤忘食(발분 망식)이나 '三人行에 必有我師' 등 명구 또한 많이 있다.

8. 泰伯(태백) ;《논어》의 8번째 편명. 儒道의 전승과 보급, 학문과 덕행에 관련한 명구가 많다. 周나라 왕실의 선조인 古公亶父(고공단보, 太王이라 추존)는 狄人(적인, 북방의 이민족)이 침입하자, 무리를 이끌고 岐山(기산)이란 곳에 정착하고 사람들을 다스렸다. 태왕이 자신의 지위를 三男 季歷(계력)의 아들 昌(창, 文王)에게 물려주려 한다는 뜻을 알게 된 고공단보의 장남인 泰伯(태백)은 동생 虞仲(우중)과 함께 長江 하류로 이주한다. 文王 昌(창)의 아들 武王(성은 姬, 이름은 發)은 周를 건국하고 殷(은)을 멸망시킨 뒤, 宗法에 의거 각지에 제후를 두는 봉건제도로 중국을 통치한다. 따라서 태백은 周의 실질적인 건국자 武王의 큰할아버지이다.

9. 子罕(자한) ;《논어》의 9번째 편명. '子罕言利(자한언리)~'로 시작한다. '공자는 利(이)에 대해서는 거의 이야기하지 않았다.'는 뜻이다. '子絕四', '後生可畏', 공자의 川上歎(천상탄) 등 공자의 德行을 논한 내용이 많다.

10. 鄕黨(향당) ;《논어》의 10번째 편명. 향당이란 살고 있는 마을을 뜻한다. 공자의 일상생활에 관한 글들이 많다.

11. 先進(선진) ;《논어》의 11번째 편명. '先進於禮樂 野人也(선진어예악 야인야)'로 시작한다. 공자 제자들에 대한 인물평이 많이 수록되어 있다.

12. 顔淵(안연) ;《논어》의 12번째 편명. 안연은 顔回(前 521~481). 仁과 정치에 관한 문답이 많이 실려 있다. 안연은 공자가 가장 아꼈던 수제자이다. 본명은 顔回이며, 孔廟(공묘)인 大成殿에 復聖(복성)으로 배향되었다.

13. 子路(자로) ;《논어》의 13번째 편명. 子路(前 542 – 480)는 공자 제자로 이름은 仲由(중유), 자로는 그의 字이다. 공자보다 9세 적었기에 공자를 가장 오랫동안 모신 셈이다. 자로의 죽음은 만년의 공자에게 큰 충격이었다.

14. 憲問(헌문) ;《논어》의 14번째 편명. '憲問恥(헌문치)~'로 시작한다. 憲은 공자의 제자 原憲(원헌)으로 청빈한 생활을 했다.

15. 衛靈公(위령공) ;《논어》의 15번째 편명. 衛(위)는 나라 이름, 靈公(영공)은 衛의 통치자. 본 편에는 修身이나 處世에 관한 내용이 많다.

16. 季氏(계씨) ;《논어》의 16번째 편명. 계씨는 당시 魯나라의 실권자인 季康子(계강자)이다.《논어》의 다른 편에 비해 조목조목 열거하는 내용이 많다.

17. 陽貨(양화) ;《논어》의 17번째 편명. '陽貨欲見孔子(양화욕견공자)~'로 시작한다. 양화는 계씨의 家臣이었다가 魯公(노공)의 가신이 된 야심가로 공자에게 삶은 돼지를 예물로 보냈다.

18. 微子(미자) ;《논어》의 18번째 편명. 미자는 殷(은)의 마지막 왕이며 폭군인 紂王(주왕)의 형인데, 주왕의 무도함이 지나치자 나라를 떠났다. 미자 편에는 楚나라의 은거자 接輿(접여), 長沮(장저)와 桀溺(걸익), 孔子를 오곡도 구분 못하는 사람이라고 비웃던 노인〔荷蓧老人(하조노인)〕등 여러 隱逸(은일)에 대한 이야기가 많이 있다.

19. 子張(자장) ;《論語》의 19번째 편명. 자장은 공자의 제자인 顓孫師(전손사). 이편에는 '子曰'로 시작하는 공자의 말이 하나도 없다. 공자의 제자인 子張, 子夏, 子有, 曾子 등 공자의 후반기 제자들

의 말을 수록했다.

　20. 堯曰(요왈) ;《論語》의 20번째 마지막 편명. 堯(요)임금이 舜(순)에게 통치자의 자리를 물려주며 한 말로 시작한다. 이편은 딱 3章뿐이며, 맨 마지막은 '천명을 모르면 군자라 할 수 없고, 禮를 모르면 사회생활을 하기도 어렵고, 말(言)을 모르면 사람을 알 수 없다.' (孔子曰, "不知命, 無以爲君子也, 不知禮, 無以立也, 不知言, 無以知人也.)"는《논어》의 전체적 결론을 말하고 있다.

2. 孔子는 누구인가

가. 孔子의 생애

중국과 우리나라에서 儒家 경전을 공부했던 실질적 목적은 과거 시험에 합격하고 관직에 나가는 것이었으니 사대부들은 벼슬을 얻기 위해 공자의 가르침을 열심히 공부하였다.

그렇다면 공자는 그 생애에 어떠한 학문적 성취가 있었고 어떤 벼슬을 했는가? 공자의 벼슬길은 성공적이었는가? 성공적이지 못했다면 그 원인은 무엇인가?

孔子가 죽고(기원전 479년), 약 330여 년 뒤에 출생한 司馬遷(사마천, 前 135?~86?)이 저술한 《史記 孔子世家》는 공자에 관한 가장 상세한 기록으로 인정받고 있다. 사마천이 공자를 개인의 전기라 할

수 있는 列傳에 넣지 않고 제후
의 반열인 世家에 넣은 것은 매
우 특별한 배려이기에 이에 관
련하여 많은 논쟁이 있었다. 물
론 사마천의 기록도 완전한 기
록은 아니지만[9] 공자의 일생을
전하는 《孔子家語》보다는 神異
(신이)한 내용이 없어 사실에 가
까운 기록으로 인정받고 있
다.[10]

孔子의[11] 본명은 공구〔孔丘, 字
는 仲尼(중니)〕로 당시 魯(노)나라

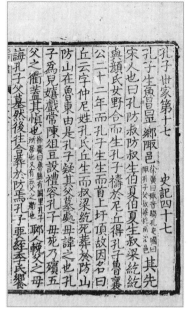

《史記》孔子世家(공자세가)
西漢 때의 작품

<hr>

9 淸의 고증학자 崔述(최술, 1740~1816년)은 《洙泗考信錄(수사고신록)》이란 저
서에서 사마천의 〈공자세가〉 기록은 7~8할이 중상모략이라고 비판하였
다. 공자의 일생에 관한 많은 저술이 있지만, 필자는 논문 〈공자세가의 연
대기적 내용에 대한 연구〉 (1998)에서 〈공자세가〉에 수록된 年代記的 내
용의 오류를 분석하였다.

10 《孔子家語》는 孔子의 思想과 일생에 관한 기록으로 漢 이전부터 漢代에
걸쳐 쓰인 책이나 지금 통용되는 것은 王肅(왕숙, 후한 말~魏)이 정리한 것
이다. 그러나 顧頡剛(고힐강)은 《孔子硏究講義》라는 책에서 《孔子家語》는
왕숙의 僞作(위작)으로 '믿을만한 내용이 아무것도 없는 책'이라 하였다.

11 《論語》에는 제자들이 보통 스승 공자를 '子'라고 통칭했다. 이때 子는 성
인 남자에 대한 통칭이었지만 점차 스승이나 유덕한 사람을 지칭했다. 夫
子(부자)는 大夫에 대한 경칭인데, 나중에는 공자의 제자들이 스승 공자에
대한 호칭이 되었다. 그리고 《論語》에는 '孔子曰'로 지칭한 장도 있는데,

의 郰邑(추읍, 今 山東省 중부 濟寧市 관할 曲阜市)에서 몰락한 하급 무사의 아들로 태어났다.[12] 출생연도에 여러 설이 있지만 지금은 일반적으로 기원전 551년 출생으로 통용되며, 기원전 479년에 73세를 일기로 작고하였다.

공자는 3살에 부친을 여의고 젊은 미망인 어머니의 손에 양육되었으니 그 가정의 경제적 상황이 어떠했겠는가는 쉽게 짐작할 수 있다.

당시 공자는 신분상 일반 평민이 아닌 관직에 나갈 수 있는 길이 열린 士(사)에 속했지만 경제적으로 힘든 窮士(궁사) 계층이었다.

士는 문화적 소양과 지식을 지닌 계층으로 중하급 관리 노릇을 할 수 있었으며, 경제적으로는 토지를 私有할 수 있어 국가적으로도 중요한 계층이었다. 사 계층의 위로는 귀족이라 할 수 있는 大夫가 있고, 아래로는 생산 활동에 종사하는 平民(小人)이 있었다. 士는 스스로의 노력과 관운에 의거 신분 상승을 할 수도 있지만 잘못하면 평민으로 떨어질 수도 있었기에 이들은 태생적으로 현실 개혁 의지를 갖고 있었다고 볼 수 있다.

이는 《論語》가 어떤 원칙하에 일관되게 편찬되지 않았기 때문이다. 孔子를 영어로 Confucius라고 번역하는데, 이는 공부자(孔夫子)의 음역이다. 유가사상은 Confucianism이라 한다.

12 魯나라의 도성 曲阜(곡부)에서 20여km 지점에 郰邑(추읍, 鄒, 陬로도 표기)이 있었다. 공자의 어머니 顔氏는 尼丘山(이구산)에서 기도를 해서 공자를 낳았으며, 공자의 부친 별세 후에는 魯 도성 내의 闕里(궐리)로 이사했고 공자는 궐리에서 생활하였다. 이 근처에 洙水(수수)와 泗水(사수)가 있다. 그래서 尼丘(이구)와 洙泗(수사), 闕里(궐리)는 때로 공자의 代稱(대칭)으로도 쓰인다.

공자 역시 처음에는 창고지기와 목장 관리인 같은 낮은 직위에 있었다. 공자 자신도 이런 낮은 지위에 근무했었다는 사실을 숨기지 않았다.[13] 공자가 창고지기를 할 때는 회계가 정확했고, 목장 관리인을 할 때는 소나 양들이 잘 번식했다는 기록이 있다.[14]

그러나 농사를 지어도 굶주릴 수 있고, 학문을 하면 녹봉을 얻을 수도 있었기에[15] 공자나 그 제자들은 스스로 노력하며 관직을 구하려 애를 썼다. 이들 사 계층은 관직을 유지하고 잘 살아가려면 반드시 공경(公卿)이나 대부들에게 매달릴 수밖에 없었다.

공자는 15세에 배움에 뜻을 두었다고 했다.[16]

공자는 일정한 스승에게 배우기보다는 문자 습득 후 독학에 의한 학습을 했을 것이고, 창고지기 같은 하급 관리로서의 실무도 익혔을 것이다. 젊은 날의 이런 경험은 하층민들에 대한 접촉과 함께 그에 대한 이해의 바탕을 넓힐 수 있었을 것이다.

공자는 모친이 죽은 뒤 服喪(복상)했을 것이고, 그 이후에도 관직에 있었는가는 상세히 알 수 없다. 다만 30세에 자립(三十而立)했다는 것은 인생과 학문, 처세에서 자신의 주관이 확립되었다는 것을

---

13 《論語 子罕》大宰問於子貢曰, ~ 子聞之曰, ~ 吾少也賤 故多能鄙事. ~ / 牢曰, 子云, 吾不試 故藝.

14 《孟子 萬章章句 下》孔子嘗爲委吏矣. 曰會計當而已矣. 嘗爲乘田矣. 曰牛羊 茁壯長而已矣.

15 《論語 衛靈公》子曰, ~ 耕也 餒在其中矣, 學也 祿在其中矣. 君子憂道不憂貧.

16 《論語 爲政》子曰, 吾十有五而志於學, 三十而立, 四十而不惑, 五十而知天命, 六十而耳順, 七十而從心所欲 不踰矩.

의미한다. 동시에 자신이 六藝(육예)에 관한 학문을 계속 연마하면서 찾아오는 제자들에게 예와 학문에 관한 지식을 전수했을 것으로 생각할 수 있다.

공자는 51세에 魯나라 中都(중도)라는 곳의 지방관으로 관직생활을 시작하여 54세에 노나라의 법무장관격인 大司寇(대사구)가 되었으나 곧 관직에서 물러났다.

이어 기원전 497년 공자 55세에, 공자는 魯나라를 떠나 각국을 여행한다. 공자가 노나라를 떠난 이유를 명확하게 설명한 사료도 없으며 오랜 기간의 외유에 관하여《論語》에도 극히 간단한 서술이 있을 뿐이다. 하여튼 공자는 당시 魯의 실권자 季桓子(계환자)와 갈등이 있었다고 추정할 수 있다.

공자는 68세 되는 해까지 14년간 자신의 道를 실현할 수 있는 나라를 찾아다녔다. 공자는 당시 魯나라 주변의 약소국인 衛(위), 宋(송), 陳(진), 蔡(채) 등에 주로 머물렀고, 晉(진), 楚(초), 齊(제) 같은 큰 나라에는 가지도 않았다.

이러한 외유를 공자가 천하를 周遊(주유)했다고 표현하지만 사실은 많은 역경과 난관만을 겪었을 뿐 끝내 뜻을 이루지 못했다. 공자가 각국을 돌아다니는 동안 鄭(정)나라 성문에서는 일행과 떨어져 '상갓집의 개(喪家之狗)' 처럼[17] 처량한 상황에 처하기도 했으며, 匡

---

17 《史記 孔子世家》에 나오는 표현이다. 상갓집의 개는 주인이 경황이 없어 먹을 것을 챙겨줄 수 없다. 떠돌아다니는 공자의 생활을 이렇게 표현한 것은, 공자 같은 聖人일지라도 일상생활은 결코 쉽지 않았다는 점을 후세에 전해주기 위한 사마천의 의도였다고 생각한다.

(광)이란 곳에서는 마을 사람들의 공격을 받아 목숨이 위태로웠던 때도 있었다. 뿐만 아니라 陳나라와 蔡(채) 사이에서는 식량이 떨어져 7일 동안 굶기도 했었다.

공자가 모국 魯를 떠나 천하를 주유한 것은 자신의 과거나 특정 대상으로부터 달아나기 위한 것이 아니었고, 자신의 정치 철학에 대한 변화를 시도한 것도 아니었다. 이는 공자가 자신의 이상을 실현해야 한다는 천하 만민들을 위한 인정을 베풀어야 한다는 신념을 관철하기 위한 공자의 熱情(열정, passion) 때문이었다고 볼 수 있다.

68세에 노나라로 돌아온 공자는 저술과 강학에 종사하다가 기원 전 479년에 73세로 죽었는데, 당시로써는 아주 장수한 편이었다.[18] 공자는 사후에 후세인들의 존숭을 받으며 素王(소왕)으로도 불리었다. 素王은 실제로 통치자의 자리에 오르지는 못했지만, 통치자의 덕을 갖추고 王者(왕자)로서의 일을 행한 사람을 일컫는 말이다.

이처럼 공자의 생애에는 별로 극적인 요소가 없었으며, 당시의 세속적 기준으로 본다면 성공한 삶은 아니었다. 공자의 포부가 실현된 것도 없었으며, 그의 제자들이 각국에서 크게 등용된 경우도 많지 않았다.

이는 당시 여러 제후국의 정세가 공자의 仁義에 의한 정치를 시도할 만큼 안정적이지 못했으며, 공자의 주장이 현실적으로는 수용이 어려운 理想的 주장이었다고 볼 수도 있다.

....

18 중국에 '인생은 73이나 84(人生七十三八十四)'라는 속담이 있다. 공자는 73세, 맹자는 84세에 죽었다.

다만 그의 제자들에 의하여 공자의 사상은 단절되지 않고 계속 확산되었는데, 前漢(전한)의 武帝(재위 前 141~87)가 董仲舒(동중서)의 건의를 받아들여 유학을 국가정치와 백성 교화, 곧 政敎의 이념으로 채택하면서 크게 융성하기 시작했다. 그렇지만 이로 인해 유교는 전제정치의 정당화에 악용되기 시작했고, 공자에 대한 여러 가지 전설이 보태지거나 윤색되었다.

董仲舒(동중서)

001

기 생 야 영 기 사 야 애
其生也榮 其死也哀

공자의 삶은 영광이고 별세하면 애통할 것이다.

[원문] 《論語 子張》陳子禽謂子貢曰, "子爲恭也, 仲尼豈賢於子乎?"
子貢曰, "君子一言以爲知, 一言以爲不知, 言不可不愼也. 夫子之
不可及也, 猶天之不可階而升也. 夫子之得邦家者, 所謂立之斯立,
道之斯行, 綏之斯來, 動之斯和. **其生也榮, 其死也哀**, 如之何其可
及也?"

[해석] 훌륭한 스승은 제자의 절대적인 존경을 받는다. 子貢(자공)은
공자 제자 중 가장 得意(득의)한 제자이면서 스승 공자에 대한 한없는
존경과 애정을 가지고 공자의 든든한 후원자로 그 책무를 다했다. 뒷
날 다른 제자들이 3년 心喪(심상)을 마치고 각자 떠나갔지만 자공은 3
년을 더 복상하였다.

　공자가 후세에 만인의 존중을 받은 것은 스승을 받들고 따랐던 자
공과 같이 제자들이 활동에 힘입은 바가 크다. 이는 마치 예수에게
베드로와 같은 12제자가, 소크라테스에 플라톤 같은 제자가 있었던
것과 같다.

　자공은 공자 학문의 위대함을 마치 만 길 높은 담장으로 둘러싸인
궁궐과 같아서 문을 열고 들어가지 않으면 그 화려 웅장함을 알 수도
없다고 비교했다.

　자공은 또 공자의 위대함은 마치 日月과 같아서 산처럼 올라가거
나 넘을 수도 없으니, 이는 마치 사다리로 하늘에 오를 수 없는 것과

같다고 비유하였는데, 그 비유가 매우 적절하며 동시에 자공의 뛰어난 언변과 지혜를 알 수가 있다. 하늘과 같고 일월과 같은 위인을 헐뜯을 수도 없으며 흠을 찾아낸다고 덤비면 오히려 자신의 무식과 우매함을 드러낼 것이다. 자공은 여기서도 공자의 위대함을 적절하게 비유하여 공자의 다른 제자 陳子禽(진자금, 衛의 大夫인 陳亢)에게 말했다.

"군자의 말 한마디는 슬기롭기도 또 어리석을 수도 있다. 그러니 말을 삼가지 않을 수 없다. 夫子는 우리가 따라갈 수 없는 분이시니 마치 사다리로 하늘에 올라갈 수 없는 것과 같다. 만약 夫子께서 나라를 다스렸다면(夫子得邦家者) 백성의 생업을 안정시켜 자립케 하고(所謂立之斯立), 백성을 바른길로 교화 인도하실 것이며(道之斯行), 찾아오는 백성까지 고무시켜 화목하고 편안케 하실 것이다(動之斯和). 夫子께서 지금 생존하신 것은 백성과 우리 모두에게 영광이며, 만약 돌아가신다면 모두가 애통할 것이니, 우리가 어떻게 부자를 따라갈 수 있겠는가?"

夫子는 본래 大夫 이상의 관원을 지칭하는 말로 夫는 대부이고, 子는 경칭이다. 공자는 짧은 기간이지만 魯의 司寇(사구, 司法을 관장)로 대부의 반열에 올랐었다. 그러니 제자들이 夫子라고 칭했고 이후 제자들이 스승 공자를 지칭하는 말로 쓰였다. 《논어》에는 夫子란 호칭이 38회 나오는데, 관직을 의미하는 경우가 8회이고 제자가 스승을 지칭하는 뜻으로 30회가 쓰였다고 한다.

우리나라는 호칭에 대하여 상당히 관대하다. 面長을 잠깐 지낸 사람도 평생 동안 '면장'이고, 국회의원을 딱 한 번 지냈지만 죽어서도 '의 원님'으로 불린다. 그런데 장관을 지냈다 하여 그 아내가 집에서도 '장관님'으로 부른다는 잡지 인터뷰 기사에는 그냥 쓴웃음이 나왔다.

002

<ruby>萬<rt>만</rt></ruby><ruby>仞<rt>인</rt></ruby><ruby>宮<rt>궁</rt></ruby><ruby>牆<rt>장</rt></ruby>

아주 높은 궁궐의 담

[원문]《論語 子張》叔孫武叔語大夫於朝曰, "子貢賢於仲尼." 子服景伯以告子貢. 子貢曰, "譬之宮牆, 賜之牆也及肩, 闚見室家之好. **夫子之牆數仞**, 不得其門而入, 不見宗廟之美, 百官之富. 得其門者或寡矣. 夫子之云, 不亦宜乎!"

[해석] 叔孫武叔(숙손무숙)이란 사람이 조정에서 다른 대부에게 "子貢이 공자보다 더 현명하다."라고 말했다. 이를 子服景伯(자복경백)이란 사람이 자공에게 말했다. 그러자 자공이 말했다.

"宮牆(궁장, 궁궐의 담)에 비유하자면, 나의 담은 어깨높이라서 다른 사람이 집안의 멋진 내부를 다 볼 수 있습니다. 그러나 夫子의 담은 몇 길이나 되어 대문 안으로 들어가지 않으면 안에 있는 종묘의 아름다움이나 수많은 백관 등을 볼 수가 없습니다. 어쩌다가 몇 사람이 대문 안으로 들어올 뿐입니다. (숙손무숙이) 그런 사람이니, 그렇게 이야기할 수 있습니다."

仞(길 인)은 성인 남자의 신장을 뜻하며 보통 7~8척의 길이이다.(前漢代의 1尺는 23cm 정도) '열 길 물속은 알아도~'라고 말할 때 열

길은 성인 남자 열 사람의 키 높이이다. 또 '1만 길이 넘는 책의 산은 의지가 있어야 오를 수 있다(書山萬仞志能攀).' 는 속담도 있다.

담이 어깨 정도의 높이면 안을 들여다보고 또 짚고 넘어갈 수도 있다.

공자의 학덕을 직접 접하지 않은 사람이 공자의 학문과 인격을 어찌 알 수 있겠는가? 자공이 담의 높이로 자신과 공자의 차이를 설명한 것은 정말 뛰어난 비교이며 話術(화술)이다. 그래서 자공이 언어에 뛰어난 것이고 재능이 탁월하다 했을 것이다.

오늘날은 어떤 일을 할 때 적절한 해결 방법을 찾아내지 못하면 '그 문에 들어갈 수가 없다(不得其門而入).' 라고 비유하여 말한다.

003

십 오 지 학   삼 십 이 립
十五志學, 三十而立.

15세에 배움에 뜻을 두고, 30세에 立身했다.

[원문]《論語 爲政》子曰, "吾十有五而志于學, 三十而立, ~

[해석] 공자가 자신의 일생을 회고한 말은 군자가 연령에 따라 어떻게 수양했는가를 알 수 있어 유명한 말이 되었고 지금도 그대로 통용되고 있다.

우선 十有五의 有는 又(또 우)의 뜻인데, 十又五라고 쓰지는 않는다. 10에 또 5이니, 15세이다. 志于學은 학문에 뜻을 두었다는 말이니, 곧 배움의 중요성과 학문의 필요성을 알았다는 뜻으로 새길 수 있다. 우리나라로 말하면 고등학교에 들어갈 나이이니 자신의 앞날에 대한 나름대로의 생각을 가졌다고 볼 수 있다.

三十而立의 立은 자립이고, 자신의 주관과 원칙이 확립했다는 뜻이다. 공자는 "興於詩, 立於禮, 成於樂"이라고 하였으니, 禮를 지켜立身했다는 뜻이다. 또 공자의 "예를 모르면 입신할 수 없다."는 말도 같은 뜻이다.[19] 그래서 공자는 아들 鯉(리)에게도 "禮를 배우지 않으면 立身할 수 없다."고 말했고, 아들은 禮를 배웠다.[20]

004
사 십 불 혹   오 십 지 명
四十不惑 五十知命

40세에는 迷惑(미혹)이 없었고, 50세에 천명을 알았다.

[원문] 《論語 爲政》子曰, "~ 四十而不惑, 五十而知天命, ~

[해석] 인생 40! ― 사람은 크면서 18번 변한다고 하였으니, 이는 신체나 심경의 변화가 많다는 뜻이다. 사람이 마흔을 넘기면 해마다 쇠약해진다(人過四十逐年衰)지만 그래도 인생 마흔이면 마치 산에서 내려온 호랑이 같다는 말도 있다.

四十而不惑은 공자가 爲仁의 道를 깨우쳐 세상사의 迷惑(미혹)에

---

19 《論語 堯曰》孔子曰, "不知命, 無以爲君子也, 不知禮, 無以立也, 不知言, 無以知人也." 《論語》의 맨 마지막 구절이다.

20 《論語 季氏》陳亢問於伯魚曰, "子亦有異聞乎?" ~ '不學詩, 無以言.' 鯉退而學詩. 他日, ~ '不學禮, 無以立.' 鯉退而學禮.

빠지지 않았다는 뜻이다. 공자는 "知者不惑"이라고 말했다.[21] 이는 공자가 지식을 쌓아 합리적 사고를 하고 건전한 판단력을 가졌다는 뜻이다. 사실 40이면 인생에서 가장 壯烈(장렬)한 때라서 여러 가지 뜻을 실천하려는 의욕이 한창인 나이이다. 이때 능력 이상의 과분한 욕구나 욕망을 실현하고자 무리수를 두지 않았다는 뜻이다.

공자도 後生可畏(후생가외)지만 그런 後生이 4, 50세에도 칭송을 듣지 못한다면 두려울 것이 없다고 하였다.[22] 또 공자는 나이 40에 남의 미움을 받는다면 그 인생은 끝난 것이라고 했다.[23] 이처럼 공자에게 40은 인생에 있어서 중요한 고비였고 그 40에 미혹에 빠지지 않았다고 회고하였다.

공자가 50세에 天命을 알았다는 말은 하늘로부터 운명처럼 부여된 자신의 사명을 알고 그 사명을 실천하려 노력했다는 뜻이다. 공자가 말한 천명을 3가지로 생각할 수 있다.

우선 政敎에 관련된 일을 하면서 천하 사람들을 정도로 이끌어야 한다는 사명이다. 다음으로는 擇善(택선)하고 실천하여 至善에 나아가야 한다는 사명이다. 그리고 천명을 거스를 수 없으니 순응해야 한다는 뜻도 포함한다고 해석할 수 있다.

공자가 匡(광)이란 곳에서 무리들에게 포위당해 안전을 장담할 수 없을 때 공자는 말했다. "文王이 죽은 뒤에 그 文化가 나에게 있지 않은가? 하늘이 이 문화를 없앤다면 후생들은 문왕의 문화를 이어받지

----

21 《論語 子罕》子曰, "知者不惑, 仁者不憂, 勇者不懼."
22 《論語 子罕》子曰, "後生可畏, 焉知來者之不如今也? 四十五十而無聞焉, 斯亦不足畏也已."
23 《論語 陽貨》子曰, "年四十而見惡焉, 其終也已."

못할 것이니, 하늘은 결코 내가 가진 문왕의 문화를 없애지 않을 것이니 匡人(광인)들이 나를 어찌하겠는가?"라고 말했다.[24]

또 公伯寮(공백료)라는 제자가 子路를 季孫氏에게 모함하였다. 나중에 이를 전해들은 공자가 말했다. "道가 실현되는 것도 命이고, 장차 없어진다는 것도 모두 천명이니 공백료가 천명을 어찌하겠는가?"라고 말했다.[25]

이 두 章에서 보듯 공자는 하늘이 부여한 책무와 함께 천명을 알고 자부심을 갖고 있었다. 공자가 50代에 大司寇(대사구)를 역임하는 등 잠시 관직에도 있었지만 공자는 학문과 인의의 실천, 제자 교육만이 자신에게 주어진 천명이란 것을 알고 있었고, 그래서 공자는 천명을 두려워하였다.[26]

사람이 살아 50이면 몸이 날마다 어긋나게 달라진다고 하였다(人活五十天天乖). 나이 30에 벼슬을 못하거나(三十不榮), 40에 부자가 되지 못했다면(四十不富), 50에는 죽을 길을 찾아야 한다(五十看看尋死路)는 속담도 있으니, 옛날의 50대는 이미 희망이 없는 나이이다. 사람 나이 50에는 새집을 짓지 않고(五十不造屋), 60에는 나무를 심지 않는다(六十不種樹)고 하였다.

......

24 《論語 子罕》子畏於匡, 曰, "文王旣沒, 文不在茲乎? 天之將喪斯文也, 後死者不得與於斯文也, 天之未喪斯文也, 匡人其如予何?"

25 《論語 憲問》公伯寮愬子路於季孫. 子服景伯以告, 曰, "夫子固有惑志於公伯寮, 吾力猶能肆諸市朝." 子曰, "道之將行也與, 命也, 道之將廢也與, 命也. 公伯寮其如命何!"

26 《論語 季氏》孔子曰, "君子有三畏, 畏天命, 畏大人, 畏聖人之言. 小人不知天命而不畏也, 狎大人, 侮聖人之言."

005

<ruby>六十耳順<rt>육 십 이 순</rt></ruby>, <ruby>七十從心不踰矩<rt>칠 십 종 심 불 유 구</rt></ruby>

六十耳順, 七十從心不踰矩

60에 귀가 트였고, 70에는 욕심에도 법도를 넘지 않다.

[원문]《論語 爲政》子曰, “～ 六十而耳順, 七十而從心所欲, 不踰矩.”

[해석] 예순 – 耳順(이순) – 다른 사람이 무슨 말을 어떻게 하든 공자는
자신의 기준으로 듣고 판단한다는 뜻이다. 사실 이는 번역하는 사람
에 따라 그 語義가 상당한 차이가 있다. 만물의 이치에 통달하였기에
무슨 말이든 그 뜻을 다 알 수 있는 경지일 것이다. 또 남의 말을 들으
면 그 진실과 거짓을 알 수 있다는 뜻으로 새겨도 된다.

《史記 孔子世家》에 陳의 도성 東門에서 일행과 떨어져 홀로 서 있
는 공자의 모습을 보고 어떤 사람이 ‘喪家之狗(상가지구)와 같다.’고
말했다. 그 말을 전해들은 공자는 “그 사람이 설명한 내 얼굴은 사실
과 좀 다르지만 ‘상갓집 개’란 말은 아주 적절하다.”고 웃으며 말했
다. 이런 경지가 바로 耳順의 경지일 것이다.

그런데 여기서 ‘耳順’의 ‘耳’는 쓸데없는 글자가 들어간 것(衍文
연문)이라 하여 ‘六十而順’이 되어야 한다는 주장도 있다. 말하자면
‘60세에는 천명에 순응하였다.’가 된다. ‘六十而順’이 되어야 한다
는 근거로 제시한 내용은 다음과 같다.

첫째, 공자는 50세에 천명을 알고(知天命), 천명을 경외하며, 천명
에 순응하였다. 공자는 55세에 魯國을 떠나 장장 13년간 68세까지
각국을 유랑하였다. 이는 공자가 천명을 따른 것이었고, 공자는 “하

늘이 나에게 德을 내렸는데 宋의 桓魋(환퇴)가 어찌하겠느냐?" 또
"文王 사후에 文이 나에게 있는데, 匡人(광인)들이 나를 어찌하겠느
냐?"라고 말한 것이 곧 천명에 순응한다는 뜻이었다.

둘째, 공자는 각 연령별 생애를 설명하며, 뜻을 두다(志), 자립하다
(立), 惑하지 않다(不惑), 알다(知), 넘지 않다(不踰) 등 動詞로 상황을
설명하였다. 때문에 耳順이 아니라 順이 되어야 한다. 그리고 敦煌
(돈황)의 石經 板本에도 '六十如順'으로 되어 있다는 근거를 제시하
고 있다.

그러나 지금 중국과 우리나라에서는 이미 耳順으로 통용되고 있
다.

70세에 從心所欲은 마음속에 하고 싶은 대로 행동한다는 뜻이다.
不踰矩(불유구)는 법도를 넘지 않는다는 뜻인데, 踰는 넘을 유이고,
矩(곱자 구, 모서리)는 직각을 그리는 직각자이다. 직각자는 변함없는
것이고 직각을 그릴 때는 그대로 따라 그리면 된다. 그래서 法度라는
뜻으로 통한다. 인생 70이 넘었는데도 분수에 어긋난 욕심을 부리고
법을 어기는 행동을 하고 싶겠는가? 從心해도 不踰矩한다면 이미 天
人合德의 경계에 이르렀다고 봐야 한다.

옛날 평균 수명이 짧았을 때 나이 60이면 기왓장 위의 서리와 같다
(人到六十瓦上霜)하여 살 수 있는 날이 얼마 안 남았다고 생각했다.
나이 60이면 먼 곳으로 여행을 하지 않는다(人到六十不遠行)고 하였
지만 지금 세상에는 맞지 않는 말이다.

70이면 옷을 새로 짓지 않는다면서(七十不製衣), 인생 70은 예로부
터 드물었기에(人生七十古來稀) 70세를 古稀(고희)라고 말한다.

중국에 '인생은 73이나 84(人生七十三八十四)'라는 속담이 있다. 공자는 73세, 맹자는 84세에 죽었다. 당시로써는 정말 장수하였다. 공자, 맹자가 이처럼 장수했던 것은 수양과 절제 속에 분에 넘는 행실이 없어 마음이 편했기 때문이 아니겠는가?

006
다 능 비 사
多能鄙事

여러 가지 천한 일에 능숙하다.

[원문] 《論語 子罕》太宰問於子貢曰, "夫子聖者與? 何其多能也?" 子貢曰, "固天縱之將聖, 又多能也." 子聞之曰, "大宰知我乎! **吾少也賤, 故多能鄙事.** 君子多乎哉? 不多也."

[해석] 鄙事(비사)는 하찮은(輕賤) 일이다. 전문지식이 필요하지 않은 단순노동과 비슷한 일이라고 생각하면 된다.

　　太宰(태재)란 관직에 있는 사람이 "공자는 聖人이 아니신가? 어찌 그리 유능한가?"라고 묻자, 자공은 "정말로 하늘이 보내신 미래의 성인이시며 그래서 다방면에 유능하시다."라고 대답했다.

　　이 말을 전해들은 공자는 "태재야말로 나를 바로 보았다. 나는 젊어 미천했기에 하찮은 일에 능숙하다. 군자는 재주가 많아야 하는가? 많지 않아도 된다."라고 말했다.

공자는 하급 무사인 叔梁紇(숙량흘)의 아들로 태어났고,[27] 3세에 부친을 잃었으니 그 가족의 경제 상황이 어느 정도였겠는가 짐작할 수 있다. 공자는 '十有五而志于學' 했지만, 17세에 모친 顔徵在(안징재)마저 별세하였다.[28] 20세에 宋人 开官氏〔견관씨, 亓官氏(기관씨)〕와 결혼했고 다음 해에 아들을 낳았다.[29] 공자는 대략 이 무렵에 季氏 문하에서 委吏(위리, 창고 관리 담당)와 乘田(목장 관리)의 일을 담당하였다.[30] 뒷날 공자는 이를 두고 '吾少也賤, 故多能鄙事' 라고 말했으며,

....

27 공자의 선조는 殷의 후예이고 殷이 망한 뒤 그 후손을 봉한 나라가 宋이었다. 공자의 선조 孔父嘉(공부가)가 華氏에게 피살된 뒤, 그 아들 孔防叔은 魯國으로 이주했다. 공방숙의 아들 孔伯夏(공백하)는 공자의 조부이고, 공백하의 아들 叔梁紇(숙량흘)이 공자의 부친이다. 叔梁은 字이고, 紇(명주실 흘)이 이름이다. 당시에는 字 다음에 名을 쓰는 표기가 통용되었다.

28 숙량흘의 첫째 부인 施氏는 無子했고, 둘째 부인은 아들〔孟皮(맹피)를 낳았지만 足病으로 불구였다. 숙량흘이 顔氏 집에 구혼했다. 숙량흘과 顔徵在(안징재)의 결혼을 〈공자세가〉에서는 野合(야합)이라고 기록했다.(紇與顔氏女野合而生孔子, 禱於尼丘得孔子.) 野合은 부부의 나이차가 많은 비정상적인 결혼이라 해석할 수 있다. 안씨가 尼丘山에 기도하여 아들을 얻으니, 바로 공자이다.

29 공자 아내의 성씨에 대하여 국내에서는 '계관〔笄官, 비녀 계(笄)에서 대 죽(竹) 머리가 없는 글자. 컴퓨터에 나오지 않음〕', 또는 亓官(亓는 其의 古字), 그리고 亓官(기관)씨 등 책마다 다르다. 필자는 中文大辭典(臺灣 판) 开(音 堅)의 「开官 ; 複姓, 〈魯先賢傳〉 孔子 妻 开官氏.《孔子家語 本姓解》; 孔子 娶於宋之开官氏,一歲而生伯魚..」라는 해석에 따라 견관씨라고 표기하였다. 그리고 공자가 20세에 아들을 볼 때는 미천한 직위였는데, 魯 昭公(소공)이 잉어를 선물로 보냈다는 기록도 의심의 여지가 많다고 한다. 开官氏〔견관씨, 亓官氏(기관씨)〕는 前 485년(공자 67세)에 죽었다.

30 《論語》에는 이런 기록이 없고 委吏와 乘田의 하급 吏職에 대해서는《孟子 萬章章句 下》에 「孔子嘗爲 孔子嘗爲矣 曰牛羊 茁壯長而已矣..」라 기록되었다.

또 "나는 등용되지 않았기에 여러 기능을 배워야 했다."고 말했다.[31]

위에서 자공이 말한 '하늘이 내리신 분'이란 뜻의 '天縱之才'는 지금 '天賦(천부)의 소질을 가진 뛰어난 인재'란 뜻으로 통용된다.

중국인들에게 藝(예)는 기술, 손재주 또는 잔재주라는 의미로 통용된다. 적어도 몸에 기술 하나는 있어야 굶어 죽지 않는다고 했다. 1백가지 재주가 정통한 하나의 재주만 못하다(百藝不如一藝精)고 하였으며, 한 가지 재주를 가진 사람은 부자이나, 백 가지 재주를 가진 사람은 가난하다(一藝富 百藝窮) 하여 여러 가지 기능이나 재주에 관해서는 오히려 부정적 평가가 많았다. 위 원문에서 공자의 '君子多乎哉? 不多也.'라는 말도 이에 상통하는 뜻이라고 생각된다.

007

무 의 무 필 무 고 무 아
毋意 毋必 毋固 毋我

억측, 堅執(견집), 완고, 독선이 없었다.

[원문]《論語 子罕》子絶四, 毋意, 毋必, 毋固, 毋我.

[해석] 공자에게는 4가지 나쁜 병폐가 없었다.

毋意(무의)의 毋는 말 무, 無와 통용된다. 意는 억측이나 지레짐작, 선입견 같은 것. '아마 그럴 것이다.' 또는 '그럴 줄 알았다.'와 같은 말로, 豫斷(예단)하는 병폐. 공자는 "다른 사람이 거짓말을 하리라 예

31《論語 子罕》牢曰, "子云, 吾不試, 故藝." 試는 用, 등용의 뜻.

단하지 않고, 불성실하다고 억측하지 않고도 미리 알 수 있다면 현명하지 않은가?"라고 말했다.[32]

毋必(무필)의 必은 期必(기필), 專一(전일), 堅決(견결). '이것만은 꼭', '세상이 두 쪽이 나도 내 기어이 하겠다.'는 병폐이다. 물론 좋은 때도 있지만 주변을 고려하지 않을 수 없을 것이다.

毋固(무고)는 '절대로 바꿀 수 없다.'는 외고집이나 頑固(완고)한 성질에 따른 병폐가 없다. 고집을 부리지 않았다.

毋我(무아)는 '나 아니면 안 된다.'는 생각이 없었다. 자기만은 늘 옳고(獨善), 또 最上이라고 여기며 다른 사람을 배척하는 병폐가 없었다. 이상 4가지 병폐의 근절을 간단히 '絶四'라고 한다.

이상의 絶四는 私心에 의한 어떤 욕망이나 충동, 고집이 없다는 뜻이며, 이를 학습에도 적용한다면 開放的 思考와 신지식과 정보의 적극적 수용이라고 생각할 수 있다.

008
온 양 공 검 양
溫良恭儉讓

온화, 선량, 공경, 검소, 사양

[원문] 《論語 學而》子禽問於子貢曰, "夫子至於是邦也, 必聞其政, 求之與? 抑與之與?" 子貢曰, "**夫子溫良恭儉讓以得之.** 夫子之求之也, 其諸異乎人之求之與?"

----

32 《論語 憲問》子曰, "不逆詐, 不億不信, 抑亦先覺者, 是賢乎!"

[해석] 子禽(자금)의 본명은 陳亢(진항)이고, 子禽은 字이다. 공자의 제자 여부는 확실치 않다. 《史記 仲尼弟子列傳》에는 이름이 나오지 않는다.

자금이 子貢(자공)에게 물었다. "당신의 사부는 어떤 나라에 가든 그 나라의 정치에 대해서 묻는데, 자신이 관직을 얻으려는 뜻입니까? 아니면 다른 사람을 통해서 알리려는 뜻입니까?"

그러자 자공은 "夫子께서는 온화(溫), 선량(良), 공경(恭), 검소(儉), 사양(讓)을 실천하는 분이십니다. 부자께서 얻으려는 것은 아마 다른 사람과 다르지 않겠습니까?"라고 말했다.

공자는 아름다운 美玉을 갖고서 팔리기를 기다리는 사람이었지[33] 세일하듯 팔려 하지 않았다. 공자는 다른 사람과 구하려는 것도 구하는 방법도 다르다는 뜻이다.

공자는 온화하면서도 엄숙하고, 위엄이 있지만 사납지 않았고, 공손하면서도 安

陳亢(진항), 子禽(자금)
출처 : 대만국립고궁박물관

---

33 《論語 子罕》子貢曰, "有美玉於斯, ~ 子曰, "沽之哉! 沽之哉! 我待賈者也."

穩(안온)한 분이었다.[34] 그리고 仁德의 실천이 어려운 줄을 알면서도 실천하려고 헌신적이고 열심이었다.[35]

009
여 불 가 구　　종 오 소 호
如不可求, 從吾所好
얻지 않아도 된다면, 하고 싶은 일을 하겠다.

[원문] 《論語 述而》 子曰, "富而可求也, 雖執鞭之士, 吾亦爲之. **如不可求, 從吾所好.**"

[해석] 정말로 부귀가 일생의 목표이거나 반드시 성취해야 할 일이라면 부귀를 이루기 위해 무슨 일을 못하겠는가? 그러나 부귀가 최고의 가치가 아니라면?

　　공자가 말했다. "富를 이뤄야만 한다면 비록 채찍을 드는 천한 직책이라도 나는 할 것이다. 만약 얻지 않아도 된다면 내가 좋아하는 일을 하겠다."

　　재물이 많으면 생활에 불편이 없을 것이다. 또 자신이 원하는 일을 어지간히 마음껏 즐길 수도 있다. 그러나 그것이 인생의 제일 목표가 되기에는 좀 부족하다. 정말로 부유해야 한다면 공자는 채찍을 들고

....

34 《論語 述而》 子溫而厲, 威而不猛, 恭而安.
35 《論語 憲問》 子路宿於石門. 晨門曰, "奚自?" 子路曰, "自孔氏." 曰, "是知其不可而爲之者與?"

고관의 행차 앞에서 길을 치우는 일이라도 하겠다고 말했다. 그러나 그것을 목표로 할 수 없기에 하고 싶은 일을 하겠다는 공자였다.

　困窮(곤궁)과 通達(통달), 부유와 고귀는 이미 다 정해진 것이니(窮通富貴皆前定), 곧 곤궁과 榮達(영달)은 다 타고난 팔자이고, 부귀는 하늘의 뜻이다(窮通有命 富貴在天). 萬頃(만경)의 넓은 땅이 4냥 어치 얄팍한 복만 못하다(萬頃良田 不如四兩薄福)고 하였으니, 복 받아 태어나는 것이 제일이고, 금과 옥을 가진 부자가 되기보다는(不願金玉富), 다만 자손이 현명하기를 원한다(但願子孫賢). 왜냐면 영화는 풀잎의 이슬이고(榮華是草上露), 부귀란 기왓장에 내린 서리이다(富貴是瓦頭霜). 해가 뜨면 흔적도 없이 사라지는 이슬(露)과 서리(霜)이다.

010

불 여 구 지 호 학
不如丘之好學

나처럼 *好學*하는 사람은 없다.

[원문]《論語 公冶長》子曰, "十室之邑, 必有忠信如丘者焉, **不如丘之好學也**."

[해석] 丘(구)는 공자의 이름이다. 十室之邑은 民戶가 10戶 정도의 작은 마을이다. 그런 마을에도 공자처럼 성실하고 신의를 지키는 사람은 분명히 있을 것이다. 그렇지만 공자만큼 호학하는 사람은 없을 것

이라고 하였다.

세상에는 성실하고 부지런하며 착한 마음씨를 가진 사람이 매우 많다. 어느 마을이건, 어느 집단이건 그런 사람들은 있다. 그러나 그런 사람 중에 공자만큼 호학하는 사람은 없을 것이라면서 공자는 자신의 학문에 대한 열정을 피력하였다.

인생의 경험은 학문과 매우 비슷하여 경험이 많은 사람이 현명하다. 그러나 경험은 학문이 뒷받침되어야 한다. 경험으로 상대의 장점을 배우고(學彼之長) 자신의 단점을 고쳐나간다(攻己之短). 나이가 많으면 일반적으로 경험도 많지만 학문은 꼭 그렇지 않다. 학문에는 나이가 없고, 능한 사람이 어른이다(學問無大小 能者爲尊). 그리고 배움의 바다는 끝이 없으니 근면해야 건널 수 있고(學海無邊勤可渡), 일만 길이 넘는 책의 산은 의지가 있어야 오를 수 있다(書山萬仞志能攀).

공자의 호학은 공자가 부지런했다는 반증이다. 게으른 사람은 절대로 好學도 勉學도 못한다.

011
술 이 부 작 신 이 호 고
述而不作 信而好古

祖述할 뿐 새로 저술하지 않고, 先賢을 신봉하며 옛 것을 좋아하다.

[원문]《論語 述而》子曰, "**述而不作, 信而好古,** 竊比於我老彭."

[해석]〈述而〉는《論語》의 7번째 편명이다. 述은 말하다, 그리고 진술

이라는 뜻에서 '따라하다'의 뜻이 있다. 述而不作은 옛 성인의 가르침을 이어받아 그 뜻을 알기 쉽게 이어 설명했을 뿐, 새로운 제도나 문화, 가르침을 만들지 않았다는 뜻이다.

공자가 말했다.

"(이어 내려온 제도나 문헌을) 祖述(조술)했을 뿐 짓지 않았으며 성실하게 옛 것을 좋아하였으니, 나 스스로 老彭(노팽)에 比할 수 있다."

공자는 "잘 알지도 못하면서 저술하는 병폐가 나에게는 없다. 많이 들어서 그중 옳은 것을 받아들이고, 또 많이 읽어 아는 것이니, 아마 배워서 아는 사람(學而知之)일 것이다."라고 자신의 학문 자세를 언급하였다.[36]

공자가 《詩》와 《書》를 刪定(산정)하고, 《禮》와 《樂》을 정리하였으며, 《易》을 보충 설명하고(繫辭傳), 《春秋》를 저술하였으니, 곧 六經을 정리하여 후학의 공부를 도운 것이 바로 述而不作(술이부작)이다.

공자가 그동안 번잡하게 전승되어 온 《詩經》을 과감하게 삭제하여 지금과 같은 체제를 만든 것을 刪詩(산시)라고 한다. 또 《書經》의 서술이 堯(요)에서 시작한 것도 堯 이전은 문헌이 없어 증빙할 수 없기 때문이라고 하였다. 그렇지만 공자가 魯의 연대기 《春秋》의 기록 내용을 褒貶(포폄)한 것은 새로운 저술이라고 孟子는 주장하였다.[37]

....

36 《論語 述而》 子曰, "蓋有不知而作之者, 我無是也. 多聞, 擇其善者而從之, 多見而識之, 知之次也."

37 《孟子 滕文公 下》 昔者禹抑洪水而天下平 周公兼夷狄驅猛獸而百姓寧 孔子成《春秋》而亂臣賊子懼. 《孟子 離婁 下》 孟子曰 "王者之迹熄而《詩》亡 《詩》亡然後《春秋》作, 晉之《乘》楚之《檮杌》魯之《春秋》一也, 其事則齊桓 晉文 其文則史 孔子曰其義則丘竊取之矣.

鄭玄(정현, 서기 127~200년)
출처 : 대만국립고궁박물관

공자는 이전의 학문을 집대성하여 仁이라는 絶對善의 구현을 목표로, 그간 전수된 학문에 現世的 의미를 부여하고 六經을 학술적으로 정리한 공적은 新作 이상의 의의가 있고 儒學 발전의 기초를 확고히 하였다. 곧 전통적 주장을 그대로 추종하지 않고 그를 바탕으로 창조를 더한 것이라고 받아들여야 한다.

공자의 '信而好古(신이호고)'란 옛 성인이나 현인의 말씀이나 기록을 신뢰하며 옛 것을 진정으로 좋아했다는 뜻이다. 이는 공자의 옛 역사와 선현의 경험을 전적으로 배우고 존중하는 태도라 할 수 있다.

노팽은 彭祖(팽조)인데, 팽조의 본명은 彭籛(팽전)이며 8백 년을 살았다는 전설이 있다. 또는 殷의 賢大夫인 老彭(노팽)은 先王之道를 잘 전술하였지만 새로 창작하지 않았다는 사람인데, 공자는 자신이 殷

(宋)의 후손이기에 노팽에 비교했다는 설명이 있다. 공자가 자신을 노팽에 비한다는 말은 자신이 특별한 사람이 아니고 그저 옛사람을 본받으려 한다는 뜻일 것이다. 후한의 鄭玄(정현, 서기 127~200년, 字 康成)은 노팽을 老子와 800살을 살았다는 彭祖(팽조) 두 사람을 지칭한다고 풀이했다.

이는 공자가 자신의 호학과 면학을 겸손하게 표현한 말이다. 단순히 옛 성인의 자취만을 따라갔다고 풀이할 수가 없다.

공자는 至聖(지성)이다. 공자의 학문과 인덕에 가장 접근한 復聖 顏子(안자), 宗聖 曾子, 述聖 子思子, 亞聖 孟子(맹자)가 계승했다.(大成殿 四配, 明 世宗 嘉靖 9년, 1530) 述聖 子思는 공자의 손자 孔伋(공급, 前 483~402년)이다.

孔伋(공급, 字 子思)은 戰國 초기에 일찍이 曾子에게 배웠고 魯 穆公(목공)에게 출사했다. 자사가 《中庸》을 지었다는 주장은 실증이 어렵다. 孟子는 子思의 門人에게 배웠다.

012
조 문 석 사
朝聞夕死

아침에 道를 알고 저녁에 죽다.

[원문] 《論語 里仁》子曰, "朝聞道, 夕死可矣."

[해석] 너무 유명한 말이다. 그러다 보니 그 해석도 분분하다.

우선 공자가 말한 道는 무엇을 뜻하는가? 道는 사물의 당연한 도리이다. 이를 아침에 듣거나 깨우쳐 알았다면 저녁에 죽어도 좋을 것이라는 뜻으로 새길 수 있다.

또는 '道를 아침에라도 들어야 저녁에 죽을 수 있다.'고 풀이할 수도 있다. 하여튼 아침에서 저녁이면 짧은 시간이다. 도를 깨우치고 금방 죽어도 여한이 없다는 뜻이니, 그만큼 道의 터득을 갈구한다는 뜻이다.

공자가 말한 道는 구체적으로 무엇인가? 공자는 "道에 뜻을 두고, 德을 바탕으로, 仁에 의거하며, 學問(藝)을 즐긴다."고 하였다.[38] 이는 공자 생활의 4대 원칙이라고 불러도 괜찮을 것이다. 하여튼 道는 天 또는 仁과 같은 불변의 진리나 이념이며 그런 道를 구체적으로 실천하는 것이 德이다. 한마디로 道는 仁의 본체이며, 仁은 道의 具體化이며 적용일 것이다. 사람으로 태어나 살면서 그러한 道를 터득했다면 얼마나 보람이고 가치 있는 일인가? 도를 오랫동안 실천할 수 있다면 좋겠지만 짧은 시간을 살고 저녁에 죽더라도 여한은 없다는 뜻일 것이다. 결국 朝聞夕死는 진리나 어떤 목표의 열렬한 추구와 달성을 뜻한다.

어떤 절대자가 나에게 이 진리를 모르면 오래 살게 해주겠다. 그러나 이 진리를 터득하면 너는 저녁에 죽어야 한다. 이 진리를 알겠느냐? 아니면 모르고 그냥 살겠느냐? 양자택일하라고 할 때, 진리를 알고 나서 바로 죽어도 좋다는 간절한 열망일 것이다.

----

38 《論語 述而》子曰, "志於道, 據於德, 依於仁, 遊於藝."

013

<ruby>發<rt>발</rt></ruby><ruby>忿<rt>분</rt></ruby><ruby>忘<rt>망</rt></ruby><ruby>食<rt>식</rt></ruby> <ruby>樂<rt>낙</rt></ruby><ruby>而<rt>이</rt></ruby><ruby>忘<rt>망</rt></ruby><ruby>憂<rt>우</rt></ruby>

發忿忘食 樂而忘憂

발분하여 망식하며, 혼자 좋아하며 근심도 잊어버리다.

[원문]《論語 述而》葉公問孔子於子路, 子路不對. 子曰, "女奚不曰, 其爲人也, **發憤忘食, 樂以忘憂**, 不知老之將至云爾."

[해석] 楚의 葉公(섭공)에 대하여 재미난 이야기가 전해온다.

섭공은 龍(용)을 무척이나 좋아하였다. 궁 안의 곳곳에 용을 그리고 새겼으며 용에게 진심으로 제사를 올렸다. 이에 感應(감응)한 진짜 용이 섭공 앞에 나타났다. 그때까지 진짜 용을 보지 못했던 섭공은 진짜 용의 출현에 놀라 기절했고 곧 죽었다.

그 당시 子張은 이 이야기를 전하면서 섭공이 좋아한 것은 용과 비슷한 것이었지 진짜 용은 아니었다고 말했다. 이는 浮華(부화)하고 不實(부실)한 지식을 비유한 이야기이다.

어느 날 섭공이 子路(자로)에게 공자가 어떤 사람이냐고 물었지만 자로는 대답하지 못했다. 이를 전해들은 공자가 자로에게 일러 주었다.

"너는 '그분은 발분하면 밥 먹는 것도 잊어버리며, 혼자 좋아하며 근심을 잊어 늙는 줄도 모른다.' 고 왜 말하지 않았느냐?"

(원문의 女는 汝 너 여. 奚는 어찌 해.)

發憤忘食(발분망식)은 공부나 일에 완전 몰입한 지경이고, 樂而忘憂(낙이망우)는 自得(자득)하여 번뇌조차 잃은 상태이며, 不知老之將至

는 忘我(망아)의 도취상태라 할 수 있다.

忘食 - 忘憂 - 忘我의 단계로 자신을 표현한 공자의 말은 얼마나 멋진가! 아무나 이 정도 단계에 이를 수 있겠는가?

공자는 외부 상황에 따라 흔들리지 않는 自我意識, 仁의 실천과 제자 교육에 열중하고, 從心所欲해도 法度를 넘지 않는 절제가 내면화되었기에 이런 경지에 도달했을 것이다.

014
學無常師
배움에 정해진 스승이 없었다.

[원문] 《論語 子張》衛公孫朝問於子貢曰, "仲尼焉學?" 子貢曰, "文武之道, 未墜於地, 在人. 賢者識其大者, 不賢者識其小者. 莫不有文武之道焉. 夫子焉不學? 而亦何常師之有?"

[해석] 衛(위)의 大夫 公孫朝(공손조)가 子貢에게 물었다.

"仲尼(중니, 孔子)는 누구에게서 배웠습니까?" 이에 자공이 말했다.

"周 文王과 武王의 道가 아직 땅에 추락하지 않고 사람에게 있습니다. 賢者는 그 큰 대강을 알고, 不賢者는 그 小道를 알고 있습니다. 그러니 어디엔들 문왕, 무왕의 大道가 없겠습니까? 그러니 夫子께서 어찌 아니 배우셨겠습니까? 또한 어찌 정해진 스승이 있겠습니까?"

공자는 스스로 전적을 읽고 배웠으며, 주변의 모두에게서 배웠기

에 '三人行에 必有我師焉'이라 하였으며, 누구에게든 물어 배웠다.[39]

지금 '學無常師'는 배우려는 사람은 어디서든 무엇이든 모두를 배우다는 뜻으로 사용된다.

學問은 물어서 배우는 것이다. 배울 것을 배우고 물을 것을 물어야 하고(學學問問), 하나를 배우면 둘을 물어야 하기에(一學二問), 아무에게나 많이 아는 사람에게 물어야 한다. 그러니 어찌 정해진 스승이 있겠는가? 그리고 학습이란 물을 거슬러 배를 모는 것과 같으니(學習好比逆水行舟), 나아가지 않는다면 곧 뒷걸음질 치는 것이다(不進則退). 그러기에 학문의 길에서는 다만 중지하는 것을 걱정하지(學問之事 只患止), 늦는 것을 걱정하지 않는다(不患遲).

015
학 지 불 강
學之不講

배운 것을 講述하지 못하다.

[원문] 《論語 述而》 子曰, "德之不脩, **學之不講**, 聞義不能徙, 不善不能改, 是吾憂也."

[해석] 부귀에 뜻을 두지 않은 공자의 근심걱정거리가 무엇이겠는가?

....

39 《論語 八佾》 子入太廟, 每事問. 或曰, "孰謂鄹人之子知禮乎? 入太廟, 每事問." 子聞之曰, "是禮也."

"덕을 닦지 못하고, 배운 것을 강술하지 못하거나, 대의를 듣고서
도 실천하지 못하고, 不善을 고치지 못하는 것이 나의 걱정거리이
다."

덕행으로 수양하지 못하거나 학문에 정진하지 못한다면 無識(무식)
이다. 정의와 선행을 지키지 못하거나 실천하지 못한다면 악인과 다
름없게 될 것이다. 특히 학문은 講述(강술)을 해야 확실하게 내 것이
된다. 그래서 '敎學相長'이라고 한다.

사실 군자가 지혜롭지 못하다면(弗知), 좀 쉬운 말로 머리가 나쁘
다면, 이를 걱정하지 않을 수 있겠는가? 그리고 지혜롭다 생각하며
배우려 하지 않는다면(知而不學)? 이 또한 걱정해야 한다. 그리고 배
운 것을 실천하지 못한다면(學而不行)? 이 또한 걱정해야 한다.

016

회 인 불 권
誨人不倦
가르치기를 게을리하지 않다.

[원문] 《論語 述而》 子曰, "默而識之, 學而不厭, **誨人不倦**, 何有於
我哉?"

　《論語 述而》 子曰, "若聖與仁, 則吾豈敢? 抑爲之不厭, **誨人不
倦**, 則可謂云爾已矣." 公西華曰, "正唯弟子不能學也."

[해석] 우리 같은 보통 사람이 공자를 따라가기 어려운 일 중에서 가장
많은 사람들이 느끼기로는 아마 공자의 好學일 것이다. 요즈음 말로,

공자는 진정으로 배우기를 좋아했고 또 열성적이었다. 그러고 그런 공부를 티 내지 않게 했다. 혼자 묵묵히 열심히 생각하여 진리를 터득하였다.

공자는 잘 알지 못하는 것을 함부로 말하지 않았다. 많은 것을 들은 뒤에 그중 가장 좋은 것을 골라 따랐으며 많이 보았기에 알게 되었다. 이것은 生而知之(생이지지)의 다음 단계인 學而知之일 것이다.[40] 바로 이런 배움이 공자의 默而識之(묵이식지)이다.

배움은 끝이 없다고 누구나 말한다. 그러나 정말 끝이 없다는 생각이 들 정도로 애써 공부한 사람은 얼마나 되겠는가? 밥을 많이 먹으면 더 이상 먹기 싫어진다. 이것을 우리는 보통 '물린다(厭, 싫을 염)'고 말한다. 시험공부를 하다 보면 지치고 힘들어 그만두고 싶다. 공부에 물렸다고 말한다. 배움은 똑같은 공부의 반복이 아니다. 배움은 늘 새롭다. 그 새로운 것을 배우고 또 배우면서 물리지 않는 것이 學而不厭(학이불염)이다.

다음으로 공자는 제자를 열심히 교육했다. 공자는 文, 行, 忠, 信을 교육했으니, 이를 공자의 四敎라고 한다.[41] 교육 방법론에서 공자는 정말 다양한 시도를 했고 또 성공을 거두었다고 생각한다. 평생 교단을 지켰던 필자로서, 공자는 정말 따라갈 수 없는 열정의 소유자라고 생각하였다. 재능이 많이 부족한 학생을 가르치는 것이 뛰어난 학생을 가르치기보다 어려울 것이라고 생각하는 사람이 많다. 그러나 이는 그렇지 않다. 가르치기가 쉽다면 모두 쉽고, 어렵다면 모두가 어

....

40 《論語 述而》子曰, "蓋有不知而作之者, 我無是也. 多聞, 擇其善者而從之, 多見而識之, 知之次也."

41 《論語 述而》子以四敎, 文, 行, 忠, 信.

렵다. 다만 가르치는 사람
이 게으르다면 배우는 학생
은 학습이 더 어렵게 느껴
진다. 교육 활동을 게을리
하지 않는 것이 誨人不倦
(회인불권)이다.

공자는 이런 3가지가 자
신에게 부족하다고 말했다.
정말 겸손한 표현이다.

공자가 말했다. "만약 聖
(성)과 仁(인)이 비슷한 것이
라고 한다면 내가 어찌 그

公西華(공서화, 公西赤)
출처 : 대만국립고궁박물관

러하겠는가? 다만 그런 仁을 실천하려 애쓰면서 나는 남을 가르치는
데 게으르지 않았을 뿐이라고 말할 수 있을 것이다."

이 말을 들은 公西華(공서화, 公西赤. 字는 子華, 공자보다 42세 연하)가
말했다. "바로 이 점을 제자들은 따라갈 수 없다."

子貢은 이러한 공자의 好學을 두고 말했다. "夫子의 學不厭(학불염)
은 智이고, 教不倦(교불권)은 仁이다. 부자께서는 仁과 智를 겸비하셨
으니 夫子께서는 성인이시다."[42]

⋯⋯⋯⋯⋯

42 《孟子 公孫丑章句 上》昔者 子貢問於孔子曰 "夫子聖矣乎." 孔子曰, "聖則
吾不能. 我學不厭而教不倦也." 子貢曰 "學不厭 智也, 教不倦 仁也, 仁且
智, 夫子旣聖矣." ~.

017

노 자 안 지　소 자 회 지
老者安之 少者懷之

늙은이는 편안하게, 젊은이를 지켜주다.

[원문]《論語 公冶長》顔淵季路侍. 子曰, "盍各言爾志?" ～ 子路曰, "願聞子之志." 子曰, "**老者安之, 朋友信之, 少者懷之.**"

[해석] 안연과 자로가 공자를 모시고 있을 때, 공자가 각자의 뜻을 말해보라고 했다.

　자로와 안연이 그들의 포부를 말한 뒤에, 공자의 志向을 묻자, 공자는 "노인을 편안하게 당대인에게는 붕우의 신뢰를 얻고, 젊은이 모두를 마음에 품어주고 싶다."고 말했다.

　사실 공자의 뜻은 개인적인 포부가 아니라, 이는 인류가 실천해야 할 시대적 소망이라고 말할 수 있다. 인간 사회는 세상을 이끌었던 前 世代라 할 수 있는 노인과 當代人, 그리고 다음 대를 이을 젊은 세대로 구성되었다. 공자는 노인세대에게는 편안한 노후를, 그리고 현세의 주인공인 당대인, 곧 공자의 붕우에게는 신뢰를, 그리고 대를 이을 다음 세대의 젊은이들을 모두 끌어안고 사랑하며 그 젊은이들의 꿈을 이뤄주고 싶다고 말했다.

　정말 인류에 대한 철저한 애정이 없다면 결코 생각도 못할 큰 꿈이다. 그리고 공자가 아닌 누구라도 실천해야 할 인류애이다. 현재는 과거와 미래의 중심이며, 현세대의 주인공들은 전 세대의 노후안정과 행복을 보장하고 또 후세대를 품에 안고 키워야 할 의무가 있다.

　세대 간의 갈등이 아닌 융합과 모두의 행복을 이룩하기 ～ 정말 고

귀한 꿈이 아닌가? 이는 修己安人과 뜻이 같은 말이다.

018

부 자 위 목 탁
夫子爲木鐸

공자를 목탁으로 삼으려 한다.

[원문] 《論語 八佾》 儀封人請見, 曰, "君子之至於斯也, 吾未嘗不得
見也." 從者見之. 出曰, "二三子何患於喪乎? 天下之無道也久矣,
天將以夫子爲木鐸."

[해석] 공자가 노를 떠나 천하를 주유하였는데 衛(위)나라에 오래 머물
렀다. 衛나라 儀邑(의읍)의 관리(封人)가 그곳을 지나는 공자를 만나
보고 나와서 공자의 여러 제자들에게 말했다.

"여러분들은 사부가 뜻을 성취할 수 없다고 왜 걱정하시나요? 천
하에 道가 실현되지 않은 지 오래라서 하늘은 夫子를 목탁으로 삼고
자 하십니다."

夫子는 본래 大夫 이상의 관원을 지칭하였는데, 공자의 제자들이
스승 공자를 호칭으로 쓰였다.

승려가 염불할 때 木魚(목어)의 변형인 木鐸(목탁)을 친다. 불공을
드릴 때 치는 목탁은 외우는 불경에 리듬을 만들어주고 불공에 참여
한 대중에게 동작을 지시하는 도구이며 모든 四界의 衆生에게 불법
을 들려주기 위한 방편이라고 한다.

목탁은 나무로 만든 방울(鐸)이다. 중국에서는 종교의식 도구로서 목탁이 아닌 많은 사람에게 國事를 알릴 때 사람을 모으기 위해 소리를 내는 도구였다. 따라서 목탁은 교화와 선전을 의미한다. 軍中에서는 쇠솥인 刁斗(조두)를 치며 순찰을 돌았고, 민간에서는 밤에 딱따기를 치며 마을을 순시하였다.

하늘이 공자를 목탁으로 삼으려 한다는 것은 이 세상에 실현해야 할 바른 道를 깨우치기 위해 공자를 출생케 했다는 뜻이며, 공자의 생존 자체가 警世(경세)의 목탁이라는 뜻이다. 그리하여 언젠가는 나라나 사회가 정상 궤도에 오르고 교화가 이루어질 것이라는 희망을 피력하였다.

그렇지만 각국을 정처 없이 유랑해야 하는 공자의 처지와 상황은 정말 서글펐을 것이다.

019

대 고 이 고
待賈而沽

살 사람을 기다렸다가 팔다.

[원문] 《論語 子罕》 子貢曰, "有美玉於斯, 韞匵而藏諸? 求善賈而沽諸?" 子曰, "沽之哉! 沽之哉! 我待賈者也."

[해석] 자공이 공자에게 물었다. "여기 美玉이 있는데, 궤 안에다 잘 보관하시겠습니까? 아니면 좋은 값을 부르는 상인을 기다렸다가 팔아버리겠습니까?" 그러자 공자께서 말씀하셨다.

"팔아버리지!(沽之哉, 沽는 팔 고) 팔아버려야지! 나는 물건 볼 줄 아는 사람을 기다리고 있다."

자공이 말한 美玉은 공자이고, 공자가 기다리는 물건 볼 줄 아는 착한 상인 善賈(선고)는 안목을 갖춘 제후나 國君이었다. 공자는 자신을 등용할 사람을 기다리고 있다는 뜻이었다.

공자한테 美玉을 그냥 감춰 보관만 하겠습니까? 아니면 팔겠습니까? 라고 물어본 자공의 재치! 그 뜻을 알고 바로 흔쾌하게 농담처럼 자신의 의향을 표현한 스승은 정말 환상적인 사제지간이었다.

자공은 사업 수완이 뛰어났었다. 子貢 이전의 范蠡(범려)도 그러했지만 이들 大商의 理財 방법은 물건이 저렴할 때 사들였다가 귀할 때 비싸게 파는 방법이었다. 漢代에도 그랬지만 상인의 買占賣惜(매점매석)과 관리에게 뇌물 제공은 기본 중의 기본이었다. 자공이 여러 제후를 예방하면서 제후나 國君과 서로 대등한 예로 상대할 수 있었던 것(分庭抗禮)은 모두 그가 재산가였기 때문이었다.[43]

이 성어는 보통 '待價而沽'로 사용된다. 본래 좋은 황금이나 玉은 그 값을 갖고 있다(良金美玉 自有定價)고 하였으며, 황금은 값을 따질 수 있지만 사람은 값이 없다(黃金有價人無價)고 하였다. 그만큼 사람이 소중하다는 뜻이다.

상인의 입장에서는 값만 맞으면 손님을 고르지 않는(得價不擇主)

---

43 《史記 貨殖列傳》子贛旣學於仲尼, 退而仕於衛, 廢著鬻財於曹, 魯之閒, 七十子之徒, 賜最爲饒益. 原憲不厭糟糠, 匿於窮巷. 子貢結駟連騎, 束帛之幣以聘享諸侯, 所至, 國君無不分庭與之抗禮. 夫使孔子名布揚於天下者, 子貢先後之也. 此所謂得埶而益彰者乎?

것처럼, 물건을 가진 사람도 물건값만 좋다면 장사꾼 누가 사든 무슨 상관이겠는가?

020
삼 년 유 성
三年有成
3년이면 성취할 수 있다.

[원문] 《論語 子路》 子曰, "苟有用我者, 期月而已可也, 三年有成."

[해석] 공자가 여러 나라를 주유했던 이유는 등용되어 자신의 仁道를 정치를 통해 이루고자 하는 염원이었다. 여러 나라 중에서 소국인 衛 (위)의 靈公이 공자의 주장에 가장 공감했지만 공자를 등용하지는 못 했다. 공자의 이 말은 아마 공자가 衛에 있을 때 했을 것이라는 주석 이 있다.

공자는 "만약 나를 등용하는 주군이 있다면, 1년이면(期月) 그 성 과가 나타날 것이고, 3년이면 탁월한 효과를 볼 수 있을 것이다."라 고 말했다.

3년 – 어떤 일이든 열심히 노력하여 3년이면 효과가 분명하게 나 타난다. 크게 숙련된 기술자가 된다. 일관되게 추진한 정책도 그럴 것이다.

10년 – '10년 공부 나무아미타불!' 이란 말은 10년간 수련을 거듭 하여 거의 神功(신공)의 경지에 다 왔을 때 포기한 아쉬움을 나타내는 말이다.

성공과 관련하여 '1만 시간의 법칙'이란 말이 있다. 1만 시간의 전공이 쌓인다면 어떤 분야에서든 제1인자가 될 수 있다. 1일 3시간씩 ×10년(3,600일)이면 1만 시간이 넘는다. 누구든 어떤 분야에서 10년 공부면 제1인자가 되어 성공한다. 그러니 3년 공부만 해도 숙련의 경지에 도달할 것이다.

021
욱 욱 호 문 재
郁郁乎文哉!

찬란하도다, 문물이여!

[원문] 《論語 八佾》 子曰, "周監於二代, **郁郁乎文哉!** 吾從周."

[해석] 文物은 문화유산이며 전통이다. 공자가 말했다.

"周의 문물은 夏(하)와 殷(은) 二代를 본받았으니 빛나도다. 문물이여! 나는 周의 문물을 계승하겠다."

周의 문물은 殷代 문물의 점진적 발전이며, 공자는 그 전통의 계승을 강조하였고 주대의 문물은 유가의 禮制와 法制, 사회제도의 중심으로 자리 잡았다. 가령 殷의 형제 상속이 아닌 장자 계승을 확립한 宗法제도는 지금까지도 그 골격이 유지되고 있으니, 당시 공자로서는 "郁郁乎文哉"라고 감탄할만했다. 郁은 문채 날 욱. 郁郁은 문물이 성한 모양이다.

022

오 기 위 동 주 호
吾其爲東周乎

나는 아마 東周를 만들 것이다.

[원문] 《論語 陽貨》 公山弗擾以費畔, 召, 子欲往. 子路不說, 曰, "末
之也已, 何必公山氏之之也?" 子曰, "夫召我者, 而豈徒哉? 如有用
我者, 吾其爲東周乎!"

[해석] 公山弗擾(공산불요)가 費邑(비읍)을 근거로 배반한 뒤에 공자를
초빙하자(召) 공자가 응하려 했다. 이에 자로가 싫어하며(不說, 不悅)
말했다.

"가시면 안 됩니다. 하필 公山氏(공산씨)에게 가려 하십니까?"

그러자 공자가 말했다.

"나를 부르는 자가 어찌 그냥 부르겠느냐? 만약 나를 등용하는 자
가 있다면 나는 거기를 동쪽의 周로 만들겠다."

公山弗擾(공산불요)는 公山이 성씨 弗擾(불요)가 이름이다. 〈孔子世
家〉에는 公山弗狃(공산불뉴)로 기록했다. 季氏의 家臣으로 費邑(비읍)
을 근거로 배반하였고 명망 있는 공자를 초빙한 것은 자기 반역의 정
당화를 위한 명분이었을 것이다. 자로가 말한 "末之也已"의 末은 無
의 뜻이고, 也已(야이)는 어조사이다. 갈 이유가 없다는 뜻이다.

그러나 공자의 포부는 달랐다. 계씨나 공산씨나 魯에 불충한 것은
마찬가지이다. 그러나 "누구든 나를 등용한다면 나는 周 文王, 武王
의 道를 동쪽 魯나라에서 실현할 것이다."라면서 자신의 큰 꿈을 이

루고 싶다는 굳은 의지를 표현하였다.

결과적으로 공자는 공산씨에게 가지 않았다. 공자가 살았던 춘추시대를 東周라 한 것은 도읍이 서쪽 鎬京(호경, 西周)이 아닌 洛陽(낙양)이기에 후세 사람들이 구분하기 위한 용어였다. 그러나 당시 공자에게는 그냥 周 왕실이었다. 공자가 말한 東周는 周의 理想을 실현한 동쪽의 周이지 西周 東周의 구분이 아니다.

공산불요의 공자 초빙에 대해서는 論難(논란)이 많다.《論語》나《史記 孔子世家》의 내용을 고증하여 주목을 받는 책이 淸나라 崔述(최술)의《洙泗考信錄(수사고신록)》이다.[44] 최술은 공산불요가 배반할 때 공자는 司寇로 재직하였기에 본 장의 기록에 대하여 의혹을 제시했다.

023
포 과 공 현
匏瓜空懸

못 먹는 박처럼 공연히 매달렸다.

[원문]《論語 陽貨》佛肹召, 子欲往. 子路曰, "昔者由也聞諸夫子曰,

---

44 崔述(최술)은 淸나라 사람으로, 字는 武乘, 號는 東壁(동벽)으로 淸 乾隆(건륭) 연간에 급제한 뒤 주로 仁宗 嘉慶(가경) 연간(1796~1820)에 여러 지방관을 역임하였다. 이후 저술에 전념하여 經典 고증에 큰 업적을 남겼다. 그의 고증은 舊說에 얽매이지 않았고, 정밀 명쾌했으며, 虛理空談으로 惑世(혹세)하지 않았다는 평가를 받고 있다. 최술은《洙泗考信錄》에서〈孔子世家〉의 오류와《孔子家語》의 誣罔(무망)을 지적하였으며, 공자 門人의 행적을 사실적으로 기록하여〈仲尼弟子列傳〉의 오류를 바로잡았다.

'親於其身爲不善者, 君子不入也.' 佛肸以中牟畔, 子之往也, 如之何?" 子曰, "然, 有是言也. 不曰堅乎, 磨而不磷, 不曰白乎, 涅而不緇. **吾豈匏瓜也哉? 焉能繫而不食?**"

[해석] 佛肸(필힐, 佛은 도울 필, 弼과 同字. 肸은 소리 울릴 힐)은 晉國大夫 范氏(범씨)의 가신으로 中牟(중모)란 곳의 邑宰(읍재)이었는데 반기를 들고 범씨를 공격했다. 그런 필힐이 공자를 불러 등용하겠다는 뜻을 전하자, 공자가 응하려고 했다. 이에 자로가 말했다. "昔者에 '不善을 직접 행하는 자에게는 君子가 가지 않는다.'고 저는 夫子한테 들었습니다. 지금 필힐이 中牟(중모)에서 반기를 들었는데, 夫子께서 응하시려는데 이는 무슨 뜻이십니까?" 그러자 공자가 말했다.

"맞다. 그러나 이런 말도 있다. 갈아도(磨) 닳지 않으니 견고하다 아니하겠나? 물들여도 물들지 않으니 희다고 아니하겠는가? 내가 어찌 쓰디쓴 박(匏瓜)이겠는가? 어찌 매달려만 있고 먹지도 못하는 그런 박이어야 하는가?"

不磷(불린)은 돌이 닳아 없어지지 않다는 뜻. 涅而不緇(열이불치)는 검은 물을 들여도(涅은 개흙 열. 검은 물을 들이다.) 검어지지 않다(緇는 검은 비단 치)는 뜻이다.

옛날 박(匏瓜, 葫蘆, 조롱박. 匏는 바가지 포. 瓜 오이 과)을 심어 초가지붕에 올렸다. 박꽃은 하얗다. 한여름이 지나 초가을쯤이면 박의 껍질이 어느 정도 센다(단단해진다). 그러면 박을 따다가 중앙을 잘라 이등분한다. 박 속은 하얗고 정말 놀라울 정도로 가지런하게 박씨가 박혀있다. 그 하얀 박 속을 따로 꺼내서 솥에 삶아 간식으로 먹을 수 있다. 그리고 박은 뜨거운 물에 삶으면 더욱 단단해진다. 이것이 바가

지이다. 그 박씨를 제비가 흥부에게 물어다 주었다. 그런데 우리나라
에는 없지만 중국에는 바가지 만드는 박보다 더 크지만 박 속이 써서
(苦) 못 먹는 박이 있다. 그 박 속을 파내고 밀봉하면 물에 뜬다. 강을
건너갈 때 그것을 몸에 매달고 건너간다고 한다.

공자가 말한 박(匏瓜)은 식용할 수 없는 박이다. 이것은 그냥 공중
에 매달려 있을 뿐 별로 쓸모가 없다. 공자는 자신이 그런 못 먹는 박
과 같아서야 되겠느냐고 말했다. 匏瓜之人(포과지인)은 쓸모가 없는
사람이란 뜻이다.

이 구절을 통해 현실정치에 참여하고 싶은 공자의 간절한 욕구를
알 수 있다. 그러나 공자는 끝내 필힐의 부름에는 응하지 않았다.

匏瓜를 별 이름(匏瓜星)으로 해설한 주석도 있다. 그런데 못 먹는다
는 말이 있으니 하늘의 별을 보고 먹을 것이라는 연상은 쉽지 않다.
그래서 그냥 생활 주변에 볼 수 있는 바가지를 만드는 박으로 옮겼다.

024

^{비 연 성 장}
斐然成章

문채가 아름답다.

[원문] 《論語 公冶長》 子在陳, 曰, "歸與! 歸與! 吾黨之小子狂簡, **斐
然成章**, 不知所以裁之."

[해석] 陳(진)은 춘추시대 陳國인데, 국도는 宛丘(완구, 수 河南省 동부 周
口市 관할 淮陽縣)였고, 수 河南省 동부와 安徽省 북부에 걸쳐 존속했

던 나라이다. 《史記 孔子世家》에 의하면, 공자는 陳에 3년간 머물렀는데, 魯 哀公 3년(前 492년, 공자 60세)에 季桓子(계환자)가 죽으면서 아들 季康子에게 繼位 후에 공자를 모셔오라고 부탁했다. 그러나 공자의 귀국은 前 484년이었다(68세).

'歸與!'는 돌아가자! 與는 감탄사. 小子는 젊은이. 狂簡(광간)은 志向이 高遠하나 일 처리가 거칠고 세밀하지 못한 모양이다. 斐然(비연)은 문채가 나다. 成章은 외형이 화려하다. 裁는 制裁(제재)하다. 절제하다.

공자는 모국을 떠나 있으면서도 모국의 젊은이들을 걱정했다. 魯의 젊은이들이 志向은 원대하나 일에 서툴고 문채와 외형은 화려하나 그런 젊은 뜻을 어떻게 절제해야 유용한 인재로 만들지 모르겠다고 탄식한 말이다. 이는 뒷날 젊은이들을 위해 講學해야 한다는 공자의 사명감을 토로한 구절이다.

025

<ruby>夢<rt>몽</rt>見<rt>견</rt>周<rt>주</rt>公<rt>공</rt></ruby>
夢見周公

꿈에 周公을 만나다.

[원문] 《論語 述而》子曰, "甚矣, 吾衰也! 久矣, 吾不復夢見周公!"

[해석] 본래의 뜻은 선현의 뜻을 가슴에 품고 지낸다는 뜻이다. 지금은 연구나 학습시간에 졸거나 잠을 좀 자고 나서 '周公(주공)을 뵈러 갔

었다.'는 농담으로 사용한다.

생각을 많이 하면 꿈에 나타난다고 한다. 공자의 뜻은 周公의 誠心
과 정치와 예악에 의한 교화 등을 배워 혼란한 천하를 바로잡는데 있
었다. 공자는 오랫동안 꿈에서도 주공을 만나지 못했다면 자신의 포
부와 이상을 실현할 기회가 점차 사라지고 목표마저 희미해진다고
탄식하였다.

본래 인생은 꿈과 같고, 꿈은 인생과 같다.(人生如夢, 夢如人生.) 그
리고 꿈은 마음속의 생각이니(夢是心頭想), 생각이 그대로 꿈이 되
고, 꿈은 사람 때문에 꾸며, 낮에 생각한 것은 밤에 꿈을 꾼다. 중국
남쪽 사람들은 낙타 꿈을 꾸지 않고, 북쪽 사람들은 코끼리 꿈을 꾸
지 않는다고 하였으며, 꿈은 반대라고 해몽하는데, 그래서 꿈에서 받
은 복은 재앙이고, 꿈속에서 웃으면 울게 되며, 꿈에서 불이 나면 큰
돈을 벌게 된다(夢火焚者主發財). 그러나 꿈속의 꿈은 본래 꿈이 아
니다(夢中有夢原非夢).

026

서 자 여 사　　불 사 주 야
逝者如斯, 不舍晝夜

이처럼 흘러 밤낮으로 그치지 않도다.

[원문]《論語 子罕》子在川上曰, "**逝者如斯夫! 不舍晝夜.**"

[해석] 이 구절이 유명한 川上嘆(천상탄)이고, '孔子觀水'라는 그림도

高士觀水圖(고사관수도)
강희안(姜希顔, 1417-1464)
15.7cm×23.4cm, 소장품번호 : 본관-002504-00000
출처 : 국립중앙박물관

있다. 朝鮮 초 文臣 姜希顔(강희안, 1417~1464)의 〈高士觀水圖〉도 여기서 畵題(화제)를 택했을 것이다.

보통 '세월이 流水와 같다.'고 말한다. 평지의 시냇물이나 강물에 종이배를 띄우면 보통 걸음으로도 따라갈 수 있다. 물의 흐름을 눈앞에 보면서 빠르다고 감탄하지는 않는다. 다만 그 흐름이 밤낮으로 그치지 않기에 어느덧 멀리멀리 흘러갈 뿐이다.

하루 밤낮이 정말 더디게 가는 것 같다. 약속시간에 늦은 사람을 기다릴 때 시간이 빨리 간다고 생각했는가? 그러나 연말에 지난 正初를 생각하면 '어느덧 1년이 지났네.' 하면서, 세월이 유수와 같다고 한다. 노인의 경우 지난 젊은 날을 생각하면 '눈 깜짝할 사이'라고 말한다. 그러나 20대 젊은이도 '瞬息間(순식간)'이라는 생각이 들까?

인생 백 년이 지나가는 나그네와 같다지만(人生百年如過客), 이보다 더 짧은 표현은 '인생은 아침 이슬과 같다(人生如朝露).'는 말인데, '인생은 흰 망아지가 문틈을 달려가는 것과 같다는(人生如白駒過隙)' 말도 있으니, 인생 7, 80이 얼마나 짧겠는가?

흘러가는 물을 바라보며 '흘러가는 인생이 이와 같으니 밤낮으로 그치지 않는다.'라고 말한 공자는 매우 철학적이다. 老子나 공자 모두 흘러가는 물에서 철학적 영감을 얻었다.

노자는 물은 上善과 같고 낮은 곳으로 흐르며 다투지 않는다고 하였다.[45] 사람은 위로 올라가지만 물은 사람이 싫어하는 아래에 있기를 좋아한다. 그렇다면 물보다 더 착한 것이 있겠는가? 또 물은 가장 약한 존재지만 물이 이기지 못하는 것이 없는데, 이것은 약하기에 강

---

45 《老子道德經》8章. 上善若水, 水善利萬物而不爭, 處衆人之所惡, 故幾於道.

한 것이라 하였다.[46]

中原의 강은 모두 동쪽으로 흘러간다. 쉬지 않고 흐르는 長江(揚子江은 揚州 일대의 강을 지칭한다. 마치 부여 부근의 금강을 白馬江이라고 부르는 것과 같다)은 동쪽으로 흐르고(滾滾長江東逝水), 그 파도와 함께 수많은 영웅이 함께 씻겨 사라졌다(浪花淘盡英雄). 모든 강이 동쪽으로 흐르지만 가는 곳은 같지 않다(江水東流去不同).

강물이 흘러가니 그 물은 같지 않고 역사 또한 흘러가니 인물이 다르도다. 결국은 잠깐 마치 나그네가 객관에 잠시 머물다 가는 것처럼, 인생 또한 그렇지 않겠는가?

물을 바라보는 공자의 마음에 만감이 교차했을 것이다.

027

봉 조 부 지 하 불 출 도
鳳鳥不至 河不出圖

봉황도 오지 않고 河水의 圖書 출현도 없다.

[원문]《論語 子罕》子曰, "**鳳鳥不至, 河不出圖**, 吾已矣夫!"

[해석] 鳳鳥는 鳳凰(봉황)인데 태평성대에만 출현한다는 상상 속의 瑞鳥(서조)이다. 舜이 禪讓(선양)을 받았을 때 출현했고, 文王 때에는 岐山(기산)에서 봉황이 울었다는 전설이 있었다. 河圖는 伏羲氏(복희씨)

....
46《老子道德經》78章. 天下莫柔弱於水, 而攻堅强者莫之能勝, 以其無以易之. 弱之勝强, 柔之勝剛, 天下莫不知, 莫能行.

때에 河水(黃河)에서 龍馬가 지고 나왔다는 도판인데 성인이 새로 천
명을 받게 되면 출현한다고 믿었다. 봉황이나 河圖도 볼 수 없으니
태평성대를 맞이할 가능성이 없다는 뜻이고, 그러면 공자의 포부를
실현할 가능성도 없다는 탄식이다. 吾已矣夫는 '나는 끝이로다.' 라는
절망의 탄식이다.

魯 哀公 14년(공자 71세, 서기 前 481년)에 봄에 사냥을 했는데 叔
孫氏의 馬夫가 못 보던 짐승을 잡았다 하여 공자가 가서 확인하니 麟
〔麒麟(기린)〕이었다. 이에 공자가 위와 같이 탄식하며 '吾道窮也'라
고 말했다. 그리고 그 해에 안회가 죽었을 때에 공자는 "天喪子(하늘
이 나를 버렸다.)"라고 절망했다.

나. 공자의 好學

공자의 저술

공자가 好學하였다는 점에 대해서 이의를 제기하는 학자는 없지
만, 공자가 어떤 책을 저술했거나 편찬했다는 문제에 대해서는 여러
학설이나 주장이 많다.

공자가 자신은 "傳述을 하지만 새로 짓지는 않으며(述而不作), 옛
문물을 신뢰하며 좋아한다."라고 말했다.[47] 공자의 이 말은 성인의

----

47 《論語 述而》子曰, 述而不作 信而好古 竊比於我老彭. 老彭(노팽)은 商(殷)
　　의 賢大夫.

뜻을 이해하기 쉽게 설명을 할 뿐 새로운 내용을 저작하지 않는다는 뜻으로 해석할 수 있다.

이는 공자가 어떤 상황에서 구체적으로 무엇을 언급했는가를 알수 없기 때문에 공자가 책을 저술하지 않았다는 증거로 삼기에는 좀 부족하다. 후세 사람들은 '述而不作' 이라는 뜻을 공자가 자신의 학문적 업적을 겸허하게 표현한 것으로 받아들이고 있다. 그렇지만 공자가 이전의 학문을 집대성한 것은 새로운 사상의 저술만큼이나 가치가 있는 활동이며, 이러한 활동으로 仁과 德治에 대한 학문적 근거를 마련했다고 평가할 수 있다.

《사기 공자세가》에 의하면, 공자는 49세(年表 51세)까지는 관직에 나아가지 않고 찾아오는 많은 제자들을 교육하며 詩書禮樂의 여러 경전을 정리하였다.[48]

그리고 관직에 나아가 司寇(사구)를 역임한 뒤에, 55세(前 497년)부터 14년간 각국을 주유하고, 68세(前 484년)에 魯나라에 돌아와 다시 제자들 교육에 힘썼다. 이미 周(주) 왕실이 쇠약해져서 예악의 문물이 없어지고 詩書의 경전이 흩어졌기에 공자는 고대의 문헌 전적들을 모아 육경(六經 ; 詩, 書, 禮, 樂, 易, 春秋)을 정리 편찬하였다고 했다.[49]

공자는 자신이 "衛(위)에서 귀국한 이후 음악이 바로 서고 《시경》

....

48 《史記 孔子世家》~ 故孔子不仕 退而脩詩書禮樂 弟子彌衆 至自遠方 莫不受業焉.

49 《史記 孔子世家》孔子之時 周室微而禮樂廢 詩書缺. ~ 故書傳禮記自孔氏.

이 제자리를 잡았다."고[50] 말했는데, 이는 공자의 14년간 각국을 여행하고 돌아온 뒤에 《樂》과 《詩》를 일부 재정리했다는 의미로 받아들일 수 있다.

공자는 전해오는 시 3,000여 편 중에서 중복되는 것을 제외시키고, 예(禮)에 합당한 것을 골라 300여 수로 정리 편찬하였고 이 시에 곡을 붙여 노래하였다고 하지만, 이 점에 대해서도 논란이 많으나 공자가 제자들에게 《詩》의 大義를 언급하고 《詩》의 활용과 중요성을 강조한 것은 사실이다.

특히 공자가 魯나라의 編年體(편년체) 史書인 《春秋》를 편찬 정리하였다는 기록에 대해서는 여러 가지 논란이 많다. 《춘추》는 기원 前 722년에서 479년 사이의 정치적 사건이나 전쟁, 제후의 결혼, 자연재해나 이변 등을 간단히 기록한 魯나라의 연대기이다. 《孟子》에는 공자가 《春秋》를 편찬한 뒤 '亂臣賊子(난신적자)들이 두려워하였다.'고 기록되어 있다.[51]

맹자 이후 많은 학자들이 공자의 《춘추》에 큰 의의를 부여하며 '사소한 말이지만 큰 뜻을 가진 기록〔微言大義(미언대의)〕'으로 역사적 사건에 대하여 옳고 그름을 평가하는 褒貶(포폄)의 뜻이 있다는 것을 강조하였다.

또 《맹자》의 기록에 의하면, 공자가 《춘추》를 자신의 명성을 평판할 수 있는 중요한 업적이라 생각하였다고 하지만, 《논어》에는 공자

---

50 《論語 子罕》子曰, 吾自衛反魯, 然後樂正 雅頌各得其所.

51 《孟子 滕文公章句 下》孔子懼作《春秋》,《春秋》天子之事也. 是故 孔子曰 知我者 其惟《春秋》乎, 罪我者 其惟《春秋》乎. ~孔子成《春秋》而亂臣賊子懼.

가 이를 저술했다는 일언반구의 기록이 없다는 것이 결정적인 약점이라 할 수 있다.

그리고 많은 사람들이 공자를 禮(예)의 창시자로 생각하며 공자가 예를 중시하여 《禮記》를 편찬하였다.'고 하지만,[52] 《論語》에는 이를 입증할만한 기록이 없는 것도 사실이다.

《易(역)》은 占卜(점복)에 관한 책이다. 이 책은 본문에 해당하는 64卦(괘)를 설명한 부분과 그 본문을 해설하는 〈十翼(십익)〉 같은 여러 편의 부록이 있는데, 그 부록의 주요한 내용을 모두 공자가 저술했다는 주장이 있다. 이를 증명하기 위한 근거로 "내가 몇 년을 더 살 수 있다면 50세에 《易》을 배워 큰 허물없이 살 수 있을 것이다." 라는 공자의 말을 근거로 제시하고 있다.[53]

그렇지만 많은 학자들의 연구에 의하면, 공자가 《易經》을 이용하여 점을 치지도 않았으며, 《易經》의 여러 부록(十翼)은 후세 사람들이 공자에게 假託(가탁)한 것이라는 주장이 설득력을 얻고 있다.

이상의 여러 가지를 종합한다면, 공자는 어떤 책도 저술하거나 편찬하였다고 볼 수는 없다. 다만 후세에 유가의 학통이 면면히 이어졌고 맹자 같은 사람이 공자의 도를 강조하고 넓히다 보니 공자에 관한 여러 가지 신화와 함께 다재다능한 학자로 미화되고 학문의 여

---

52 《史記 孔子世家》孔子之時 ~ 故書傳禮記自孔氏.

53 《論語 述而》子曰, "加我數年 五十以學易 可以無大過矣." 〈孔子世家〉에는 '假我數年' 으로 기록. 加와 假는 相通. 50세에 學易한다는 말을 天命을 안다는 뜻으로 해석하는 경우가 있고, 《易》을 깊이 연구한다는 뜻의 謙辭로 볼 수도 있다. 또 五十을 卒로 보아 '晚年' 의 의미로 풀이할 수도 있다.

러 부분에 대하여 공자의 업적으로 가탁되었다고 볼 수 있다.

다. 공자의 모습

공자의 참모습이나 일생에 관한 기록이 많지 않은 것은 사실이지만, 그 기록들도 본인의 기록은 아니다. 또 공자는 자신의 주장과 사상을 체계 있게 정리한 저서를 남기지 않았다.

공자가 비록 자신의 사상에 대하여 새로운 저술을 남기지는 않았어도 공자 사후에 그의 제자들은 스승과의 대화와 가르침을 모아 《論語》를 편찬한다. 그리고 공자 사후에 공자의 일생에 대한 여러 가지 설화가 보태지면서 공자는 매우 神異(신이)한 존재로 서술된다. 또 이런 과정에서 서로 다른 견해가 계속 누적되다 보니 공자의 진면목은 더욱더 가려지게 되었다.

한 사람의 사상을 이해하려면 개인적인 일생이나 기록 이외에도 살았던 당시의 사회나 문화 전반에 대한 이해와 연구가 같이 병행되어야 한다. 그런데 공자에 대한 전체적인 이해와 연구의 성과가 이루어지기도 전에 공자의 사상이 前漢에서 정치와 教化의 근본이념으로 채택되었다. 그리고 그 이후 2천여 년 가까이 중국 황제의 지배체제를 뒷받침하는 이념적 지주 역할을 하였다는 것도 공자의 참모습이나 가치를 연구하는데 오히려 장애가 되었다고 볼 수 있다.

남녀가 결혼하여 가정을 이루고 자녀를 출산하는 것은 당연한 일이다. 공자 역시 결혼을 했고 가정을 꾸렸으며 아들과 딸을 하나씩 두었다고 한다. 신체적으로 건장했던 공자가 겨우 1남 1녀를 둔 것은 아내와 일찍 이혼했기 때문이라는 이야기도 있다. 공자의 가정생활은 어떠했는가?

孔鯉(공리)
출처 : 대만국립고궁박물관

공자는 19살에 송나라 사람 견관(幵官, 幵은 평평할 견)씨 집안의 딸과 결혼하여 다음 해에 아들을 얻었다.[54] 마침 노나라의 소공(昭公)이 인편에 축하의 선물로 잉어(鯉)를 보내 주었기에 이름을 공리(孔鯉 기원전 532~483, 字는 伯魚.)라 하였다고 한다. 공리는 나이 50에 공자보다 먼저 죽었고, 공리의 아들 급(伋, 子思)은 뒷날《中庸》을 저술하였다.

---

54 공자 아내의 성씨에 대하여 국내에서는 '계관[筓官, 비녀 계(筓)에서 대 죽(竹) 머리가 없는 글자. 컴퓨터에 나오지 않음]' 丌官(丌는 其의 古字인데, 계관씨라고 읽었음), 기관(亓官)씨 등 책마다 다르다. 필자는 中文大辭典(臺灣 판) 幵(音 堅)의 「幵官 ; 複姓,〈魯先賢傳〉孔子 妻 幵官氏.《孔子家語 本姓解》; 孔子娶於宋之幵官氏, 一歲而生伯魚..」라는 해석에 따라 견관씨라고 표기하였다. 그리고 공자가 20세에 아들을 볼 때는 미천한 직위였는데 魯 소공(昭公)이 잉어를 선물로 보냈다는 기록도 의심의 여지가 많다고 한다.

공자의 부친 숙량흘은 키가 크고 강한 힘을 가진 무사였다. 공자는 부친을 닮았는지 9척이 넘는 장신(당시 1척을 23cm로 환산하면 2m 이상)으로 별명이 '장인(長人, 꺽다리)'이었으며 큰 얼굴의 소유자였다고 한다. 그러면서도 공자는 그 제자들과 유쾌한 농담을 즐길 수 있는 사람이었다.

공자가 자신의 아들을 낳아 준 '본처를 내쫓았는가?' 하는 문제에 대해서는 논쟁이 있지만, 하여튼 요즈음 사람들이 생각하는 것과 같은 다정한 부부는 아니었을 것이다.

공자의 가정생활

공자가 가정에서 어떻게 起居(기거)하고 어떤 옷을 입으며, 어떤 음식을 먹었는가에 대하여 또 궁궐을 출입하는 모습이나 마음 자세, 사람을 만나거나 마을에서의 행동, 심지어는 수레를 타는 자세까지 《論語 鄕黨》편에 비교적 상세한 기록이 있다. 하여튼 공자는 전체적으로 보아 좀 까다로운 성격이었으며 철저한 원칙주의자였다고 볼 수 있다.

음식도 색깔이 좀 이상하거나 제철 음식이 아니고 알맞게 썰지 않았으면 먹지 않았다. 뿐만 아니라 밖에서 사온 술이나 육포도 먹지 않았으니, 그런 사람에 대한 음식 준비가 결코 쉬운 일은 아니었을 것이다. 공자가 입는 평상복의 소매는 손을 덮도록 길게 입었지만 오른쪽 소매는 짧게 만들었다고 하는데, 이는 일의 능률을 고려한 것이었지만 그런 시중을 들어야 하는 사람의 입장에서는 정말 힘들었을 것이다.

공자가 아들 鯉〔잉어 이(리), 字 伯魚〕를 낳아 준 아내와 이혼했다는 사실은《禮記 檀弓》편의 내용으로 추정할 수 있다. 아마도 음식 장만이나 제사 준비 등에서 공자의 마음에 안 들었기에 내쫓았거나, 아니면 견디다 못한 아내가 가출 상태였다고 볼 수도 있다. 공자의 부인은 공자 67세(前 485년)에 죽었다.

《예기 단궁》의 기록으로는, 아들 백어가 생모가 죽은 뒤 복상 기간이 끝나도 곡을 계속하자, 공자가 '심하다' 하여 중지시켰다는 기록이 있다.

공자 자신은 비록 모범적이고 화목한 가정을 꾸리지는 못했지만 공자는 가정을 복종과 협동심, 효도와 우애를 배울 수 있는 곳으로 생각하였으며 社會化된 행동 경험을 쌓는 곳으로 생각하였다.

공자는 집안에서는 효도하고, 밖에 나가서는 우애를 실천하며, 근면하면서도 신의를 지키고 모두를 널리 사랑하며, 어진 사람을 가까이하는 것을 학문보다 먼저 실천해야 한다고 보았으며,[55] 효도와 형제간의 우애를 실천하는 가정을 잘 이끌어 가면 그것이 곧 정치라고 생각하였다.[56]

55《論語 學而》子曰, 弟子 入則孝 出則悌 謹而信 汎愛衆 而親仁. 行有餘力 則以學文.

56《論語 爲政》或謂孔子曰, 子奚不爲政. 子曰, 書云, 孝乎惟孝 友于兄弟 施 於有政.' 是亦爲政~

028

위 이 불 맹
威而不猛

위엄을 갖추었으나 사납지 않았다.

[원문] 《論語 述而》子溫而厲, **威而不猛**, 恭而安.

[해석] 孔子는 힘이 센 武夫인 叔梁紇(숙량흘)의 아들로 태어났다. 숙량흘이 적의 성〔偪陽城(핍양성)〕을 공격했는데, 우군이 적의 성문 안에 갇히자, 숙량흘이 성문을 들어 올려 우군을 탈출케 했다. 이를 두고 魯의 孟獻子(맹헌자)가 '호랑이와 같은 힘'이라고 칭찬했었다. 그런 힘센 사람의 아들인 공자는 키가 매우 커서 별명이 '꺽다리(長人)'였다. 우리가 생각하는 나약한 文人과는 전혀 다른 체구였다. 그렇게 장대한 공자의 모습은 어떠했는가?

공자는 온화하면서도 엄숙하고(溫而厲), 위엄이 있지만 사납지 않았으며(威而不猛), 공손하면서도 안온한(恭而安) 모습이었다.

위엄이 있으나 凶猛(흉맹)하지 않았다는 것은 내심의 도덕적 수양이 없으면 불가하다. 마음이 안정되고 여유가 있으며, 마음이 한없이 너그러워야 범할 수 없는 위엄이 나타난다.

《水滸傳》에서 도끼를 휘두르는 黑旋風(흑선풍) 李逵(이규)가 무섭기로는 제일일 것이다. 그렇다고 이규가 위엄이 있는 것은 아니다. 무서운 표정을 하지 않아도 위엄이 있고(不惡而嚴), 화를 내지 않아도 위엄이 서는 모습이(不怒而威) 군자의 모습일 것이다.

029

축 적 여 여
踧踖與與

공경하며 조심하고 자연스러운 태도

[원문]《論語 鄕黨》孔子於鄕黨, ～. 朝, 與下大夫言, 侃侃如也, 與上
大夫言, 誾誾如也. 君在, **踧踖如也, 與與如也**.

[해석]《論語 鄕黨》편은 공자의 起居動作(기거동작)을 주로 서술하거나
설명하였다.

　공자는 조정에서 下大夫들과 이야기할 때는 侃侃(간간, 剛直한 모양)
하였고, 上大夫와 이야기를 나눌 때는 誾誾(은은, 온화한 모양, 和悅)하
였다. 主君이 있는 곳에서는 踧踖(축적, 공경하며 조심하는 모양)하였고,
또 與與(여여, 威儀가 적절한 모양)하였다.

　참 어려운 표현이다. 與與는 요샛말로 바짝 긴장하여 크게 위축된
모양은 아니고, 그저 태연하거나 자연스러운 태도라고 풀이할 수 있
다.

030

식 불 어 침 불 언
食不語 寢不言

식사 중에나 잠자리에서는 말하지 않았다.

[원문]《論語 鄕黨》齊必變食, 居必遷坐. ～ 不時, 不食. ～ 唯酒無

量, 不及亂. 沽酒市脯不食. ～ 不多食. ～ **食不語, 寢不言.** ～.

[해석]《論語 鄕黨》편은 특히 군자로서 禮樂을 실천하는 모습이나 公的, 私的인 생활의 여러 모습을 제자들이 기록한 편이다. 본래 全文이 한 句이었다는 주장도 있지만, 朱熹(주희)의 集註는 17章으로 구분했다.

솔직히 말해 공자는 상당히 깐깐한 원칙주의자에 고지식한 사람이라고 생각할 수 있다. 예를 들어 「～평상복은 (소매를) 길게 하였으나 오른쪽 소매는 짧았다. 잠옷의 길이는 키의 1.5배였다.」라고 기록했다.[57]

옛날 옷의 소매 폭이 넓고 컸기에 오른팔 소매가 길면 글씨를 쓸 때 불편했을 것이다. 그래서 옷의 오른쪽과 왼쪽의 소매 길이를 달리 만들라고 했을 것이다.

공자는 별명이 '꺽다리(長人)'이었으니 그 큰 키를 짐작할 수 있다. 그런 큰 키에 잠옷의 길이는 신장의 1.5배라 하였는데, 신장보다 약간 긴 1.2배는 안 되고 꼭 1.5배가 되어야 하는가? 그렇게 만들라고 아내에게 명령했을 것이고, 아마 부부간에 길다 짧다는 말이 오갔을 것이다. 그렇다면 공자의 아내는 가정주부로서 아마 상당히 힘들었을 것이다.

공자는 食生活도 상당히 깐깐하고 가리는 것이 많았다. 음식이나 반찬을 바르게 썰지 않으면 먹지 않았다니 사각형이 아닌 깍두기는 안 먹었을 것이다. 여러 가지 모범 사례 중에서 때가 아니면 먹지 않

57《論語 鄕黨》君子不以紺緅飾, ～ 褻裘長, 短右袂. 必有寢衣, 長一身有半.

았다는(不時, 不食) 말은 아주 중요하다. 하루 밥 세 끼 때가 아니면 먹지 말아야 한다. 요즈음, 특히 젊은이들이 거리에서 간식을 먹고 종이컵 커피를 자랑인 양 떼지어 들고 다니는 것은 보기에도 좋지 않다. 지금이야 한겨울에도 수박을 먹는 세상이지만, 제철에 나오는 과일이나 채소가 아니면 먹지 않았을 것이다.

또 주량이 끝이 없었지만 술주정은 없었다.(唯酒無量, 不及亂.) 시장에서 파는 술이나 육포는 먹지 않았다(沽酒市脯不食). 생강을 즐겨 먹었지만 많이 먹지는 않았다.(不撤薑食, 不多食.)

식사 중에 말하지 않았다(食不語) 하였으니, 꼭 필요한 말이야 했겠지만, 적어도 음식을 입안에 넣은 채 말하지는 않았을 것이다. 그리고 잠자리에 들면 말하지 않았다 하였으니(寢不言), 그 생활의 謹愼(근신)을 짐작할 수 있다.

031

제 신 여 신 재
祭神如神在

신이 계신 듯 신을 모시다.

[원문] 《論語 八佾》祭如在, **祭神如神在**. 子曰, "吾不與祭, 如不祭."

[해석] 공자께서 제사를 지낼 때는 神이 계신 듯 제사를 모셨다. 공자가 말했다.

"내가 제사에 참여하지 않으면 제사를 안 지낸 듯하다."

문맥으로 볼 때 앞의 '祭如在'는 조상신에 대한 제사를 의미하고,

'吾不與祭'의 祭는 山川의 신이나 그 시절에 나라의 제사 또는 마을에서 지내는 여러 제사를 의미한다.

　이 구절은 제사에 임하는 공자의 誠心을 門人들이 기록한 것이고, 이어지는 공자의 말로 공자의 성심을 입증하였다고 볼 수 있다.

　중국인들은 인간 마음대로 되지 않는 것은 모두 神의 조화로 생각했으니, 財神이 들어와야 재물이 모인다고 생각한 것처럼 어디에든 신이 있다고 생각하였다. 마음을 다하면 신이 알고(心到神知), 禮를 다하면 사람이 안다(禮到人知)고 하였다. 제사나 일상생활에서는 誠心(성심)이 그만큼 중요하다.

라. 공자의 弟子

　《論語》의 주요 내용은 공자와 제자, 또는 제자와 제자의 대화에 대한 기록이다. 공자가 혼자 독백처럼 한 말도 제자에게는 관심거리였고, 그래서 묻고 또 그에 따른 설명이 있다. 때문에 《論語》를 이해하기 위해서는 제자들에 대한 이해가 있어야 한다.

　공자의 일생에 대한 가장 정확하고 신뢰할 수 있는 공식적 기록은 司馬遷(사마천)의 《史記 孔子世家》이다. 그리고 사마천은 공자의 제자들에 대한 기록으로 〈仲尼弟子列傳(중니제자열전)〉을 기록하였다. 본서 권말에 〈仲尼弟子列傳〉의 원문과 국역, 주석을 부록으로 수록하였다. 여기서는 《論語》의 故事나 名言을 설명하기 전에 이해를 위한 방법으로 공자 제자에 대한 대략적 내용을 먼저 설명하였다.

공자의 제자는 몇 명?

학자들의 연구에 의하면 공자는 30세에 이미 제자가 있었다. 《左傳》昭公 20년(전 522년, 공자 30세) 기록에 공자의 제자 琴張(금장, 琴牢)의 이름이 나온다.[58]

공자의 제자는 얼마나 많았는가? 《史記 孔子世家》에는 「제자가 대략 3천 명인데, 그중에 六藝에 통달한 자가 72인이었다.(弟子盖三千焉, 身通六藝者七十有二人.)」라고 하였다.

여기서 '三千弟子 七十二賢' 이라는 말이 나왔다. 30세부터 계산하여 공자의 40여 년 敎學 일생에 해마다 70여 명의 제자가 새로 증가했다고 단순하게 말할 수 있다. 당시 각지에서 모여든 제자들은 주거에 숙식하고 수학했다면 적어도 1년에 1, 2백 명이 머물렀다는 의미가 된다. 그러나 당시의 교통과 경제 상황으로 볼 때 3천 제자는 사실상 불가능했다.

漢代에 博士 1인이 곧 교육기관이었다.[59] 박사는 학생을 직접 가

---

58 《左傳》昭公 20년. 琴張聞宗路死, 將往弔之. 仲尼曰, "齊豹之盜而孟縶之賊, 女何弔焉? 琴牢(생졸 미상) 字 子開, 一字 子張, 又稱 琴張, 《孔子家語 弟子解》에 이름이 보이나 《史記 仲尼弟子列傳》에는 나오지 않는다. 春秋時期 衛國人. 孔子弟子.

59 漢 武帝 때(前 124) 太學을 처음 설치했다. 태학에 五經博士를 두고 교육을 담당케 했다. 後漢 洛陽의 太學은 開陽門 밖, 去宮 8里에 위치. 박사의 선임과 그 학식이나 근무를 감독 평가하는 직책은 太常(종묘 제사 담당)이다. 後漢에서는 五經 분야별로 14명의 박사(〈易〉 4人, 〈尙書〉 3人, 〈詩〉 3人, 〈禮〉 2人, 〈春秋〉 2人)를 두었다. 博士祭酒(前漢에서는 博士僕射)가 박사의 先任으로 代表格이었다. 질록 六百石. 다른 박사는 질록 比六百石(前漢에서는 4百石, 宣帝 때 6백석으로 늘렸다). 박사는 弟子의 교육을 담

르쳤고 수업을 받은 제자는 관리에 임용되었다. 학자의 연구에 의하면, 漢代의 제자는 3종류로 구분할 수 있었다.

곧 제1부류는 박사로부터 직접 受講한 제자이니 '受業', '及門', '入室' 등으로 표현할 수 있는 제자들이다. 漢代의 사례로 孔子 시대로 추정한다면, 《論語》에 등장하는 제자들은 대개 공자로부터 직접 수강한 제자들이다. 〈仲尼弟子列傳〉에 이름이 오른 제자가 30여 명 정도이니, 공자에게 직접 수강했으나 이름이 남지 않은 제자들을 충분히 계산하여도 1백 명을 넘지 못할 것이다.

다음으로 생각할 수 있는 제자는 공자에게 배운 제자에게 배운 제자, 곧 再傳 제자인데, 이를 在籍弟子(재적제자)라고도 부른다. 예를 들면, 後漢의 馬融(마융)에게 배운 제자가 鄭玄(정현)이고, 정현의 제자가 盧植(노식, 劉備의 스승, 소설 三國演義를 통해 알려졌다)인데 노식은 마융을 스승으로 생각했다.

다음으로 생각할 수 있는 부류가 '명성을 흠모하며 그 명성을 빌려 제자로 자처하는 사람' 이다. 이들은 원 스승을 직접 만나보지도 못한 부류들이다. 이들이 유명한 박사가 많은 제자를 모아놓고 특별한 강론을 할 때(大會都講), 멀리서 바라보거나 강론을 청취한(觀聽) 사람들인데 이들도 그 제자를 자처하였다. 이런 부류까지 모두 생각한다면, 공자의 제자 三千은 불가능한 숫자는 절대 아니라고 생

당하고 나라에 疑事가 있을 경우, 황제나 三公九卿의 자문에 응대하였다. 博士弟子는, 곧 太學의 학생이며 제자의 신분은 관리였다. 박사는 제자를 50명까지 둘 수 있었으나 나중에는 점차 늘어 前漢에서는 최고 3천 명에 달했으며 後漢에서는 3만 명에 달했다고 한다. 太學生은 모든 身役이 면제되었다.

각할 수 있다.

공자는 찾아오는 제자를 결코 마다하지 않았으며,[60] 제자의 빈부나 신분을 가리지 않았으며,[61] 문제가 있다 생각하여 제자들이 만나기를 꺼리는 젊은이도 공자는 모두 포용하였다.[62]

뒷날 孟子를 따르는 제자의 수레 수십 乘(승)에 從者가 수백 명이었다. 당시 공자의 제자가 이런 정도는 아니었지만 72賢이 지나치게 과장된 숫자라고 보기는 어려울 것이다.

스승인 공자의 인격적 매력

아버지가 흉악범이며 나쁜 짓을 계속한다면 자식의 존경을 받을 수 있겠는가? 젊은이는 어른을 존중해야 한다지만 존중받을 만한 어른이어야 한다. 교사가 학생의 존경을 받지 못한다면 교사에게 그 원인이 있을 것이다.

공자가 교육하는 기술이나 내용이 좋기에 제자가 모여들었고, 교육방법이 뛰어나기에 제자의 존경을 받았다고 말할 수는 없을 것이다. 그런 면도 있었겠지만, 그보다는 제자의 존경을 받을만한 인격적 매력이 있었다고 생각해야 한다.

그렇다면 스승인 공자의 인격적 매력은 무엇인가?

....

60 《論語 述而》子曰, "自行束脩以上, 吾未嘗無誨焉."

61 《論語 衛靈公》子曰, "有教無類."

62 《論語 述而》互鄉難與言, 童子見, 門人惑. 子曰, "與其進也, 不與其退也, 唯何甚? 人潔己以進, 與其潔也, 不保其往也."

우선 공자는 仁德이 있었다. 공자는 자신이 仁德을 갖추었고, 仁을 실천한다는 말을 하지 않았다. 공자는 온화(溫), 선량(良), 공경(恭), 검소(儉), 겸양(讓)을 실천하는 사람이었다.[63] 그러면서도 온화하면서도 엄숙하고, 위엄이 있지만 사납지 않았고, 공손하면서도 安穩(안온)한 분이었다.[64] 그리고 仁德의 실천이 어려운 줄을 알면서도 실천하려고 헌신적이며 열심이었다.[65]

다음으로 공자는 지혜가 뛰어난 분이었다. 공자는 '40세에 不惑(불혹)' 했다고 하였으니, 이는 '知者이기에 不惑' 한 것이다.[66]

세 번째로 공자는 넓게 배워 매우 博學(박학)하였다. 공자의 박학에 대하여 達巷黨人(달항당인)은 공자가 "대단한 박학이지만 그것을 가지고 명성을 얻으려 하지 않는다."고 말했다. 이런 말을 들은 공자는 "내가 수레몰기(御車)를 잘하는 것으로 명성을 얻을까?"라고 농담을 하였다.[67]

네 번째로 공자는 예악에 정통할 뿐만 아니라 다방면에 재주가 많았다. 太宰(태재)가 자공에게 "공자는 聖者이신가? 어찌 그리 잘하시는가?"라고 물었고, 자공은 공자를 '하늘이 낸 聖人' 이라 대답

----

63 《論語 學而》 子禽問於子貢曰, "夫子至於是邦也, 必聞其政, 求之與? 抑與之與?" 子貢曰, "夫子溫良恭儉讓以得之. 夫子之求之也, 其諸異乎人之求之與?"

64 《論語 述而》 子溫而厲, 威而不猛, 恭而安.

65 《論語 憲問》 子路宿於石門. 晨門曰, "奚自?" 子路曰, "自孔氏." 曰, "是知其不可而爲之者與?"

66 《論語 子罕》 子曰, "知者不惑, 仁者不憂, 勇者不懼."

67 《論語 子罕》 達巷黨人曰, "大哉孔子! 博學而無所成名." 子聞之, 謂門弟子曰, "吾何執? 執御乎? 執射乎? 吾執御矣."

했다. 이에 대하여 공자는 '젊어 낮은 관직에 일하다 보니 여러 가지 일을 잘할 수 있었다.'고 겸손하게 말했다.[68]

다섯 번째로 공자는 제자를 교육하면서 학생의 능력과 바탕에 따라 적절한 방법으로 교육했고(因材施敎), 제자의 자발적 노력과 적극적인 호응을 중시하면서도[69] 제자에게 적절한 동기유발로 교육효과를 크게 고양하였다.[70]

여섯 번째로 공자는 교육에 대한 뚜렷한 사명감과 열성이 있었다. 공자는 찾아오는 제자를 누구든 가리지 않았으며(有敎無類), 제자교육에 적극적이며 게으름이 없었다(誨人不倦).[71] 또 공자는 제자들 교육에 전념하면서 아무것도 숨기거나 감추지 않았으며 師弟同行(사제동행)하였다.[72] 말하자면 솔직했다는 뜻이다. 이것은 교직에 종사하는 모든 사람들에게 참으로 중요한 덕목이다.

스승은 제자가 뛰어나기를 바라고(師願徒出衆), 아버지는 자식이 인재로 자라나길 바라는(父願子成才) 것은 古今(고금)이 마찬가지이다. 노비는 주인을 닮고, 그 스승에 그런 제자가 나온다(有其師必有

---

68 《論語 子罕》大宰問於子貢曰, "夫子聖者與? 何其多能也?"子貢曰, "固天縱之將聖, 又多能也." 子聞之曰, "大宰知我乎! 吾少也賤, 故多能鄙事. 君子多乎哉? 不多也."

69 《論語 述而》子曰, "不憤不啓, 不悱不發. 舉一隅, 不以三隅反, 則不復也."

70 《論語 子罕》顏淵喟然歎曰, "仰之彌高, 鑽之彌堅. 瞻之在前, 忽焉在後. 夫子循循然善誘人, 博我以文, 約我以禮, ～"

71 《論語 述而》子曰, "黙而識之, 學而不厭, 誨人不倦, 何有於我哉?"

72 《論語 述而》子曰, "二三子以我爲隱乎? 吾無隱乎爾. 吾無行而不與二三子者, 是丘也."

其弟) 하였으니, 스승과 제자는 마치 父子와 같다(師徒如父子). 가르침이 엄하지 않은 것은 스승이 게으른 탓이며(敎不嚴 師之惰), 엄한 스승 아래 고명한 제자가 나오며(嚴師出高徒), 사부가 똑똑치 못하면 제자는 멍청하고(師傅不明弟子濁), 스승이 작으면 제자도 난쟁이라(師不高 弟子矮) 하였으니, 교사의 수준이 제자의 수준이다.

그러나 꼭 그런 것만은 아니다.

제자가 꼭 스승만 못한 것이 아니고(弟子不必不如師), 스승이 제자보다 꼭 현명해야 되는 것은 아니다(師不必賢於弟子). 이는 唐나라 韓愈(한유)의 〈師說〉에 나오는 말이다. 하여튼 스승이나 제자가 얼마나 성실하며 어떤 품덕을 갖고 가르치고 배웠느냐가 문제일 것이다.

032

공 문 십 철
孔門十哲

공자의 뛰어난 제자 10명

[원문] 《論語 先進》 **德行**, 顔淵, 閔子騫, 冉伯牛, 仲弓. **言語**, 宰我子貢. **政事**, 冉有, 季路. **文學**, 子游子夏.

[해석] 德行이 훌륭하기로는 顔淵(안연)과 閔子騫(민자건), 冉伯牛(염백우, 冉耕), 仲弓(중궁)이다. 政事에 유능한 자로는 冉有(염유)와 季路(계로)이다. 言語(應對)를 잘하는 사람은 宰我(재아)와 子貢(자공)이다.

文學(文獻)에는 子游(자유)와 子夏(자하)가 뛰어났다.[73]

冉耕(염경, 伯牛)
대만국립고궁박물관 소장

〈仲尼弟子列傳〉에는 孔子에게 배워 六藝에 능통한 제자가 77명이라고 했는데[74] 모두가 특별한 능력을 가진 文士라 할 수 있다. 제자 중에서 여기에 열거한 10명이 가장 뛰어난 사람은 아니다. 子張과 曾參(증삼) 등은 이에 포함되지 않았다.

본 구절의 앞에 子曰, "從我於陳蔡者, 皆不及門也(陳과 蔡에서 나를 수행했던 자들이 모두 다 벼슬길에 오르지는 못했다.)"라는 구절이 있는데, 본래 이를 하나의 구절로 보면, 이들 제자 10명은 공자의 각국 周遊 기간에 陳과 蔡(채)에서 양식이 떨어지는 등 큰 곤란에 처했을 때(그때 공자는 61세)의 제자들이라 할 수 있다.

그러나 冉有(염유)는 魯國 季氏의 家臣으로 근무했기에 수행하지 않았다. 또 子游와 子夏는 연령을 계산하면, 그때 겨우 16세와 17세였다. 그렇다면 그 이전에 공자의 문하에 배운 적은 있을 것이라고 생각할 수는 있지만 미성년자를 데리고 공자가 魯를 떠났다고 보기도 어렵다.

....
73 德行, 言語, 政事, 文學을 孔門四科라고 하고, 顔淵, 閔子騫, 冉伯牛, 仲弓, 宰我, 子貢, 冉有, 季路, 子游, 子夏를 孔門十哲이라고 칭한다.
74 《孔子家語》에는 〈七十二弟子解〉가 있다.

그렇다면 이는 공자가 여러 차례에 걸쳐 제자들의 개성과 장점을 말했고, 뒷날 제자가 《논어》를 엮으면서 한 문장으로 기록한 것이라고 볼 수 있다.

위 원문에서 언급한 文學은 고대 문헌에 관한 학문 곧 《詩》, 《書》, 《易》의 大義나 관련 지식과 해석 등을 지칭한다. 이들 孔門四科에 대하여는 孟子(맹자)도 이를 언급하고 보충 설명하였다.[75]

033
후 생 가 외
後生可畏

후배들의 역량이 뛰어나 두렵다.

[원문] 《論語 子罕》 子曰, "**後生可畏**, 焉知來者之不如今也? 四十五十而無聞焉, 斯亦不足畏也已."

[해석] 공자가 말했다. "後生(後輩)들의 역량이 뛰어나 두렵나니, 어찌 뒷날의 그들이 지금만 못할 것이라고 할 수 있겠는가? 그러나 40, 50이 되어도 그들이 널리 알려지지 않았다면 두려울 것이 없을 것이다."

사실 십 년이나 어린 사람이라면 지금이야 나보다 학식이나 능력이 부족할지라도 그들이 힘써 노력하면 나를 훨씬 뛰어넘을 것이다. 이는 틀림없는 사실이다. 그러나 그들이 40, 50에도 뛰어나다는 평

....
75 《孟子 公孫丑章句 上》 宰我子貢 善爲說辭, 冉牛閔子顔淵 善言德行. 孔子 兼之曰 "我於辭命則不能也." 然則夫子旣聖矣乎?

판을 못 듣는다면 나보다 나을 것이 없을 것이라는 뜻이다.

그리고 공자는 나이 40에 남의 미움을 받는다면 그 인생은 끝난 것이라고 했다.[76] 이처럼 공자에게 40은 인생에 있어서 중요한 고비였고, 그 40세에 공자는 미혹에 빠지지 않았다고 회고하였다.

후생가외란 말은 공자가 젊은 제자들을 격려하는 뜻이었다. 지금 젊은 너희들은 나보다 더 나아야 한다는 뜻이다. 곧 靑出於藍(청출어람)을 기다리는 스승의 깊은 뜻이고 격려이다. 다시 말해 젊어 애써 노력하지 않으면 늙어 다만 슬픔뿐이라는 사실도 일러주려고 했을 것이다.

나중에 난 소뿔은 먼저 자란 소귀보다 길고(後生的犄角 比先長的 耳朵長), 나중에 난 수염이 눈썹보다 길다. 공자도 후생이 두렵다고 했거늘(尼父猶然畏後生), 대장부라도 젊은이를 경시할 수 없는 법이다(丈夫未可輕年少).

하여튼 공자는 많은 제자들이 자신을 넘어서 뛰어나기를 염원했다.

034

회 야 불 개 기 락
回也 不改其樂

안회는 생활의 즐거움을 바꾸지 않았다.

[원문] 《論語 雍也》子曰, "賢哉, 回也! 一簞食, 一瓢飮, 在陋巷, 人不

....
76 《論語 陽貨》子曰, "年四十而見惡焉, 其終也已."

堪其憂, **回也不改其樂**. 賢哉, 回也!"

[해석] 顔回(안회)는 정말 가난했다. 둥근 대나무 그릇에 담긴 밥(一簞食, 簞은 대광주리 단. 고대의 도시락통. 食은 밥 사)과, 그리고 바가지로 물을 떠먹어야 하는(一瓢飮, 瓢는 표주박 표) 가난을 보통 사람도 견디기 어려웠다. 그러나 안회는 끝까지 학문하고 仁德을 수양하는 自得之樂(자득지락)을 바꾸지 않았다. 그러했기에 공자도 안회를

顔回(안회, 顔淵)
대만국립고궁박물관 소장

현명하다고(賢哉!) 거듭거듭 칭찬하였다.

공자가 볼 때 다른 제자들은 하루 또는 길어야 한 달 정도 仁心을 지킬 정도였다. 그러나 안회는 3개월 동안 인덕을 지키고, 실천하고 있다고 보았다.[77] 이는 거의 聖에 가까웠다고 평가할 수 있다.

顏回의 '不改其樂'은 공자의 '팔베개를 하고 누워도 즐거우며, 不義의 富貴는 뜬구름(浮雲)과 같다.'는[78] 뜻과 완전 일치한다. 스승의 즐거움을 안회는 물려받았다.

안회의 청빈하고 견고한 인심은 《孟子》에도 보인다.[79] 맹자는, 禹 (우)는 천하의 백성 중 물에 빠진 자가 있으면 자신이 물에 빠진 듯 가엽게 여겼고, 稷(직, 后稷, 周 왕실의 시조)은 천하에 굶는 백성을 자신이 굶는 것처럼 여겼다.

아무리 태평성대일지라도 또 아무리 복지정책이 잘 시행되는 나라가 있어도 부자보다는 가난한 貧者가 천 배 만 배 많았다. 안회는 모든 사람들의 가난을 자신의 가난처럼 여겼을 것이다. 만족을 아는 사람은 빈천하더라도 즐겁지만(知足者 貧賤亦樂), 만족을 모르는 사람에게는 부귀하더라도 걱정만 하는 것이(不知足者 富貴亦憂) 중생이다.

----

77 《論語 雍也》子曰, "回也, 其心三月不違仁, 其餘則日月至焉而已矣."

78 《論語 述而》子曰, "飯疏食飮水, 曲肱而枕之, 樂亦在其中矣. 不義而富且貴, 於我如浮雲."

79 《孟子 離婁章句 下》禹稷 當平世 三過其門而不入 孔子賢之. 顏子當難世 居於陋巷 一簞食 一瓢飮 人不堪其憂 顏子不改其樂 孔子賢之. 孟子曰禹稷 顏回同道 禹思天下有溺者 由己溺之也. 稷思天下有餓者 由己餓之也 是以 如是其急也. 禹稷顏子 易地則皆然. ～

035

불 천 노 불 이 과
不遷怒 不貳過

남에게 화를 내지 않고, 같은 잘못을 아니하다.

[원문] 《論語 雍也》哀公問, "弟子孰爲好學?" 孔子對曰, "有顔回者 好學, **不遷怒**, **不貳過**. 不幸短命死矣, 今也則亡, 未聞好學者也."

[해석] 이 구절을 읽으면 공자가 안회를 얼마나 아꼈는가를, 그리고 안 회의 죽음을 얼마나 서러워했겠는가를 알 수 있다. 그리고 한마디 대 답으로 안회를 3번이나 칭찬하였다.

그 많은 제자 중 누가 好學하느냐고 魯 哀公이 물었다.

공자는 안회가 가장 호학한다고 안회를 거명했다. 그리고 안회는 자 신의 분노를 남에게 풀지 않았으며, 똑같은 잘못을 두 번씩 되풀이하지 않는다고 好學의 내용으로 안회를 칭송했다. 그러나 불행이 죽고 없지 만 안회처럼 호학하는 제자를 아직 보지 못했다고 칭송 속에 슬퍼했다.

이를 통해서 보면, 공자가 생각한 好學은 지식 습득을 좋아한다는 뜻만은 아니었다. 바른 심성으로 인의를 실천하는 것이 진정한 호학 일 것이다. 그러니 孔門十哲 중 덕행을 제일로 꼽고 안회를 제일 먼 저 거명했다.

안회의 행실 중 不遷怒(불천노)는 우리 생활 중 제일 많이 범한다. 아내에게 짜증을 내는 분풀이가 바로 遷怒이다. 貳過(이과)는 똑같은, 두 번 세 번 거듭되는 과오이다. 담배를 끊었다가 다시 피우고 …, 하 여튼 作心三日이 貳過이다.

바른 행실을 배워 실천하기 중 안회처럼 '不遷怒 不貳過'만 할 수 있어도 만인의 칭송을 받을 것이다.

036

<ruby>三<rt>삼</rt></ruby><ruby>月<rt>월</rt></ruby><ruby>不<rt>불</rt></ruby><ruby>違<rt>위</rt></ruby><ruby>仁<rt>인</rt></ruby>
三月不違仁

3개월 정도 仁을 지킨다.

[원문]《論語 雍也》子曰, "回也, **其心三月不違仁**, 其餘則日月至焉
而已矣."

[해석] 공자는 안회의 마음이 3개월 정도 仁에서 벗어나지 않는다고
보았다. 상당히 오랜 기간이다. 그러나 다른 제자들은 어찌 하루, 또
는 한 달에 한 번 仁을 體現(체현)한다고 보았다.

사실《論語》에 仁이란 무엇이라고 확실하게 정의한 구절이 없다.
여러 곳에 여러 가지로 설명하였으니 어렴풋이나마 그 뜻이 마음에
기억의 한 조각처럼 남아 쌓이게 된다.

안회의 행동이 어떠하니 3달 정도 仁을 어기지 않는다는 구체적 언
급이 없다. 또 다른 제자들에 대한 언급도 안회의 '三月不違仁'을 기
준으로 비교가 될 뿐 어떠하기에 한 달에 한 번 仁을 실천한 것이라
는 예시도 없다.

仁을 느끼고 실천하는 一貫性(일관성)의 문제이다. 맹자는 "惻隱之
心(측은지심)이 仁之端也"라고 하였는데,[80] 측은한 마음이 들었다 하

----

80 《孟子 公孫丑 上》惻隱之心 仁之端也, 羞惡之心 義之端也, 辭讓之心 禮之
端也, 是非之心 智之端也.

여 仁에 도달했다고는 볼 수 없다. 그런 측은지심으로 구체적 어떤 행동이 지속될 때 잠시 仁에 이르렀다는 말을 할 수 있을 것이다.

037
回也 非助我者也
회 야 비 조 아 자 야

안회는 나를 돕는 자가 아니다.

[원문] 《論語 先進》子曰, "回也 非助我者也, 於吾言無所不說."

[해석] 공자가 말했다. "안회는 나를 도와주지 않나니, 나의 말에 기뻐하지 않을 때가 없다."

이 말은 안회에 대한 칭찬이다. 안회는 공자의 가르침을 통째로 다 받아들이며 기뻐하였다. 안회는 공자가 사색이나 연구를 하도록 공자를 돕지 않았다. 여기서 '나를 돕는다(助我)' 란 '나를 일깨워주다(起予)' 라는 뜻이다.

子夏와 공자의 문답에서 공자가 "繪事後素"라고 말하니, 자하가 "禮後乎?"라고 말하자, 공자는 "卜商(子夏)는 나를 일깨워준다("起予者商也!")라고 했는데,[81] 起予가 바로 나를 돕는 것이다.

안회는 공자의 가르침에 말없이 알아듣고 마음이 통했고, 스승의 가르침에 추호의 의심도 없었다. 때문에 안회가 70제자 중 首弟子라

....

81 《論語 八佾》子夏問曰, "'巧笑倩兮, 美目盼兮, ~. 子曰, "繪事後素." ~. 子曰, "起予者商也! 始可與言詩已矣."

는 평가를 받을 수 있었다.

공자와 안회는 글자 그대로 '敎學相長(교학상장)' 하였다. 이 敎學相長은 《論語》에 나오는 말은 아니고, 《禮記 學記》에 나오는 말이다.

《禮記 學記》에 아래와 같은 말이 있다. 「學 然後에 不足을 알게 되고, 敎한 연후에 困(곤)을 알게 된다. 知不足 연후에 스스로 반성하게 되고, 知困한 뒤에 自强할 수 있다. 그래서 敎學相長이라 한다.」[82]

'後生可畏(후생가외)'나 '當仁不讓於師', 그리고 '起予者商也! 始可 與言詩已矣' 등이 敎學相長을 증명한 말이라 할 수 있다.

038

견 기 진 야   미 견 기 지
見其進也, 未見其止

진보는 보았지만 중단은 못 보았다.

[원문] 《論語 子罕》 子曰, "語之而不惰者, 其回也與!"

《論語 子罕》 子謂顔淵曰, "惜乎! 吾見其進也, 未見其止也."

[해석] 공자의 顔回(顔淵)에 대한 칭찬은 끝이 없다.

묻는 말에 대한 대답이 語이고, 혼자 하는 말은 言이라는 구분이 있다지만 우리는 그냥 언어라고 한다.

공자는 "안회는 내 말을 들으며 지루해하지 않는다."라고 했다. 또

....
82 《禮記 學記》 學然後知不足, 敎然後知困. 知不足然後 能自反, 知困然後 能 自强也. 故曰敎學相長也.

안회를 두고 "안타깝도다. 나는 안회가 나날이 나아지는 것은 보았지만 멈추는 것을 보지 못했다."라고 말했다.

사실 학문을 좋아하고 새로운 지식에 기뻐하며 부지런히 노력하면 응당 나아지고 진보한다. 스승의 가르침을 기뻐하며 배우는데, 어찌 나태할 수 있겠는가? 진보는 멈추지 않기 때문에 진보하는 것이다.

039
_{묘 이 불 수}
苗而不秀

어린 싹이 나 자라 이삭이 패지 못하다.

[원문] 《論語 子罕》 子曰, "**苗而不秀者**, 有矣夫! 秀而不實者, 有矣夫!"

[해석] 그래도 우리 생활에서 농사와 관련된 순수한 우리말이 많이 남아 있다. 그러나 이를 글로 기록했을 때 설명에 어려움이 많다. 옛 농촌의 생활용구 중에 키(箕)나 고무래(丁)를 구경하지 못하여 모르는 사람이 많이 있다. 싹(苗)이 트고, 이삭(秀)이 패고(發), 여물다(實) 같은 말, 그리고 농사나 절기에 관련된 용어나 속담 등도 그러하다.

싹은 곡식이 發芽(발아)하여 조금 자란 상태를 말한다. 秀는 곡식이 자라 이삭이 나오거나 開花(개화)한 것이다.

원문의 "苗而不秀"는 공자가 顔回의 부사(조사)를 비유한 말이라고 한다. 그러나 안회의 죽음 말고도 수양이나 학문을 시작했지만 철저하지 못하여 중도에 포기했다면 '苗而不秀' 라고 말할 수 있다.

벼 이삭이 다 패었어도(秀) 여물지 않으면(不實) 쭉정이가 된다. 쭉
정이는 가축의 사료로도 못쓴다. 어려서 재능이 출중했던 사람이 좋
은 결과를 맺지 못하고, 또 열심히 장기간에 걸쳐 고시 공부를 했으
나 아무것도 이루지 못한 考試浪人(고시낭인)이나, 또 공부한답시고
도서관에서 시간이나 죽이면서 의욕을 상실한 도서관 廢人(폐인)도
'秀而不實'이라고 말할 수 있다.

040

才不才 各言其子

재주가 있건 없건, 모두 자기 자식을 생각한다.

[원문] 《論語 先進》 顔淵死, 顔路請子之車以爲之槨. 子曰, "**才不才,
亦各言其子也**. 鯉也死, 有棺而無槨. 吾不徒行以爲之槨. 以吾從
大夫之後, 不可徒行也."

[해석] 顔淵(안연)이 죽자(前 481년, 공자 71세), 안연의 부친인 顔路(안
로)가 안회의 덧널[槨(곽)]을 만들 수 있게 공자의 수레를 팔아달라고
요청했다. 이에 공자가 말했다.

"재주가 있건 없건, 모두가 자기 자식을 생각한다. 내 아들(鯉)이
죽었을 때도(前 482년, 공자 70세), 棺(관, 널)만 썼지 槨(곽, 덧널)은 없
었다. 내가 곽을 만들어 주고 걸어 다닐 수는 없었다. 나는 대부의 뒤
를 따라가는 사람이기에 걸어 다닐 수는 없었다."

70 노인이 아들을 앞세운다는 것은 정말 가슴 아픈 일이다. 큰아들이 죽었을 때도 내가 수레를 팔아 덧널(槨)을 마련해 주지 않았다. 물론 내 아들보다 안연이 더 똑똑하고 덕행도 뛰어났지만 그렇다 해도 大夫를 역임한 내가 수레를 팔고 걸어 다닐 수야 없다.

사실 못났어도 그래도 내 자식 아닌가? 자식한테 못해 준 것 수제자에게 베풀 수도 있다. 그러나 내 체면을 돌아보지 않을 수 없다. – 사실 맞는 말이다.

041

<ruby>回也<rt>회 야</rt></ruby> <ruby>視予猶父也<rt>시 여 유 부 야</rt></ruby>

안회는 나를 아버지처럼 생각했다.

[원문] 《論語 先進》顔淵死, 門人欲厚葬之. 子曰, "不可." 門人厚葬之. 子曰, "回也 視予猶父也, 予不得視猶子也. 非我也, 夫二三子也."

[해석] 안회가 죽었을 때 공자는 통곡했고, "하늘이 나를 버렸다."며 슬퍼했다.[83]

안회의 장례에 門人들이 厚葬(후장)하려 하자, 공자는 "不可"라고

---

83 《論語 先進》顔淵死, 子哭之慟. 從者曰, "子慟矣!" 曰, "有慟乎? 非夫人之爲慟而誰爲?"
《論語 先進》顔淵死. 子曰, "噫! 天喪予! 天喪予!"

했다. 그래도 門人이 안회를 후장했다. 그러자 공자가 말했다. "안회는 나를 아버지처럼 생각했지만, 나는 안회를 자식처럼 해주지 못했다. 이는 나 때문이 아니고 바로 너희들 때문이다."

장례는 그 집안 형편이나 재산의 유무 정도에 맞게 치르는 것이다. 그것이 禮이고, 禮를 벗어날 수 없다. 공자는 예를 따르려 했고, 안회 또한 후장을 원하지 않았을 것이다.

아버지가 자식을 묻을 때 그 슬픔이 어떠하겠는가? 무리하게 후장한다 하여 아버지의 슬픔이 없어지겠는가? 공자와 안회는 진정 父子之情을 갖고 있었을 것이다.

042
聞一知十
문 일 지 십

하나를 배워 전체를 알다.

[원문] 《論語 公冶長》 子謂子貢曰, "女與回也孰愈? 對曰, "賜也何敢望回? 回也聞一以知十, 賜也聞一以知二." 子曰, "弗如也, 吾與女弗如也."

[해석] 공자가 자공에게 "너와 顔回 중 누가 더 낫다고 생각하느냐?" 고 물었다. 아마 理財能力이나 言辯(언변) 등 어떤 특정 영역을 지칭하지 않고 물었을 것이다. 여기에 자공의 대답이 정말 걸출하였고, 또 공자조차 그런 名答(명답)이 나오리라 생각하지도 못했을 것이다.

자공은 "제가 어떻게 안회를 따라가겠습니까? 안회는 하나를 배워

10개(전체)를 알지만, 저는 하나를 들어 겨우 두 개를 알 뿐입니다."
라고 대답했다.

그러자 공자는 "너는 안회만 못하다. 나도 네가 안회만 못하다고
생각한다."라고 말했다.

자공은 夫子가 묻는 뜻을 알고 있었다. 자신에게 안회를 부지런히
따라가라고 격려하는 뜻이었을 것이다. 그래도 자공은 역시 자공이
다. 안회가 전체를 다 파악할 수 있다고 능력을 인정하면서도 "저도
두 개 정도는 알 수 있습니다."라고 자신을 인정해 달라는 뜻을 표현
했다.

원문에서 '十'은 숫자로 10이면서도 전체를 뜻한다. 중국인에게
가장 큰 숫자는 '九'이다. 9보다 더 큰 10이 있다지만 10보다 더 큰
90이 있다. 九는 하늘의 숫자이고, 여기에 땅을 의미하는 一을 더한
수가 十이다. 따라서 十은 충족된 수이다. 완전하여 부족하지 않다는
뜻이 포함되어 있다. 곧 어떤 개수나 물건, 상황, 구성원 전체를 지칭
한다. 완벽한 전체라는 뜻을 강조하기 위해 十에 全을 보태어 '十全'
이라는 말이 통용된다.

그렇다면 안회가 '聞一知十'한다는 뜻이 명백해진다. 聞一知十은
'舉一反三'보다 더 뛰어난 능력이다. 공자는 자공의 재능을 인정하
지만 학행이나 인덕에서 아직 안회만 못하다는(弗如) 것을 확실하게
밝혔다. 그러면서 제자 두 사람의 재능을 모두 인정하며 격려하였다.
이런 말 한마디에서도 스승 공자의 위대함이 돋보인다.

弗如의 弗(不…之)은 부정하는 뜻을 가진 부사로 그다음에 목적어
를 생략할 수 있다. '吾與女~'의 女는 汝(너 여).

043

호 련 지 기
瑚璉之器

종묘에 쓰는 祭器

[원문] 《論語 公冶長》子貢問曰, "賜也何如?" 子曰, "女, 器也." 曰, "何器也?" 曰, "瑚璉也."

[해석] 자공이 공자에게 배우면서 공자에게 물었다. "저는 어떤 사람입니까?(저의 수준은 어느 정도입니까?)" 공자는 "너는 그릇이다."라고 말했다. 그러자 자공은 "어디에 쓰는 그릇입니까?"라고 다시 물었다. 공자는 "너는 瑚璉(호련)과 같다."라고 말했다.

"女 器也"의 女는 汝, 그릇처럼 용도가 제한적이라는 의미이다. 공자는 "君子不器"라고 말했다.(《論語 爲政》) 이는 보편적이어야지 제한적이어서는 안 된다는 뜻으로 해석한다. 또 이는 자공이 아직 仁의 경지에 이르지 못했다는 공자의 평가를 표현한 대답일 것이다.

瑚璉(호련)은 종묘 제사에서 黍稷(서직, 기장)을 담는 아주 중요한 祭器인데 簠簋(보궤)와 같다. 그만큼 중요한 역할을 할 수 있다는 자공의 능력을 인정한 말이다.

044

과 유 불 급
過猶不急

지나침과 모자람은 같은 것이다.

[원문] 《論語 先進》子貢問, "師與商也孰賢?" 子曰, "師也過, 商也不
及." 曰, "然則師愈與?" 子曰, "**過猶不及**."

[해석] 넘치는 것이 모자라는 것보다 꼭 좋은 것은 아니다. 빨리 가는
손목시계나 늦게 가는 손목시계나 시간 틀리는 것은 마찬가지이다.

　子貢(자공)이 물었다. "顓孫師(전손사, 子張)와 卜商(복상, 子夏) 중 누
가 더 현명합니까?"

　공자께서 말씀하셨다. "자장은 넘치고, 자하는 미치지 못한다."

　"그러면 자장이 더 나은 것입니까?"

　"지나친 것이나 부족한 것은 모두 마찬가지이다(過猶不及)."

　자공은 세상살이에 達人이었다는 생각이 든다. 공사에는 인정받
는 제자였고, 정치적으로도 높은 자리에 올랐으며 외교적 수완을 발
휘하였고(부록 〈仲尼弟子列傳〉 참고), 거만의 富를 축적한 상인으로
중국 '儒商(유상)'의 본보기였다. 그런 자공은 다른 사람을 비교하여
신랄하게 비평하기를[謗人(방인)] 좋아하였다. 이를 方人(방인, 인물을
비교 논평하다)이라 하는데, 위 본문에서 자공이 子張과 子夏를 비교
하려는 질문이 그런 예이다.

　자장이 다른 사람을 비평하였다. 이에 공자가 말했다.

　"賜야!(端木賜, 子貢) 너는 현명해서 그러는가? 나는 그럴만한 틈

이 없구나!"[84]

사람의 얼굴이 다르듯 성격이나 개성이 다르다. 한 사람의 인생이
나 성취는 그 성격에 따라 당연히 달라질 것이다. 차고 넘치거나 적
극적인 것이 꼭 좋은 것이 아니고, 모자라거나 소극적인 태도가 꼭
나쁜 것도 아니다.

너무 꼼꼼한 것도 안 좋지만 대충대충 또한 좋지 않다. 우리말로
'그거나 저거나'와 비슷한 말이 중국어로 '차이가 많지 않다'는 '差
不多(chàbùduō)'이다. '건성건성'은 중국어로 '馬馬虎虎(mǎmǎ
hūhū)'이다. 모든 언어나 행실은 적당해야 한다. 사실 分에 꼭 맞아
야 하겠지만(恰如其分) 그게 쉬운 일은 아닐 것이다.

045

승　당　입　실
升堂入室

마루에 오른 다음에 入室하다.

[원문] 《論語 先進》 子曰, "由之瑟, 奚爲於丘之門?" 門人不敬子路.
子曰, "**由也升堂矣, 未入於室也.**"

[해석] 자로가 현악기인 瑟(슬) 연주를 배워 연습하는데 공자가 볼 때
상당한 수준에 도달했다. 이에 농담으로 "자로는 왜 내 집에 와서 슬

··············
84 《論語 憲問》 子貢方人. 子曰, "賜也賢乎哉? 夫我則不暇."

을 연주하는가?" 하면서 연주가 대단치 않은 것처럼 말했다. 그 말을 전해들은 제자들이 자로를 약간 우습게 보았을 것이다. 이는 정확하게 보거나 평가하지 않고 그냥 대중심리에 휘말려 제대로 보지 못했다는 뜻이다. 그런 제자들을 보고 공자가 다시 말했다.

"자로는 마루(堂, 正廳)까지 올라왔지만 아직 방에 들어온 것은 아니다."

마당에서 섬돌을 딛고 올라와야 마루에 올라선다(升은 짧의 뜻). 마루에 올라온 뒤 입실한다. 마루까지 왔다면 상당한 경지에 올랐다는 비유이다. 입실은 학문이나 기예가 최고의 심오한 경지에 도달했다는 뜻이다. '登堂入室'도 같은 말이다.

046
행 행 여 야
行行如也
강직한 모양

[원문] 《論語 先進》閔子侍側, 誾誾如也, 子路, **行行如也**, 冉有子貢, 侃侃如也. 子樂. "若由也, 不得其死然."

[해석] 민자건이 공자를 모실 때는 바르고 공손하였고(誾誾, 誾은 온화할 은), 자로는 씩씩하였으며(行行, 剛强之貌), 冉有(염유)와 子貢(자공)은 和樂한 모습이었는데〔侃侃(간간), 侃은 화락할 간, 강직할 간)〕 공자는 매우 즐거워하셨다. 공자는 "자로 같은 사람은 제 명에 죽기는 어려울 것이다."라고 하였다.

공자의 제자들은 각각 개성이 제각각 다양하였고, 공자는 그런 제자들이 있어 즐거웠다. 효자였던 閔子騫(민자건)은 공손하고 바른 자세였고, 염유와 사공 또한 화락하고 믿음직스러운 모습이었다.

　　자로는 과감하나 성급하였기에 씩씩하게 시중을 들으며 가르침을 받았을 것이다. 그런 자로에 대하여 '제 명에 죽기 어려울 것이다(不得其死).'라고 걱정하였다. 자로는 공자 72세 되던 해, 자로는 63세로 衛國의 政爭에 말려 비명횡사하였다(前 480). 처형되기 전 갓끈을

閔損(민손, 子騫)
대만국립고궁박물관 소장

바로 매고 죽었다는 이야기가 전한다. '不得其死'는 '不得善終'과 같은 뜻으로 쓰인다.

자로의 죽음은 노쇠한 공자에게 큰 충격을 주었다. 공자는 자로가 죽은 다음 해 73세에 죽었다(前 479년 4월).

047
<ruby>言<rt>언</rt></ruby> <ruby>必<rt>필</rt></ruby> <ruby>有<rt>유</rt></ruby> <ruby>中<rt>중</rt></ruby>
言必有中

말을 했다면 꼭 맞는 말은 하다.

[원문] 《論語 先進》魯人爲長府. 閔子騫曰, "仍舊貫, 如之何? 何必改作?" 子曰, "夫人不言, 言必有中."

[해석] 魯나라에서 새로 큰 창고를(長府, 새 저택이라는 주장도 있다.) 지었다. 이를 보고 閔子騫(민자건)이 한 마디 했다.

"옛 것을 고쳐 쓰면 어떤가? 꼭 새로 지어야 하는가?"

仍舊貫(잉구관)의 仍은 '그대로' 貫은 일(事)이란 뜻이니, 옛 건물을 그대로 두고 보수한다는 뜻으로 풀이할 수 있다.

이를 공자가 전해 듣고 말했다. "그 사람(민자건)은 말수가 적지만 말을 했다면 꼭 맞는 말이다."

민자건은 孔門十哲 중 德行으로 유명하며 효자 중의 효자였다. 그만큼 신중했다는 뜻이다. 그저 단순히 친교를 위한 자리에서도 말수가 적은 것이 좋다고 할 수는 없다. 그러나 꼭 필요하고 정확한 언행이 없다면 이는 그 사람의 신뢰와 관계가 있을 것이다.

048

<ruby>朽<rt>후</rt></ruby><ruby>木<rt>목</rt></ruby><ruby>不<rt>불</rt></ruby><ruby>可<rt>가</rt></ruby><ruby>雕<rt>조</rt></ruby>

朽木不可雕

썩은 나무에는 무늬를 새길 수 없다.

[원문]《論語 公冶長》宰予晝寢. 子曰, "**朽木不可雕也**, 糞土之牆不可杇也, 於予與何誅?"

[해석] 공자는 낮잠을 자는 宰予(재여)를 보고서 크게 실망했을 것이다.

그래서 "썩은 나무에는 무늬를 새길 수 없고, 썩은 흙으로 바른 벽은 흙을 새로 바를 수가 없나니, 재여를 꾸짖어 뭐하겠는가?"라고 말했다.

썩은 나무(朽木, 후목)에는 무늬를 새길 수(雕, 새길 조) 없다. 糞土(분토)는 썩은 흙인데, 오물이 퇴적된 흙으로 생각하면 된다. 糞土之牆(분토지장)을 다시 바를 수 없다(不可杇也)의 杇(흙손 오)는 벽에 흙을 바르는 도구이다. 미장이가 시멘트를 바를 때 쓰는 흙손을 생각하면 된다. 杇는 나무로 만들지만, 여기서는 흙을 바르다의 뜻으로 쓰였다. 분토지장은 게을러서 가르쳐봐야 쓸모가 없는 사람을 의미한다. 꾸짖고 훈계해서 뭐하겠느냐고 크게 실망했다.

그런데 공자가 실망했다 하여 재여에 대한 질책이 너무 심하다는 생각이 든다. 聖人답지 않고 아량과 식견이 좁은 老師(노사, 스승)라는 생각이 든다.

이 구절에 대한 다른 풀이를 읽어보면 재여가 낮잠(晝寢)을 잔 것이 아니라 晝(낮 주)는 畫字(그릴 화, 그을 획)의 착오이고, 畫는 재여가 낙서를 하듯 침실 벽에 그림을 그렸다(畵, 그릴 화, 그을 획)고 풀이하였다. 그것을 보고 공자가 '朽木은 不可雕'라 했고, 또 다른 예로 '糞土之牆'을 설명했다고 보았다. 곧 바탕이 튼튼하지 않으면 노력해도 소용없다는 뜻을 가르쳐 준 말이라고 생각하였다. 그리고 '於予與何誅?'의 구절도 誅(벨 주, 견책, 죄인을 죽이다)가 아니라 求(구할 구)의 착오라고 해석하였다. 설령 낮잠을 잤건, 침실 벽에 낙서 같은 그림을 그렸든, 그런 사소한 잘못을 들어 죽이겠다는 말이나 심한 견책을 할 정황이 아니라고 했다. 또 재여는 본래 몸이 허약한 사람인데, 재여에게만 왜 더 많은 것을 요구해서 무엇하느냐의 뜻으로 해석하였다. 그리고 그다음 구절은 본래 낮잠하고는 상관없는 구절이라고 하였다.

이 구절은 간단히 '朽木不雕', 또는 '朽木糞土'라 하여 바탕이 나빠 쓸모가 없다는 뜻으로 쓰인다.

마. 공자의 晩年(만년)과 죽음

老貪(노탐) 때문에 평생에 이룩한 지위와 명성을 잃는 속인들을 볼 때마다 생전의 영광과 명성을 무덤까지 갖고 갈 수 있어야 진정한 행복이라고 생각한다. 담담하게 죽음을 맞이할 수 있거나 행복하게 죽을 수 있을까? 공자의 말년과 그의 죽음은 어떠했는가?

공자 말년의 비애

공자는 모국 魯(노)나라를 떠나 정치적 망명자처럼 14년에 걸쳐 주변 여러 나라를 周遊(주유)했다. 공자가 천하를 주유했다는 말은 공자의 체면을 보아 좋게 표현한 말이고, 耳順(이순)을 넘긴 노인의 타국 여행이란 실제로는 매우 고달픈 여정이었을 것이다.

공자는 햇수로 14년에 방랑을 끝내고 魯 哀公(애공) 11년인 기원 전 484년, 68세의 고령으로 노나라에 돌아왔다. 공자는 제자 교육 과 《詩》,《書》,《禮》의 고전을 정리하는 일에 전념했다. 그러다가 기원전 479년 4월에 죽으니, 만 4년 남짓한 여생이 있었다.

이 시기에 공자 자신은 '마음이 내키는 대로 하더라도 법도를 넘지 않았다.'고 하였다.[85] 말하자면, 이제는 모든 것을 달관하거나 해탈한 지경에 이르렀다는 뜻이다. 사실 늙어 판단력이 흐려지거나 노욕이나 노탐으로 亡身하는 속인들의 경지와는 차원이 달랐다고 볼 수 있다.

그러나 공자에게 큰 슬픔이 연이어 닥치는데, 그것은 노나라에 돌아온 다음 해에 아들 鯉(리, 伯魚)와 수제자 顔回(顔淵)의 죽음이었다. 《논어》에는 아들 백어의 죽음을 직접 언급한 글은 없다. 그러나 자식이 앞서갈 때 그 아버지의 슬픔이 어떠하겠는가는 충분히 짐작할 수 있다.

공자의 수제자 안회는 몹시 가난했다. 그렇지만 밥 한 그릇에 물한 모금을 마시며 누추한 골목에 살면서도 그 즐거움을 바꾸지 않는 현명한 안회였다.[86] 영양실조로 나이 29세에 머리가 백발이 되었는

<hr />

85 《論語 爲政》子曰, 吾十有五而志于學 ~ 七十而從心所欲不踰矩.
86 《論語 雍也》子曰, 賢哉 回也! 一簞食 一瓢飮 在陋巷 人不堪其憂 回也不改
　　其樂. 賢哉 回也!

데, 공자는 어느 제자보다도 진정으로 호학하고 仁을 실천하는 안회를 매번 극찬했다. 그리고 안회가 죽었을 때 공자는 '하늘이 나를 버렸구나!' 하며 통곡했다.[87]

안연의 아버지 顔路(안로)가 안회의 장례에 棺(관)은 있지만 관을 감싸는 槨(곽, 덧널)이 없다며 공자의 수레를 팔아 곽을 마련해 달라고 한다. 그러자 공자는 재주가 있건 없건 아들은 다 같은 아들인데, 내 아들이 죽었을 때도 관만 쓰고 곽은 쓰지 못했다는 이야기를 한다. 이를 본다면, 공자는 외아들이 먼저 죽고 연이어 수제자 안회가 죽는 슬픔을 겪었다.

이런 슬픔을 겪으면서 공자는 크게 쇠약해졌을 것이다. 이어 병석에 눕고 子路가 공자를 간병하는 기록이《논어》에 보인다.

《논어》에 기록은 없지만 공자가 죽기 전인 魯 哀公 14년(前 481년)에 魯나라 서쪽에서 마부가 麒麟(기린)을 잡아 죽였다는 사건이《春秋公羊傳》에 기록되어 있다. 기린은 仁獸(인수)이고 王者의 출현을 예고하는 상서로운 동물이다. 그런데 이런 기린이 난세에 출현하여 마부에게 잡혀 죽었다는 소식을 들은 공자는 크게 슬퍼하였고 그간 집필하던《春秋》를 여기서 마무리(絶筆)한다고 하였다.

그런데 쇠약해진 공자를 거의 죽음에 이르도록 또 한 번의 충격을 받는데, 그것은 子路의 죽음이었다. 자로는 공자를 가장 오랫동

....
87《論語 先進》顔淵死. 子曰, 噫! 天喪予! 天喪予! / 顔淵死, 子哭之慟. 從者曰, 子慟矣! 曰, 有慟乎? 非夫人之爲慟而誰爲? / 顔淵死, 門人欲厚葬之. 子曰, 不可. 門人厚葬之. 子曰, 回也視予猶父也, 予不得視猶子也. 非我也 夫二三子也.

春秋公羊傳(춘추공양전)
저자 : 何休 學 ; 陸德明 音義, 출처 : 국립중앙도서관

안 모신 충직한 제자이며 효자로 소문이 났었다.

자로는 衛(위)나라의 정사에 관여하고 있었는데, 기원전 480년 衛나라 蒯聵(괴외)의 亂에 목숨을 잃었는데 사건의 전말은 매우 복잡하다. 하여튼 사대부로서 의리를 지켜 당당하게 죽어간 강직한 자로였다.

공자는 곧 병석에 누웠고, 당시 노나라의 실권자 季康子가 약을 보내주었다.[88] 공자는 "봉황도 오지 않고 河圖(하도)도 나타나지 않

----

88 《論語 鄕黨》康子饋藥 拜而受之. 曰, "丘未達, 不敢嘗."

으니 나는 끝이로다!"라고 탄식하였다.[89]

봉황은 태평성대에 나타난다는 전설상의 새이고, 河圖는 아주 먼 伏羲(복희)씨 시대에 黃河에서 龍馬가 등에 지고 나왔다는 그림이다. 공자가 이런 것을 기대하지 못한다는 것은 옛 문물을 다시 일으키겠다는 자신의 이상을 실현할 수 없다는 탄식이라 할 수 있다.

〈공자세가〉의 기록에 의하면, 공자는 자신의 죽음을 예언하는 노래를 불렀고[90] 수제자 子貢을 불러 죽음을 내다본 꿈 이야기를 하였다.[91] 그리고 7일 동안 앓다가 기원전 479년(魯 哀公 16년) 4月 己丑日(기축일)에 73세를 일기로 별세하였다.

죽음에 임하는 자세

후대에 성인이라 추앙받는 공자이지만 공자의 죽음은 보통 노인들의 죽음과 크게 다르지 않았다. 공자는 평생을 스스로 노력하며 자신의 이상을 이루어내려 했지만 사실 거둔 것이 없었다. 공자는

----

89 《論語 子罕》子曰, 鳳鳥不至 河不出圖 吾已矣夫.

90 《禮記 檀弓 上》,《史記 孔子世家》; '태산이 무너지려는가?(泰山其壞乎) 대들보가 부러지려는가?(梁木其摧乎) 철인이 죽어 가는가?(哲人其萎乎)' 공자가 자신을 태산, 대들보, 哲人으로 비유할 이유가 없다며 위작이라는 주장도 있다.

91 공자가 자공에게 말했다. "天下가 無道한지 오래니 내가 본받을 사람이 없도다. 夏人은 東階에 殯所(염을 마친 관을 두는 곳)를, 周人은 西階에 빈소를 마련하고, 殷人은 양쪽 기둥 사이에 빈소를 마련했다. 엊저녁 꿈에 나는 두 기둥 사이에 앉아 있었는데, 나는 본래 殷의 후손이기 때문이었다."

평생 동안 쉬지 않고 노력하였다. 모든 것을 다 알고 태어나지도 않았으며, 평생을 수양하며 학문을 즐겼고 제자들을 교육했다. 이는 바로 自强不息(자강불식)의 삶이었다.

당시에 공자가 73세까지 살았다는 자체가 공자의 건강을 말해주고 있으며, 공자 자신이 세속적 욕망에 초연했었기에 生에 미련을 갖고 있었다거나 죽음을 두려워했다고 볼 수도 없다.

공자의 죽음에 대한 태도는 극히 명백했고 단순했다. 공자는 삶과 죽음을 따로 분리하지 않았다. 공자는 죽음을 삶(生)의 일부라고 생각했다. 자로가 귀신을 어떻게 섬기느냐고 묻자, 공자는 사람도 제대로 못 섬기는데 어찌 귀신을 섬길 수 있겠느냐고 반문했고, 죽음에 대해서는 사는 것(生)도 모르는데 어찌 죽음을 알겠느냐고 물었던 공자였다.[92]

공자는 평소에 괴이한 현상이나 폭력, 난동이나 귀신에 대한 이야기를 하지 않았다.[93] 이는 비이성적이고 비인간적, 비현실적인 것을 부정하는 공자의 인문정신이며 합리성과 실용성을 존중하는 공자의 신념이라고 말할 수 있다.

공자가 입에 올리지 않았던 怪力亂神(괴력난신)의 상대적인 개념은 아마도 常, 德, 治, 人일 것이다. 이러한 공자의 합리성과 현실성, 인간중심과 인문주의는, 곧 仁 사상과 휴머니즘의 바탕이라고 평가할 수 있다.

....

92 《論語 先進》季路問事鬼神. 子曰, 未能事人, 焉能事鬼? 曰, 敢問死. 曰, 未知生, 焉知死?

93 《論語 先進》子不語怪力亂神

제자들의 삼년상

조상에 대한 제사 이전에 치르는 것이 喪(상)・葬禮(장례)이다.

상례가 임종에서 殮(염)을 할 때까지 시신을 수습하고 정리하는 절차라면, 장례는 출상하여 매장을 마칠 때까지의 예의이며 절차이다. 장례 후에 정기적인 추모행사가 제사인데, 상・장례 이후 특별한 기간에 추모하고 애도하는 과정을 服喪(복상)한다고 하는데, 복상 기간이 얼마인가는 상당히 중요한 문제이다.

삼년상이라지만 옛 법도(朱子家禮)대로 정확히 행한다면 만 25개월을 복상하게 된다. 태어나서 삼 년이 지나야만 부모 품에서 나와 제 발로 걸을 수 있고 제 손으로 밥을 먹을 수 있으니, 삼년상이란 낳고 길러준 부모의 은혜에 대한 최소한의 기간이기에 결코 길지 않다고 볼 수 있다.

부모와 자식의 관계가 아니라도 인간으로서 서로의 은혜를 느끼며 보답하는 것이 인정이고, 이런 기본 감정을 부모에게 적용한다면 그것이 효도이다. 부모의 자식 사랑이 본능이라 하더라도 자식은 부모에게, 더군다나 늙고 쇠약해진 부모라면 더욱 효도를 해야 한다. 그리고 돌아가신 이후에 슬픔과 존경의 표시로 삼년상을 치른다는 것은 자식으로서 최소한의 도리라고 생각해야 한다. 이처럼 공자는 가정에서 부모에 대한 효도를 인의 출발점으로 인식했었다.

공자가 죽은 뒤, 장례에 관한 일은 子貢(자공)이 주관한다. 제자들은 상복을 입지는 않았으나 부모의 상과 같이 3년간 복상하였다. 이를 心喪이라 하는데, 삼년상 기간이 끝나자 자공과 함께 다시 한번

통곡한 뒤 떠나갔다.[94]

　다만 자공만은 공자 묘 옆에서 다시 삼 년을 더 복상하고 떠나갔
나. 그 뒤 제자들 중 일부가 공자의 덕을 흠모하여 공자의 무덤 곁으
로 이사하여 사는 사람들이 마을을 이루었는데, 이를 孔里(공리)라
했다.

바. 공자가 왜 위대한가?

　기원전 6세기에서 5세기라면 前 599년에서 400년 사이이다. 이
시기에 釋迦牟尼(석가모니, 기원 前 563년~483년)와 孔子(前 551년~
B.C. 479년), 그리고 老子(前 6세기 초에서 5世紀 초)가 비슷한 시기에
살았다는 것이 진정 驚異(경이)라 아니할 수 없다. 그리스의 소크라
테스(前 470년~399년)는 이들보다 100년 전후로 좀 늦지만 이들
이 각자 자신이 속한 문명에서 정신문화의 원류가 되었다는 점은 하
나의 공통점이다.

　공자는 지금부터 대략 2,500년 전 사람이다. 그런데 당시의 사상
이 지금도 통하면서 공자를 聖人이라고 칭하는데, 공자가 높은 벼슬
을 했기에 위대한 인물인가? 아니면 훌륭한 정치적 치적이나 불후
의 저술이 있어 위대하다고 하는가? 공자의 위대한 점은 무엇인가?

----

94 공자와 제자들은 父子 관계가 아니기 때문에 제자들의 복상을 心喪이라
　　고 한다.

평범한 시작과 최고의 성취

중국인들의 공자에 대한 칭호는 매우 많다.

공자는 신분적으로 평민은 아니었지만 평민과 가장 가까우며 지배구조의 맨 아래인 士 계층에 속했다. 따라서 공자는 모든 것을 스스로의 능력과 노력으로 해결해야만 하는 신분이었다.

그러나 공자 사후에 北宋에서는 공자를 높여 '大成至聖文宣王(대성지성문선왕)'이라는 공식 칭호를 부여하였다. 明에서는 공자가 '聖人 중의 聖人'(至聖)이며 '교육자로서 모든 스승들보다도 앞선 분(先師)'이라는 의미로 '至聖先師(지성선사)'로 호칭하였고, 황제도 공자를 제사하는 의식인 釋典(석전)에 참여하였다. 곧 공자는 萬人之上인 황제가 올리는 제사를 받는 중국 최고의 영광된 神靈(신령)이 되었다.

그러나 공자는 한 나라의 통치자가 아니었으며, 그렇다고 명문 귀족도 아니었고 고급 관리로 명성을 누리지도 못했으며, 거만의 재산을 축적하지도 못했다. 공자는 위대한 사상가로 저술과 교육 활동을 지속하다가 일생을 마쳤으니 세속적으로는 그저 평범한 사람이었다.

공자는 자신감을 가지고 자신의 경륜과 포부를 실현하기 위하여 적극적 정치 참여와 관직을 원했지만 그의 포부는 실현될 수 없었다. 《論語》에는 공자가 역임한 관직에 대한 언급이나 직무 수행에 따른 치적에 대한 기록이 하나도 없다.

공자 이전에 모든 학문은 귀족들의 독점물이었고, 관리는 귀족 자제 중 후임자를 뽑아 필요한 지식을 전수하는 교육이 행해졌다.

이런 시대에 공자가 평민을 대상으로 학문을 교육한 것은, 곧 중국에서 최초의 私學(사학)을 개창했다는 것으로, 참으로 획기적이며 위내한 발선이었다.

공자는 제자들에게 덕행을 닦고 인을 체득하고 실천하라는 교육을 실시했다. 공자의 이러한 교육내용은 《論語》에 실린 대화 내용을 통해 알 수 있다. 《論語》에는 공자가 자신의 사상을 제자들에게 강요한다거나 타 학설을 강하게 비판하는 내용도 없다. 그리고 제자들에게는 언제나 가장 쉬운 말로 능력에 맞추어 가르치는 교육을 폈다.

위대한 사상이란 가장 보편적이면서도 타당성이 있어 모두가 받아들일 수 있고 실제에 적용되어야 한다. 한 시대나 한 지역, 또는 일부 특정한 사람들에게만 적용되는 사상이라면 진정 위대한 사상일 수 없다. 이는 힌두교가 인도인에게, 유태교가 유태인들에게만 적용된다는 사실과 비교하면 쉽게 이해할 수 있을 것이다. 공자의 학문과 주장은 그의 제자들뿐만 아니라, 또 춘추시대의 중국뿐만 아니라 21세기 세계 어디서나 다 수용될 수 있고 적용될 수 있기에 위대한 것이다.

聖人 孔子

모든 사람들이 공자를 聖人이라고 부른다.

성인은 모든 것을 다 알고 신통한 능력을 가진 사람으로 생각하지만, 공자는 자신이 성인이라고 생각하지도 않았으며 태어나면서부터 모든 것을 다 아는 사람이 아니라고 분명히 말하면서, 자신은 옛

법도를 좋아하면서도 부단히 노력하며 배우는 사람이라고 말했다.[95]

사실 배움을 통해서 무엇인가를 깨우치게 되는데, 배우고 깨우치는 정도에 따라 그 단계를 생각할 수 있다. '태어나면서부터 많은 것을 알고 있는 사람(生知)은 가장 위(上)이다. 배워서 아는 사람(學知)이 다음이고, 모르면 살기가 힘들기 때문에 배우는 사람들(困學)은 또 그 아래에 속하지만, 몰라서 고생하면서도 배우지 않는 어리석은 사람(下愚)은 보통 사람 중에서도 하류에 속한다.'고 하였다.[96]

여기에서 生知(생지), 學知(학지), 困學(곤학)이라는 말이 나왔지만, 사실은 안다는 점에서는 마찬가지일 것이다. 이런 학문의 단계에 대하여 유가에 속하는 荀子(순자)는 분명한 정의와 함께 학문의 필요성을 절실하게 설명했다.

'지금은 賤(천)하지만 貴(귀)한 사람이 되고, 어리석은 이가 똑똑해지고, 가난한 사람이 부유해질 수 있는가? 그것을 가능케 하는 것은 오직 학문이다. 배운 것을 실천하면 士가 되고, 더 성실하게 애쓰면 君子가 되며, 사물의 이치를 통달하면 聖人이 된다. 위로는 성인이 될 수 있고, 아래로는 士나 君子가 되려는 나를 누가 막을 수 있겠는가?'[97]

......

95 《論語 述而》子曰, "我非生而知之者 好古敏以求之者也."
96 《論語 季氏》孔子曰, 生而知之者上也 學而知之者次也 困而學之 又其次也 困而不學, 民斯爲下矣."
97 《荀子 儒效》我欲賤而貴 愚而智 貧而富 可乎? 曰 其唯學乎. 彼學者 行之 曰士也. 敦慕焉 君子也. 知之 聖人也. 上爲聖人 下爲士 君子 孰禁我哉.

이를 본다면, 성인은 지식의 최고 경지에 이른 사람이라고 보아야 한다. 공자가 성인이라는 것은 그만큼 열심히 배우고 실천했다는 의미이지 기적을 행하는 초능력자라는 의미는 아니다.

공자는 역경에서도 자신의 주장을 굽히거나 바꾸지 않았다. 평생 동안 일관된 신념을 끝까지 견지하는 일이 결코 쉬운 일은 아니다. 때문에 공자의 제자들은 스승을 진심으로 존경했다.

공자의 직접 가르침을 받지 않은 우리가 《論語》를 읽고, 또 유가 경전을 통해 공자의 신념을 존경하고 공자의 사상에 공감하는 것은 그가 불굴의 의지를 가진 사람이었기 때문이다. 《論語》를 통해서 알 수 있는 공자의 모습은 초인적인 聖人도 아니고 우리가 쉽게 볼 수 있으며 이해할 수 있는 그런 사람이었다.

공자의 수제자 중 한 사람인 子貢(자공)은 정치적으로도 매우 활동적이고 유능했으며 많은 재물을 모은 부자였다. 자공은 자신을 비유하자면, 겨우 어깨높이의 담이라서 밖에 있는 사람들이 담 너머 화려한 집안의 모습을 보면서 감탄할 수 있다고 했다. 그러나 스승 공자는 여러 길 높이의 높은 담이라서 대문을 통해 들어가야만 집안의 화려함을 제대로 볼 수 있다고 했다.[98]

이처럼 공자의 학문은 낮은 담 너머로 넘겨다 볼 수 있는 그런 학문이 아니다. 공자의 학문은 대문을 제대로 열고 들어가야 비로소 볼 수 있는 것이다. 이는 학문을 제대로 하지 않는 사람이라면 공자 학문의 위대한 성취를 전혀 알 수 없다는 뜻이다.

....

98 《論語 子張》叔孫武叔~ 子貢曰, "譬之宮牆 賜之牆也及肩 闚見室家之好. 夫子之牆數仞 不得其門而入 不見宗廟之美 百官之富."

사실 산 아래에서 쳐다보면 산속에 있는 길이 하나도 안 보인다. 산속에 들어가야만 많은 길이 보이고, 어느 길을 택하든 본인이 스스로 힘써야만 정상에 오를 수 있다. 공자 사상에 입문도 하지 않았다면, 또 부잣집 대문을 열고 들어가지 않았다면, 어찌 그 사상의 위대함이나 부잣집의 화려한 내부 살림을 알 수 있겠는가?

공자가 세상을 떠난 뒤, 服喪(복상)을 마친 문하의 제자들은 각자의 길을 찾아 나섰다. 관리가 되거나 후학들을 교육하는 일에 전념한 제자도 있었다. 그 제자들은 공자로부터 배운 인과 예를 실천하고 六藝(육예)의 학문을 널리 보급했다. 이러한 제자나 제자의 가르침을 받은 제자들의 노력은 전국시대 제자백가에 의한 百花齊放(백화제방)의 직접적인 원인이었다.

사다리로 오를 수 없는 하늘

몰락한 귀족의 아들로 태어난 공자에 의해 고대문화의 정수라 할 수 있는 六藝(六經)의 학문은 더욱 심오해졌다. 공자는 자신의 노력으로 교육과 사상과 실천에서 위대한 업적을 남겼기에 중국 역사상 유일한 성인으로 추앙받고 있다.[99]

공자는 전통 가치가 붕괴하는 시대적 상황에서 인간 본연의 참모

---

99 成均館 大成殿에 공자의 配位에 4인을 四配라 하는데, 復聖인 顔子, 宗聖인 曾子, 述聖인 子思, 亞聖인 孟子를 지칭한다. 말하자면, 聖人은 공자 한 사람이고, 四配는 성인에 준하는 경지에 이르렀다는 평가이다.

습을 잃어서는 안 된다는 자신의 믿음을 견지하면서 도덕적 자각과 실천, 곧 인과 예와 덕행의 실천으로 先王의 道를 회복해야 한다고 주장하였다. 그리고 인본주의의 사상과 정치를 강조하고 선양했으며, 그러한 주장은 뒷날 큰 시대 조류가 되었으니 이 또한 공자의 위대한 공헌이라 할 수 있다.

공자 사상의 핵심은 仁이고, 仁을 일상생활에서 보다 더 구체화한 실천적 덕목은 禮儀나 德治, 孝悌(효제)이다. 공자는 특히 지배계층, 곧 위정자가 인의를 실천하고 덕치를 베풀어야 한다고 주장하였다.

공자는 민중이 아니라 위정자들의 노력으로 하층민의 안정적 생활을 보장하고 사회 발전을 이룩할 수 있다고 믿었다. 공자는 언제나 백성들 편에서 위정자들의 바른 정치와 덕치를 끝까지 요구했던 유일한 사상가였다.

공자의 儒家 사상과 대비하여 道家의 사상은 인간 사회의 현실적 문제를 외면하는 경향이었고, 후일 法家 사상이나 兵法家들은 당시의 지배자들을 옹호하는 사상으로 전제 정권에 협력적이었다.

그 당시 하층민들의 교육과 생활문화의 수준은 지금과 견줄 수 없을 만큼 비참하고 저급했다. 그런 시대에 극소수의 위정자에게 백성들을 위한 정치를 하라고 요구한 것은 정말 용기 있는 주장이었고 혜안이었다. 이런 점에서 공자는 중국의 어느 사상가보다도 위대하였다.

평지에서는 바퀴를 이용하면 빨리 움직일 수 있다. 수레는 평지에서의 빠른 이동을 위해 만들어졌다. 그러나 경사가 급한 곳에서는 바퀴가 무용지물이다. 그래서 계단을 만들었으니, 사다리나 에스컬레이터는 계단을 활용한 것이다. 그렇다 하여도 하늘을 계단이나 사다리로 오를 수는 없다.

보통 사람의 현명함이나 성취는 언덕과 같아 오를 수 있지만 공자의 위대함은 해와 달과 같다고[100] 말한 제자가 子貢(자공, 子贛)이다. 해가 뜨겁다고 해를 욕하는 사람이 어리석은 것처럼 해와 달과 같은 공자의 인격은 다른 사람이 헐뜯는다 하여 허물어지지 않는다.

공자의 제자들은 스승 공자를 '따라갈 수 없는 분이며 마치 사다리로 올라갈 수 없는 하늘과 같은 분'이라고 말했다.[101] 이 말은 21세기에도 그대로 통한다.

---

100 《論語 子張》叔孫武叔毀仲尼. 子貢曰, "〜 仲尼不可毀也. 他人之賢者 丘陵也 猶可踰也, 仲尼 日月也 無得而踰焉."

101 《論語 子張》陳子禽謂子貢曰 〜, 子貢曰, "〜 夫子之不可及也 猶天之不可階而升也. 〜"

II
孔子의 教學과 修養

　"먹는 것이 왜 중요한가?" 또는 "왜 먹어야 하는가?"라는 질문처럼 우스운 질문은 없다. 먹어야 생존하고, 생존하기 위해 먹는 사람에게 그 것은 當爲(당위)의 사실이다.

　그러나 왜 요리가 중요하고, 왜 요리를 직업으로 택했느냐고 묻는다면 요리사마다 대답이 다를 것이다. 배우는 사람에게는 왜 배우느냐고 물어볼 수 있다. 공자는 왜 학문을 해야 한다고 생각했는가? 그리고 제자들의 사부로 어떻게 수양을 했는가?

1. 공자의 好學과 勉學

공자가 배우기를 좋아하고 열심히 공부했다는 것은 누구나 다 인정해야 한다. 공자 자신이 즐겨 배웠고 열심히 노력했기에 그에 따른 성취가 있었으며, 그만한 학문적 바탕이 있었기에 자기 철학을 확실히 할 수 있었고, 제자들에게 호학과 면학을 권했을 것이다. 공자의 호학과 면학은 어느 정도였으며 어떤 영향을 남겼는가?

자신을 위한 배움

물건을 만드는 사람은 공장에서, 모든 사람들은 자기 일터에서 자신의 일을 수행한다. 그렇다면 학문을 하는 사람의 일터는 어디인가? 그 일터가 학교 또는 대학의 연구실이라는 좁은 개념의 공간일 수는 없다.

공자의 제자 子夏는, 배우는 사람은 또 진정한 배움을, 이룩한 사람은 배움의 과정에서 道를 실현한다고 하였다.[102] 이는 배움의 과정 그 자체가 君子의 일터라는 뜻이다.

공자는 제자들에게 개념이나 사상을 가르치기 전에 때로는 구체적이고 실질적인 교육을 했다. 예를 들면, 仁을 좋아하고 추구하지만 학문의 바탕이 없다면 그 폐단은 어리석음이며, 지혜로움(知)을 좋아하지만 배움이 없으면 허황된 것이며, 용기를 추구하면서도 학문적 바탕이 없다면 이는 혼란(亂)이라고 말했다.[103]

시장의 원리를 무시한 제품은 성공을 거둘 수 없다. 다시 말해 고객의 기호를 무시한 상품이 성공할 수는 없다. 그렇다면 이러한 원리를 배움에도 적용할 수 있겠는가?

요즈음 우리의 현실을 고려한다면, 나를 써 줄 만한 기업을 위한 맞춤형 지식을 축적하거나 그 회사에 필요한 기능을 수련하는 일이 가장 빠른 길일 수도 있다. 첩경을 달려가는 사람은 다른 길을 고려하지 않는다. 이처럼 전문지식만을 고집한다면 다른 인문지식은 필요 없다는 가장 쉬운 결론을 얻을 수 있다. 그러나 그것이 가장 바른 길(正道)이겠는가?

공자의 시대에는, 또 공자한테 배우는 제자들은 요즈음과 같은 생존경쟁을 몰랐을 것이다. 때문에 공자는 상당히 포괄적이면서도

---

102 《論語 子張》子夏曰, 百工居肆以成其事 君子學以致其道.
103 《論語 陽貨》子曰, 由也 女聞六言六蔽矣乎. ~好仁不好學 其蔽也愚 ~好勇不好學 其蔽也亂~.

실질과는 관련성이 적다고 생각할 수 있는 교육을 한 것 같다.

공자가 바라는 진정한 배움은 우선 自己完成이었고 自我實現이었다. 그러면 저절로 자신의 목표를 성취할 수 있을 것이라고 생각했다. 다시 말해 폭넓은 배움은 좋은 인품을 만드는 것이라고 생각했다. 좋은 제품이 시장에서 잘 팔리는 것처럼 폭넓은 배움이 곧 자아실현이고, 그것은 곧 나와 남을 위한 배움의 길일 것이다.

배움은 깨우침

오늘날의 지식과 정보를 제공하는 교육은 양적으로 엄청나게 많지만 현대의 교육은 학습자에게 '깨우침'을 강조하지 않는 것 같다. 지식과 정보의 교육에는 자신에 대한 省察(성찰)이나 철학적 洞察(통찰)이 없다.

공자가 강조한 것은 자신에 대한 성찰과 그 결과 얻을 수 있는 깨우침이었다. 예를 들면, 仁을 알고 실천하라는 공자의 가르침은 지식과 정보의 습득 또는 기술의 이해나 숙련을 강조하는 현대의 교육과 본질적으로 달랐다. 공자가 제자들에게 강조하는 깨우침이란 지식과 정보의 양이 많다 하여 얻을 수 있는 것은 아니었다.

공자의 중심 사상은 仁이다. 仁을 중시했기에, 仁이 무엇인가를 스스로 알기 위하여 공자는 학문을 했고, 또 실천하려고 노력도 했다. 그리고 제자들에게 仁을 여러 가지로 설명을 하면서 실천하라고 가르쳤다. 공자는 특히 지배층에게 인을 강조했고, 仁을 깨닫고 실천하려는 의지를 가진 군자가 되어야 한다고 구체적인 인간상을 제시했다.

　공자는 군자와 소인을 구분하고 여러 가지로 비교도 했다. 또 孝를 가르쳤는데, 효와 불효는 구분이 된다. 그렇다면 공자는 이분법적 사고를 벗어나지 못했고 이분법적 사고로 제자들을 가르쳤다고 보아야 하는가?

　그러나 군자와 소인의 구분은 언어적 표현이다. 언어는 본래 구분하여 표현하는 것이 그 수단이다. 有와 無, 善과 惡이라는 말로 존재나 가치를 설명한다 하여 이분법적 사고라고 단정할 수 없다. 그리고 언어로는 모든 것을 다 표현할 수도 없다. 더군다나 깨우친 사람이 자신의 그 깨우침을 언어로 표현하여 남에게 모든 것을 전달할 수도 없다. 공자의 경우는 분명 그러했다.

　실제로 仁이란, 곧 인자하려고 스스로 노력한다 하여 얻어지는 것이 아니었다. 仁과 不仁의 구분을 떠나 모두를 포용할 수 있는 생각과 성찰이 있어야 한다. 포용이 없는 어짊(仁)은 없지만, 모든 것을 다 포용했다고 해서 어질다는 뜻은 아닐 것이다.

　仁은 커다란 깨우침이다. 한 사람의 생각이나 행동이 인이냐 아닌가를 이분법적으로 구분할 수는 없다. 어짊은 이분법적인 사고나 分別(분별)의식을 초월하는 통찰을 거쳐야 깨우칠 수 있다. 이처럼 배움은 깨우침을 얻는 것이다.

049

각 득 기 소
各得其所

각각 자기 자리를 찾다.

[원문] 《論語 子罕》子曰, "吾自衛反魯, 然後樂正, **雅頌各得其所.**"

[해석] 공자는 魯 定公 13년(前 497년, 공자 55세)에 노를 떠나 衛를 찾아갔고 이어 여러 나라를 14년간 정처 없이 돌아다녔다. 공자의 각국 周遊(주유)는 그야말로 고난의 연속이었다. 공자 63세(前 489년, 哀公 6년)에 공자는 陳과 蔡(채)에서 오가지 못하고 양식까지 떨어지고, 제자는 병들어 일어나 움직일 수도 없어 공자 일행은 큰 고생을 겪었다. 공자가 다시 魯에 돌아온 것은 哀公 11년(前 484), 공자 68세 때였다.

공자는 귀국한 이후 제자를 교육하면서 六經을 바로잡는 일을 계속했다. 그리하여 음악을 바로 세우고, 종래의 각국에서 채집된 《詩》 3,000여 편을 대대적으로 정리하여 대략 300여 편의 시를 남겨두었다고 하는데, 이를 공자의 刪詩(산시, 刪은 깎을 산)라고 한다. 이후 《詩》의 雅(아)와 頌(송)이 제자리를 찾게 되었다.

《시경》은 본래 《詩》 또는 《詩三百》이라고 불렀다. 《易》, 《書》, 《禮》, 《春秋》 등에 經 字가 붙게 된 것은 전국시대 말기였다. 《詩》 305편은 風, 雅, 頌(송)으로 대별한다. 風은 각국의 민요로 보통 나라 이름을 붙이기에 國風이라 하고 周南, 召南 등 15국의 민요로 구성되었다. 雅(아)는 나라의 正樂이니 朝會의 정악인 大雅, 나라에서 宴會할 때 연주하는 小雅로 대별한다. 그리고 頌(송)은 종묘 제사용 음악으로 周頌, 魯頌, 商頌이 있다.

사실 공자가 刪詩(산시)했을 가능성은 실제 매우 희박하지만, 지금
의 체제로 정리를 했을 가능성은 매우 높다고 한다.

'各得其所'는 원하는 대로 모든 일이 제자리를 찾았다는 뜻으로
인용되고 있다.

050
生而知之
생 이 지 지

출생하면서부터 모든 것을 알다.

[원문]《論語 述而》子曰, "我非生而知之者, 好古敏以求之者也."

《論語 季氏》孔子曰, "生而知之者上也, 學而知之者次也, 困而
學之, 又其次也, 困而不學, 斯爲下矣."

[해석] 공자의 博學(박학)은 제자들에게 찬탄의 대상이었다. 제자들 생
각에 夫子는 태어나면서부터 모든 도리를 알고 있는(生而知之) 사람
이었다. 그렇다면 제자들은 '나는 노력해도 성취하기 어려울 것이
다. 그렇다면 차라리 그만둬야지!'하면서 자포자기할 수도 있다. 그
래서 공자가 말했다.

"나는 生而知之한 사람이 아니다. 그냥 옛 것을 좋아하고 부지런히
알려고 애쓰는 사람(好古敏以求之者)이다."라고 말했다.

사실 '생이지지'한 사람은 천재로 태어난 사람이다. 거기다가 바
른 심성을 바탕으로 인덕을 갖추었으니 聖人일 것이다. 儒家에서 성

인이라고 칭송받을 사람은
많지 않다.

공자가 열거한 堯舜이나
周公 같은 사람의 仁德은
알 수 있지만 그들의 학식
이 어느 정도인가는 증명할
수가 없다. 그러나 공자의
仁德과 禮敎와 학식은 확실
하게 설명할 수 있다. 그래
서 실제로 성인의 반열에
오른 사람은 공자뿐이었다.
그렇지만 공자 자신은 배워
서 알게 된(學而知之) 사람
이라고 겸손해 했다.[104]

李白(이백)

공자는 道를 배우고 깨우치려는 욕구를 가진 사람들의 4등급으로
나누어 설명하였다.

곧 "生而知之란 者는 上等이고, 배워 아는(學而知之) 사람은 그 다
음이고, 모르는 것이 하도 답답하여 배우는 사람은(困而學之) 또 그
다음이지만, 몰라서 답답하여도 배우지 않는 사람은(困而不學) 하등
이다."

사실 '學而知之'한 사람은 현인이다. 復聖인 顔子(顔回), 宗聖인

---

104 《論語 述而》子曰, "蓋有不知而作之者, 我無是也. 多聞, 擇其善者而從之,
多見而識之, 知之次也."

孔伋(공급, 子思)
대만국립고궁박물관 소장

曾子(曾參), 述聖인 子思〔孔伋(공급), 前 483~402년〕, 亞聖인 孟子
〔孟軻(맹가)〕 등이 學而知之한 사람들이고, 역사상 유명한 학자들, 가
령 漢代의 董仲舒(동중서), 鄭玄(정현), 馬融(마융), 南宋의 朱熹(주희, 朱
子) 같은 걸출한 학자나 현인도 여기에 속할 수 있다. 필자 혼자의 생
각이지만, 李白(이백) 같은 천재 시인은 좋은 두뇌를 타고 난 뒤에 대
단한 노력으로 많은 책을 읽고 학습하여 그의 문학적 천재성을 마음
껏 발휘했으니 역시 學而知之한 시인으로 분류하고 싶다.

그리고 필자 같은 凡夫는 모두 困而學之(곤이학지)한 사람들이다. 곧 먹고 살려고 배우는 사람이다. 필자가 아는 어떤 사람은 초등학교를 졸업하고 서울에 와서 고급 아파트 주변의 식용유 등을 파는 식료품 가게 점원이 되었다. E동 몇 호에 배달을 가라고 해서 물건을 자전거에 싣고 나왔는데, 아파트 단지를 다 돌아도 2동을 찾을 수 없었다고 한다. 그 사람은 그날 밤을 새워 A부터 Z까지 알파벳을 모두 외워 썼다. 이런 사람이 바로 '困而學知' 한 사람이고 나중에 巨富가 되었다. 그런데 '困而不學' 하는 사람이라면 공자님 말씀대로 下等일 것이다.

051

文, 行, 忠, 信

학문, 덕행, 성실, 신의

[원문] 《論語 述而》 子以四敎, 文, 行, 忠, 信.

[해석] 공자가 제자에게 가르친 것 4가지 – 이를 四敎라고 한다.

文은 넓은 의미의 학문이니, 선현의 말씀을 기록한 책, 구체적으로는 六經을 지칭한다.

行은 사람의 행실이니, 바른 언행이나 進退와 應對 및 각종 儀禮 등을 교육했다.

忠은 主君에 대한 신하의 도리인 정치적 忠誠이 아닌 인간의 본성으로서 衷心(충심)이니 성실한 마음가짐이다. 衷은 '정성스러운 속마음' 이다. 진정에서 우러나오는 속마음을 衷心이라고 한다.

信은 信義이니, 義理나 道理를 지키는 것이다. 약속 이행을 못한다면 信이 아니다.

공자는 學文과 修行을 가르쳤으니, 忠信을 마음에 가지고 충신을 기본으로 삼았다고 요약할 수 있다. 공자는 "言必信, 行必果."라고 하였다.[105]

군자는 신의를 잃지 않나니(君子無失信), 신의를 잃는다면 소인이다(失信是小人).

052
<ruby>束<rt>속</rt></ruby><ruby>脩<rt>수</rt></ruby>
束脩

속수, 배움을 청하는 예물

[원문] 《論語 述而》 子曰, "自行束脩以上, 吾未嘗無誨焉."

[해석] 고대에 학교의 입학금이나 등록금은 없었다. 나라에서 운영하는 교육기관은 모두 무상교육이었다. 왜냐면 교육기관은 나라에 필요한 인재를 양성하기 위한 목적이었고, 그런 교육기관에서 교육받는 것이, 곧 국가를 위한 복무였기 때문이다. 공자 이전에 나라의 담당 官員은, 곧 스승으로 다음 후계자나 후임자를 교육하였다. 관원에게 담당업무를 교육받고 관원이 되었다.

---

105 《論語 子路》 子貢問曰, "何如斯可謂之士矣?" 子曰, "行己有恥, 使於四方, 不辱君命, 可謂士矣." ~ 曰, "敢問其次." 曰, "言必信, 行必果, 硜硜然小人哉!"

공자는 관원이 아닌 민간인으로 제자를 교육했다. 중국 최초의 私學을 설립한 교육자였다. 당시에 유명 스승을 찾아가 배울 때 정해진 수업료나 수강료를 바친다고 말하지 않았다. 스승에게 배움을 청할 때, 스승에게 드리는 예물을 束脩(속수)라고 하였다. 束은 묶음이고, 脩(수)는 고기를 말린 肉脯(육포)인데 주로 꿩고기였다고 한다.

공자는 "나에게 속수를 하는 사람을 아니 가르친 적이 없다."고 말했다. 말하자면 최소한의 예물을 바치고, 배우고자 하는 사람에게 모두 가르침을 베풀었다는 뜻이다. 이는 공자의 '有教無類(유교무류)'[106] 곧 가르침에 차별을 두지 않았다는 말과 그 뜻을 같이한다.

이 구절에서 해석상의 문제는 '自行束脩以上' 自行과 以上이다. 自行을 '스스로 속수를 바쳤다', 그리고 以上은 '최소한의 禮 以上'으로 해석하였다.

그렇다면 가난하여 束脩(속수)를 드리지 못하고 찾아오는 제자는 없었는가? 공자의 제자 3천 명이 모두 다 육포를 예물로 바쳤겠는가? 그런 육포로 공자의 문하에 머물며 숙식을 해결할 수 있겠는가?

前漢의 鄭玄(정현)은 '束脩'를 '스승을 찾아갈 나이인 15세'라는 뜻으로 해석하였다. 그리하여 '行束脩'는 '속수를 행할 나이', 곧 나라의 교육기관 大學에 들어갈 나이로 해석한다. 이는 15세를 志學이라고 말하는 것과 같다.[107] 이렇게 해석하는 것이 공자의 有教無類(유교무류)의 참뜻과 통할 것이다.

....

106 《論語 衛靈公》子曰, "有教無類."

107 《論語 爲政》子曰, "吾十有五而志于學, 三十而立, 四十而不惑, 五十而知天命, 六十而耳順, 七十而從心所欲, 不踰矩."

필자는 1973년, 公州 麻谷寺(마곡사) 안쪽의 寺谷面 雲岩里 생골에 있는 재래식 書堂을 찾아가 《論語》를 배웠다. 그때 서당 同學이 10명 정도 있었는데, 여름에 보리 수확이 끝난 뒤 쌀보리 2말, 가을에 추수가 끝난 뒤 쌀 2말이 학생 1인의 연간 수업료였다.

마침 훈장님 생신이 여름방학 중이었는데 학부모들이 보리쌀을 지게에 지고 와서 서당 집에 내놓고 (서당 집에서 훈장님을 초빙하였기에 서당 집에 기숙하였다.) 훈장님께 사례하고 점심에 모두가 국수를 먹었다. 훈장님 생신인 그날은 講學하지 않았고 학부형과 學童 모두 훈장님께 절을 올렸다. 학부형 총회이면서 훈장님께 사례하는 스승의 날이었다. 필자는 여름과 겨울방학에 찾아가 배우며 금일봉으로 사례했었다.

053

유 교 무 류
有敎無類

제자 교육에 차별이 없었다.

[원문] 《論語 衛靈公》 子曰, "**有敎無類**."

[해석] 공자는 제자를 교육하며 신분이나 계층, 貧富, 지역, 賢愚(현우)를 구별하지 않고 교육하였다는 뜻이다. 自行束脩하는 15~16세 以上은 누구든지 가르쳤고, 외국에서 찾아온 제자도 모두 수용하였다.

顓孫師(전손사, 子張)는 지나치고, 子夏는 좀 모자라고, 曾參(증삼)은 魯鈍(노둔)하고, 高柴[고시, 子羔(자고)]는 우직하고, 仲由(중유, 子路

또는 季路)는 거칠
고, 顔回(안회, 顔淵)
는 늘 궁색하였지
만, 공자는 이들 모
두를 가르쳤으니,
이것이 진정 평등
교육이며 有教無類
이었다.

공자의 교육과 관
련하여 또 한 가지
꼭 유념해야 할 것
은 공자가 제자의
재능과 능력, 품성

仲由(중유, 子路)
대만국립고궁박물관 소장

이나 기질 등 개별적 특성에 따른 각기 다른 교육을 시행했다. 이를
'因材施教(인재시교)' 라고 한다.

《논어》에 나타나는 제자들의 질문은 주로 仁, 孝, 知 등에 관한 질
문이었는데, 공자는 제각각 다른 말로 가르쳐 주었다. 이는 제자들의
특성에 다른 適性(적성) 교육이다.

그리고 질문할 때의 상황에 따라서도 그 가르침은 제각각 달랐다.
樊遲(번지)는 공자에게 仁에 대하여 3번 질문했고, 공자의 가르침은 3
번 모두 달랐다.

공자는 번지에게 仁을 '어려움을 남보다 먼저 처리하고 보답은 나
중에 받는 것', 또 '남을 아껴 주는 것', 그리고 '단정한 생활 자세, 성
실한 업무처리, 성심으로 다른 사람에게 대하기' 등 상황에 따라 다

르게 교육하였다.[108] 이것이 바로 '因材施教'라 할 수 있다.

054
유 봉 자 원 방 래　불 역 열 호
有朋自遠方來 不亦說乎
벗이 먼 데서 찾아온다면 또한 기쁘지 아니한가?

[원문] 《論語 學而》子曰, "學而時習之, 不亦說乎? **有朋自遠方來,**
不亦樂乎? 人不知而不慍, 不亦君子乎?"

[해석] 朋(붕)은 또래(同類)이다. 나이가 비슷한 사람, 같은 마을의 동
갑내기, 이웃 마을에 알고 지내는 또래, 그리고 학교의 동기동창이나
1, 2년 선후배가 모두 朋이다. 그런 朋(붕) 중에서 마음을 주고받는 사
람이 友(우)이다. 朋에서 知己를 구할 수 없다. 知己之朋이라 말하지
않고 知己之友(지기지우)라고 한다. '朋情을 잊지 말자'고 말하지 않
으며, '友情을 변치 말자'고 약속한다.

　또래나 벗 사이에 신의를 지켜야 하는 것이 朋友有信이다. 朋朋有
信이 아닌 점에 유의해야 한다. 곧 벗이라도 朋과 友를 구분한 것이
다. 그리고 벗과는 신의로 교제해야 한다는 것이 交友以信이다.

　위 원문에서의 朋은 同道의 求學 歷程(역정)를 걷는 사람이다. 위
원문에는 학문의 길이 3가지가 있다는 설명이다.

....
108 《論語 雍也》樊遲問知. 子曰, ~ 問仁. 曰, "仁者先難而後獲, 可謂仁矣."
　　《論語 顏淵》樊遲問仁. 子曰, "愛人." 問知. 子曰, ~
　　《論語 子路》樊遲問仁. 子曰, "居處恭, 執事敬, 與人忠. 雖之夷狄, 不可棄也."

곧 學而時習之는 스스로의 탐구이다. 有朋이 自遠方來하여 같이 학문을 논하면서 배우고, 마지막으로 학문이 완성된 뒤에 남이 알아주지 않아도 성을 내지 않고(不慍), 평온을 유지하며(人不知而不慍) 혼자서 더욱더 심오한 추구로 학문을 완성한다.

學而時習之를 축약한 말이 學習이다. 學은 깨닫다, 알아채다, 본받다(效)의 뜻이 있다. 공자가 말한 '學詩'나 '學文'은 선현의 말과 행동을 외우고 따라 실천하는 것이다. 學과 習은 求學하는 방법이며 단계이다. 學은 배워 이해하는 것이고, 習은 연습과 실습을 통한 熟練(숙련)이다. 《논어》에 나오는 배움은(學) 거의 사람으로서 지켜야 할 도리는 배우는 것이다. 《논어》에는 과학, 수학 또는 직업에 관한, 곧 기술적 영역에 대한 언급은 거의 없다.

說(즐거울 열)은 悅(기쁠 열)과 통한다. 說은 말이나 웃음소리로 표현되는 기쁨이니, 코미디나 영상을 보고 웃고 떠들 수 있는 기쁨이고, 悅은 마음속의 기쁨이다. 說樂(열락)보다는 悅樂(열락)이 정말 기쁠 것이다.

사실 학교 다니면서 학습할 때는 고생이지 하나도 기쁘지 않았다. 무엇인가 몰랐던 것을 알고 나면 기쁘지 않은가? 라고 말하지만, 20세 이전에 그런 것, 별로 못 느끼고 공부했다. 그때는 그냥 해야 하는 공부였으니, 솔직히 말해 공부 못하면 농사일을 해야 하니, 싫은 것 참고 또 참으며 공부했다. 뒷날 목표를 성취했을 때 잠시 기뻤을 뿐이다.

人不知而不慍의 人은 他人이고, 慍(온)은 성낼 온이다. '不亦君子乎!'의 군자는 인격이 고상한 사람이다. 君子가 화를 내지 않은 것은 마음의 진정한 기쁨을 얻었기 때문이다. 그런 기쁨은 수 명, 수천 사람이 모여서 내 말을 들어줘서 기쁜 것이 아니라 나 혼자 탐구하고 나 혼자 터득했을 때의 기쁨일 것이다.

055

온 고 지 신
溫故知新

옛 것을 거듭 익히고, 새것을 알다.

[원문]《論語 爲政》子曰, "**溫故而知新, 可以爲師矣.**"

[해석] 온고지신은 교사와 학생 모두에게 적용되는 학습방법이며 새로운 것을 창출하는 과정이다. 溫故는 이전에 배운 지식과 기술을 반복하여 완전히 내것으로 소화하는 과정이며, 이 과정에서 새로운 의문과 방법을 생각하게 된다.

그리고 앞서간 수레의 顚覆(전복)은 뒤따라오는 수레의 귀감이 된다(前車之覆 後車之鑑). 앞일을 잊지 않는 것이 뒷일의 스승이고(前事不忘 後事之師), 앞의 일을 교훈 삼지 않으면 뒷일은 또 실패한다(前事不戒 後事復覆).

知新은 溫故를 바탕으로 새로운 영역으로의 확산이며, 변화의 추구이다. 스승은 자신이 아는 것만을 계속 반복 되풀이할 수 없다. 세상이 변하고 새로운 지식이 창출되는데, 어찌 옛 것을 반복하겠는가? 엊그저께 영양 만점의 식사로 마음껏 배를 채웠다 하여 2, 3일 굶어도 되는가? 오늘 새로운 지식을 습득했다 하여 앞으로 1년은 공부 안 해도 되는가?

온고지신은 새로운 변화에 적응하면서 보다 나은 발전을 이룩하려는 의지이다. 온고지신의 의지와 노력이 없다면 교육자가 될 수 없고, 선배도 될 수 없으며, 師傅(사부)라는 존칭을 들을 수도 없을 것이다.

056

^{육 언 육 폐}
六言六蔽

여섯 가지 미덕과 그 폐단

[원문] 《論語 陽貨》 子曰, "由也! 女聞六言六蔽矣乎?" 對曰, "未

也." "居! 吾語女. 好仁不好學, 其蔽也愚, 好知不好學, 其蔽也蕩,

好信不好學, 其蔽也賊, 好直不好學, 其蔽也絞, 好勇不好學, 其蔽

也亂, 好剛不好學, 其蔽也狂."

[해석] 공자가 자로를 불러 6가지 미덕이 있더라도 好學하지 않을 경
우에 생기는 나쁜 폐단이 무엇인가를 아느냐고 물었다. 자로가 알지
못한다고 대답하자, 공자가 말했다. "앉아라! 내가 너에게 말해주겠
다." 그리고서는 6가지 미덕과 그 폐단을 말해주었다. 공자의 말을
표로 만들어 요약하면 다음과 같다.

順	六德에 不好學하면	폐 단	비고
1	好仁하나 不好學하면	愚(어리석음)	
2	好知하나 不好學하면	蕩(방탕, 허황)	
3	好信하나 不好學하면	賊(남을 해침)	
4	好直하나 不好學하면	絞(각박해짐)	목맬 교
5	好勇하나 不好學하면	亂(분란 야기)	
6	好剛하나 不好學하면	狂(망발, 광분)	

　이는 공자의 말을 그대로 받아 적은 것이 아니라 제자들이 외우기
좋게 요약한 말이라고 생각된다.

2. 教育 內容

　현대의 교육은 단계를 거쳐 가며 진행된다. 그에 따라 학교 등급이 있다. 중학교의 國史와 고등학교의 국사는 학습의 내용이 다르다. 어떤 교과목을 개설하고, 어떤 내용을 어느 정도까지 교육해야 하는가를 미리 教育部에서 정한다. 이것이 教育課程이다.

　옛날 書堂에서도 공부하는 차례가 있었다. 千字文을 배우고 啓蒙篇(계몽편)이나 童蒙先習(동몽선습)을 읽었으며, 《通鑑 / 通鑑節要》을 읽어 文理가 트면 《孝經》이나 《小學》을 배운 뒤 《大學》과 《論語》를 통째로 외우고, 이어 《孟子》와 《中庸》을 외우면 《四書》를 마친다. 2,500년 전 공자는 제자에게 무엇을 가르쳤는가?

<ruby>博<rt>박</rt></ruby> <ruby>文<rt>문</rt></ruby> <ruby>約<rt>약</rt></ruby> <ruby>禮<rt>례</rt></ruby>
博文約禮

학문으로 학식을 넓히고, 禮로 행실을 바로잡다.

[원문] 《論語 雍也》子曰, "君子**博學於文**, **約之以禮**, 亦可以弗畔矣夫!"

　　《論語 子罕》顔淵喟然歎曰, "仰之彌高, 鑽之彌堅. 瞻之在前, 忽焉在後. 夫子循循然善誘人, **博我以文**, **約我以禮**, 欲罷不能. 旣竭吾才, 如有所立卓爾. 雖欲從之, 末由也已.

[해석] 〈雍也(옹야)〉편의 '博學於文, 約之以禮'과 〈子罕(자한)〉편의 '博我以文, 約我以禮'는 모두 '博文約禮(박문약례)'로 축약할 수 있다. 그렇다면 두 편의 뜻이 같은가? 아니면 다른가?

　　〈雍也〉편의 '博學於文, 約之以禮'는 군자의 일반적인 수양으로 '(詩書禮樂 등 典籍의) 학식을 축적하고 禮로 행실을 바로잡으면 정상적인 행실에서 이탈하지 않아 도리에 어긋남이 없을 것이다.' 라는 일반적인 해석이다. 이 경우 '約之以禮'의 之는 君子를 지칭하는가? 아니면 군자가 학습한 文을 禮의 근본에 맞춰 제약하는가? 이는 약간 해석상의 차이라고 볼 수 있다. 이 경우 博과 約은 2가지 일이고, 文과 禮는 두 가지 사물이다.

　　〈子罕〉편의 '博我以文, 約我以禮'도 문장의 큰 뜻은 같으나 문장에서 지칭하는 대상이 顔回에게 한정한다.

　　'博我以文'은 지식의 확장이다. 여기서 文은 학문이나 지식을 지칭한다. 단순한 문자의 습득을 의미하지 않는다. 그리고 '約我以禮'는 지식이 많은 사람의 일반적인 병폐에 빠지는 일이 없도록 깨우쳐주고 이끌어준다는 의미로 받아들여야 할 것이다.

思無邪
사　무　사

그 생각에 사악이 없다. 純正하다.

[원문] 《論語 爲政》子曰, "詩三百, 一言以蔽之, 曰, **思無邪**."

[해석] "《詩經》 3백 수의 시를 한마디로 '그 생각이 邪(사)하지 않다.' 고 개괄할 수 있다"라는 언급이다.[109] '思無邪'의 邪(사)는 도덕적으로 옳지 않은 것으로, 正(정)의 반대라 할 수 있어 惡(악)이나 詐(사), 또는 僞(위)와는 다른 개념이다. '思無邪'는 《詩經 魯頌 駉》의 구절인데, 공자는 이 '思無邪'로 《시경》의 대의를 총괄하였다.

　《詩經》은 중국 最古 詩歌集으로, 기원 前 11세기~前 6세기 사이에 이루어진 詩歌로 총 305 首(6篇은 제목만 전함)가 실려 있어 보통 《詩三百》이라 통칭한다. 현존하는 《시경》은 毛亨(모형)과 毛萇(모장)이 주석한 《시경》으로 보통 《毛詩》로 불린다.
　《시경》의 작품은 風(國風, 15개 나라, 周南, 召南 외)과 雅(大雅와

---

109 《論語 爲政》子曰, "詩三百, 一言以蔽之, 曰, 思無邪."

小雅), 그리고 頌(周頌, 魯頌, 商頌)으로 대별한다. 거기에 표현 기법에 의거하여 賦(부), 比(비), 興(흥)으로 구별할 수 있다. 賦는 감정의 직접적 서술 표현이라 할 수 있는데, 〈頌〉과 〈大雅〉에 詩가 그러하다. 比(비)는 比喩(비유)에 의한 묘사와 서술이니, 〈鄘風 相鼠〉나 〈魏風 碩鼠〉의 鼠(서, 쥐)는 통치자의 탐욕을 비유한 詩이다. 興(흥)은 먼저 어떤 사물을 묘사하고 그에 따른 연상을 서술하는 표현 방법이다.

059
낙 이 불 음
樂而不淫

즐겁지만 절제를 잃지 않다.

[원문]《論語 八佾》子曰, "〈關雎〉, 樂而不淫, 哀而不傷."

[해석] 이는 공자가 《詩經》을 평론한 말의 하나이다.

樂而不淫(낙이불음)은 '쾌락하나 지나치지 않고' 哀而不傷(애이불상)은 '슬프지만 마음이 상할 정도는 아니다.' 라는 뜻이다. 기쁨과 슬픔의 節制, 절제된 쾌락과 哀切(애절)이다.

《詩經 國風》의 첫 번째 편명은 〈周南〉이고, 〈關雎(관저)〉는 《詩經周南》의 첫 번째 시의 제목이다. 그 시작은 '關關雎鳩(관관저구)는 在河之洲(재하지주)로다. 窈窕淑女(요조숙녀)는 君子好逑(군자호구)로다.' 로 시작하는데, 이 시를 '后妃의 덕을 노래한 것' 이라고 주석한 朱熹(주희, 朱子, 1130~1200)의 《詩經集註》는 너무 딱딱하다.

關雎(관저)는 물새의 한 종류로 보통 물수리라고 한다. 鴛鴦(원앙)처

럼 짝을 지어 생활하는 물새라고 생각하면 된다. 사실 원앙이 노니
는 것을 보면 참 재미있고 다정하다. 그리고 원앙은 부부의 정을 상
징한다.

百世의 인연이 있기에 같은 배를 타고 건너며(百世修來同船渡), 千
世의 인연이 있어야 한 베개를 베고 잘 수 있다(千世修來共枕眠)고
하였으니, 부부의 인연은 정말 특별하다. 이처럼 부부는 좋은 인연이
든 나쁜 인연이든, 인연이 없었으면 결혼이 성립되지 않았다. 하늘과
땅이 만들어준 한 쌍이 부부이며, 부부를 '이불 아래의 원앙(被底鴛
鴦)' 이라 하는데, 원앙은 짝을 잃으면 영원히 다른 짝을 찾지 않는다
고 한다.(실제는 그렇지 않다는 주장도 있다.)

이런 원앙과 같은 물수리 한 쌍이 노는 것을 시도 읊었으니 분명 남
녀 간 애모의 정을 그렸다. 그런데 그 시와 음악은 즐겁지만 지나치
지 않고, 슬픈듯하지만 마음이 상하지 않는다고 하였다.

樂而不淫에서 淫은 '過分하여 定度를 벗어나다.' 의 뜻이다. 음탕
하다는 의미가 아니다. 섬기지 않아도 되는 귀신인데도 지내는 제사
를 淫祀(음사)라 하고, 오랫동안 계속되는 장맛비를 淫雨(음우)라고 하
는데 이와 같은 뜻이다.

哀而不傷(애이불상)은 〈關雎〉보다는 《詩經 周南 卷耳》의 詩情을 평
한 말이다. 卷耳는 일년생 풀이름으로 '도꼬마리' 라고 번역되는데,
식용 겸 약용으로 쓰인다는 주석이 있다. 이 詩는 멀리 출타한 애인
을, 또 출타한 사람이 고향의 애인을 그리는 詩인데 슬픈 서정이지만
그 도가 지나치지 않는다는 뜻이다.

060

詩教
시 교

《시경》에 의한 교화

[원문]《論語 泰伯》子曰, "**興於詩**, 立於禮, 成於樂."

　《論語 季氏》陳亢問於伯魚曰, "子亦有異聞乎?" 對曰, "未也. 嘗
獨立, ～ '**不學詩**, **無以言**.' 鯉退而學詩. ～.

[해석]《詩經》은 고대 중국의 가장 오래된 시가집이다. 西周시대 조정
에서는 관리를 각 제후국에 보내어 民歌를 채집케 하였고, 이를 周
왕실의 史官이 정리하여 왕에게 올렸으며, 왕은 이를 통하여 각 제후
국의 기풍이나 民情을 파악했다. 그런 시를 어떤 형태로든 모아 편찬
하였을 것이고 그 분량이 결코 적지 않았을 것이다.

　이처럼《詩經》은 처음에 정치적 목적으로 편집되었지만 그 본질은
詩歌라는 문학 형식이고, 거기에 이런저런 지식인의 潤飾(윤식)이 보
태지면서 周 귀족 자제의 교재로 활용되었다. 그래서 귀족 자제들은
13세가 되면 樂과 詩를 배웠다고 한다. 이런 詩를 배우면서 우아하고
고상한 언어로 자신의 뜻이나 여러 사실을 표현하였고 교제와 외교
에서도 詩를 인용하게 되었다.

　공자는 周 문화의 계승자임을 자처한 사람이다. 때문에 周代의 詩
歌를 공부했을 것이고, 그런 시가의 방대한 분량을 과감하게 정리하
고 깎아 없애어, 배우고 외울 수 있는 적당한 분량으로 재편했다. 이
런 주장을 공자의 刪詩說(산시설, 刪은 깎을 산)이라고 한다.

　공자는 자신이 누구에게서 《詩》를 배웠다고 말하지 않았다. 그러

나《論語》곳곳에서 詩에 대한 언급이 있다.

《詩》를 공부하면 어떤 이득을 얻을 수 있는가에 대해서도 공자는 구체적으로 언급하였으니 "제자들은(小子) 왜 詩를 배우지 않는가? 詩를 통하여 感興을 일으키고(可以興), 사물을 제대로 볼 수 있으며(可以觀), 함께 어울려 즐기고(可以群), 정치적 원망을 은근히 표현할 수 있다(可以怨). 가깝게는 부모를 모시고, 나아가 주군을 받들며, 새나 짐승, 초목의 이름도 많이 알 수 있다."고 하였다.[110]

또 공자는 "詩三百을 외우더라도 정사를 맡아 처리하지 못하고, 사방에 사절로 나가 대응하지 못한다면, 비록 많이 외운다 하여 어디에 쓰겠는가?"라고 詩의 실용성을 강조하였다.[111]

그리고 공자는 "詩로 흥을 깨워주고(興), 禮로 사회생활 기준을 정하고(立), 樂으로 인격도야를 완성한다(成)."고 하여 詩와 禮樂의 상관성을 강조하였다.(위 原文)

아울러 공자는 아들 鯉(리)에게 "시를 배우지 않으면 말을 할 줄 모른다."고《詩經》를 공부하라고 훈계하였다.(위 原文).

공자는 詩를 통한 인격도야와 바른 심성의 계발과 감정의 교류를 강조하였으며, 사회생활 등 실용적인 면에서도 詩를 알아야 한다고 詩敎의 중요성을 누누이 강조하였다.

현대에서도 마찬가지이다. 젊어서 누구나 詩를 읽어 감동하고, 詩와 함께 교감하며, 자신의 감정을 나름대로 표현하면서 시와 함께 생

110《論語 陽貨》子曰, "小子何莫學夫詩? 詩, 可以興, 可以觀, 可以群, 可以怨. 邇之事父, 遠之事君, 多識於鳥獸草木之名." 子謂伯魚曰~"

111《論語 子路》子曰, "誦詩三百, 授之以政, 不達, 使於四方, 不能專對, 雖多, 亦奚以爲?"

활하였다. 개인이건 집단이든 정감을 함께 나누고 감정의 교류 속에
조화를 이루며 美化와 眞과 善을 추구하게 된다.

德治는 온화한 마음을 바탕으로 한다. 온화한 마음으로 덕치를 하
든, 덕치의 감화를 받아 온화하게 변하든, 마음에 기쁨과 평화를 얻
은 사람은 행복할 것이다. 詩로 감정을 순화하고, 禮로 사회생활의
조화를 꾀하며, 음악으로 인성을 도야한다면 나라와 사회의 무엇이
걱정이겠는가?

그렇다면 2,500년 전에 詩의 중요성을 알아 제자를 가르친 공자는
참으로 성인이셨으니, 이처럼 훌륭한 교육자가 또 누구였겠는가!

061
장 면 이 립
牆面而立

담에 얼굴을 맞대고 서있다.

[원문] 《論語 陽貨》子曰, "小子何莫學夫詩? 詩, 可以興, 可以觀, 可
以群, 可以怨. 邇之事父, 遠之事君, 多識於鳥獸草木之名." 子謂伯
魚曰, "女爲周南召南矣乎? 人而不爲周南召南, **其猶正牆面而立**
也與?"

[해석] 공자는 《詩》를 연구하고 정리하였으며〔刪詩(산시)〕, 《詩》의 실
용성과 《詩》에 의한 교화를 중시하였기에 제자들에게 《詩》를 공부하
게 시켰다. 아울러 아들 孔鯉(공리, 伯魚)에게도 《詩》의 중요성을 여러
번 강조하였다.(〈立於禮〉條 참고)

공자가 아들에게 말했다.

"너는(女, 汝와 同) 〈周南〉과 〈召南〉을 공부하였는가? 사람이 〈周南〉과 〈召南〉을 모르면 마치 담(牆, 담 장)에 얼굴을 바짝 맞대고 서있는 것과 같다."

원문의 面은 '얼굴을 마주 대하다'로 동사로 쓰였다. 담에 바짝 얼굴을 대고 서 있으니 무엇을 볼 수 있겠는가? 아무것도 볼 수 없고, 아무 데도 갈 수가 없다.

《詩經》의 첫 번째 편명은 國風 〈周南〉이며, 두 번째 편명은 〈召南〉이다. 〈周南〉에는 〈關雎(관저)〉 등 11편의 詩歌가, 〈召南〉에는 〈鵲巢(작소)〉 등 14편의 시가가 실려 있다.

사람이 태어나 살아가면서 마음에 일어나는 진정한 감정은 대개 사람과 사람 사이의 친근감이나 애정에서 시작되고, 사람과 사람의 관계가 원만할 때 심리적 안정과 즐거움이 있다. 〈周南〉과 〈召南〉에서는 부부간의 원만한 관계와 애정을 묘사하고 修身과 齊家(제가)에 힘쓸 것을 勸勉(권면)하고 있다.

공자는 아들 鯉(리, 伯魚)에게 《詩》 공부를 열심히 하라고 당부하였고, 《詩》를 모르면 마치 담을 마주 보고 선 것과 같다고 말하였으니, 이 또한 아버지의 아들에 대한 사랑이 아니겠는가? 이외에 《논어》에서 부자간 가정생활이나 교육을 언급한 곳은 없다.

그러나 아들 伯魚의 입장에서 보면 많은 제자의 존경을 받는 부친이지만 자신은 부친의 기대에 별로 부응하지 못하기에 정신적으로 스트레스 좀 받았을 것이다. 그러나 孔鯉의 아들 孔伋(공급, 子思)은 영특했다.

본래 君子는 손자는 안아주지만, 아들은 안아주지 않는다(君子抱孫不抱子)고 하였다. 또 세상에 손자, 특히 長孫을 귀여워하며 영특하다고 생각하지 않는 할아버지가 없다. 그래서 중국에 '남의 마누라가 더 예쁘고, 남의 며느리가 더 착하지만, 내 손자가 제일 영특하다.'는 속담이 생겼을 것이다. 이런 상황에 맞춰 중국인들이 우스갯소리를 하나 지어내었다.

공자와 아들, 그리고 손자가 한자리에 앉아 있었다. 아마 아들인 孔鯉(공리)가 제일 어색하고 안절부절못했을 것이다. 이에 공리가 말했다.

"아버님은 저보다 훌륭하시고 내 아들도 저보다 영특합니다만, 아버님이나 또 내 아들보다 내가 더 나을 것입니다."

그러자 공자가 빙그레 웃었다. 아마 마음속으로 '얘가 오늘은 왜 이러지?'라고 생각했을 것이다.

공리가 공자에게 말했다. "아버님은 똑똑한 아들이 없지만 저는 있습니다. 그러니 아버님보다 제가 더 낫습니다."

그리고는 아들을 보고 말했다.

"네 아버지는 내 아버님만큼 현명하지 못하다. 그러니 너보다 내가 더 낫다."

062

_{자 한 언 이 여 명 여 인}

子罕言利與命與仁

공자는 功利와 命運과 仁德을 거의 말하지 않았다.

[원문]《論語 子罕》子罕言利與命與仁.

[해석] 罕(드물 한)은 드물다는 뜻으로, 어떤 동작의 빈도를 말하는 부사이다.

《논어》에는 利가 6차례, 命이 8차례 언급되었으니 공자의 말로서는 많지 않다. 그래서 子貢은 "夫子의 문장에 관한 말씀은 들을 수 있었지만, 性과 天道에 관한 夫子의 말씀은 거의 들은 적이 없다."고 하였다.[112]

또 공자는 "利를 좇아 행동하면 원한이 많을 것이다."라 하였으니,[113] 利에 대한 언급이 적은 것에 대해서는 수긍할 수 있다.

그러나 仁에 대해서는 제자들이 많이 물었고, 또 공자도 그에 대한 답변과 가르침이 많았다. 그렇다면 이 구절에 대한 해석은 달라져야 할 것이다.

이 구절의 與를 접속사로 보면 '~와, ~함께'로 풀이할 수 있다. 그러나 이 구절의 與를 동사로 보아 '子罕言利, 與命, 與仁'으로 읽으면 '공자는 功利에 대해서는 거의 말하지 않았지만 命과 仁은 찬동하

---

112 《論語 公冶長》子貢曰, "夫子之文章, 可得而聞也, 夫子之言性與天道, 不可得而聞也."

113 《論語 里仁》子曰, "放於利而行, 多怨."

였다.' 로 해석되면서 與는 '許容하다' 의 뜻으로 풀이할 수 있다.

또 罕을 軒(수레 헌, 처마 헌, 높을 헌)의 뜻으로 보아 '뚜렷하게' 의 뜻이기에 '공자는 利와 命과 仁을 확연하게 말하였다.' 로 풀이한 경우도 있다.

《논어》에 기록된 공자의 談話 중 제자들에게 특별히 언급한 것 중에서도 제자들이 기록한 것이니, 이는 공자가 평생 말한 내용의 몇천분의 1, 몇만 분의 1도 되지 않을 것이니 전체로 따지면 매우 적은 것이 아니냐는 주장도 있다.

하여튼 이는 상당한 논란이 있는 구절이다.

3. 教育 方法

　　아무리 좋은 玉(옥)이 있어도 쪼아 다듬어야만(琢) 물건이 되는 것처럼 사람이 배우지 않으면 바른길을 알 수가 없다.[114] 공자는 자신이 호학하며 면학한 교육자였다. 가르침과 배움은 동시에 진행되기에, 공자 자신의 면학은 곧 그의 교육이라고 말할 수 있다. 공자 자신이 면학하지 않았다면 그 많은 제자들 개개인에게 알맞은 교육을 할 수 없었을 것이다. 공자의 교학(敎學) 방법은 무엇이었는가?

114《禮記 學記》玉不琢 不成器, 人不學 不知道.

063

循循善誘
순 순 선 유

순차대로 잘 이끌다.

[원문]《論語 子罕》顏淵喟然歎曰, "仰之彌高, 鑽之彌堅. 瞻之在前, 忽焉在後. **夫子循循然善誘人**, 博我以文, 約我以禮, 欲罷不能. 旣竭吾才, 如有所立卓爾. 雖欲從之, 末由也已.

[해석] 顏淵(顏回)은 공자의 수제자였다. 안연이 스승의 교육 방법을 생각하며 크게 탄식하였다.(喟然, 喟는 한숨 위)

　"우러러 볼 때마다 더욱 높고, 연찬할 때마다 더욱 견고해진다. 생각하면 홀연 눈앞에 보이다가 홀연 뒤에 있는 것 같다. 夫子께서는 한 걸음 한 걸음 나를 잘 이끌어주셨으며, 학문으로 나를 넓혀주셨고, 예절로 나의 행실을 바로잡아주셨으니 학문을 그만두려는 생각을 할 수가 없다.~"

　仰之彌高(앙지미고)는 고개를 들어 바라보면 더욱 높아진다는 뜻이다. 鑽之彌堅(찬지미견, 鑽은 뚫을 찬)은 공자의 학문, 인격이 심오하여 연찬하면 할수록 더 깊고 견고하게 느껴진다는 뜻이다. 공자의 진정한 제자가 아니라면 이런 말을 못 할 것이다.

　瞻之在前(첨지재전, 볼 첨)과 忽焉在後(홀언재후)는 마치 무협 소설의 투명인간 술법을 쓴 것 같지만, 쉬운 말로 표현하면 아무리 봐도 잘 모르겠다는 뜻이다. 너무 큰 것은 그 전체를 볼 수가 없고, 너무 깊으면 그저 까마득하게 보일 뿐, 어떤 형상으로 그려낼 수가 없다는 뜻이다. 안연은 마치 시인이나 소설가처럼 공자의 위대한 모습을 서술했다.

循循(순순)은 '일정한 절차대로 따라가다(따라오게 하다).'의 뜻이고, 誘人(유인)은 '사람을 이끌어 주다.'의 뜻이다. 이는 교육 방법에 속한다. 흥미를 유발시켜 따라오게 하는 것이 誘人이다. 흥미를 유발시켜 스스로 의지를 갖게 하고 개성을 고려하여 속도나 강도를 조절해야 한다. 단순하게 '이것을 하라', '하지 말라'가 아니다. 공자의 교육은 사부의 입장에서 교육이 아니라 배우는 문도의 입장을 우선하는 교육이었다.

본래 위대한 사람은 특별하지 않다. 공자의 이웃은 공자가 위대한 사람인 줄 모른다는 말이 있다.

'글쎄요! 이웃에 孔丘(공구)라는 노인이 있어 젊은 사람들이 많이 찾아오는데… 왜 그래요?'라고 물었을 것이다.

그리고 老子는 '大白은 더러운 것 같고, 大方은 모서리가 없는 것 같으며(無隅)',[115] '大成은 무엇인가 빠진 것 같고, ~大直은 굽은 것 같고, 大巧는 솜씨가 아주 부족한 것 같다.' 하였으며,[116]

俗諺(속언)에도 '大勇은 겁쟁이 같고(大勇若怯), 大智는 어리석어 보인다(大智若愚).'고 하였다.

안회가 아니라면 공자에 대하여 누가 이렇게 말할 수 있겠는가?

......

115 《老子道德經》41장. 上士聞道, 勤而行之 ~ 大白若辱, 大方無隅, 大器晩成, 大音希聲, 大象無形~.
116 《老子道德經》45장, 大成若缺, 其用不弊 ~ 大直若屈, 大巧若拙, 大辯若訥. ~.

064

<ruby>叩其兩端而竭焉<rt>고 기 양 단 이 갈 언</rt></ruby>

양쪽 끝을 물어 충분히 설명하다.

[원문]《論語 子罕》子曰, "吾有知乎哉? 無知也. 有鄙夫問於我, 空空如也. **我叩其兩端而竭焉.**"

[해석] 공자가 말했다.

"내가 아는 것이 있는가? 아는 것이 없다. 시골 사람〔鄙夫(비부)〕이 나에게 물으면 나도 아는 것이 없어 멍할 뿐이다(空空如也). 나는 묻는 내용의 이쪽저쪽 끝을(兩端) 물어서(叩, 叩問) 끝까지 설명해 줄 뿐이다."

사실 공자가 아는 것이 많다고 절대로 자랑하지 않을 것이다. 내가 아는 것이 많겠느냐? 나도 모르는 것이 많다. 시골 농부가 나에게 묻는다면 나도 모르니 멍할 수밖에 없을 것이다. 나는 다만 묻는 것의 저쪽 끝이나 이쪽 끝을 다시 물어보면 질문의 뜻을 파악할 수 있을 것이다. 그 극단의 이쪽저쪽을 충분히 설명하면 질문에 대한 답이 될 것이다.

공자가 말한 요지는 아마 이런 뜻일 것이다. 양단은 사물이나 사리의 始終, 本末, 上下, 大小, 厚薄(후박), 精粗(정조) 등등을 의미한다. 또 지나치거나 모자람, 현명과 不肖(불초)를 들어 설명할 수도 있을 것이다. 叩의 音訓은 '두드릴 고'인데, '묻다'의 뜻도 있다. 叩問은 質問과 같은 뜻이다.

공자는 博學(박학)하고 篤志(독지)하며, 切問(절문)하고 近思(근사)하면 仁이 그 안에 있을 것이라고 했다.[117] 하여튼 아는 것이 있어야 질문도 잘하는 것이고, 좋은 질문에 좋은 답변이 나올 수 있다.

065
사 달 이 이 의
辭達而已矣
언사는 뜻만 통하면 된다.

[원문]《論語 衛靈公》子曰, "辭達而已矣."

[해석] 對話와 文章은 모두 뜻을 전하려는 辭(말 사, 말씀)이다.

정확하게 그리고 아름답게, 경위 바르게 말하기도 쉬운 일이 아니다.

교묘한 말은 바른 말만 못하고(巧言不如直道), 교묘한 거짓은 우둔한 정성만 못하다(巧詐不如拙誠). 소인은 몹쓸 말만 많고(小人廢話多), 볼 것 없는 연극은 징과 북소리만 크다. 그리고 소인의 천 마디 말을 듣는 사람이 없지만(小人千言沒人聽), 군자의 말 한마디는 천금과 같다(君子一言値千金)고 하였다.

문장 역시 그러하다. 사람들은 글을 쓰면서, 어떻게 하면 멋진 글을 지을까? 라는 생각에 정작 글을 마쳤어도 요점이 무엇인지 명확하지가 않다. 본래 문장은 바로 그 사람이고, 소리는 그 사람 몸과 같으며(文如其人 聲如其身), 문장은 산을 바라보는 것과 같아 평범하면 좋

....
117《論語 子張》子夏曰, "博學而篤志, 切問而近思, 仁在其中矣."

지 않다(文似看山不喜平). 그리고 名文은 본디 하늘이 이루는 것이고
(文章本天成), 묘수란 우연히 얻어지는 것이다(妙手偶得之).

어떤 사람의 문장은 천 년이 넘도록 전해지지만, 그 문장의 득실은
그 사람만이 안다고(文章千古事 得失寸心知) 唐의 杜甫(두보)는 詩로
읊었다(〈偶題〉).

공자의 위 말은, 좋은 문장은 그 뜻을 정확하게 전달해야 한다는 의
미이다. 좋은 문장은 일부러 짓거나(作) 가다듬을 필요가 없는 문장
이다. 그만큼 명확한 의사전달이 중요한 것이다.

공자는 "行有餘力이면 則以學文."이라고 했다. 글을 짓는 것은 學
問의 잔가지(枝末)이다.

066
거 일 반 삼
擧一反三

하나를 들어주면 다른 셋도 따라와야 한다.
하나를 일러주면 다른 셋을 스스로 알아야 한다.

[원문]《論語 述而》子曰, "不憤不啓, 不悱不發. **擧一隅, 不以三隅
反**, 則不復也."

[해석] 공자 교육 방법론의 하나이다.

공자는 찾아오는 모든 사람에게 다 가르침을 주었다.[118] 스승에게

....
118《論語 述而》子曰, 自行束脩以上 吾未嘗無誨焉.

가르침을 요청할 때 제자가 성의 표시로 들고 오는 간단한 예물을 束脩(속수)라고 하는데, 보통 15세 이상이면 스승을 찾아간다고 하였다. 공자는 가르침을 청하는 모든 젊은이를 다 수용하였다.

不憤不啓(불분불계)는 모르는 것이 답답해서 마음속으로 몹시 알고 싶어 하는, 곧 스스로 분발하지 않는다면 깨우쳐주지 않는다. 곧 자발적인 학습의지가 없다면 애써 일러주지 않겠다는 뜻이다. 不悱不發(불비불발)의 悱는 표현 못 할 비, 곧 입으로 말을 하려 해도 확실치 않아 어떻게 표현 못 하는 모양이다. 조금 알 것도 같아 말하고 싶지만 뜻대로 표현하지 못해 안타까워하는 모습이다.

학습의지가 있고 조금 알 것도 같다면, 어떤 자극이나 암시를 주거나(啓), 말문이 트이게 연관된 한두 가지를 일러주어야 한다(發). 바로 이것이 啓發(계발)이다. 계발은 스승의 일이지만 그 바탕에 학생의 학습의욕이나 의지가 있어야 한다는 뜻이다.

어떤 사물을 사각형에 비유했을 경우, 한 모서리(一隅, 一角)를 말해주거나 설명해 주었다면(舉一) 배우는 자가 나머지 세 모서리를 알 수 있어야 한다(反三). 여기서 反은 回報이니 '따라오다'의 뜻이다.

곧 하나를 배웠으면 그것을 가지고 더 많은 사실을 추론하려는 노력이 있어야 한다는 뜻이다. 곧 스스로의 노력이 뒤따르지 않아 다시 가르쳐 주지 않는 것은 배우는 자의 자율적 노력을 중시하고 기대했다는 뜻이다. 그런 노력과 성의가 없다면 다시 더 반복할 필요가 없을 것이다.

자공이 공자에게 貧者와 부자의 아첨과 교만을 물었을 때 공자는 "가난하지만 樂道하고, 부유하나 好禮하는 것만 못하다."고 일러주었다. 그러자 자공은 《詩》의 '如切如磋, 如琢如磨'를 뜻하는 것입니까?"라고 스스로 한발 더 나아갔다. 그러자 공자는 "자공은 같이 시를 논할 수 있다. 지난 것을 말해주었더니 앞일을 알고 있다."고 칭찬하였다.[119]

곧 공자가 '擧一' 하자, 자공은 '反三' 하였다. 공자의 생각에 자공은 정말 가르칠만한 제자였을 것이다.

이처럼 자율적 학습 의지는 배우는 사람에게도, 또 가르치는 사람에게도 다 같이 중요하다. 비유가 적합할지 모르겠는데, 귀여운 손자 아이를 안아주려고 할 때 아이가 안겨 오면 쉽게 안아 올릴 수 있다. 안겨 오기를 거부한다면 안아줄 수 없다. 이처럼 학생 스스로의 자발적인 노력이 있어야 교육 효과를 충분히 올릴 수 있다는 뜻이다.

공자 자신은 "묵묵히 깨우치고 배우되 싫증을 느끼지 않고, 가르치기를 게을리하지 않는 일은 나에게 어려운 일은 아니었다."라고 겸손하게 말했다.[120]

공자만큼 위대한 學人이며 훌륭한 敎育者가 없었다는 것은 周知의 사실이다.

----

[119] 《論語 學而》子貢曰, "貧而無諂, 富而無驕, 何如?" 子曰, "可也, 未若貧而樂, 富而好禮者也." 子貢曰, "詩云, '如切如磋, 如琢如磨', 其斯之謂與?" 子曰, "賜也, 始可與言詩已矣, 告諸往而知來者."

[120] 《論語 述而》子曰, 默而識之 學而不厭 誨人不倦 何有 於我哉.

067

불 치 하 문
不恥下問

아랫사람에게 묻기를 부끄러워하지 않다.

[원문] 《論語 公冶長》子貢問曰, "孔文子何以謂之文也?" 子曰, "敏
而好學, **不恥下問**, 是以謂之文也."

[해석] 세상에 공부 좀 했다고 티내는 사람을 '먹물 먹은 사람(喝過墨
水的)'이라고 하는데, '뱃속에 먹물이 들어 있지만 쏟아도 나오지를
않는다(肚子裏有墨水兒倒不出)'는 말은 학문과 지식이 있어도 써먹
지 못한다는 뜻이다.

　공자는 '세 사람이 길을 간다면 꼭 나의 스승이 있다.'고 하였으
니,¹²¹ 사실 가는 곳마다 마음을 쓰면 모두가 배울 것이 있는 법이다.
그런데 보통 사람들은 배우려 하기보다는 남을 가르치기를 좋아한
다. 그래서 맹자도 "사람들의 걱정거리는 다른 사람을 가르치려 드는
것이다."라고 말했다.¹²²

　남을 가르치려는 사람들이 하도 많으니, 우리나라에서 가장 흔한
호칭이 '아저씨'가 아닌 '선생'이라는 농담도 있다. 누구보다도 똑
똑하다고 난 체하는 그런 사람이 자기보다 젊은 사람, 자신보다 하급
자에게 모르는 것을 물어보겠는가?

....

121 《論語 述而》子曰, "三人行, 必有我師焉, 擇其善者而從之, 其不善者而改
　　之."
122 《孟子 離婁 上》人之患 在好爲人師.

그런데 衛(위)나라의 孔文子〔본명은 孔圉(공어), 文은 시호, 子는 존칭〕는 배움에 민첩하고(敏而好學), 아랫사람에게 묻고 배우는 것을 부끄러워하지 않았다(不恥下問). 그래서 시호가 文이라고 공자가 자공에게 설명해 주었다.

068
학 여 불 급 유 공 실 지
學如不及 猶恐失之
배움을 따라가지 못할까 걱정하고 잃을까 두려워하라.

[원문] 《論語 泰伯》子曰, "**學如不及, 猶恐失之.**"

[해석] 공자는 "내가 종일 먹지도 않고, 밤새 자지도 않고 사색해 보았지만 아무 실익도 없었으니 배우는 것만 못하다."고 하였다.[123]
　위 원문은 배움에서 사부의 가르침을 이해 못하고 따라가지 못할 것처럼 걱정하라, 그리고 배운 것을 잃을까 걱정하라는 뜻이다.

　'남을 스승으로 삼는다면 진보할 수 있다(以人爲師能進步).' 하였으니 우선은 따라가야 한다. 따라가지 못하면 뒤처지는 것이고, 처지면 중단하고, 중단하면 아무것도 이룰 수 없다.
　荀子(순자)도 그의 《荀子 勸學》 첫머리를 「학문은 그만둘 수 없다(學不可以已).」로 시작하면서 先王의 遺言을 배우지 못하면(不聞先

....
123 《論語 衛靈公》 子曰, "吾嘗過不食, 終夜不寢, 以思無益, 不如學也."

王之遺言), 학문의 深大(심대)함을 알지 못한다고 하였다(不知學問之大也).

남의 선행을 들으면 마치 따라 하지 못할까 걱정해야 하고, 나의 不善은 빨리 고쳐 하루 한때라도 머물게 해서는 안될 것이다.

荀子(순자)
清 宮殿藏畫本(청 궁전장화본)

069

삼 인 행 필 유 아 사
三人行 匹有我師

3인이 길을 간다면 필히 나의 스승이 있다.

[원문] 《論語 述而》 子曰, "三人行, 必有我師焉, 擇其善者而從之, 其不善者而改之."

[해석] 나와 다른 두 사람이 함께 길을 간다고 가정하면, 또는 3인이 어떤 일을 같이 하고 있다면, 나는 그들로부터 배울 것이 있다는 뜻

이다.

내가 벽돌을 쌓는 사람이라면, 나보다 일을 잘하는 사람에게서 배우고(擇其善者而從之), 그리고 나만 못한 사람한테도 배울 것이 있을 것이다. 그리하여 나중에 다른 사람에게 내 기술을 전수할 수도 있다. 조금 배우고서 그만 배우려 하지 않고(學而不厭), 남을 깨우쳐주는 일에도 게을리 않는 것이(誨人不倦), 바로 배움의 正道이다. 공자는 누구한테나 어디서든 배웠기에 정해진 스승(常師)이 없었다.[124] 공자는 擇善하고 그것을 고집했다.

070
일 지 기 소 무
日知其所無

날마다 모르던 것을 알아나가다.

[원문]《論語 子張》子夏曰, "日知其所亡(無), 月無忘其所能, 可謂好學也已矣."

[해석] 이 구절은 好學과 溫故知新(온고지신)을 설명한 子夏의 말이다.

"모르던 것을 날마다 알아나가고, 달마다 자신이 잘하는 것을 잊지 않는다면 가히 好學한다고 말할 수 있다."

원문에 '日知其所亡'의 亡은 '없을 무'로 읽고 새겨야 한다. 이는

---

124 《論語 子張》衛公孫朝問於子貢曰, "仲尼焉學?" 子貢曰, "文武之道, ~莫不有文武之道焉. 夫子焉不學? 而亦何常師之有?"

새로운 지식의 不斷한 확대, 곧 知新이다. 그리고 다음 구절 '月無忘
其所能'의 無는 毋(말 무)의 뜻이니, 자신이 잘 알고 익숙한 것을 한
달 두 달이 가도 잊지 않는다. 곧 계속 溫故한다는 뜻이다. 곧 날마다
달마다 신지식의 습득과 축적한 지식의 熟慮(숙려)와 深化(심화)가 있
어야 한다.

　清나라 顧炎武(고염무, 1613~1682년)의 名著(명저)《日知錄》의 제목
은 여기서 따온 것이다.

顧炎武(고염무)

071

<ruby>切<rt>절</rt></ruby> <ruby>問<rt>문</rt></ruby> <ruby>近<rt>근</rt></ruby> <ruby>思<rt>사</rt></ruby>
切問近思

절실하게 물어 배우고 가까운 것부터 생각하다.

[원문] 《論語 子張》子夏曰, "博學而篤志, **切問而近思**, 仁在其中
矣."

[해석] 이 구절은 학문과 사색으로 仁을 터득할 수 있는 방법을 설명한
子夏의 말이다.

"博學(박학)하고 篤志(독지)하며, 切實(절실)하게 묻고 淺近(천근)한
것부터 사색하면 仁을 거기서 찾을 수 있다."

博學은 글자 그대로 널리 깊게 배우는 것이다. 요즈음 말로 폭넓고
깊이 있는 독서를 말한다. 篤志는 그 志向을 돈독하게 하면서 부단한
탐구를 지칭한다. 切問은 자신이 모르는 것을 절실하게 물어 배우는
것이다. 近思는 가까운 데서부터 점차 생각의 넓이와 깊이를 더하면
서 스스로 사색하여 완전히 자신의 것으로 소화하는 과정이다.

이러한 학문 과정을 좀 더 심화 구체화한 것이 《大學》의 格物 - 致
知 - 誠意 - 正心 - 修身 - 齊家 - 治國 - 平天下의 八條目이다. 그리
고 朱熹(주희, 朱子, 1130~1200년)의 《近思錄》은 이 구절에서 書名을
따왔다.

072

학 이 불 사 즉 망
學而不思則罔

배우되 생각하지 않으면 남는 것이 없다.

[원문]《論語 爲政》子曰, "**學而不思則罔**, 思而不學則殆."

[해석] 배운 것은 사색을 통하여, 곧 내면화하여 자기 것으로 저장하여
야 한다. 罔은 본래 짐승이나 새를 잡는 그물이지만 안에 들었어도
빠져 나갈 수 있으니, 여기서는 깨닫는 것이 없다(無, 亡)는 뜻이다.

그리고 많이 생각하지만 배우지 않으면 그 사색은 위태롭다(殆, 위
태로울 태)고 하였다. 특별한 재능이나 두뇌를 가진 사람들이 때로
엉뚱한 비행을 저지르는 것은 머릿속으로 자유롭게 생각하지만 윤리
나 도덕 등을 배우거나 익히지 않았기에 일어날 수 있는 폐단이다.
곧 배움에는 學習과 思索(사색)이 다 같이 중요하다. 물론 배움의 과
정에서 학습자의 노력이 수반되어야 한다. 쉽게 얻으면 쉽게 잃어버
리듯 각고의 노력이 없는 배움은 오래 남지 않는다.

073

사 이 부 학 즉 태
思而不學則殆

생각만 있고 不學하면 위태롭기만 하다.

[원문]《論語 爲政》子曰, "學而不思則罔, **思而不學則殆**."

[해석] 이는 유명한 구절이다. 배움과 사색은 어디까지나 함께 가야 한다. 배운 뒤에 깊이 사고하여 내것으로 만들지 않는다면 남는 것이 없다. 또 생각만 골똘히 하면서 배우려 하지 않는다면 이론적 바탕이 없고 합리적 사고를 할 수 없기에 그 사색은 위험할 뿐이다.(殆는 위태로울 태)

공자는 "나는 먹지도 않고 또 밤새워 사색했으나 아무 實益(실익)이 없으니 배움만 못했다." 하여 학습과 학문의 중요성을 강조하였다.[125]

그리고 子夏도 "博學(박학)과 篤志(독지), 그리고 切問(절문)과 近思(근사)해야 仁이 그 안에 있다." 하여 학습과 사색, 질문과 思考를 함께 해야 한다고 강조하였다.[126]

---

125 《論語 衛靈公》子曰, "吾嘗過不食, 終夜不寢, 以思無益, 不如學也."
126 《論語 子張》子夏曰, "博學而篤志, 切問而近思, 仁在其中矣."

Ⅲ 공자의 人生觀

인생이란 B에서 D까지이며 그 사이에 C가 있다고 재미있게 설명한 말이 있다. 곧 B는 Birth(출생)이고, D는 Death(죽음), 그리고 그 사이에 C는 곧 Choice(선택)이다. 내가 어느 학교에 진학하고, 누구와 결혼하며, 또 어디서 무엇을 하며 어떻게 살아갈지? 모든 것이 나의 선택에 달렸다.

우리는 생물적 존재로 살고 있고, 살아있는 우리의 삶이란 매일매일 어떤 가치를 선택해야 한다. 곧 어느 언행이든 선택한 가치가 있기에 행동하는 것이다. 의지를 가진 사람은 여러 행동에서 선택의 기준이 매번 달라지지는 않는다.

무슨 말인가 하면, 博愛主義(박애주의)의 신념을 가진 사람은 그가 처음에 박애주의라는 가치를 선택했기 때문에 그의 많은 행동은 박애주의에 기초를 두고 이루어진다. 이러한 최초의 선택, 또는 근원적인 선택이 신념으로 계속 지켜진다면 한 생애동안 한 사람의 행동은 변함이 없을 것이다.

그렇다면 공자가 지속적으로 仁을 강조한 것은 그의 신념이며 확실한 가치 선택이라고 볼 수 있다. 공자는 모든 것을 인의 관점에서 바라보았기 때문에 하늘의 존재나 하늘이 인간사에 대한 관여도 도덕적인 것이며 인간의 의지에 대한 동의라고 인식했다. 곧 하늘과 인간의 관계에서 인간을 보다 주체적인 존재로 인식했다. 공자는 어떤 가치를 추구하면서 일생을 살았는가?

1. 樂道와 知命

　젊은 날의 공자가 학문을 하면서 자신의 뜻을 실현해보고 싶은 생각이 없었겠는가? 그러나 공자는 당시의 정치 상황에서 오랫동안 관직에 있지도 못했거니와 자신을 받아줄 수 있는 나라를 찾아 周遊했다. 결국 하늘의 뜻을 알고 거기에 순응하면서 제자 교육과 전적 정리에 전념하였다.

　顔回(안회)는 가난했지만 학문의 즐거움과 安貧樂道(안빈낙도)의 생활을 바꾸지 않았다. 가난 속에서도 스승을 따라 면학하며 仁을 실천하는 것이 결코 쉽지 않았을 것이다.

　天命은 하늘의 의지나 뜻이다. 하늘의 의지란 인간이 어찌할 수 없는 불가항력적인 運命(운명)을 의미하기도 하지만, 하늘로 부여받은 使命(사명)이라고 해석할 수도 있다.

　"천명을 모르면 군자라 할 수 없다."라는 공자의 말은 《논어》의 맨 마지막 장에 나온다. 공자는 자신의 인생역정에서 天命을 알고 道를 기꺼이 실천하였다. 공자의 樂道와 知命은 우리에게 많은 것을 가르쳐 준다.

074

곡 굉 지 락
曲肱之樂

팔뚝을 베고 자는 安貧樂道

[원문] 《論語 述而》 子曰, "飯疏食飮水, **曲肱而枕之**, **樂亦在其中矣**. 不義而富且貴, 於我如浮雲."

[해석] 공자의 일상생활에 富貴와는 인연이 없었다. 부자의 일반적 특성인 좋은 집과 좋은 옷과 음식을 즐길만한 생활은 아니었다. 貴는 고귀한 신분이나 고위 관직인데, 貴하면 富에 가까웠다. 이 또한 공자의 命運에 타고나지 않았다.

공자는 거친 밥을 먹고 맹물을 마시고, 좋은 枕席(침석)이 아니라 자기 팔뚝을 베고 누워 잤다. 그러면서도 사는 즐거움이 있었다. 義롭지 않은 부귀영화는 뜬구름과 같다고 말했다. 공자는 "富와 貴는 모두가 바라는 것이지만, 正道로 얻은 것이 아니라면 누릴 수 없다. 貧(빈)과 賤(천)은 사람들이 싫어하지만 정도로 얻어진 것이 아니더라도(정치의 잘못 등 타의에 의한 빈천이라도) 감수해야 한다."고 말했다. 그러면서 군자가 仁을 버린다면, 어찌 이름을 얻을 수 있겠느냐고 물었다.

곧 빈천하더라도 仁을 늘 추구하겠다는 의지를 분명히 했다.[127]

이러한 공자의 생활철학 그대로 생활한 제자가 바로 顔回(안회)였다. 안회는 한 그릇의 밥과 한 바가지의 물을 마시면서 누추한 골목에 살았지만 다른 사람이 견디지 못하는 그 가난 속에서도 안회는 樂道를 바꾸지 않았다.[128]

淸貧(청빈)과 안빈낙도는 군자의 宿命(숙명)일 수도 있다. 어쩌면 가난뱅이와 부자는 모두 타고난 팔자(貧富皆有命)가 있을 것이라 생각하며, 분수를 지키면 마음은 늘 편하다(守分心常樂). 만족을 안다면 군자이고(知足是君子), 탐욕을 부린다면 소인이며(貪欲是小人), 만족을 아는 사람은 빈천하더라도 즐겁지만(知足者 貧賤亦樂), 만족을 모르는 사람에게는 부귀하더라도 걱정이 떠나질 않는다(不知足者 富貴亦憂).

《中庸(중용)》에 「부귀한 사람은 부귀를 누리며 살고(素富貴行乎富貴), 빈천한 처지라면 빈천하게 살아야 한다(素貧賤行乎貧賤).」고 하였다.[129] 이는 아마 억지로 누리거나 벗어나려고 하지 말라는 뜻이니, 위 설명에서 '貧(빈)과 賤(천)은 사람들이 싫어하지만 정도로 얻어진 것이 아니더라도(정치의 잘못 등 타의에 의한 빈천이라도) 감수해

---

127 《論語 里仁》子曰, "富與貴, 是人之所欲也, 不以其道得之, 不處也. 貧與賤, 是人之所惡也, 不以其道得之, 不去也. 君子去仁, 惡乎成名?

128 《論語 雍也》子曰, "賢哉, 回也! 一簞食, 一瓢飮, 在陋巷, 人不堪其憂, 回也不改其樂. 賢哉, 回也!"

129 《中庸》素富貴行乎富貴. 素貧賤行乎貧賤. 素夷狄行乎夷狄. 素患難行乎患難. 君子無入而不自得焉.

야 한다.' 는 구절과 상통한다.

　더러운 부자는 깨끗한 가난만도 못하다(濁富不如淸貧)고 하였으며, 만족을 알면 늘 즐겁고(知足常樂), 참고 참으면 스스로 평안하다(能忍自安)고 하였으니, 팔뚝 베개로 잠을 자는(曲肱而枕之) 安貧樂道의 삶도 괜찮을 것이다.

075
불 의 이 부 차 귀
不義而富且貴
不義로 富貴를 누리다.

[원문] 《論語 述而》 子曰, "飯疏食飮水, 曲肱而枕之, 樂亦在其中矣. **不義而富且貴**, 於我如浮雲."

[해석] 공자가 말했다. "거친 음식을 먹고 찬물을 마시고서, 내 팔을 베고 자더라도 인생을 살아가는 재미가 있다. 不義로 누리는 富貴는 나에게는 浮雲(부운)과 같다."
　飯(밥 반)은 '밥을 먹다' 로 동사로 쓰였다. 飯店(반점)은 나그네에게 음식을 파는 식당이다. 그러다 보니 마을 사람도 가서 술과 음식을 사 먹었고, 客人을 재워주었다. 그러니 Hotel이다. 疏食(소사)는 거친 밥(粗飯, 粗食)이다. 飮水는 '냉수를 마시다.' 라는 뜻이다. 飮茶(음다)의 풍습이 생기기 이전이다. 그리고 자기 팔을 베고 누웠으니 貧者의 日常이다.

공자는 거친 밥과 나물국을 먹고 오이 같은 채소를 먹더라도 간단한 예를 표했는데, 표정은 엄숙했다는 기록이 있다.[130]

인생의 진정한 쾌락은 무엇인가? 인생의 大樂(대락)은 자신이 생각한 대로 즐기는 것이니 물질생활에 크게 영향을 받지 않는다. 물론 기본 생활 여건이 미비하여 굶주리는 고통을 겪어도 즐거우냐고 묻는다면, 동시에 '부유한 사람은 모두 인생이 즐거운가?' 라고 되물을 수도 있다.

인생의 쾌락과 보람은 스스로 생각하고 만드는 것이다. 義롭지 못한 富貴란 떠가는 구름과 같다고 했다. 갑자기 생긴 구름, 그리고 어느 한순간에 사라지는 구름이다. 그런 구름에 무슨 蹤迹(종적, 자취)이 있겠는가?

아무리 태어났다가 그냥 죽는 인생이라지만, 그래도 한 사람의 일생이 사라진 구름 같아서야 되겠는가?

076
사 생 유 명 부 귀 재 천
死生有命 富貴在天

죽고 사는 것이 命이고, 富貴는 하늘의 뜻이다.

[원문] 《論語 顔淵》 司馬牛憂曰, "人皆有兄弟, 我獨亡." 子夏曰, "商聞之矣, **死生有命, 富貴在天**. 君子敬而無失, 與人恭而有禮, 四海

---

130 《論語 鄕黨》齊必變食, 居必遷坐. ～ 食不語, 寢不言. 雖疏食菜羹, 瓜祭, 必齊如也.

之內, 皆兄弟也, 君子何患乎無兄弟也?"

[해석] 司馬牛(사마우)가 근심하면서 말했다. "다른 사람은 모두 형제가 있지만 나만 없습니다." 그러자 子夏가 말했다. "나는(商) '死生은 有命하고, 富貴는 在天하다.' 고 알고 있소. 君子가 공손하며 나쁜 짓을 않고 다른 사람을 위하며 예를 지킨다면, 四海 안에 사는 모두가 형제와 같거늘 군자가 어찌 형제가 없다고 걱정하겠소?"

司馬牛(사마우)의 형 司馬桓魋(사마환퇴)는 宋에서 반란을 일으켰고, 공자를 죽이려 했던 일도 있었다. 사마우는 공자를 찾아와 배웠는데, 사마우는 늘 두렵고 불안했다. 子夏는 卜商(복상)의 字. 자하는 사마우를 안심시키려 이런 뜻으로 설명했을 것이다.

하늘에는 예측할 수 없는 風雲이 있고(天有不測風雲), 사람에게는 오고 가는 時運이 있다(人有時來運轉). 인간의 삶에서 死生이나 災殃(재앙), 富貴와 禍福(화복)은 인간이 예측할 수 없기에 하늘에 달렸다고 말하는 것이 가장 나을 것이다. 이렇게 생각한다면, 길흉화복에 대하여 不怨天(불원천)하고 不尤人(불우인) 할 것이다. 그러면서 大富는 하늘이 낸다지만 부지런하면 小富가 될 수 있다니, 나도 노력하면 잘 살 수 있다고 믿을 것이다.

이를 宿命論(숙명론)이라면서 진보적, 적극적이지 못하다고 비난할 필요가 없다. 아무리 능동적이고 진취적인 사람도 뜻밖의 사고를, 아니면 예상치 못한 실패를 겪고 나면 자신의 노력에 懷疑(회의)가 일어나게 된다. 적당한 선에서 운명이라 생각하며 체념하는 것도 정신건강과 再起를 위한 다짐에 이로울 것이다.

곧 길흉화복을 천운으로 돌리고 생활하면서 예를 지키고 잘못이나 악행이 없다면 남도 나에게 공손하고 예를 지킬 것이다. 그렇다면 세상 사람 모두가 형제와 같을 것이니(四海之內皆兄弟), 형제가 없는 것을 어찌 걱정하겠는가?

지금 '四海之內皆兄弟'란 말은 널리 두루 사람과 교제하고, 사귀기를 권장하는 뜻으로도 사용된다.

077
古之學者爲己
옛날 학자는 자신의 수양을 위한 공부였다.

[원문] 《論語 憲問》子曰, "**古之學者爲己**, 今之學者爲人."

[해석] 무엇 때문에 학문을 하는가? 누구를 위한 학문인가? 이런 질문이라면 그 답으로 인류 문화 발전을 위한 학문이라고 말할 수 있다. 爲己는 자신을 위한 이기적인 학문이라고 생각할 수 있고, 爲人은 다른 사람을 위한, 곧 利他的인 학문으로 생각할 수 있다.

그러나 여기의 문리상 爲는 '위하여'의 뜻보다는 '때문에'라는 뜻으로 해석해야 한다. 즉 자기 자신 때문에, 곧 자신의 필요성, 자신을 위한 학문이다. 이는 배워서 자신의 마음에 새겨두는 공부이다.

爲人은 남에게 보여줘야 하기 때문에, 곧 남에게 자신의 지식을 보여주려는(欲見知於人) 공부이다. 귀로 가르침을 들어 곧 입으로 나오는 공부라고 말할 수 있다.

배움은 중도에 그쳐서는 안 되나니(學不可以已), 둔한 말이 열흘에
라도 목적지에 갈 수 있는 것은 쉬지 않기 때문이다(駑馬十駕 功在不
舍). 본래 배운 뒤에야 부족함을 안다(學然後知不足)고 하였으며, 바
닷물은 퍼낸다고 마르지 않고, 학문에는 끝이 없다(學問無止境)고 하
였으니, 그런 학문을 남에게 보여주려 한다면 어찌 깊이 들어갈 수
있겠는가?

남을 위한 공부는 마치 작은 시내에 물소리만 크고(小河流水響聲
大), 학문이 얕은 사람은 저 잘났다고 하는 것(學問淺的好自大)과 같
다. 책의 산에 길이 있으니 근면이 가장 빠른 길이고(書山有路勤爲
徑), 학문의 바다는 가없으니 고생만이 건널 수 있는 배(學海無崖苦
是舟)이다. 자기 자신을 위한 결심이 없다면 어찌 학문의 바다를 건
널 수 있겠는가?

학문은 자신을 위한 일이다. 博學(박학)하고 篤志(독지)하며, 切問
(절문)하고 近思(근사)하면 仁이 그 안에 있을 것이며,[131] 君子는 학문
으로 大道를 구현해야 하며,[132] 出仕하며 여력에 학문을 해야 하고,
학문이 우수하면 출사해야 한다.[133]

....
131 《論語 子張》子夏曰, "博學而篤志, 切問而近思, 仁在其中矣."

132 《論語 子張》子夏曰, "百工居肆以成其事, 君子學以致其道."

133 《論語 子張》子夏曰, "仕而優則學, 學而優則仕."

078

守死善道
수 사 선 도

죽음으로 지키고 大道를 높이다.

[원문] 《論語 泰伯》 子曰, "篤信好學, **守死善道**. 危邦不入, 亂邦不
居. 天下有道則見, 無道則隱. 邦有道, 貧且賤焉, 恥也, 邦無道, 富
且貴焉, 恥也."

[해석] 공자께서 말했다. "굳게 믿고 배우기를 좋아하며, 죽음에 이를
지라도 道를 숭앙하라. 위태로운 나라에 가지 말고 풍기가 문란한 곳
에 살지 말라."

　공자는 인생의 이상을 仁의 실천이라 생각했고 굳은 결심으로 그
이상을 실천해야 한다고 믿었다. 여기서 '守死善道'는 '죽음에 이르
더라도 선도를 지키다.'로 해석하면 善은 형용사이다.

　이 善道의 善을 동사로 해석하면 뜻이 조금 달라져서 '(진리를) 지
켜 죽게 되더라도 道를 높이다.'로 해석할 수 있다. 好學은 좋은 학문
이 아니라 學을 좋아하다. 곧 好가 동사로 쓰였듯, 善은 동사로 쓰여
'좋게 하다', '높이다'의 뜻으로도 해석할 수 있다. 이는 殺身成仁과
같은 뜻이며 語順도 같다.

　'危邦에 不入하고, 亂邦에 不居하라.'는 뜻은 그런 나라에서는 正
道를 지키기 어렵고 惡行에 쉽게 물들 수 있기 때문이라고 생각한다.

　나라가 제대로 잘 다스려진다면, 군자가 빈천하다면 부끄러울 것
이다. 무도한 나라에서 부귀를 누린다면 그 또한 치욕이다. 이는 쉽
게 이해할 수 있다.

079

지 기 불 가 이 위 지
知其不可而爲之

불가한 줄 알면서도 노력하다.

[원문]《論語 憲問》子路宿於石門. 晨門曰, "奚自?" 子路曰, "自孔
氏." 曰, "是知其不可而爲之者與?"

[해석] 자로가 石門이란 곳에서 일박을 하고 성문에 들어가려고 하자,
문지기〔晨門(신문)〕가 물었다. "어디서 오는가요?" 자로는 "孔氏 집
에서 왔소."라고 대답했다. 그러자 문지기는 '불가한 줄을 알면서도
하려는 사람 말입니까?' 라고 말했다.
　그 문지기는 아마 隱者였을 것이다. "奚自?"는 어디에서 오는가?
(奚는 어찌 해). 어디?
　지금은 '知其不可而爲之' 라 하여 성공할 방법이 안 보이는 데도 힘
써 노력하는 강한 의지를 뜻하는 말로 쓰인다.

080

유 시 유 졸
有始有卒

시작이 있고 끝도 있다.

[원문]《論語 子張》子游曰, "子夏之門人小子, 當洒掃應對進退, 則
可矣, 抑末也. 本之則無如之何?" 子夏聞之, 曰, "噫! 言游過矣! 君

子之道, 孰先傳焉? 孰後倦焉? 譬諸草木, 區以別矣. 君子之道, 焉可誣也? **有始有卒者**, 其唯聖人乎!'

[해석] 四書에 《大學》이 있기에, 《小學》은 《大學》보다 훨씬 쉬운 책일 것이라 생각했었다. 그리고 《小學》에서는 洒掃(쇄소, 물 뿌릴 쇄, 소제할 소. 청소)와 應對(응대, 賓客 接待)와 進退(진퇴, 빈객과 相見 및 告退)의 생활예절과 愛親, 敬長, 隆師(융사), 親友 등 인륜의 기본을 가르치기에 학문을 시작하는 入門者를 위한 책이라는 설명도 있어 '그런 내용이라면 무엇이 어렵겠는가?' 라고 혼자 생각했었다.

그런데 분량에서는 《大學》이 《小學》을 따라갈 수가 없고, 명문장은 《大學》보다 《小學》이 많고, 정말 마음에 새겨야 할 말도 《大學》 못지않게 《小學》에도 많았다.

子夏는 공자의 제자인데, 자하는 그 제자들에게 洒掃(쇄소, 淸掃)와 應對, 그리고 進退의 예절을 가르쳤으니, "자하의 제자들은 그런 末節小事(말절소사)야 잘할 수 있겠지만 근본을 모를 것이니, 어찌 세상에 나와 큰일을 할 수 있겠느냐?" 라고 子游(자유)가 비판하였다.

이에 자하는, 군자는 말을 함부로 해서는 안 된다고 반박하였다. 그러면서 君子之道에서 먼저 가르치고 나중에 가르칠 것으로 구분이 있는가? 군자는 포괄적인 지식과 덕행을 배워야 한다. 가르침은 얕은 것에서 깊은 곳으로 들어가야 하나니, 가르침에 시작이 있고 끝이 있어 전체를 다 볼 수 있다면 아마 성인일 것이라고 반박하였다.

《大學》의 첫머리에도 「大學之道, 在明明德, 在親民, 在止於至善. ~. 物有本末, 事有終始, 知所先後則近道矣.」라고 하였다.

081

불 념 구 악
不念舊惡

지난날의 원한을 마음에 두지 않다.

[원문]《論語 公冶長》子曰, "伯夷叔齊不念舊惡, 怨是用希."

[해석] 공자는 伯夷(백이)와 叔齊(숙제)를 매우 높이 평가하며 존경했
다. 공자는 백이와 숙제가 지난날의 원한을 마음에 두지 않았고 남을
원망하지 않았다고 말했다. 또 공자는 백이와 숙제가 "옛 현인으로
求仁(구인)하여 得仁(득인)하였으니 무슨 원망이 있겠느냐?"고 말했
다.[134]

또 백이와 숙제는 처음부터 부귀를 원하지 않았고 그 뜻을 지켜 죽
었으니(求仁得仁), 아무 원망도 없었다고 하였다. 지금은 求仁得仁
(구인득인)의 成語가 원하는 대로 보상을 받았을 때 흔히 사용하니, 成
語도 시대에 따라 그 뜻이 변한다고 말할 수 있다.

본래 백이는 다음의 제후 자리를 계승할 장남이었고, 숙제는 셋째
였다. 부친이 셋째에게 계위하고 싶어하자, 백이는 부친의 뜻을 받들
어 양위하려고 했다. 셋째인 숙제는 長子를 제쳐두고 계승할 수 없다
하여 결국 둘째가 계승케 하고 두 사람은 숨어버렸다.

이는 吳의 泰伯(태백)의 경우도 이와 비슷하였다.

泰伯(一作 太伯)은 周 왕조의 윗대 조상인 古公亶父(고공단보, 姓은

134《論語 述而》冉有 曰, "夫子爲衛君乎?" 子貢曰, "諾, 吾將問之." 入曰,
"伯夷叔齊何人也?" 曰, "古之賢人也." 曰, "怨乎?" 曰, "求仁而得仁, 又
何怨?"～.

姬)의 長子였는데, 고공단보는 셋째 아들 季歷(계력)의 아들 昌(창, 文王)이 계승하기를 원했다(昌의 아들이 뒷날 周를 건국한 武王 發이다). 그래서 태백은 동생 仲雍(중옹)을 데리고 周를 떠나갔고, 계력이 부친의 지위를 계승했다. 태백과 중옹은 당시에 야만인의 땅인 長江 하류에 자리를 잡고 吳를 건국했다. 공자는 泰白을 至德(지덕)이라 부를 수 있으며, 천하를 세 번이나 양보했지만 백성은 그런 내용을 잘 몰라 칭송하지도 못한다고 말했다.[135]

泰伯(태백)

135 《論語 泰伯》子曰, "泰伯, 其可謂至德也已矣. 三以天下讓, 民無得而稱焉."

082

불 원 천 불 우 인
不怨天 不尤人

하늘을 원망하거나 남을 탓하지 않다.

[원문]《論語 憲問》子曰, "莫我知也夫!" 子貢曰, "何爲其莫知子
也?" 子曰, "**不怨天, 不尤人**, 下學而上達. 知我者其天乎!"

[해석] 공자도 자신을 알아주는 사람이 없다고 탄식했다. 이 말을 자공
도 이해를 못 했다. 그래서 자공이 "어째서 사부님을 몰라준다고 말
씀하십니까?"라고 물었다.

이에 공자가 말했다.

"나는 하늘을 원망하지 않았고(不怨天), 남을 탓하지 않았으며(不
尤人), 기본을 배웠고 높은 경지에 도달하였다(下學而上達). 나를 알
아주기는 아마 하늘일 것이다(知我者其天乎)."

공자는 3살 때 부친을 여의고 편모슬하에서 성장하였으니 그 과정
이 결코 순탄치는 않았을 것이다. 그런데도 기초부터 다지며 학식을
연마하고, 지식을 쌓고 德業(덕업)을 성취하였고, 形而上學의 경지에
서 심오한 천명을 깨달아 세속을 초월하였다. 공자는 世俗의 인정을
추구하지 않았고, 不怨天, 不憂人하면서 하늘이 자신을 인정할 것이
라는 믿음을 끝까지 저버리지 않았다.

뜻을 세우기야 쉽지만 성공이 어려운 것이니(立志容易成功難), 의
지가 약한 사람은 뜻을 늘 세우기만 하고(無志之人常立志), 의지가
강한 사람은 멀리 내다본 뜻을 세우고 실천한다(有志之人立長志).

'不怨天 不憂人'에서 不을 모두 빼면 '怨天憂人'이 되는데, 제 탓은 하지 않고 남에게 탓을 돌리는 행위를 지칭한다.

083
<ruby>人<rt>인</rt></ruby> <ruby>能<rt>능</rt></ruby> <ruby>弘<rt>홍</rt></ruby> <ruby>道<rt>도</rt></ruby>
人能弘道

사람이 道를 실천하여 넓히는 것이다.

[원문]《論語 衛靈公》子曰, "**人能弘道**, 非道弘人."

[해석] 공자가 말했다. "사람이 道를 실천하여 道를 넓혀나가지, 道가 사람을 키우고 복을 주는 것이 아니다."

곧 道는 바른길이기에 사람이 바른 실천으로 道의 외곽을 넓혀 나가 많은 사람에게 혜택을 주는 것이지, 道가 존재하기에 인간이 스스로 복을 받는 것이 아니다. 인간의 세계 밖으로 道가 존재하지 않고, 道의 밖에 인간이 존재하지 않는다. 인간이 마음에 깨우침이 있어 도를 알고 실천하는 것이기에 인간이 道를 넓힌다고 하였다.

이는 道를 실천하는 주체는 어디까지나 인간이고, 인간만이 善과 仁을 행하는 중심이라는 뜻이다.

084

<ruby>天<rt>천</rt></ruby> <ruby>何<rt>하</rt></ruby> <ruby>言<rt>언</rt></ruby> <ruby>哉<rt>재</rt></ruby>

天何言哉?

하늘이 무슨 말을 하는가?

[원문] 《論語 陽貨》子曰, "予欲無言." 子貢曰, "子如不言, 則小子何
述焉?" 子曰, "**天何言哉**? 四時行焉, 百物生焉, **天何言哉**?"

[해석] 공자가 말했다. "나는 앞으로 말을 하지 않으려 한다."

그러자 자공이 말했다. "부자께서 말씀을 아니 하시면 저희들은 무
엇을 傳述(전술)하겠습니까?"

이에 공자가 말했다. "하늘이 무슨 말을 하던가? 그래도 사계절은
순환하고 만물이 자라나니, 하늘이 무슨 말을 하는가?"

沈默(침묵)도 의사표시다. 곧 침묵도 말이다. 자공은 스승으로부터
가르침을 듣지 않으면 제자들은 배울 것이 없어 스승의 뜻을 후세에
전할 수 없을 것이라 걱정했다.

그러나 공자는 하늘의 뜻이나 자연의 질서와 운행 등은 말로 다 설
명할 수 없고, 그런 말 없는 가르침을 제자들은 배우고 터득할 수 있
어야 한다고 생각했다.

스승의 가르침도 배우는 사람이 그것을 자신의 것으로 내면화하지
않으면 그것은 죽은 말이다. 중국 속담에 '맹목적 공부에(死讀書),
쓸모없는 책을 읽으면(讀死書), 공부를 하나 마나(讀書死)!' 라는 말
이 있다.

성인이라면 자신이 왜 공부해야 하는가를 깨달아서 유용하고 참된
공부(讀書)를 해야지, 그렇지 않으면 공부 자체가 쓸모없는 짓이다.

공자의 無言은 보다 더 적극적인 내면의 공부를 독려하는 참된 스승의 당부일 것이다.

085

일 월 서 의　세 불 아 여
日月逝矣 歲不我與

세월은 흘러가나니, 세월은 나와 함께 하지 않는다.

[원문]《論語 陽貨》陽貨欲見孔子, 孔子不見, 歸孔子豚. 孔子時其亡也, 而往拜之. 遇諸塗. 謂孔子曰, "來! 予與爾言." 曰, "懷其寶而迷其邦, 可謂仁乎?" 曰, "不可." "好從事而亟失時, 可謂知乎?" 曰, "不可." "日月逝矣, 歲不我與." 孔子曰, "諾, 吾將仕矣."

[해석] 陽貨(양화)는 人名이며,《論語》의 편명이다.

　魯의 국가 권력은 周의 國姓인 姬姓의 孟氏, 叔氏, 季氏가 나눠 장악했고, 이를 三家라고 칭했다. 魯 桓公(환공, 前 712 – 694년 재위) 이후 이들을 三桓(삼환)이라고 불렀다. 魯 환공 이후 莊公(장공, 전 693 – 662년 재위)이 계위하였지만 국가 권력은 여전히 仲孫氏(뒷날 孟孫氏), 叔孫氏, 季孫氏에 이어졌는데, 이들은 魯國 卿(경)의 신분으로 司徒(사도), 司空(사공), 司馬(사마)의 관직을 거의 독점하였다. 이들 삼환 중 계손씨의 권한이 가장 컸었다.

　陽貨의 본명은 陽虎(양호)이고 貨(화)는 그의 字인데, 魯國 季氏의 家臣이었다. 계씨가 魯의 권력을 장악했을 때, 陽貨는 계씨 家內의 권력을 쥐고 있었다. 양화는 나중에 三桓(삼환)을 제거하려다가 실패하고 晉(진)으로 망명했다.

양화가 공자를 불러 만나려 했지만, 공자는 奸臣(간신) 양화의 평소 야망을 알기에 찾아가지 않았다. 그러자 양화는 공자가 없을 때를 틈타서 삶은 돼지를 예물로 보냈다. 공자는 예물을 받았기에 답례하지 않을 수 없었다. 공자도 양화가 집에 없는 틈을 타서 찾아가 禮를 표시하고 돌아오다가 하필 귀가 중인 양화와 만났다.

그러자 양호가 말했다. "가까이 오시오. 할 말이 있소!" 그리고 이어 말했다.

"몸에 寶玉(才能)을 지니고서도 나라를 위해 일하지 않는다면 仁이라 할 수 있습니까?"

공자는 대꾸하지 않았다.

"옳지 않습니다! 충분히 出仕할 수 있는데도 때를 자주 놓친다면 知(智)라고 할 수 있습니까?"

그래도 공자는 대답하지 않았다.

"不可하겠지요. 세월은 흘러가나니, 세월은 나와 함께 하지 않습니다!"

이에 공자가 말했다. "알겠습니다. 앞으로 출사하겠습니다."

그러나 공자는 양화 아래 벼슬길에 나서지 않았다. 공자는 묵묵부답으로 버티다가 더 이상 듣고만 있을 수 없어 간단히 "곧 출사하겠다."며 양화의 체면을 세운 뒤 난처한 자리에서 벗어났다.

뒷날 공자가 각국을 주유할 때 匡(광)이란 곳에서 외모가 陽貨(陽虎)와 비슷하다 하여 匡人들에게 포위되어 곤욕을 치른 적도 있었다.

086

성 상 근　습 상 원
性相近 習相遠

인간의 본성은 서로 비슷하나 습성은 서로 다르다.

[원문]《論語 陽貨》子曰, "性相近也, 習相遠也."

[해석] 性相近, 習相遠. – 이 말은《千字文》보다 먼저 배우는《三字經》에도 나오는데, 원 출처는 당연히《논어》이고, 또 공자님 말씀이다. 우리나라에서는《三字經》이 잘 알려지지 않았지만 중국에서는 어린 아이들에게 통째로 외우게 하는 책이다.

위 말은 人性, 本性은 본래 비슷하게 선량하지만(人之初 性本善), 사람의 취향이나 습성에 따라 나중에는 크게 달라진다. 그래서 습관 내지 습성을 잘 길들여야 하고, 그러하려면 교육을 잘 시켜야 한다는 논리가 성립된다.

생활습관에 따라, 또 수양 여부에 따라 본래 선량하고 순결한 본성이 나쁘게 변한다는 사실은 매우 서글픈 일이다. 인간의 선택과 실천 여부에 따라 선인과 악인으로 나뉘는 것이 바로 相近에서 相遠으로 바뀌는 것이다. 그래서 가정과 학교의 교육이 중요하다.

087

윤 집 기 중
允執其中

성실히 中庸의 道를 실천하라.

[원문] 《論語 堯曰》堯曰, "咨! 爾舜! 天之厤數在爾躬, **允執其中**. 四海困窮, 天祿永終." 舜亦以命禹.

[해석] 堯帝는 帝位를 어리석은 아들(丹朱)에게 물려주지 않았다. 舜의 부친은 장님처럼 우매하였고 계모는 간악하였으며, 이복동생 象(상)은 오만하였지만 舜은 효도로 모두를 감화시켰는데, 그런 소문을 堯가 들었기에 미리 두 딸(娥皇, 女英)을 舜(순)에게 주어 舜을 시험한 뒤에 제위를 물려주었다. 堯가 舜에게 제위를 양위하면서 한 말이다.
　咨(자)는 감탄사이다. 爾舜(이순)은 '너 舜이여!' 이름을 불렀다. 하늘의 厤數(역수, 曆數, 厤은 曆의 古字)는 하늘이 정한 帝位에 오르는 차례이다(帝王相繼之次第). 在爾躬은 너의 몸에 있다는 뜻이니, 곧 네가 제위에 오를 차례이다. 允執其中의 允은 진실로(信也), 誠心으로, 또는 公平하게. 執은 지키다, 실행하다의 뜻이고, 中은 中正이니 곧 中庸의 道를 말한다. 四海의 백성이 困窮(곤궁)하면 天祿永終, 곧 하늘이 그대에게 내린 天祿(君祿, 帝位)이 영원히 단절될 것이다. 또는 제 명에 죽지 못한다는 뜻도 포함하고 있으니, 곧 善政을 베풀라는 당부이다. 允執其中은 允執厥中(윤집궐중)으로도 표기한다.

088

중 용 지 덕
中庸之德

지나치거나 모자람이 없는 크고 바른 德

[원문]《論語 雍也》子曰, "**中庸之爲德也**, 其至矣乎! 民鮮久矣."

[해석] 공자가 말했다.

"中庸(중용)의 덕은 최고의
덕이니 많은 사람들은 오랫
동안 이를 지키지 못한다."

　中庸은 단순히 가운데나
(中間) 이편저편도 아니라는
中立과는 다르다. 변함없는
원칙이란 의미이지 찬성도
반대도 아니라는 無所信이
아니다. 중용은 지나치거나
모자람이 없는 행실이다.

　朱熹(주희, 朱子)는《禮記》
의 한 편명이던〈中庸章句〉
를 따로 떼어 내어《中庸》을
《四書》의 하나로 중시하였
다. 朱子는 中庸을 '치우침
이 없는 것을 中(不偏之謂
中), 바뀌지 않는 것을 庸(不

朱熹(주희)
《晩笑堂竹莊畫傳(만소당죽장화전)》

易之謂庸)이라 하는데, 中은 천하의 정도(中者天下之正道)이고, 庸은 천하의 정리(庸天下之定理).' 라고 定義하였다. 군자는 중용의 도를 견지하지만 소인은 반 중용이라고 하였다.[136] 또 "군자의 중용 실천은 군자의 심경으로 상황에 따라 알맞게 실천한다"고 하였다.[137]

중용은 일상생활에서 善을 고집하되 극단을 택하지 않으며 평생 동안 견지하는 것으로 군자 수양의 결과라고 볼 수 있다.

089
필 야 광 견 호
必也狂狷乎

필히 뜻이 너무 크거나 고집 센 사람일 것이다.

[원문]《論語 子路》子曰, "不得中行而與之, **必也狂狷乎**! 狂者進取, 狷者有所不爲也."

[해석] 공자가 말했다.

"중용을 따르는 사람을 만나지 못해 사귄다면 틀림없이 지나치거나 고집 센 사람일 것이다. 뜻이 너무 큰 사람은(狂者) 너무 진취적이고, 고집 센 사람(狷者)은 고집이 있어 아무것도 하지 않는다."

中行은 중용을 따라 실천한다는 뜻으로, 지나치거나(過) 미치지 못하는(不及) 것이 없는 中正之道를 지킨다는 뜻이다. 중용을 따르는

136《中庸》"君子中庸, 小人反中庸."
137《中庸》"君子之中庸也, 君子而時中.

사람과 만나질 못해 그다음 사람을 찾아 교제한다면 틀림없이 뜻이 너무 크고 원대하며 용감하게 실천하려는 狂者(광자, 志高勇進하는 者)이거나 자신의 결백만을 지켜 다른 아무 일도 하지 않으려는 狷者(견자, 潔身自好하며 守之하는 者)를 만나게 된다. 狂者나 狷者는 모두 중용에서 벗어난 사람들이다.

090
<ruby>善<rt>선</rt></ruby> <ruby>事<rt>사</rt></ruby> <ruby>利<rt>리</rt></ruby> <ruby>器<rt>기</rt></ruby>
善事利器
일을 잘하려면 연장을 잘 준비해야 한다.

[원문]《論語 衛靈公》子貢問爲仁. 子曰, "**工欲善其事, 必先利其器**. 居是邦也, 事其大夫之賢者, 友其士之仁者."

[해석] 목수는 자신의 대패와 끌이나 톱 등을 가지고 다닌다. 시멘트를 바르는 미장이도 자신의 흙손을 연모 가방에 넣어가지고 일터로 향한다. 그들은 자신의 연모를 최상의 상태로 늘 준비한다. 利는 날카로울 이, 동사로 쓰여 날카롭게 하다는 뜻이다. 벼(禾)를 베는 칼(刂, 刀)은 날카로워야 한다. 器는 연모, 연장이다. 石器는 돌로 만든 그릇이 아니라 돌로 만든 연모이다.

자공의 질문은 仁의 실천 방법이었다. 자공은 수완가답게 政事에 仁의 적용 방법을 알고 싶었을 것이다. 공자는 자공을 잘 알기에 工人이 연모를 잘 준비하듯, 정사에서도 그 나라의 賢明한 대부를 섬기고, 그 나라의 仁者를 찾아 교우하라고 지극히 구체적이고 현실적인 방법을 일러주었다.

이는 어찌 보면, 인간관계를 자신의 목적에 맞게 변용하거나 이용한다는 뜻이라고 비난을 받을 수 있다.

그러나 공자는 仁의 실천을 위해서는 현실을 도외시할 수 없다는 인식에서 출발한 것이고, 자공 개인만의 출세나 이득만을 위한 교제 권장이 아니었다. 지금 이 말은 어떤 사업이나 업무에서 '철저한 사전 준비'란 뜻으로 널리 통용된다.

091
눌 언 민 행
訥言敏行

말은 느리게, 실천은 빠르게!

[원문]《論語 里仁》子曰, **"君子欲訥於言而敏於行."**

[해석] 訥言敏行(눌언민행)은 조심해서 말하고, 일은 빨리 처리한다는 뜻이다. 이는 '일에 민첩하고, 말은 신중하다(敏於事而愼於言).'라는 공자의 말과 같은 뜻이다.[138]

군자는 그 말이 신중해야 한다. 발음이 어눌하다는(訥, 말 더듬을 눌) 뜻이 아니라 신중히 생각하면서 말하기에 더듬는 것 같다는 뜻이다. 대신 행동(실천)은 민첩해야 한다. '말은 느려도 행동은 빨라유!' 하

138《論語 學而》子曰, "君子食無求飽, 居無求安, 敏於事而愼於言, 就有道而正焉, 可謂好學也已."

는 충청도 사람과 같아야 한다.

말은 자신의 의사를 표시하여 남에게 알리고 또 남을 이해할 수 있는 가장 쉬운 방법이다. 그러나 내가 하는 말뜻대로 상대방이 그대로 이해하지 못할 경우도 많다. 그러니 이리저리 생각해서 오해가 없도록 말해야 한다. 군자의 말에 실천이 뒤따르지 않는다면 그것은 부끄러운 일이다. 〈君子恥其言而過其行〉條 참고.

공자는 "옛사람이 승낙한다는 말을 쉽게 하지 않은 것은 실천이 따르지 못할 것을 부끄럽게 여겼기 때문이다."라고 말했다.[139]

----

139 《論語 里仁》子曰, "古者言之不出, 恥躬之不逮也."

2. 自省, 克己, 力行

공자는 聖人으로 존경받지만 종교의 창시자는 아니다. 나무에 뿌리가 있고 냇물에 원류가 있는 것처럼 공자의 사상도 그 근원은 있다고 보아야 한다. 가령 옛날의 어떤 先人을 본받았다든지, 아니면 종교적 신념이라든지 무엇인가 그 근원이 있어야 할 것이다.

한 개인이 자신의 삶에 대하여 어떤 생각을 갖고 있으며, 세상을 살아가는 기본 원칙(가치관, 사상, 행위)에 대하여 어떤 생각이나 의문을 갖고 있느냐는 매우 중요한 일이다. 그리고 어떻게 생각하는가에 따라 각기 다른 주장이나 이론이 나온다.

일상생활에서 자연스럽게 표출되는 여러 가지 도덕은 개인 생활이나 사회생활의 기본이다. 《논어》에서 찾아볼 수 있는 공자의 인생관이나 도덕을 알 수 있는 명언을 모았다.

092

삼 사 이 행
三思而行

3번 생각한 뒤에 실행하다.

[원문]《論語 公冶長》季文子三思而後行. 子聞之曰, "再, 斯可矣."

[해석] 季文子(계문자)는 魯의 대부 季孫行父(계손행보)인데, 매우 신중
하고 소심하면서 학식도 갖춘 사람으로 알려졌다. 그가 3번을 생각
한 뒤에 실천한다는 말을 전해들은 공자는 "두 번만 생각한 다음에
실천해도 좋을 것이다."라고 말했다.

공자는 2번, 그리고 다시 한번 더하여 3번을 생각하다 보면 猶豫未
決(유예미결)할 수도 있다고 염려했을 것이다. 세상만사의 正誤(정오)
나 시비, 利害(이해)와 선악 등 많은 부분이 상대적이다. 양쪽을 다 고
려한다면 되지 않겠는가? 3번째 생각하여 얻은 결론에 대한 상대적
인 것을 또 고려해야 한다면? 아마 결론내기가 쉽지 않을 것이다. 공
자는 계문자 같이 신중한 사람이라면 두 번도 괜찮을 것이라 생각했
을 것이다.

荀子(순자)는 또 다른 의미의 三思를 말했다. "젊어서는 성장을 생
각해야 하기에 배워야 하고, 늙어서는 죽음을 생각하여 교육해야 하
며, 곤궁할 때를 생각하여 베풀어야 한다."고 하였다.[140] 이 또한 우
리가 생각하고 받아들일 만하다.

----

140 《荀子 法行》"少思長 則學, 老思死 則敎, 有思窮 則施也."

093

삼 성 오 신
三省吾身

하루에 3가지로 자신을 반성하다.

[원문] 《論語 學而》 曾子曰, "吾日三省吾身, 爲人謀而不忠乎? 與朋友交而不信乎? 傳不習乎?"

[해석] '三省吾身' 하면 하루에 3차례 반성이라고 생각한다. 그러나 왜 3차례인가? 반성을 더 많이 하면 나쁜가? 안 되는가? 그렇다면 3이란 최소한의 수인가?

중국에서 三은 多數를 의미한다. 그렇기에 하루에 여러 번 반성한다고 해석해야 한다.

원문에 있는 다른 사람과 함께 일하면서 최선을 다했는가? 붕우와 교제에서 신의를 잃지는 않았는가? 배운 것을 다시 익혔는가? 이상의 3가지는 반성의 주제로 대표적인 예를 든 것이다. 꼭 이 3가지 영역만 매일 반성했다는 뜻은 아니다.

여기서 위에 3번째 주제 '傳不習乎' 를 깊이 생각할 필요가 있다. 문장 뜻대로 하면, 스승한테 배운 것을 반복해서 연습하거나 마음에 다시 생각한다는 뜻이다. 그런데 증자는 공자에게는 제자였지만, 증자도 문인을 교육했던 師傅(사부)이었다.

필자는 위 구절을 제자에게 '전수할 것을 깊이 생각하거나 연습하지 않았는가?' 로 풀이하고 싶다. 필자가 젊은 초임교사 시절에 어떤 나이 많은 수학 선생님은 쉬는 시간마다 수학 문제를 계속 반복해서 풀었다. 고등학교에서 5개 반의 수학을 담당하면 같은 문제를 5개 반에서 풀이해줘야 한다. 그런데 한 시간 수업을 하고 나와서 같은 문제를 연습장에 또 풀어보고, 물론 심도 있는 다른 문제도 풀겠지만 수업에 임했다. 필자가 볼 때 그 선생님은 '精益求精(정익구정, 정밀하게, 그리고 더 정밀하게)'을 추구했다.

공자는 증자를 魯鈍(노둔)하다고 평가했었다.[141] 우직하고 생각이 깊어 반응이 상대적으로 늦어 좀 우둔해 보인다는 뜻이지, 지능지수가 낮다는 뜻은 아니다. 그리고 증자는 일생을 戰戰兢兢(전전긍긍)하며 조심에 조심하며 살았다. 그러니 그가 제자 교육에 얼마나 전심했겠는가? 공자한테 배운 것을 제자에게 잘 전수하려고 연습에 연습을 더했을 것이다. 그것이 '傳不習乎?'였을 것이다. 그런 증자가 어찌 하루에 3번만 自省했겠는가?

094

무 벌 선　무 시 로
無伐善, 無施勞

선행을 자랑하거나, 노고를 말하지 않다.

[원문]《論語 公冶長》顏淵季路侍. 子曰, "盍各言爾志?" 子路曰, "願車馬衣輕裘, 與朋友共, 敝之而無憾." 顏淵曰, "願無伐善, 無施勞." ~. 子路曰, "願聞子之志." 子曰, "老者安之, 朋友信之, 少者懷之.

....

141 《論語 先進》柴也愚, 參也魯, 師也辟, 由也喭. 柴는 高柴[고시, 子羔(자고)]. 參은 曾參, 曾子, 師는 顓孫師(전손사, 子張). 由는 子路.

[해석] 안연과 자로가 공자를 모시고 있을 때, 공자가 각자의 뜻을 말해보라고 했다.

자로는 자신의 거마와 의복을 붕우가 함께 사용토록 하여 설령 부서지거나 낡아도 붕우를 원망하지 않겠다고 말했다.

안회는 "나의 장점을 자랑하거나 내가 남을 위해 고생할지라도 말하지 않겠다."고 하였다. 그러면서 공자의 志向을 묻자, 공자는 "노인을 편안하게, 붕우가 서로를 신뢰하게, 젊은이를 모두 마음에 품고 돌봐주고 싶다."고 말했다.

안회는 자신의 수양을 통하여 자신을 내세우지 않게 되기를 염원하였다. 자신의 자랑을, 자신의 고생을 말하지 않는 것 – 이는 쉬운 것 같지만 매우 어려운 일이다. 이는 자아를 초월해야 하고 타인에 대한 애정이 없으면 불가능한 겸손이다.

능력이 모자란 사람일수록 자랑이 많다. 집이 가난하다면 조상이 잘살았다고 자랑하지 말라고 했다. 사내대장부는 출신 신분이 낮다고 걱정하지 않는다. 영웅이나 잘난 사나이는 지난날의 용기를 자랑하지 않고(好漢不提當年勇), 주둥이를 팔지 않는다(英雄好漢不賣嘴). 곧 말씨름이나 논쟁을 하지 않고 행동으로 보여준다. 재주와 학문이 깊다면 자랑하지 말고(才學深 不張揚), 날이 선 좋은 칼은 칼집에 감추어야 한다.

안회의 '無伐善' 은 정말 어려운 이야기이다.

095

見過自訟
<small>견 과 자 송</small>

과오를 알고 마음으로 자책하다.

[원문] 《論語 公冶長》子曰, "已矣乎, 吾未見能**見其過而內自訟者**
也."

[해석] 已矣乎(이의호)는 '끝났구나!' 라고 탄식하는 절망의 말이다.

"다 되었구나! 나는 자신의 잘못을 깨닫고 마음으로 자책하는 사람
을 보지 못했다!"

인간이니 실수나 과오를 저지를 수 있다. 문제는 같은 실수를 계속
하는 것인데, 그것은 자신의 과오를 반성하지 않기 때문이다. 自訟
(자송)은 자아비판이다. 자신의 과오에 대한 자아반성이다. 공자는
"잘못을 알고도 고치지 않는 것이 바로 과오"라고 말했다.[142]

096

過也 人皆見之
<small>과 야 인 개 견 지</small>

군자의 過失은 모두가 보고 있다.

[원문] 《論語 子張》子貢曰, "**君子之過也**, 如日月之食焉. **過也, 人**
皆見之, 更也, 人皆仰之."

---

142 《論語 衛靈公》子曰, "過而不改, 是謂過矣."

[해석] 자공이 말했다.

"군자의 허물은 마치 日食(일식, 日蝕)이나 月食(월식, 月蝕)과 같아
서 누구나 다 볼 수 있다. 그러나 군자가 그 과오를 고치면 모두가 우
러러본다."

군자는 公人이다. 관리란 뜻이 아니라 사회에 이미 알려진 사람이
고, 또 자신의 존재를 숨길 사람도 아니다. 그런 군자가 어떤 과오를
범하거나 過失이 있다면 모두가 알게 된다. 물론 군자는 자신의 과오
를 알고 바로 고칠 것이다. 그러면 모두가 崇仰(숭앙)할 것이다.

공자도 과오를 저지르고도 고치지 않는 것이 정말 큰 과오라고 말
했다.[143] 소인은 잘못을 범하고 그 과오를 인정하거나 고치지 않고 핑
계 대고 꾸며댄다.[144] 이것이 소인과 군자의 차이가 아니겠는가?

097

과 즉 물 탄 개
過則勿憚改

잘못했다면 고치기를 꺼려 하지 말라.

[원문] 《論語 學而》子曰, "君子不重, 則不威, 學則不固. 主忠信. 無
友不如己者. **過則勿憚改.**"

《論語 子罕》子曰, "主忠信, 毋友不如己者, **過則勿憚改.**"

....
143 《論語 衛靈公》子曰, "過而不改, 是謂過矣."
144 《論語 子張》子夏曰, "小人之過也必文."

[해석] 공자가 말했다.

　"君子가 신중하지 않으면 권위가 서지 않으며, 학문을 하면 고루하지 않다. 성심과 신의를 지켜라. 나와 같지 않은 사람과 교제하지 말고, 잘못이 있으면 꺼리지 말고 바로 고쳐라."

　勿은 하지 말라, 금지사이다. 憚은 꺼릴 탄. ～하기를 싫어한다는 뜻이다.

　이 말은 《論語》에 두 번 나온다. 물론 공자가 제자들에게 "잘못이 있다면 빨리 고쳐야 한다."는 뜻을 여러 번, 여러 제자에게 말했을 것이다. 두 편에 실려 있는 것은 《논어》가 한 사람의 저작이 아니라는 뜻이다.

　사람은 누구나 과오를 범하나(人皆有過), 과오를 고치는 것이 중요하다(改之爲貴). 사람이라면 잘못을 저지른 다음에 부끄러워하는 마음은 누구에게나 다 있다(羞惡之心人皆有之). 그래서 두문불출하며 과오를 반성하지는(閉門思過) 않더라도, 조용히 앉아 자신의 과오가 있는지를 생각하고(靜坐常思己過), 다른 사람의 허물을 놓고 잡담을 해서는 안 된다(閑談莫論人非). 과오를 알고 고친다면(知過能改) 이보다 더 좋은 善은 없다(善莫大焉)고 하였으며, 또 잘못이나 과오가 있다면 고치고(有則改之), 없다면 더욱 선행에 힘쓰면 된다(無則加勉).

　본래 小人은 군자의 과오에 대하여 듣기를 좋아하지만(小人樂聞君子之過), 군자는 소인의 악행에 대하여 듣기를 부끄럽게 여긴다(君子恥聞小人之惡)고 하였다.

098

관 과 지 인
觀過知仁

과오를 보면 그 사람을 알 수 있다.

[원문] 《論語 里仁》子曰, "人之過也, 各於其黨. 觀過, 斯知仁矣."

[해석] 사람에 따라 과오의 형태나 질이 다르다. 원문의 黨은 部類(부류)라는 뜻이다. 선량한 농부의 과오와 도시 장사꾼의 과오가 다를 것이다. 살인범이라도 우발적인 살인인지, 계획적이고 의도적인 살인인지 구별해야 할 것이다.

　사람이 저지른 과오를 보면 그 사람됨이나 성격을 알 수 있다는 뜻이다. 그가 평소에 어떤 사람인가, 그 사람이 어떤 삶을 살아온 사람인가를 알 수 있다는 뜻이다. 본문의 仁을 사람(人)의 뜻으로 해석해야 文理(문리)가 자연스럽다.[145]

　농사꾼은 절기를 놓칠까 걱정이고, 남자는 직업을 잘못 고를까, 여자는 남편을 잘못 고를까 걱정하며, 며느리나 사위를 잘못 고를까 누구나 걱정한다. 사실 잘못 간 길은 되돌아오면 되지만, 사람을 잘못 보면 그 때문에 큰 고생을 하게 된다.

....
145 《논어》에는 仁이 109차 걸쳐 나오는데, 공자가 말한 도덕 표준으로서 仁을 뜻하는 경우가 105회이고(例, 求仁而得仁), 그 외 仁人을 의미하는 경우가 3회(例, 汎愛衆而親仁), 그리고 '人'의 뜻으로 쓰인 경우가 1회이다.(例, 觀過, 斯知仁矣.) 《論語譯註》: 楊伯峻 譯註, p.213〈論語詞典〉中華書局, 2006.

099

백 규 지 점
白圭之玷

白玉에 있는 흠

[원문]《論語 先進》南容三復白圭, 孔子以其兄之子妻之.

[해석] 南容(남용)은 공자의 제자로《孔子家語》에는 南宮縚(남궁도)로
기록되었는데, 남궁은 複姓(복성)이다. 魯나라 대부 仲孫氏(맹희자)
의 손자로 孟僖子(맹희자)의 아들인데,《論語》에 南容으로 표기되었
다.

　《詩 大雅 抑》에 '白珪(백규)의 하자(玷, 이지러질 점)는 오히려 갈아
(磨) 없앨 수 있지만, 말의 잘못은 어쩔 수 없네.(白珪之玷, 尙可磨也.
斯言之玷, 不可爲也.)'라는 구절이 있는데, 南容이《詩》를 읽다가 이
부분을 3번이나 반복해서 읽었다. 이는 그 마음이 敬愼(경신)하는 것
이다. 그래서 공자는 형의 딸(조카딸, 兄之子)을 아내로 주었다(妻
之).

　玉(옥)은 鑛石(광석)의 일종으로 단단하면서도 윤기가 나는 돌인데,
吉運을 불러오고 액운을 막아준다는 믿음이 있다. 옥은 깨지더라도
그 흰 빛을 바꿀 수 없고(玉碎不改白), 대나무가 불에 타더라도 그 절
개(마디)를 훼손할 수 없다(竹焚不毁節)라는 말도 전해온다.

　그런 옥돌에 있는 흠집은 잘 가다듬으면 없앨 수 있지만, 사람이 잘
못한 말은 다시 고칠 수 없다는 뜻이다.(圭는 珪. 홀 규. 玷은 이지러
질 짐. 흠결.)

100

무 적 무 막
無適無莫

옳다는 고집도, 안 된다는 부정도 없다.

[원문] 《論語 里仁》子曰, "君子之於天下也, **無適也**, **無莫也**, 義之
與比."

[해석] 군자는 이 세상에 어떻게 대처하고 또 함께 어울리며 살아야 하
는가? 군자의 思考방식은 폭이 넓고 깊다는 뜻이다.

　"천하의 군자가 처세하면서 하나만을 옳다 고집하지 않고(無適也),
안 된다고 배척하지 않으면서 오직 義에 따라 처신한다."

　군자는 어떤 선입견이나 자신의 주장만을 고집할 수 없다. 공자는
'絶四하니 毋意, 毋必, 毋固, 毋我라.'고 하였다. 군자는 자신의 견해
만을 최선으로 여기지 않는다. 군자는 되는 것도 없고(無可), 안 되는
것도 없다(無不可) 하였지만, 이는 신념의 결여가 아니라 大義 여부
에 따라 달라지고 오직 대의와 함께한다는 뜻이다. 군자의 사려와 處
身에 大義 말고 또 어떤 제약이나 한계가 있어서야 되겠는가? '君子
不器(군자불기)'와 같은 뜻일 것이다.

　원문에서 '於天下'는 천하에 대응하는 방법. '無適也'의 適은 可
하다, 또 뜻대로 주관하다(專主). '無莫也'의 莫은 不可, 不肯(불긍),
안 된다(不可也)의 뜻. '義之與比'의 義는 본래 '適宜(적의)'한 것이
다. 적당한 것은 응당 해야 할 일이다. 이는 擇善(택선)이라고 말할 수
있다. 比는 나란하다. 따르다는 뜻이니, 군자는 大義에 입각하여 합
리적 사려와 처신을 한다는 뜻이다.

101

法語之言
법 어 지 언

바른 말. 원칙에 맞는 말.

[원문]《論語 子罕》子曰, "法語之言, 能無從乎? 改之爲貴. 巽與之
言, 能無說乎? 繹之爲貴. 說而不繹, 從而不改, 吾末如之何也已矣."

[해석] 공자가 말했다.

"바른 말을 따르지 않을 수 있는가? 과오를 고치는 것이 중요하다.
내 뜻에 순종하는 말을 듣는다면 기쁘지 않겠는가? 그 속뜻을 파악
하는 것이 중요하다. 좋아하면서 속셈을 살펴보지 않는다면 그대로
하면서 잘못을 고치지 않나니, 나는 그런 사람을 어찌해야 할지 잘
모르겠다."

친우나 아랫사람이 나에게 바른 말을 한다면, 그 말을 받아들여 나
의 잘못을 고치는 것을 귀하게 여긴다. 공자는 "잘못을 고치지 않는
것이 진짜 과오"라고 하였다.[146] 또 "잘못이 있다면 고치기를 꺼려하
지 말라."고 하였다.[147]

巽與之言(손여지언, 巽은 공손할 손)은 공손하고 순종하는 말이다. 내
가 그런 말을 듣는다면 기분이 좋을 것이다. 그러나 그런 말을 하는
사람의 속뜻을 풀어 생각해봐야 한다. 정말로 그런 줄 알고 내 잘못

....

146《論語 衛靈公》子曰, "過而不改, 是謂過矣."
147《論語 學而》子曰, "君子不重, 則不威, 學則不固. 主忠信. 無友不如己者.
過則勿憚改."

을 고치지 않는다면 어찌하겠는가? 繹之(역지)는 이성을 가지고 분석한다는 뜻이다. 나에게 아부하는 말을 하는 자의 속뜻을 냉철하게 분석하지 않는 그런 사람이라면 내가 어찌 하겠는가? 공자의 깊은 탄식일 것이다.

102
불 기 불 구
不忮不求

질투하지도, 탐내지도 않다.

[원문] 《論語 子罕》 子曰 "衣敝縕袍, 與衣狐貉者立, 而不恥者, 其由也與? **不忮不求**, 何用不臧?" 子路終身誦之. 子曰, "是道也, 何足以臧?"

[해석] 공자는 "해진 솜두루마기를 입고서 狐貉(호학, 여우와 담비)의 털로 만든 옷을 입은 사람과 나란히 서서 부끄러워하지 않는 사람은 자로뿐일 것이다. 자로는 질투하지도 또 그런 옷을 탐내지도 않을 것이지만, 그런 옷이 좋다는 사실을 왜 모르겠는가?"라고 자로를 칭찬하였다.

'不忮不求 何用不臧'의 忮는 탐낼 기, 질투하다의 뜻이다. 臧은 착할 장이니, 좋다는 뜻이다. 이는 《詩經 邶風(패풍) 雄雉(웅치)》의 구절이다. 자로가 이 구절을 받아 적고 늘 외웠다. 그러자 공자는 "겨우 저 정도를 어찌 잘한다고 하겠느냐?"라고 말했다. 이 말은 아마도 좀더 仁義를 더 배우고 실천하라고 격려하는 뜻이다.

이 구절은 "道에 뜻을 둔 사람이 惡衣惡食을 부끄러워한다면 더 볼 것도 없다."는 공자의 말과 같을 것이다.[148]

子路는 씩씩하고 용맹하지만 퍽 단순한 성격이었다. 《三國演義》의 張飛(장비)나 《水滸傳》의 黑旋風(흑선풍) 李逵(이규)와 비슷하다는 느낌이 온다. 《수호전》에 등장하는 양산박 108명의 두령 중에 가장 인기 있는 사람은 흑선풍 李逵(이규)인데, 그야말로 단순무식하며 마구 도끼를 휘둘러대는 잔인한 캐릭터이다.

중국인들에게 張飛는 무서운 장수가 아니다. 소설 속의 장비는 무섭지만, 중국인들에게는 더없이 착하고 단순 우직하며 가까운 이웃으로 나타난다. '장비가 바늘에 실을 꿰다(張飛穿針).'는 거칠면서도 세밀하다(粗中有細)는 뜻의 속담이다. '장비가 흑선풍 이규를 찾아가다(張飛找李逵).'라는 말은 누가 누군지 헷갈린다는 뜻이고, 장비가 두부를 판다(張飛賣豆腐)면 어울리지 않는다는 뜻이다.

참고로, 중국의 京劇(경극)에서 張飛 역할의 배우는 검은 얼룩의 얼굴〔화검(花臉)〕로 분장한다. 《수호전》의 이규 역시 얼굴이 검다. 검정(黑)은 변함이 없는 색이며, 공정하고 정직한 색이라고 한다. 장비와 이규를 여기서 첨언한 것은 자로에 대한 이해를 돕기 위해서다.

---

148 《論語 里仁》子曰, "士志於道, 而恥惡衣惡食者 未足與議也."

103

<ruby>貧<rt>빈</rt></ruby> <ruby>而<rt>이</rt></ruby> <ruby>無<rt>무</rt></ruby> <ruby>怨<rt>원</rt></ruby> <ruby>難<rt>난</rt></ruby>
貧而無怨難

가난하면서 원망이 없기는 어려운 일이다.

[원문] 《論語 憲問》 子曰, "**貧而無怨難, 富而無驕易.**"

[해석] 가난·경제적 빈궁함 외에도 경제적 사정 때문에 자신의 뜻을 이루지 못한 것도 가난이라고 할 수 있다. 내가 가난하면, 또는 내가 뜻을 성취하지 못했다면 자신에게 어떤 잘못이 있는가를 먼저 반성해야 할 것이다. 그러나 많은 사람들은 하늘을 원망하고 남을 탓한다.

부자를 원망하며, 나의 가난이 저런 부자의 욕망 때문이라고 말하면서 미워한다. 사람들의 그런 불평불만을 이용하기는 쉽다. 그래서 가난한 사람들은 쉽게 선동에 넘어간다.

그래서 가난하지만 그 가난조차 내 팔자라 생각하며 청빈을 즐기면서 남을 원망하지 않기는 어렵다고 하였다. 곧 '不怨天 不尤人(불원천 불우인)은[149] 쉽지 않다. 사람이 가난해도 하늘과 남을 원망하지 않는다면, 마치 더러운 진흙 속에서 연꽃이 피어나듯 貧寒(빈한)한 집에서 인재가 나올 것이다.

이와 반대로 부자는 자신의 의지나 노력으로 뜻을 이뤘다고 생각하며, 자신이 성취한 富에 자부심을 갖게 된다. 그러다 보면 자신보다 못한 貧者 앞에서 교만해지기 쉽다. 그러나 자신의 富는 일시적이

---

149 《論語 憲問》 子曰, "莫我知也夫! 子貢曰, "何爲其莫知子也?" 子曰, "不怨天, 不尤人, 下學而上達. 知我者其天乎!"

라 생각하며, 교만하지 않기는 가난한 자가 남을 원망하지 않는 일에
비하여 상대적으로 쉬울 것이다.

　본래 '가난은 그러할 바탕이 없고, 부자도 그러할 만한 뿌리가 없
다(貧無本 富無根).'고 하였다. 이 말은 빈부는 고정된 것이 아니라
는 말이니, 언젠가는 바뀔 것이고 또 당연히 바뀌어야 한다. 이런 이
치를 아는 가난한 사람은 安貧樂道(안빈낙도)하고 知足常樂(지족상락)
할 것이다.

　물론 개인의 수양의 결과이며, 이런 경지에 도달한 사람은 많지 않
을 것이다. 군자는 가난 속에서도 自彊不息(자강불식)해야 한다.

104
불 환 무 위 　환 소 이 립
不患無位 患所以立

직위가 없다 걱정 말고, 무엇을 할 수 있는가를 걱정하라.

[원문]《論語 里仁》子曰, "不患無位, 患所以立. 不患莫己知, 求爲
　　可知也."

[해석] 공자가 말했다. "지위가 낮다고 걱정하지 말고, 나설 수 있는 능
　　력이 없음을 걱정해야 한다. 남이 나를 몰라준다고 걱정하지 말고, 알
　　려지도록 힘을 써야 한다."

　고대에 位와 立은 통용되었다. 내가 지위를 얻지 못한 것은 내가 잘
하는 것이 없기 때문이라고 생각해야 한다. 그러면 마음이 훨씬 편할

것이다. 내가 못해서 취업을 못하는 것이지, 잘하는 사람이 내 자리를 뺏은 것이 아니다. 나를 알아주는 사람이 없다고 걱정하지 말고, 남이 인정할 수 있게 하도록 힘써야 한다.

이 구절은 "남이 나를 몰라준다고 걱정하지 말고, 내가 무능한 것을 걱정하라."는 말과 같고,[150] "군자는 자신의 무능을 걱정할 뿐, 남이 알아주지 않는 것을 걱정하지 않는다."와 같은 뜻이다.[151]

105
불 환 인 지 부 기 지
不患人之不己知

남이 나를 몰라준다고 걱정하지 않다.

[원문] 《論語 學而》 子曰, "不患人之不己知, 患不知人也."

[해석] 〈學而〉편은 《論語》의 첫 번째 편명이고, 위 구절은 〈學而〉편의 마지막 구절이다. 이는 《論語 學而》편 첫 구절의 '남이 알아주지 않아도 화를 내지 않는다면 군자가 아니겠는가?(人不知而不慍, 不亦君子乎?)'의 반복이면서, 결론으로 다시 한번 강조하였다.

내가 남을 먼저 인정하고 칭찬하면 남도 나를 인정하고 칭찬할 것이다. 왜냐면 모든 것이 상대적이고 대등한 거래이기 때문이다.

내가 이리 유능하고 이렇게 성심으로 일을 처리했는데 남이 나를

----

150 《論語 憲問》 子曰, "不患人之不己知, 患其不能也."

151 《論語 衛靈公》 子曰, "君子病無能焉, 不病人之不己知也."

몰라준다면 속상할 것이다. 그렇다면 나는 다른 사람의 유능과 성실을 인정했는가? 당연히 먼저 自省(자성)해야 한다.

朋友(붕우)는 얼굴만 알거나 비슷한 또래이거나 학교 동창, 같은 고향, 입사 동기가 모두 붕우이다. 나를 잘 알고 이해하는 사람을 知己(지기)라고 한다. 붕우 중에 지기는 몇이나 있겠는가?

사람은 자신의 허물을 알지 못하고(人不知己過), 자신의 추한 꼴을 모르며(人不知自醜), 소는 자신의 힘을 알지 못하고(牛不知己力), 말은 제 얼굴 긴 것을 모른다(馬不知臉長).

사람이 知己를 만난다면 천 마디 말도 부족하고(人逢知己千言少), 술이 知己를 만나면 천 잔도 많지 않다(酒逢知己千杯少).

내가 남을 알아주고 인정하는 것이 知人이다. 知人도 못하면서 남이 나를 알아주기(知己)를 바래서야 되겠는가?

106
현 현 역 색
賢賢易色
어진 사람을 어질게 생각하고 여색을 멀리하다.

[원문]《論語 學而》子夏曰, "**賢賢易色**, 事父母, 能竭其力, 事君, 能致其身, 與朋友交, 言而有信. 雖曰未學, 吾必謂之學矣."

[해석] 子夏는 卜商(복상)의 字이다. 자하는 孔門十哲 중 文學(經學)으로 유명하며, 공자 사후에 공자의 사상을 널리 보급하는데 크게 기여한 사람이다.

賢人을 현인으로 대우하며 好色之心을 멀리하는 것이 우선이다. 그리고 事父母하면서 온 힘을 다하고, 事君에 자신의 몸을 바칠 수 있고, 또 朋友交하면서 그 말에 신의를 지켜야 한다. 이는 중요한 人倫(인륜)이다. 이러한 인륜의 실천에 최선을 다하여 힘쓰는 사람이라면 배우지 못한 사람일지라는 배운 사람으로 여기겠다는 뜻이다.

賢賢에서 앞에 나온 賢이 동사로 쓰였는데, '賢明한 것으로 여기다.'의 뜻이니, 우리말 표현이 좀 난감하다. 賢은 賢人이다. 賢賢도 쉬운 일이 아니다. 자신보다 현명하고 지혜로운 사람을 그대로 인정하기보다는 어떻게든 헐뜯으려 한다.

易色(역색)은 好色之心을 바꾼다는 뜻이다. 곧 호색을 멀리한다는 뜻이지만, 好色은 단순히 女色을 밝히는 뜻만이 아니다. 고운 짓에 마음이 끌리고, 아름다운 꾸밈에 너그러워지며, 보기 좋다 하여 어떤 호감을 더 베풀어주는 것도 모두 호색이다. 그러니 공자도 好色하는 만큼 好德하는 사람을 보질 못했다고 탄식하였다.[152]

易色이 어디 쉬운 일인가? 영웅일지라도 미인의 손을 벗어나기는 어렵고(英雄難脫美人手), 영웅은 호색의 관문을 지나기 어렵다(英雄難過好色關) 하였으니, 영웅도 여색에 빠져 큰일을 망친다. 好色으로 기우는 것은 인간의 본성이거나 아니면 천성이라고 열 명이면 열 명이 강변할 것이다.

현자는 스스로 현명해졌고, 어리석은 자는 스스로 명청해졌다(賢者自賢 愚者自愚)는 말이 있다. 현인을 좋아하는 자는 번창하지만(好

152《論語 子罕》子曰, "吾未見好德如好色者也."

賢者昌), 여색을 좋아하는 자는 망한다(好色者亡).

107
見善如不及
견 선 여 불 급

선행을 보면 마치 따라가지 못할 듯 노력하다.

[원문]《論語 季氏》孔子曰, "見善如不及, 見不善如探湯. 吾見其人
矣, 吾聞其語矣. 隱居以其志, 行義以達其道. 吾聞其語矣, 未見其
人也."

[해석] 공자가 말했다.

"선행을 보거든 따라가지 못할 듯 노력하고, 不善을 보거든 뜨거운
물에 손을 담그듯 하라. 나는 그렇게 노력하려는 사람을 보았고 그리
해야 한다는 말도 들었다. 은거하면서도 善에 뜻을 두고 大義를 실천
해야 한다. 나는 그런 말을 들어 알고 있지만 그렇게 실천하는 사람
을 아직은 못 보았다."

타인의 선행에 대하여 그렇게 따라 하지 못할까 걱정하며 배우라
는 뜻이다. 또 타인의 악행을 보았다면 절대 따라 하지 말라는 가르
침이다. 끓는 물(湯)에 손을 담갔다면 누구든 재빨리 손을 뺄 것이다.

선행을 행하고 악행을 멀리하는 것이 인간의 본심일 것이다. 그러
나 실제 악행에 악행을 거듭하는 사람이 있다. 그런 악행을 보았다면
절대로 따르지 말라는 뜻이다. 끓는 물에 제 손을 넣고 휘젓는 사람
이 있겠는가? 도덕이나 善 의지를 견지하는 것이 중요할 것이다.

108

견 현 사 제
見賢思齊

어진 사람의 덕행을 따라서 하라.

[원문]《論語 里仁》子曰, **見賢思齊焉** 見不賢而內自省也.

[해석] "어진 사람을 보면 그와 같이 행동하려 하고, 어질지 못한 행동
을 보면 스스로 반성해야 한다."

　　不仁者는 역경이나 곤궁에 오래 견디지 못한다. 그렇다고 쾌락만
을 추구하며 오래 견디지도 못한다. 仁者는 仁에 안주하고, 知者는
仁을 적절히 이용할 줄 안다.[153] 공자는 仁者만이 타인을 사랑하고
미워할 줄 알며,[154] 仁에 뜻을 둔 자는 惡이 없다 하였다.[155]

　　도덕과 학문으로 修養한 賢者는 仁을 실현하려고 노력한다. 그런
현인이 있다면 따라 배우고 같이 실천하려고 노력해야 한다. 그렇지
못한 자를 보았다면 '그래선 안 된다.' 며 스스로 반성해야 한다.

　　도덕은 스스로 배우고 고쳐나가야 한다. 그 반면 교사가 不仁者일
것이다. '見賢思齊' 는 자신을 위한 노력일 것이다. 이발소의 액자에
들어있는 이런 글을 읽는 것으로 끝나서는 안 된다.

....
153 《論語 里仁》子曰, "不仁者不可以久處約, 不可以長處樂. 仁者安仁, 知者
　　　利仁."
154 《論語 里仁》子曰, "唯仁者能好人, 能惡人."
155 《論語 里仁》子曰, "苟志於仁矣, 無惡也."

109
미 견 호 덕 여 호 색 자
未見好德如好色者

好色하는 만큼 好德하는 사람을 보질 못했다.

[원문] 《論語 子罕》子曰, "吾未見好德如好色者也."

《論語 衛靈公》子曰, "已矣乎! 吾未見好德如好色者也."

[해석] 《史記 孔子世家》에 의하면, 공자는 衛(위) 蘧伯玉(거백옥)의 집에 머물렀다. 衛 靈公의 夫人 南子(남자)가 공자를 불러 공자와 만났다. 이를 자로가 좋아하지 않자, 공자가 맹서하며 말했다. "내가 예의에 어긋나는 일을 했다면 하늘이 나를 버릴 것이다. 하늘이 나를 버릴 것이다."라고 확실하게 말했다.[156]

蘧伯玉(거백옥)
출처 : 대만국립고궁박물관

한 달 뒤쯤, 靈公이 夫人과 同車로 외출하는데 宦者(환자, 환관) 雍

----

156 《論語 雍也》子見南子, 子路不說. 夫子矢之曰, "予所否者, 天厭之! 天厭之!"

III. 공자의 인생관 **253**

渠(옹거)가 參乘하고, 공자를 次乘(차승)케 한 뒤에 손을 흔들며 큰길을 지나갔다. 이에 공자가 말했다.

"나는 好色하는 만큼 好德하는 사람을 보지 못했다."

공자는 이를 부끄러워하며 衛를 떠나 曹(조)나라로 갔다. 이 해에 魯 定公이 죽었다(前 495년 공자 57세).

110
修己安人
수 기 안 인

자신을 수양하여 남을 편안케 하다.

[원문] 《論語 憲問》子路問君子. 子曰, "修己以敬." 曰, "如斯而已乎?" 曰, "修己以安人." 曰, "如斯而已乎?" 曰, "**修己以安百姓, 堯舜其猶病諸**"

[해석] 자로가 공자에게 君子에 대해 묻자, 공자는 자신을 수양하고 경건해야 한다고 말했다. 이에 자로가 물었다.

"그렇게 하면 그만입니까?"

"자신을 수양하고 남을 편안하게 해준다." "그렇게 하면 그만입니까?"

이에 공자께서 다시 말했다.

"자신을 수양하여 백성을 편케 하는 것은 堯(요)와 舜(순)에게도 어려운 일이었다."

군자의 사명은 우선 자기 수양이다. 그런 수양을 바탕으로 다른 사람을 공경한다. 거기서 더 나아가 남을 평안하게 해줘야 한다. 타인의 범위가 나라 백성 전체까지 확산되어야 한다. 이것이 어디 쉬운 일이겠는가? 이는 堯舜도 성취하지 못해 마음속으로 걱정했다.

修己安人은 군자가 추구하고 실현해야 할 목표라고 말할 수 있다. 이는 공자가 말한 자신의 목표 '老字安之, 朋友信之, 少者懷之'와 똑같다.

其猶病諸는 '아마 修己安人을 오히려 어려워했을 것이다.' 病은 어려워하다, 꺼리다의 뜻.

111

<sub 궁 자 후 이 박 책 어 인>
躬自厚而薄責於人

자신에게 엄격하고 다른 사람은 가벼이 문책하다.

[원문]《論語 衛靈公》子曰, "**躬自厚而薄責於人**, 則遠怨矣."

[해석] 躬自厚는 躬自厚責이니, 責이 연이어 나오기에 생략한 문장이다. 躬自 '자신에게는'의 躬은 몸 궁이니, 자신이다. 薄責(박책)은 輕責(경책)과 같다. 남의 잘못에 대해서는 가벼이 책망하라는 뜻이다. 그렇게 하면 다른 사람의 원망이 없을 것이라는 공자의 말이다.

小人일수록 자신의 과오는 숨기거나 꾸미어 핑계 대면서, 남이나 아랫사람의 사소한 실수나 잘못에 대해서는 심하게 질책하거나 一罰百戒(일벌백계)라고 둘러대면서 합리화한다. 나라이건, 개인 기업이건 고위직이나 경영자가 새겨들어야 할 구절이다.

원문의 구절은 자신을 엄격히 다스리고(嚴於律己), 다른 사람은 관용으로 대하라(寬以待人)는 뜻이다.

본래 된서리가 내리면 날씨가 좋고(嚴霜出好天), 엄격한 어머니가 딸을 바르게 키우며(嚴娘出好女), 애정이 깊기에 책망이 엄격한 것이다(愛之深 責之切). 하여튼 자식이 귀엽다지만, 귀여운 자식이기에 집안에서부터 엄히 가르쳐야 한다. 남을 책망하는 마음으로 자신을 꾸짖고(以責人之心責己), 자신을 용서하는 마음으로 남을 용서해야 한다(以恕己之心恕人).

112
사 불 급 설
駟不及舌

四馬의 마차도 사람이 한 말을 따라가지 못하다.

[원문] 《論語 顏淵》棘子成曰, "君子質而已矣, 何以文爲?" 子貢曰, "惜乎, 夫子之說君子也! 駟不及舌. 文猶質也, 質猶文也. 虎豹之鞹 猶犬羊之鞹."

[해석] 衛(위)나라의 대부 棘子成(극자성)이란 사람이 말했다.

"君子가 바탕(質)을 갖추면 되는데, 왜 文彩(문채)까지 갖추어야 합니까?"

이에 자공이 말했다.

"당신의 君子에 대한 말씀을 들으니 참 안타깝습니다! 말 4마리가 끄는 수레도 당신의 말씀을(舌, 혀 설) 못 따라갈 것입니다. 문채가 곧 바탕이고(文猶質也), 바탕이 곧 문채입니다(質猶文也). 호랑이나 표범의 털을 뽑아버린 가죽(鞹, 다듬은 가죽 곽)이나 개나 양의 털을 없앤 가죽은 똑같아 보입니다."

엎질러진 물(潑出的水)과 뱉어버린 말(說出的話)은 주워 담을 수 없고, 말이 많으면 시비도 많다(多講話 多是非)고 했다. 또 좋은 말을 친우에게 하고(說話贈與知音), 좋은 말(馬)은 장군에게 주라고 했다(良馬贈與將軍).

옛날 중국에서 말 4마리를 수레 하나에 매었는데, 이것이 駟(四馬 사)이다. 가장 빠른 수레이다. 그런데 駟가 끄는 수레도 사람의 말을 따라가지 못한다고 했다.

자공의 말은 당신은 별생각 없이 함부로 말하는 것 같아 따라갈 수도 없다는 것과, 군자에게 본질과 문채는 하나이지 결코 분리할 수 없다는 뜻이다. 또 군자가 본질만을 중시한다면 마치 털을 뽑아버린 호랑이 가죽과 개가죽이 같아 보이지만 같은 것이냐? 호랑이 털을 뽑아버린 그 가죽을 虎皮(호피)라고 할 수 있느냐는 뜻이다.

털을 뽑아버린 가죽을 호피라 하겠는가? 禮를 실천하지 않는 군자도 군자이겠는가?

113

<ruby>君<rt>군</rt></ruby><ruby>子<rt>자</rt></ruby><ruby>恥<rt>치</rt></ruby><ruby>其<rt>기</rt></ruby><ruby>言<rt>언</rt></ruby><ruby>而<rt>이</rt></ruby><ruby>過<rt>과</rt></ruby><ruby>其<rt>기</rt></ruby><ruby>行<rt>행</rt></ruby>

君子恥其言而過其行

군자는 그 말이 행동보다 앞서는 것을 부끄럽게 여긴다.

[원문]《論語 憲問》子曰, "君子恥其言而過其行."

[해석] 공자가 말했다.

"군자는 그 말이 행동보다 지나친 것을 부끄럽게 여긴다."

이 말은 군자의 역행을 강조한 말이다. 이는 "말하기 전에 실천하고, 나중에 말을 하다"와,[157] "말은 느리게, 실천은 빠르게"와 같이[158] 力行을 강조한 말이다.

원문의 而는 보통 접속사로 다양하게 쓰이지만, 위 원문에서 而는 之의 뜻이다. '言이 其行보다 過하다.'로 새긴다.

사람의 행실에서 중요한 것은 孝悌忠信禮義廉恥(효제충신예의염치)이다. 이 중 무례하거나 염치를 모른다면 특히 욕을 많이 먹는다. 특히 염치가 없는 사람이라면 무슨 짓이든 할 수 있다(人無廉恥 百事可爲). 그래서 厚顔無恥(후안무치)라는 말이 있을 것이다. '치욕을 안다면 勇(용)에 가깝다(知恥近乎勇).'는 말도 있다. 우리는 많이 알지 못하는 것이 부끄러운 것이 아니라(不以不知爲恥). 배우려 하지 않는 것을 부끄러워해야 한다(要以不學爲愧).

....

157《論語 爲政》子貢問君子. 子曰, "先行其言而後從之."

158《論語 里仁》子曰, "君子欲訥於言而敏於行."

군자는 그 행실에 예를 지키며 공손할 때 치욕을 멀리할 수 있다고 하였다.[159] 그렇지만 군자도 사람이기에 부끄러운 일이 있을 것이다. 그중 하나가 말이 행동보다 빠르다는 점이다.

말은 하기 쉽다. 그러니 말이 앞서고 실천이 뒤따르지 못할 것이다. 군자는 이를 부끄러워한다. 공자는 "옛사람이 승낙한다는 말을 쉽게 하지 않은 것은 실천이 따르지 못할 것을 부끄럽게 여겼기 때문이다." 라고 말했다.[160] 또 군자는 말을 신중히 하나 실천은 빨라야 한다.[161]

군자는 신의를 잃어서는 안 되나니(君子無失信), 신의를 잃는다면 소인이다(失信是小人). 말이 앞서고 실천이 뒤따르지 않으면 믿음을 잃게 된다. 그래서 더더욱 조심하는 것이다. 본래 소인은 군자의 과오에 대하여 듣기를 좋아하지만(小人樂聞君子之過), 군자는 소인의 악행에 대하여 듣는 것을 부끄럽게 여긴다(君子恥聞小人之惡).

114

<ruby>敏<rt>민</rt></ruby> <ruby>於<rt>어</rt></ruby> <ruby>事<rt>사</rt></ruby> <ruby>而<rt>이</rt></ruby> <ruby>慎<rt>신</rt></ruby> <ruby>於<rt>어</rt></ruby> <ruby>言<rt>언</rt></ruby>
敏於事而慎於言

일에 재빠르고, 신중하게 말하다.

[원문] 《論語 學而》子曰, "君子食無求飽, 居無求安, **敏於事而慎於言**, 就有道而正焉, 可謂好學也已."

---

159 《論語 學而》有子曰, "信近於義, 言可復也. 恭近於禮, 遠恥辱也.
160 《論語 里仁》子曰, "古者言之不出, 恥躬之不逮也."
161 《論語 里仁》子曰, "君子欲訥於言而敏於行."

[해석] 공자의 이 말은 배우는 사람의 기본적 생활 자세를 언급하였다.

군자는 배불리 먹기를 탐하지 않으니, 이는 식욕이 아니라 식탐의 문제이다. 안락한 생활을 추구하지 않나니, 안락과 사치는 그 정도의 문제이다. 군자는 자신의 의지로 안빈낙도 할 수 있어야 한다.

일에 민첩하기는 근면이다. 근면 여부는 개인의 인생관에 따른 생활습관이다. 할 일을 틀림없이 제때에 처리하려는 사람이 분명 있는가 하면 그렇지 못한 사람도 상당히 많다.

말을 조심하기 – 이것은 정말 어려운 일이다. 하여튼 '敏於事而愼於言'은 책임의 문제이고 성과를 도출하려는 노력이다.

다음에 '就有道而正焉'는 正道를 알아 실천하면서 자신을 바로잡는 것 – 이것은 자신의 인격적 수양이고, 인간의 도리를 다 하려는 노력은 성실한 삶의 모습이다.

이런 정도가 되어야 好學한다고 말할 수 있다는 공자의 결론이다. 好學한다 하여 자신이 응당 해야 할 일도 아니하면서 책만 읽는 것이 아니다. 賢賢易色과 함께 여기서 말하는 '敏於事而愼於言'은 학문의 실용과 적용을 강조한 말이다. 실용과 적용을 강조한다 하여 배움과 학식의 습득을 소홀히 해서는 안 될 것이다. 학문과 수양은 전체를 추구해야 하지, 일부의 완성만을 추구하거나 일정 수준의 도달만을 목표로 할 수 없다. 그러기에 공부란 끝이 없는 것이다.

기술은 어느 정도 입문해야만 자기 기술의 수준을 알 수 있는 것과 마찬가지로 학문도 입문하고 어느 정도 진보가 있어야 그다음에 비로소 부족한 것을 알게 된다(學然後知不足). 정말로 敏而好學하고 또 不恥下問(불치하문)해야 학문을 한다고 말할 수 있을 것이다.

115

선 행 기 언 이 후 종 지
先行其言而後從之

말하기 전에 실천하고, 나중에 말을 하다.

[원문]《論語 爲政》子貢問君子. 子曰, "先行其言而後從之."

[해석] 자공이 공자에게 어떤 사람이 君子인가를 물었다. 이에 공자는
"(말할 것을) 먼저 실천하고 나중에 말을 하는 사람"이라고 말했다.
자공은 孔門十哲 중 언어의 일인자였다. 자공에게 말하기는 아주
쉬운 일이었으며, 자칫하면 말이 앞설 수 있는 바탕이 있었다. 그러
기에 공자는 자공의 물음에 이와 같이 말했을 것이다. 물론 言行一致
(언행일치)면 충분하다. 그러나 자공에게는 특별히 '先行其言' 하라고
말했으니, 공자의 깊은 뜻을 짐작할 수 있다.

116

공 휴 일 궤
功虧一簣

조금 부족하여 완공하지 못하다

[원문]《論語 子罕》子曰, "譬如爲山, 未成一簣, 止, 吾止也. 譬如平
地, 雖覆一簣, 進, 吾往也."

[해석] 흙을 날라 산을 만들 때 흙 한 삼태기(簣)를 더 운반하면 완공하

는데, 한 번 더 운반하기 싫어 그만두었고(止), 그래서 완공하지 못했다면 바로 내가 그만둔 것이다. 그리고 흙을 날라 평지를 만들 때 한 삼태기를 날라 덮는다면 그것도 나의 진보라는 뜻이다.

修德(수덕)하고 공부하여 진보하는 것이 모두 이와 같을 것이다. 一步를 전진했다면 진보이고, 한발 물러섰다면 후퇴이니, 진보와 후퇴를 누가 결정하는가? 결코 다른 사람이 아닌 나 자신이다. 그래서 '아홉 길의 높은 산을 만들고서도 한 삼태기의 흙이 모자라 그간의 공을 무너뜨리다(爲山九仞 功虧一簣).' 라는 속담도 생겼다.

진보도 퇴보도 아닌 그 중간에서 아무것도 아니한다면? 그것도 퇴보이다. 왜냐면 내가 멈춘 동안 다른 사람은 진보하였으니 나는 퇴보한 것이다.

정상에서 1m를 남겨놓고 그만두었지만 정상에 오른 것과 마찬가지라고 강변한다면? 마이너스 1m이니 성공으로 간주한다면? 그다음에 10m가 부족하다면 성공인가? 실패인가? 외부의 요인 때문에 포기했다 하여도 포기는 실패이다. 나 자신에게 너그러울 수는 없다.

케이블카로 산을 올라갈 수도 있다지만, 본래 산은 한 발 한 발 올라가는 것이다(山是一步一步登上來的). 또 천 리 길도 한 걸음으로 시작하고(欲行千里 一步爲初), 그 끝도 역시 한 걸음이다. 가야 할 백리 길에는 90리가 절반이다(百里之行 九十爲半).

이런 말들은 끝맺음을 잘하라는 뜻이다. 한 발 한 발 걸어가면 언젠가는 목표에 다다를 수 있다. 이러한 노력의 강조가 시대가 다르다고 그 진리가 변하겠는가? 泰山은 작은 티끌이라도 거부하지 않았고(泰山不拒微塵), 黃河는 작은 냇물도 모두 받아들였다(黃河不擇細流).

117

中道而廢
_{중 도 이 폐}

중간에 그만두다.

[원문]《論語 雍也》冉求曰, "非不說子之道, 力不足也." 子曰, "力不
足者, **中道而廢**. 今女畫."

[해석] 冉求(염구, 字 子有. 冉有)는 孔門十哲 중 政事에 이름이 올랐다.
冉有는 多才多藝(다재다예)하고, 겸손한 성격이었다. 염구가 공자에
게 말했다.
　"제가 夫子의 道를 기뻐하지 않는 것은 아니지만 실천에 힘이 부족
합니다."
　그러나 공자가 말했다.
　"힘이 부족한 자는 중간에 그만두게 된다. 지금 너는 스스로 못할
것 같다고 스스로 줄을 그은 것이다."
　누구든 그 나이에 맞는 적당한 일을 해야 할 때 힘이 넘쳐나는 사람
은 없다. '내게 힘에 부치는 일'이라고 생각하면 그런 핑계로 중도에
그만두게 된다. 공자는 염구가 스스로 선을 그어놓고 그 안에 안주하
고, 그러면 결국 중간에 그만두게 된다면서 보다 더 노력하라고 격려
하였다. 요즈음 널리 쓰는 '半途而廢(반도이폐)'도 같은 말이다.

　방 안에서 연을 띄우면 얼마나 올라가겠는가? 숲속에서 연을 띄우
면 장애물이 많아 성취할 수 없다. 연은 연줄의 길이만큼만 올라간
다. 자신을 줄에 묶인 연으로 생각하는 사람은 스스로 선을 그어놓고

안주하려는 소극적인 사람이다. 그러나 줄이 끊어진 연은 높이 멀리 날아간다.

　산에 오르길 두려워해서는 안 된다. 산에 오르는 길이 여덟 갈래가 있으면(上山八條路) 내려오는 길도 여덟 개가 있다(下山路八條). '유리 천정'이란 보이지 않는 장애물이고 한계라는 뜻이지만, 그것을 인정하고 두꺼워 깨지 못한다고 생각한다면 깰 수 있겠는가?

118
도 청 도 설
道聽途說
길에서 듣고 길에서 말하다.

[원문]《論語 陽貨》子曰, "**道聽而塗說, 德之棄也.**"

[해석] '세상에서 가장 짧은 길이 어디냐?'고 물으면, '귀에서 입까지'라고 말한다. 거리만 가까운 것이 아니고 걸리는 시간도 가장 짧다고 한다.

　길(道)을 가면서 어떤 소식을 들었다. 집에 가서 또는 마음속으로 생각할 겨를도 없이 길(塗, 진흙 도, 길 도. 途와 同)에서 남에게 이야기하는 것이 道聽塗說(도청도설)이다. 어떤 말을 들었다면 나름대로 생각하거나 필요한 것은 가슴에 새겨두고 또 되새겨 보아야 한다. 아무런 생각 없이 말해버린다면 그 사람에게 어떤 진보와 발전이 있을 것이며, 그 덕행이 어찌 향상되겠는가? 그래서 덕행을 포기(德之棄也. 棄는 버릴 기)한 것이다.

이 말은 독서와 학문을 하면서, 또는 도덕 수양 과정이나, 그리고 처세와 교제에서 깊이 들어갈 수 없기에, 특히나 들은 내용을 자신에 맞춰 생각하거나 분석하지 않기에, 아무런 진보나 향상이 없음을 경계하는 말이다.

이런 '도청도설' 해서는 안 되고, 또 공자가 배격한 絶四〔毋意(무의), 毋必 毋固 毋我〕역시 知에 따른 일반적 병폐를 지적한 말이다. 그러니 공자의 학식과 사색이 얼마나 깊었던 가를 짐작할 수 있다.

119

치 악 의 악 식
恥惡衣惡食

허름한 옷, 맛없는 음식을 부끄러워하다.

[원문]《論語 里仁》子曰, "士志於道, **而恥惡衣惡食者** 未足與議也."

[해석] "道에 뜻을 둔 사람이 惡衣惡食을 부끄러워한다면 더 볼 것도 없다."는 공자의 말이다.

한문의 音訓만을 따라 우리말로 번역하면 이상한 뜻으로 변할 수도 있다. 악의악식을 나쁜 옷, 나쁜 음식이라고 옮기면 좀 이상하다. 세상에 나쁜 옷이 어디 있는가? 일단 옷을 지어 입었으면 추위를 막고 몸을 감싸주는데 뭐가 나쁜가? 惡食도 먹으라고 차려준 음식인데 먹으면 배고픔을 면하니 나쁠 것이 무엇이겠는가? 惡衣는 허름하거나 헤진 옷이고, 惡食은 맛이 없거나 아주 거친 음식을 뜻할 것이다.

道를 배워 터득하고 실천하려는 士人이 고급 옷감의 멋진 옷을 입고 산해진미를 먹어서 나쁠 것이나 안 될 것은 없다. 그러나 경제적으로 궁핍하여 헌 옷에 가끔 끼니를 굶거나 거친 음식을 먹어야 할 경우에, 그것을 부끄럽게 여기는 士人이라면 그런 사람이 언제 道를 성취하겠는가?

顔回(안회)는 一簞食一瓢飮(일단사일표음)에도 그 즐거움을 바꾸지 않았다(不改其樂).

120
<ruby>放<rt>방</rt></ruby> <ruby>利<rt>리</rt></ruby> <ruby>而<rt>이</rt></ruby> <ruby>行<rt>행</rt></ruby>, <ruby>多<rt>다</rt></ruby> <ruby>怨<rt>원</rt></ruby>
放利而行, 多怨

이익만 추구하면 원한을 많이 산다.

[원문] 《論語 里仁》 子曰, "放於利而行, 多怨."

[해석] 원문의 放은 仿(본뜰 방, 따라하다)과 같다. 즉 이익만을 추구하면 많은 사람의 원한을 산다는 뜻이다. 공자는 "백이와 숙제는 옛 현인으로 求仁(구인)하여 得仁(득인)하였으니 무슨 원망이 있겠느냐?"라고 말했다.[162] 이때 怨(원)은 내 마음속의 큰 아쉬움일 것이다.

利(이)라고 하는 것은 근본적으로 땅에서 얻는다. 땅은 만물을 싣고 있는(載) 수레인데, 거기에 있는 것을 이용할 수 있지만 독점할 수야

----

162 《論語 述而》 冉有 曰, "夫子爲衛君乎?" 子貢曰, "諾, 吾將問之." 入曰, "伯夷叔齊何人也?" 曰, "古之賢人也." 曰, "怨乎?" 曰, "求仁而得仁, 又何怨?" ～.

있겠는가?

義(의)는 모든 일의 최우선이며 온갖 利의 근본 바탕이라고 할 수 있다. 그러하기에 見利思義, 見得思義라고 하였다. 이를 보통 사람을 잘 알지 못하기에 이득만을 추구하고 그런 이득 추구는 다른 사람의 원한을 살 것이다.

본래 '큰 부자는 타고난 팔자지만, 작은 부자는 부지런하면 된다(大富由命 小富由勤).'고 하였다. 그러나 '한 집의 부귀는 1천 집의 원망(一家富貴千家怨)'이라 하였으니, 보통 사람이 부자가 되려면 여러 사람의 원한을 사기 마련이다.

121
득 견 유 항 자
得見有恒者

恒心을 가진 자를 만나보다.

[원문] 《論語 述而》 子曰, "聖人, 吾不得而見之矣, 得見君子者, 斯可矣." 子曰, "善人, 吾不得而見之矣, **得見有恒者, 斯可矣.** 亡而爲有, 虛而爲盈, 約而爲泰, 難乎有恆矣."

[해석] 聖人은 大道에 통달했고 만물을 변별할 수 있으며 만사에 대한 응변이 무궁무진한 사람이다. 공자는 그러한 聖人은 만날 수 없을 것이니, 다만 君子를 만날 수 있다면 만족한다고 말했다.

공자는 善人도 만나보지 못했다고 말했다. 다만 항심을 가진 자를 만날 수 있다면 만족한다고 했다. 없으면서도 있는 척하고, 텅 비었는데도 가득 찬 척하며, 곤궁한데도 태연한 척하는 사람은 항심이 있다고 볼 수 없다고 말했다.

공자가 말하는 善人은 한두 번 착한 일을 하는 사람이 아니다. 善은 仁에 근접한 상태이다. 善을 향한 그 마음이 변함이 없어야 한다. 가진 것이 없는데도 있는 척하는 것도 善이 아니라고 했다. 변함없이 일정한 마음을 유지하는 것도 쉬운 일이 아니다.

공자는 선을 향한 변함없는 마음을 恒心(항심)이라고 하였다. 그 항심을 固執(고집)하고 실천해야 선에 나아갈 수 있을 것이다.

孟子는 恒産(항산)이 없어도 恒心을 가진 자가 士라고 말했다. 보통 백성은 恒産이 없으면 恒心도 없다고 하였다.[163]

본래 학문에는 恒心을 귀히 여기고(學貴有恒), 修道에는 진실 터득을 귀하게 여긴다(道貴悟眞)고 하였다.

122

<ruby>人<rt>인</rt></ruby><ruby>而<rt>이</rt></ruby><ruby>無<rt>무</rt></ruby><ruby>恒<rt>항</rt></ruby>, <ruby>不<rt>불</rt></ruby><ruby>可<rt>가</rt></ruby><ruby>巫<rt>무</rt></ruby><ruby>醫<rt>의</rt></ruby>

人而無恒, 不可巫醫

마음이 한결같지 않다면 무당이나 醫生도 될 수 없다.

[원문] 《論語 子路》 子曰, "南人有言曰, '人而無恒, 不可以作巫醫.' 善夫! 不恒其德, 或承之羞." 子曰, "不占而已矣."

....

163 《孟子 梁惠王 章句 上》 王曰吾惛 不能進於是矣. ~. 曰 無恒産而有恒心者 惟士爲能 若民則無恒産 因無恒心 苟無恒心 放辟邪侈 無不爲已. ~

[해석] 공자가 말했다. "남쪽에서 온 어떤 사람이 말하기를 '사람 마음이 한결같지 않으면 무당이나 醫生(의생)도 될 수 없다.'고 하였는데, 옳은 말이다. 그 덕이 한결같지 않다면 수치를 당하게 될 것이다." 그리고 또 말했다. "그런 일은 점을 치지 않아도 뻔하다."

「不恒其德, 或承之羞」는《易 恒卦》(雷風恒☳☴, 뇌풍항) 九三의 爻辭(효사)이고, 공자는 이런 말은 '周易 점을 치지 않아도 다 아는 당연한 말'이라고 했다.

사람의 마음이나 행실이 한결같지 않다면 무슨 일을 하겠는가? 그런 사람은 당연히 수치를 당할 것이라는 뜻이다. 공자가 살던 그 당시는 무당이나 병을 고치는 醫員은 하급 직업에 속했다. 옛날 서양에서 이발사가 외과 수술을 담당했던 것처럼 중국에서 의사나 무당은 사람의 병을 고칠 수 있다고 허풍 치는 데서 아마 비슷했던 모양이다. 그러니까 그런 속언이 생겼을 것이다. 의원으로 유명한 사람은 醫聖(의성)으로 존중을 받기도 했지만, 정통 의학 교육을 받지 못한 사람은 돌팔이를 면할 수 없었는데 恒心도 없으면 그마저 할 수 없다는 뜻이다.

사람에게 한결같은 마음이 있으면 무슨 일이든 성공하지만(人有恒心萬事成), 한결같은 마음이 없으면 모든 일이 무너지는 것은(人無恒心萬事崩) 아마 당연할 것이다.

IV

孔子의 仁義와 禮樂

　　인간은 동물이지만 이성적 판단에 따라 행동한다. 인간의 이성적 판
단이란 곧 가치의 판단이라고 보아야 한다. 가치를 고려하지 않는 인간
의 행동이란 있을 수 없다. 인간이 생각하는 삶의 의미는 결국 어떤 가치
를 가장 중요시하고 그 가치를 얼마나 실현하는가의 문제일 것이다.

　　공자 또한 그의 생을 통하여 많은 가치를 논했고 또 추구했다. 공자
사상의 바탕이라 할 수 있는 仁과 義, 그리고 禮와 樂, 忠과 孝는 무엇인
가?

1. 仁의 실천

　공자가 그렇게 강조한 仁은《논어》전체에서 58장에 걸쳐 109번
이나 보인다. 이 중 도덕의 표준으로 仁이 105번이고, 仁人을 의미
하는 경우가 3회, 그리고 人과 같은 뜻으로 쓰인 경우가 1번이다. 물
론 한 구절에서 2번 사용된 경우도 있지만 그만큼 중요한 개념이라
는 뜻이다. 또 구체적으로 仁이라는 언급은 없어도 仁을 설명하는
말도 상당히 많이 있다.

　다시 말하자면, 仁은 세상에 물질이나 현상으로 존재하는 것이
아니며 서술적 언어로 쓰는 단어도 아니다. 仁은 가장 인간다운 인
간으로 존재하기 위해 가치 있는 덕목으로 존재하는 것이며, 이미
그 가치는 평가가 되었다고 생각하여야 한다.

　仁은 공자 이전에도 쓰였는데,《左傳》昭公 12년(前 530)의 기록
에 '克己復禮爲仁'이라는 기록이 보인다. 그렇지만 공자는 仁을 사

상의 근본으로 삼아 여러 제자에게 다양하게 仁의 뜻을 설명 강조하였고, 仁의 실천에서 仁의 가치까지 구체화시켰다. 그러나 공자 자신이 仁이 무엇이라는 사전적 定義를 말하지 않았기에 仁은 다양하게 설명되고 또 그렇게 받아들여지고 있다.

123

일 이 관 지
一以貫之

하나로 貫通하다.

[원문]《論語 里仁》子曰, "參乎! 吾道一以貫之." 曾子曰, "唯." 子出, 門人問曰, "何謂也?" 曾子曰, "夫子之道, 忠恕而已矣."

[해석] 공자가 曾參(증삼)을 불러 "증삼아! 나의 道는 一貫한다."라고 말하자, 증삼은 바로 "예, 알겠습니다."라고 말했다. 공자가 나가자 門人들이 증삼에게 무슨 뜻이냐고 묻자, 증삼은 "夫子의 道는 忠恕(충서) 뿐입니다."라고 말했다.

　一以貫之는 하나의 중심이 되는 사상으로 자신의 사고와 지식을 관철한다는 뜻이다. 공자의 말에 증삼이 서슴지 않고 예! 라고 답할 수 있었던 것은 이미 알고 있었다는 뜻이다. 다른 문인들은 그 뜻을 몰라 물었고, 증삼은 忠恕(충서)라고 보충 설명을 했다.

　忠은 誠心誠意로 盡心盡力(진심진력)하여 남을 대하는 마음이고, 恕(용서할 서)는 寬容(관용)과 包容(포용), 또는 同情과 愛恤(애휼)의 마음이라고 말할 수 있다. 그렇다면 일이관지가 아니고 忠과 恕의 두 가지 원칙이다.

공자는 자공에게도 비슷한 말을 하였다. 공자는 "내가 많이 배워 많이 아는 것이 아니며, 공자는 하나의 기본 관념으로 일관한다."고 하였다.[164] 이는 공자가 仁의 일념으로 모든 것을 생각하기에 저절로 일관된 學行을 이뤄나갔다는 뜻이다.

사실 공자와 증자의 대화에서 증자가 공자의 사상을 완전히 이해했다고 보기도 어려울 수 있다. 왜냐면 공자가 죽을 때 증자는 27세의 젊은이였다. 증자는 一以貫之의 뜻에 관하여 알고 있더라도 한 번 더 물어서 그 뜻을 명확히 들었어야 했다. 70 노인의 학식과 그간의 인생역정을 27세의 젊은이가 꿰뚫어 보았다고 자신 있게 말할 수 있을까?

曾子는 "士는 큰 뜻을 품어야 하나니, 士의 임무는 무겁고 또 실천의 길은 멀기만 하다. 仁을 임무로 알고 실천해야 하니 무겁지 않은가? 또 죽어야만 끝이나니 멀지 않은가?"라고 말했다.[165] 곧 증자도 仁의 실천이 자신의 임무라고 생각하며 평생을 살아왔다. 물론 仁을 門人이 알기 쉽게 '忠恕'로 풀이했다고 해석할 수 있다. 그렇다면 20대의 젊은 증자는 夫子의 一以貫之를 '仁'이라고 풀이했어야 옳았을 것이다.

안회는 불행하여 일찍 죽었지만, 안회는 '3個月을 不違仁'하지만 '나머지는 하루나 이틀 길어야 한 달'이라고 했다.[166] 그만큼 안회와

---

164 《論語 衛靈公》子曰, "賜也, 女以予爲多學而識之者與?" 對曰, "然, 非與?" 曰, "非也, 予一以貫之."

165 《論語 泰伯》曾子曰, "士不可以不弘毅, 任重而道遠. 仁以爲己任, 不亦重乎? 死而後已, 不亦遠乎?"

166 《論語 雍也》子曰, "回也, 其心三月不違仁, 其餘則日月至焉而已矣."

다른 제자와 차이가 있었다.

釋迦牟尼(석가모니)가 拈花(염화, 꽃을 집어 들다.)하여 여러 제자들에게 보였을 때 迦葉(가섭)만이 부처의 뜻을 알고 빙그레 웃었던〔微笑(미소)〕일처럼 20代의 증자가 공자의 그런 뜻을 알고 "예!"라고 말했을까? 증자는 어쩌면 공자의 一以貫之의 숨은 뜻을 정확히 모른 채 '예!' 라고 대답했을 것 같다.

124
본 립 이 도 생
本立而道生

根本이 확립되어야 道가 生成된다.

[원문]《論語 學而》有子曰, "其爲人也孝弟, 而好犯上者, 鮮矣, 不好犯上, 而好作亂者, 未之有也. 君子務本, **本立而道生**. 孝弟也者, 其爲仁之本與!"

[해석] 有子는 공자의 弟子 有若(유약)이다. 공자보다 33세 연하였다. 공자가 별세한 뒤에 공자 제자들은 공자와 외모가 비슷한 유약을 스승처럼 모시고 학업을 계속했다고 한다. 부록의 〈仲尼弟子列傳〉참고.

《論語》에서 공자의 제자 중 曾參(증삼)과 有若(유약)만을 曾子, 그리고 有子라 칭하기에《論語》一書가 曾參과 有若의 제자들 손에 의해 成書되었다는 주장이 있다.(《論語 先進》의 '閔子侍側~' 의 閔子騫을 閔子로 표기한 것은 예외)

有若(유약)
대만국립고궁박물관 소장

孝弟는 孝悌(효제)이니, 효도와 공경(悌는 공경할 제)이다. 효는 敬順父母이고, 弟는 兄長을 잘 섬기는 것이다. 이는 인간 행실의 근본이라 할 수 있으니, 우선 효제의 실천을 바탕으로 인간이 나아갈 도리가 생성된다고 하였다. 따라서 효제는 仁을 실천하는 본바탕이 된다.

'本立而道生'의 道는 추상명사이다. 道는 길이란 뜻과 함께 '길을 안내하다' 라는 導의 뜻이 있다. 보통 '道' 라 하면 道家, 곧 老子의 중심사상으로만 인식하는 경우가 많다. 노자의 道는 사람은 이끌어 素朴한 自然으로 인도하겠다는 사상이라고 설명할 수 있다.

공자가 말하는 道는 仁으로 인도하고 실천하게 하여 궁극적으로 聖의 경지에 도달을 목표로 하니, 공자의 모든 가르침은 결국 仁으로 이끌기 위한 방법이고 그 道는 仁道라고 표현할 수 있다.

125

인 원 호 재
仁遠乎哉?

仁이 멀리에 있는가?

[원문]《論語 述而》子曰, "**仁遠乎哉? 我欲仁, 斯仁至矣.**"

[해석] 공자가 말했다.

"仁이 멀리에 있는가? 내가 인을 원한다면 바로 仁이 다가온다."

仁은 모든 사람에게, 또 仁은 어떤 형태로든 內在한다고 생각한 공자였다. 그 싹을 자각하고 키우기만 하면 된다. "仁을 생각하지 않을 뿐이지 어찌 멀리 있겠는가?(未之思也, 夫何遠之有?)"[167]

공자는 仁의 실천은 자신에게 있지 결코 남에게 있지 않다고 말했다.[168] 공자는 중단 없는 부단한 노력과 성취를 제자들에게 가르쳤다.

167《論語 子罕》子曰, "可與共學, 未可與適道, 可與適道, 未可與立, 可與立, 未可與權." "唐棣之華, 偏其反而. 豈不爾思? 室是遠而." 子曰, "未之思也, 夫何遠之有?"

168《論語 顔淵》顔淵問仁. 子曰, "克己復禮爲仁. 一日克己復禮, 天下歸仁焉. 爲仁由己, 而由人乎哉?"

126

<ruby>其<rt>기</rt></ruby><ruby>所<rt>소</rt></ruby><ruby>不<rt>불</rt></ruby><ruby>欲<rt>욕</rt></ruby><ruby>勿<rt>물</rt></ruby><ruby>施<rt>시</rt></ruby><ruby>於<rt>어</rt></ruby><ruby>人<rt>인</rt></ruby>

기 소 불 욕 물 시 어 인
其所不欲勿施於人

자신이 바라지 않는 것은 다른 사람에게도 강요하지 말라.

[원문]《論語 顔淵》仲弓問仁. 子曰, "出門如見大賓, 使民如承大祭.
己所不欲, 勿施於人. 在邦無怨, 在家無怨." 仲弓曰, "雍雖不敏,
請事斯語矣."

《論語 衛靈公》子貢問曰, "有一言而可以終身行之者乎?" 子曰,
"其恕乎! **己所不欲, 勿施於人**."

[해석] 이 말은《論語》에 두 번 기록되었다.《論語 顔淵》에서 仲弓〔중
궁, 冉雍(염옹), 孔門十哲 중 德行〕이 問仁하자, 공자는 3가지를 말해준
다. 첫째는 다른 사람을 큰 손님 대하듯, 남과 관계되는 일은 큰 제사
를 치르듯 하라. 이는 개인의 언행에서 禮를 지키고 공경하라는 뜻이
다. 두 번째로 네가 하기 싫은 일은 다른 사람에게도 요구하지 말라.
- 이는 관대한 마음으로 어떤 집단에 대하여, 또는 爲政에서 보다 더
따뜻하게 남에게 베풀어야 한다는 뜻이다. 세 번째는 개인감정이나
원한을 갖지 말고 다른 사람들과 조화를 이루며 살아가라는 뜻이다.

이 3가지 가르침은 개인에서 국가로, 다시 인간 사회로 단계별로 확
대 적용하였는데, 이는 한 개인이 사회에 적응하며, 보다 더 크고 넓
게 사회의 화합을 이끌어내는 것이 仁이라는 공자의 설명일 것이다.

《論語 衛靈公》편에서 子貢은 공자에게 평생 동안 지킬 한 가지를
말씀해 달라고 말했다. 이에 공자는 "아마 용서하는 마음(恕)일 것이

冉雍(염옹, 仲弓)
대만국립고궁박물관 소장

다. 네가 원하지 않으면 다른 사람에게도 요구하지 말라.”고 가르쳤
다. 곧 恕(서)는 관용이고, 관용은 소극적인 仁이라고 말할 수 있다.
뒷날 사람들은 이를 공자의 忠과 함께 忠恕之道(충서지도)라 하여 儒
家 사상의 중심으로 생각하고 있다.

　恕(서)는 자신 대신 남을 먼저 생각나는 것이니, 달리 표현하면 推
己及人(추기급인)이다. 내가 원하는 것은 다른 사람도 원할 것이고, 내가 싫은 것은 다른 사람에게도 마찬가지이다. 그렇다면 내가 하기 싫은 일을 다른 사람에게 시킬 수 없을 것이다.

어떤 사람을 '恕'字를 '如心'으로 생각하여 내가 원하는 마음과 다른 사람의 마음이 같다고 설명한다. 이도 맞는 말이다. 그러면 내가 가진 것을 다른 사람도 원하니 나누어주어야 할 것이다. 그리고 다른 사람의 마음이 틀렸다고 배척하기보다는 '그럴 수 있을 것'이라고 이해할 수 있어야 한다. 이것이 恕(서)가 아니겠는가?

공자는 재간과 능력이 뛰어난 자공에게서 恕(서)를 말해주었고, 그 恕의 뜻을 "己所不欲을 勿施於人하라."고 친절한 보충설명까지 덧붙였다.

자공이 그전에 공자에게 말했다.

"저는 남이 나에게 강요하는 것을 원치 않으며, 저 또한 남에게 강요하지 않겠습니다."

이에 공자께서 말씀하셨다. "子貢아(賜也)! 너는 아직 거기까지 이르지 못했다."[169]

여기 자공의 말은 '己所不欲, 勿施於人'과 같은 뜻이며, 이는 '恕'이며 仁의 구체적 실천 덕목인데, 공자가 볼 때 아직 그 경지에 달했지 못했다는 말이다.

그리고 여기(衛靈公 편)에서 공자는 자공에게 다시 한번 더 강조하였다. 공자의 자공에 대한 애정이 느껴지는 대목이다.

---

169 《論語 公冶長》子貢曰, "我不欲人之加諸我也, 吾亦欲無加諸人." 子曰, "賜也, 非爾所及也."

127

인 이 불 인

人而不仁

사람이면서 어질지 않다.

[원문] 《論語 八佾》子曰, "人而不仁, 如禮何? 人而不仁, 如樂何?"

[해석] 위 말은 공자가 예악을 僭用(참용)한 季孫氏와 孟孫氏를 비난한 말이라는 주석이 있다. 사람 마음이 不仁하다면 그런 사람에게 禮나 樂은 아무런 의미도 없다는 뜻이다.

대체로 《論語》에 나오는 仁은 3가지 의미를 갖고 있으니,

첫째는, 진실한 마음, 또는 善을 추구하고 자각하며 실천하는 사람의 본성을 의미한다.

둘째로는, 사람이 걸어가야 할 바른길(正道)이며, 擇善(택선)을 고집하는 사람의 도리를 지칭한다.

셋째로, 사람으로서 갖춰야 할 도덕적 수양과 인품의 완성을 仁이라고 생각하였다. 仁人이면 그런 훌륭한 인품을 갖춘 사람이라 생각하면 틀림이 없을 것이다.

어떤 사람이 진실이 아닌 거짓 언행을 일삼는데, 그런 자가 예악을 알고 실천한다 하여 믿을 수 있겠는가? 공자는 '人而不仁'의 한마디로 예악을 僭用(참용)한 권력자를 꾸짖었다.

'人而不仁'에서 파생된 成語로 '麻木不仁(마목불인)'이란 말이 있는데, 이는 '세상 물정에 어둡다, 무관심하다.'는 뜻으로 쓰인다.

128

수 능 출 불 유 호
誰能出不由戶?

누가 출입문이 아닌 곳으로 나올 수 있는가?

[원문] 《論語 雍也》子曰, "誰能出不由戶? 何莫由斯道也?"

[해석] 공자가 말했다 "누가 출입문이 아닌 곳으로 나올 수 있는가? 어
찌 仁의 道를 경유하지 않을 수 있나?"

門은 양쪽으로 열리는 출입문이고, 戶는 한쪽으로 열리는 장치이
다. 그래서 門戶이며 문호를 개방해야 교류나 왕래가 가능하다. 由는
'경유하다, 통과하다.'의 뜻이다. 窓(창)은 채광이나 통풍을 위한 시
설이지 사람이 출입할 수 없다. 窓으로 출입한다면 도둑일 것이다.

여기서 戶는 사람이 드나들 수 있는 道를 의미한다. 공자의 '一以
貫之' 하는 道이다. 그러니 斯道는 유가의 도덕, 곧 仁의 道이다. 맹자
는 「仁이란 것은 사람이다. 한마디로 하면 道이다.」라고 하였다.[170]
斯文亂賊(사문난적)은 그런 道를 파괴하는 자이다.

---

170 《孟子 盡心章句 下》孟子曰, 仁也者人也. 合而言之 道也.

129

<ruby>剛<rt>강</rt></ruby> <ruby>毅<rt>의</rt></ruby> <ruby>木<rt>목</rt></ruby> <ruby>訥<rt>눌</rt></ruby> <ruby>近<rt>근</rt></ruby> <ruby>仁<rt>인</rt></ruby>
剛毅木訥近仁

강직, 과감, 질박, 신중한 언행은 仁에 가깝다.

[원문] 《論語 子路》子曰, "**剛毅木訥近仁.**"

[해석] 剛은 강직한 성품이고, 毅는 굳셀 의, 곧 굳은 의지이며, 木은 質朴한 성품이고, 訥은 訥辯(눌변)인데 발음이 어눌하다는 뜻이 아니라 말이 신중하여 마치 말을 더듬는 것과 같은 모양을 말한다.

공자는 仁을 배우고 실천할 수 있는 기본 품성으로 剛毅木訥(강의목눌)을 생각했다. 이는 巧言令色(교언영색)의 상대적이 개념일 것이다.[171] 강의목눌은 겉모양의 꾸밈이 아닌 인간 내면의 참모습이다. 假面(가면)과 外飾(외식)은 내용이 부실한 데서 나온다. 내면이 부실해서는 仁의 경지에 나아갈 수 없다는 뜻이다.

공자는 "巧言(교언)에 令色(영색)과 足恭(족공)을 左丘明(좌구명)이 부끄럽게 생각했는데, 나 역시 부끄러울 일이라 여긴다. 원한을 감추고 남과 친한 척하는 것을 좌구명이 부끄럽게 생각했는데, 나 역시 그러하다."고 말했다.[172]

足恭은 지나치게 공손한 모양이다. 공경과 사양도 정도가 있어야 한다. 지나친 겸손은 아부와 일맥으로 상통한다. 左丘明은 《春秋左氏傳》의 저자가 아닌 魯의 太史로 알려졌다.

....
171 《論語 學而》子曰, "巧言令色, 鮮矣仁!"
172 《論語 公冶長》子曰, "巧言令色足恭, 左丘明恥之, 丘亦恥之. 匿怨而友其人, 左丘明恥之, 丘亦恥之."

130

교 언 영 색
巧言令色

간사한 말과 아부하는 낯빛

[원문] 《論語 學而》子曰, "**巧言令色, 鮮矣仁!**"

[해석] 巧言(교언)은 중국어로 '戴高帽子(dàigāomàozi, 고깔모자를 씌워주다.)'라는 말인데, 우리말로는 '비행기를 태운다.'라고 옮길 수 있으니, 권력자 앞에서 간사하게 대꾸하는 말이다. 令色(영색)은 선량한 듯 꾸미는 顔色(안색)이다. 마치 크게 감격한 듯 허리를 직각으로 꺾으며 '이 은덕 영원히 잊지 않겠습니다.'라고 말할 때의 얼굴 표정이 令色이다. 이때 令은 '착할 령(영)'이라고 새긴다.

그런 말과 이런 표정에는 실질적인 성의와 성심이 없기에 공자는 '仁이 거의 없을 것이다.(鮮矣仁, 鮮은 드물 선)'라고 말했다. 그리고 공자는 또 巧言은 德은 是非(시비)를 혼란케 한다고 말했다.[173]

사실 仁은 진심으로 善으로 나아가고 실천하려는 人性을 뜻한다. 또 仁은 도덕의 실천과정에서 선택하는 신념이고 固執이다. 그리고 仁으로 그 사람의 인격 성숙도를 알 수가 있다. 그런데 교언영색하는 사람에게서 어떤 仁을 찾을 수 있겠는가? 틀림없이 공자도 그런 사람들을 많이 보았기에 이런 말을 할 수 있었을 것이다. 그렇다면 공자가 살던 그 시대나 지금이나 인간이 사는 모습은 똑같다.

어느 집단이건 영도자가 있고 추종자가 있으며, 또 무조건 반대파

---

173 《論語 衛靈公》子曰, "巧言亂德. 小不忍, 則亂大謀."

도 있다. 동시에 어느 집단이건 군자와 소인이 있는데, 그 소인의 주 특기는 '교언영색' 이나, 거기에 넘어가는 사람이 의외로 많은 것이 현실이다. 학문의 세계에서는 그런 사람이 없어야 하는데 '御用學者 (어용학자)' 라는 말이 통용되는 것을 보면 '교언영색' 은 학문의 세계 에서도 행세한다는 뜻이다.

'윗사람이 좋아하는 것이라면 아래에서는 틀림없이 지나치다(上 有好者 下有甚焉).' 는 말이 있다. 어떤 기관장이 壽石을 좋아하다 보 니 그들 직원의 집집마다 돌멩이와 자갈이 쌓였고, '探石(탐석)으로 인생을 배운다.' 는 座右銘(좌우명)까지 있었다니 그런 사람들의 확실 한 출세 방법은 '巧言令色' 이었을 것이다.

131
^{구 생 해 인}
求生害仁

살려고 仁德을 해치다.

[원문]《論語 衛靈公》子曰, "志士仁人, **無求生以害仁**, 有殺身以成 仁.

[해석] 志士나 仁人은 자신의 목숨을 유지하려고 삶의 理想인 仁을 버 리지 않고, 오히려 자신의 목숨을 죽이더라도 인덕을 성취한다고 하 였다.

위에 나오는 志士는 氣槪(기개) 있는 남자이다. '士' 란 글자가 남자 의 性器(성기)를 본뜬 글자라는 주장도 있으니 하여튼 士에는 여성을 지칭하는 뜻이 없다.

士는 王(國君) – 諸侯 – 卿 – 大夫 – 士의 계층구조에서 가장 하위 계층이지만 民과는 확실하게 달랐다. 士는 활을 쏘고 詩書를 외우며 예악을 배웠고, 담당 직무에 文武의 구분이 없었기에 文士나 武士를 다 지칭하며, 윗사람의 認定을 받는 것(知遇之恩)을 중시하였다. 따라서 士는 자신을 알아주는 사람을 위해 죽을 수 있었다(士爲知己者 士). 곧 목숨을 바쳐야 할 상황에서는 목숨을 기꺼이 내놓았다.

공자는 仁의 실현을 인생의 목표로 삼았고, 仁은 생명보다도 더 가치 있다고 생각하였다. 그래서 志士나 仁人은 살신성인할 수 있다고 설명하였는데, 지금은 자신의 생명을 버려 다른 생명을 구하는 犧牲 (희생)의 본보기로 사용하고, 求生害仁은 잊혀 언급하지도 않는다. 실제로 殺身成仁의 단계 이전에 '자신만 살려고(求生) 仁德를 버리거나 훼손하는(害仁) 사람'이 얼마나 많은가? 군자가 아닌 보통 사람도 신의를 지켜야 한다.

군자의 大義는 3층 구조로 되어 있다. 곧,

1) 見義勇爲 – 생활 주변에서 응당 義를 지키고 행해야 한다. 의를 실천하지 않는다면 용기가 없는 것이다.[174]

2) 見利思義 – 나한테 작은 이득이 있다면 이것을 취하는 것이 옳은지 옳지 않은지를 생각해야 한다.[175] 이는 君子九思 중 '見得 思義'와 같은 말이다.

3) 殺身成仁 – 대의를 지키며 위기에 목숨을 내주어야 한다. 살려

---

174 《論語 爲政》子曰, "非其鬼而祭之, 諂也. 見義不爲, 無勇也."

175 《論語 憲問》子路問成人. 子曰, "若臧武仲之知, ～. 曰, "今之成人者何必然? 見利思義, 見危授命, 久要不忘平生之言, 亦可以爲成人矣."

고(求生) 害仁하지 말고 살신성인해야 한다.

자신을 殺身해서라도 成仁한다면, 이는 大義를 가장 높은 단계에서 실천한 것이다. 만약 匹夫(필부)라도 그가 대의를 실천하겠다면 누구도 그 뜻을 뺏을 수 없을 것이다. [176]

공자가 말했다. "士가 편안한 삶을 추구한다면 士로서 부족할 것이다." [177]

여기서 懷居(회거)는, 곧 가정과 재산과 목숨에 연연한다는 뜻이다. 뜻을 가진 志士가 어찌 아내와 자식, 그리고 얼마 안 되는 재산에 연연할 수 있겠는가? 安重根(안중근)은 필부였지만 그가 大義를 따라 殺身成仁했기에 그는 진정 대장부이며 군자가 되었다. 尹奉吉(윤봉길)은 충남 禮山의 평범한 농부였지만, 1932년 4월 義擧 후에 12월 大義를 지켜 殉節하였는데, 24세의 젊은 義士이며 大丈夫요, 또 진정한 君子였다.

132
인 자 불 우
仁者不憂
仁者는 근심하지 않는다.

[원문]《論語 憲問》子曰, "君子道者三, 我無能焉, **仁者不憂**, 知者不惑, 勇者不懼." 子貢曰, "夫子自道也."

....
176《論語 子罕》子曰, "三軍可奪帥也, 匹夫不可奪志也."
177《論語 憲問》子曰 士而懷居 不足以爲士矣!

《論語 子罕》子曰, "知者不惑, **仁者不憂**, 勇者不懼."

[해석] 위 구절은 수양을 통하여 얻을 수 있는 결과를 말한 것이다. 仁者, 知者, 勇者의 不憂와 不惑(불혹), 그리고 不懼(불구)의 경지는 수련의 결과이지 天性이 아니다. 공자가 이 3가지 중 한 가지도 실현하지 못했다는 말을 공자의 謙辭(겸사)일 것이라고 자공은 생각했다.

仁者의 생각에 仁으로 모든 문제를 해결할 수 있다. 국가의 정치도 백성을 다스리는 일도 仁으로 할 수 있다. 할 수 없어서, 하지 못해서 걱정해야 할 일이 없다는 뜻이다. 또 인자는 물질에 구애받지 않는다. 욕심이 없는데 무슨 근심이 있겠는가?

仁을 실천하려는 굳은 의지는 용기와 통한다. 그런 의지를 가진 사람이 무엇이 두렵겠는가? 참된 지식을 가진 자가 仁을 추구할 수 있으니 그런 사람이 甘言이나 거짓에 현혹되겠는가? 仁을 실천하려는 善한 의지를 가진 사람이 또 무슨 걱정이 있겠는가?

仁者는 틀림없이 용기를 갖고 있지만 勇者가 꼭 仁心을 갖고 있지는 않다고 공자는 말했다.[178]

仁者는 盛衰(성쇠)에 따라 절조를 바꾸지 않고(仁者不以盛衰改節), 의로운 자는 存亡에 따라 마음을 바꾸지 않는다(義者不以存亡易心). 또 仁者는 군주를 원망하지 않고(仁不怨君), 智者는 역경을 어렵다 생각하지 않으며(智不重困), 용자는 죽음을 회피하지 않는다(勇不逃死)는 말도 있다.

....
178 《論語 憲問》子曰, "有德者必有言, 有言者不必有德. 仁者必有勇, 勇者不必有仁."

인 자 안 인　지 자 이 인
仁者安仁 知者利仁

인자는 仁에 安住하고, 知者는 仁을 활용한다.

[원문]《論語 里仁》子曰, "不仁者不可以久處約, 不可以長處樂. 仁者安仁, 知者利仁."

[해석] 不仁한 자는 오랫동안 困窮(곤궁)을 견뎌내지 못한다. 조금이야 견디지만 곧 제멋대로 방종하게 된다. 본문의 '久處約'의 約은 制約(제약), 곧 곤궁이다. 소인은 또 오랫동안 안락하게 지내지도 못한다. 소인의 안락한 생활은 곧 교만으로 이어진다. 그러니까 그것이 바로 병이고 그러기에 不仁한 것이다.

　　인덕을 갖춘 자는 仁을 실천하는 동안 마음이 편안하기에 仁德을 편안한 마음으로 지켜나간다. 총명한 자가 仁을 잘 활용한다는 것은 仁의 실천이 다른 무엇보다도 이득이기에 仁德을 실천하면서 利를 취할 수 있다.

　　《中庸》에서는 仁이 편안하기에 실천하든, 이롭기에 실천하든, 또는 강요에 의해 실천하든, 仁德을 실천의 성과는 마찬가지라고 했다.[179] 또 공자는 仁者만이 사람을 좋아하거나 미워할 수 있다고 하였다.[180]

....

179 《中庸》或生而知之, 或學而知之, 或困而知之, 及其知之一也. 或安而行之, 或利而行之, 或勉强而行之, 及其成功一也."
180 《論語 里仁》子曰, "唯仁者能好人, 能惡人."

지 지 호 지 낙 지
知之, 好之, 樂之

알기, 좋아하기, 즐기기.

[원문]《論語 雍也》子曰, "知之者不如好之者, 好之者不如樂之
者."

[해석] 공자가 말했다. "아는 것은 좋아하는 것만 못하고, 좋아하는 것
은 즐기는 것만 못하다."

안다(知之)는 것은 외형을 인식했다는 뜻이다. 대인관계에서 인사
를 나누고 안면을 텄다는 뜻이다. 학문에 입문했다고 비유할 수도 있
다. 仁이 있다고, 또 仁을 실천해야 한다고 알게 되었다는 뜻이다.

好之者는 깊이 아는 단계를 지나 좋아하는 단계에 도달했다는 말
이니, 학문으로 말하면 재미를 붙였다는 뜻일 것이다. 樂之者는 내
마음에 또 나와 하나가 되어 언제 어디서나 기꺼이 아무런 부담 없이
즐긴다는 뜻이다.

이 3단계는 仁을 알고 좋아서 실천하고, 마지막으로 나와 仁이 渾
然一體(혼연일체)로 하나가 되어 자연스레 體現할 수 있다는 뜻이다.
仁에 安住하기 – 아마 安仁의 경지일 것이다.

克己復禮
극 기 복 례

자신의 언행을 조심하며 예의 규범에 맞추다.

[원문] 《論語 顔淵》 顔淵問仁. 子曰, "**克己復禮爲仁. 一日克己復禮**, 天下歸仁焉. 爲仁由己, 而由人乎哉?"

[해석] 자신의 욕망이나 감정을 참고 언행을 조심하는 것이 克己(극기)이다. 그리고 사회에 통용되는 예법을 준수하고 따라가는 것이 復禮(복례)이다. 이는 《論語》에 처음 나오는 말이 아니다. 《左傳》昭公 12년(前 530년)의 기록에 보인다. 공자는 이를 인용하여 새로운 의미를 부여하였다.

공자는 극기복례가 바로 仁의 실천이라고 정의하면서 1일이라도 극기복례한다면 천하 사람들도 인을 따라서 실천할 것(歸仁)이라고 하였다. 그러나 歸仁(귀인)을 '稱仁', 곧 '仁人'이라고 칭송할 것이다.' 라고 해석할 수도 있다. 그러면서 인의 실천(爲仁)은 자신의 의지이지 결코 다른 사람 때문이 아니라고 하였다.

이어 안연이 爲仁의 실천방법을 묻자, 공자는 "禮가 아니라면 보고, 듣거나, 말하거나, 행동하지 말라.(非禮勿視, 非禮勿聽, 非禮勿言, 非禮勿動.)"고 말하였다.

본래 도덕과 인의는 禮가 아니면 성립할 수 없으며(道德仁義 無禮不成), 禮는 상호작용이기에 저쪽에서 禮로 대하면 이쪽에서도 禮로 대해야 하고(彼以禮來 此以禮往), 상대의 禮에 답례를 안하면 禮가

아니다. 그리고 禮를 갖춰 한 치(一寸)를 물러나면 한 자(一尺)의 禮
敬을 받는다(讓禮一寸 得禮一尺)고 하였다.

136
당 인 불 양
當仁不讓
仁의 실천은 양보할 수 없다.

[원문]《論語 衛靈公》子曰, "**當仁, 不讓於師.**"

[해석] 當仁은 仁이 있는 곳에서는, 仁을 앞에 두고서는, 곧 '仁의 실
천'으로 해석할 수 있다. 儒家의 仁은 진리이다. 仁의 해석이나 실천
에서 스승과 제자가 견해를 달리할 수 있다. 스승이라 하여 항상 옳
은 것은 아닐 것이다. 제자라 하여 仁에 대한 생각이 스승만 못 할 것
이라고 생각할 수도 없다. 仁의 실천은 스승에게 또는 다른 사람이나
상관에게 겸양으로 양보하지 않는다. 곧 진리의 실천은 내 몫이고 내
가 할 일이라고 생각해야 한다.
　이는 진리를 추구하는 학문에서도 마찬가지이다. 정의를 두고 논
쟁할 때 황제에게 양보할 수 없다. 스승의 반대로 자신의 진리 추구
를 중단한다? 그런 일이 있어서는 안 될 것이다.
　知識人은 진리 추구에 용감해야 한다. 이를 공자는 '當仁不讓'이
라고 설명했다.

　讓은 謙讓(겸양)이다. 진리 추구에서는 不讓이라 하지만 사회생활

에서는 겸양이 필수다. 특히 이득을 놓고 다투는 경쟁에서는 겸양이
때때로 더 큰 이득을 불러올 수 있다. 그래서 다른 사람에게 3할쯤 양
보한다 하여 지는 것은 아니다(讓人三分不爲輸)라는 말도 있고, 또
하나를 양보하면 백을 얻을 수 있지만, 열 개를 놓고 다투면 구십을
잃을 수 있다(讓一得百 爭十失九)라는 말이 있다.

137

기 욕 입 이 입 인
己欲立而立人

내가 이루고 싶다면 남을 먼저 이루게 하다.

[원문] 《論語 雍也》子貢曰, "如有博施於民而能濟衆, 何如? 可謂仁
乎?" 子曰, "何事於仁! 必也聖乎! 堯舜其猶病諸! 夫仁者, 己欲立而
立人, **己欲達而達人**. 能近取譬, 可謂仁之方也已."

[해석] 자공이 말했다. "만약 어떤 사람이 널리 베풀어 백성을 구제한
다면 어떻겠습니까? 仁人이라고 할 수 있겠습니까?"

　이에 공자께서 말씀하셨다. "어찌 仁人뿐이겠는가? 틀림없는 聖人
일 것이다. 堯(요)와 舜(순)일지라도 거기에 이르지 못했었다. 仁이라
는 것은 자기가 이루고 싶은 뜻을 남이 먼저 이루도록 하고, 자기가
도달하고 싶은 곳에 남을 먼저 도달케 한다. 자신에 가까운 것부터
깨우쳐 가는 것은 인덕을 수양하는 방법일 것이다."

　자공이 말한 널리 베풀어(博施) 많은 사람을 구제하는 일이란, 말

하자면 사회복지의 실천이다. 공자의 제자 중 자공만이 사회복지에 관한 안목을 갖고 있었던 것이다. 자공은 사업 수완이 뛰어났고 실제로 많은 財富를 축적하였으니, 그런 재부를 베풀어 백성을 구제하겠다는 포부를 가질 수 있었다. 顔回처럼 三旬九食(삼순구식)한다면 어찌 이런 포부를 품을 수 있겠는가?

공자는 자공의 그런 원대한 이상을 칭찬하며 격려하였다.

그런 일은 堯舜 같은 성인도 실천하지 못했다. 私的인 일에서 시작하여 이를 公的으로 확대하는 일이 복지이고 대중에 대한 福利(복리)일 것이다.

내가 밥을 먹을 때 다른 사람도 같이 밥을 먹을 수 있게 해준다. 자기 주변의 작은 일에서 시작하여 점차 확대시켜 나가기 – 이것이 이상을 실천하는 방법일 것이다. 내가 뛰어나고 싶다면 다른 사람도 뛰어나게 하고, 내가 도달할 곳에 다른 사람도 함께 같이 도달하는 일 – 仁義의 실천이 아니겠는가!

138
미 견 역 부 족 자
未見力不足者

仁을 실천할 힘이 부족한 자를 보지 못했다.

[원문]《論語 里仁》子曰, "我未見好仁者, 惡不仁者. 好仁者, 無以尙之, 惡不仁者, 其爲仁矣, 不使不仁者加乎其身. 有能一日用其力於仁矣乎? **我未見力不足者**. 蓋有之矣, 我未之見也."

[해석] 공자가 말했다.

"나는 好仁하는 사람과 不仁을 미워하는 사람을 아직 못 보았다. 好仁하는 것은 仁보다 더 나은 것이 없기 때문이며, 不仁을 증오하는 것은 仁을 실천해야 하기에 자신의 몸이 不仁에 빠지는 것을 싫어한다. 능히 하루라도 仁을 실천하려고 애를 쓰는 사람이 있는가? 나는 仁을 실천할 힘이 부족한 자를 보지 못했다. 아마 있겠지만 나는 아직 보지 못했다."

仁의 실천은 어려운 것이 아니다. 자발적인 실천의지가 중요하다는 뜻이다.

139

비 례 물 시   비 례 물 청
非禮勿視 非禮勿聽

禮가 아니면 보지도 듣지도 말라.

[원문] 《論語 顔淵》顔淵問仁. 子曰, "克己復禮爲仁. 一日克己復禮, 天下歸仁焉. 爲仁由己, 而由人乎哉?" 顔淵曰, "請問其目." 子曰, "非禮勿視, 非禮勿聽, 非禮勿言, 非禮勿動." 顔淵曰, "回雖不敏, 請事斯語矣."

[해석] 《論語 顔淵》의 첫 章이다. 顔淵(안회)의 질문에 공자는 克己復禮(극기복례)가 仁이라 말하자, 안회는 그 실천 방법을 물었고, 공자는 4가지를 말했다.

곧 공자가 말한 "爲仁由己, 而由人乎哉?"의 뜻을 여기에서 설명하였으니, 禮가 아니라면 보거나 듣지 말며, 말도 행위도 하지 말라고 하였다.

이렇게 禮의 실천하는 것이 仁이며, 예의 실천은 자신의 의지이니 仁이 자신에게 있는 것이지, 타인 때문에 仁을 실천하는 것이 아니라는 것을 명확하게 설명하였다.

140
공 관 신 민 혜
恭, 寬, 信, 敏, 惠
공손, 관대, 신의, 영민, 은혜

[원문]《論語 陽貨》子張問仁於孔子. 孔子曰, "能行五者於天下爲仁矣." "請問之." 曰, "恭, 寬, 信, 敏, 惠. 恭則不侮, 寬則得衆, 信則人任焉, 敏則有功, 惠則足以使人."

[해석] 子張이 공자에게 問仁하자, 孔子는 천하 어디서든 5가지를 실천할 수 있다면 그것이 仁일 것이라고 가르쳐 주었다. 곧 공손한 언행이면 욕을 당하지 않고, 관대하면 많은 사람이 따를 것이며, 신의를 지키면 신뢰를 얻고, 英敏하면 하고자 하는 일을 성취하고, 은혜를 베풀면 다른 사람을 부릴 수 있다고 말했다. 이 다섯 가지를 성취해야 仁에 도달한 것이라는 뜻인데, 仁德이 아주 뛰어나지 않으면 어려울 것이다.

仁이 너무 추상적이기에 仁에 대한 실질적, 구체적 내용을 요약하여 설명한 글이다. 이는 마치 오늘날 수험생이 요약 정리한 학습내용

과도 같다. 이러한 요약본이 《논어》 곳곳에 보인다. 《論語 陽貨》편의
六言六蔽(육언육폐), 《論語 堯曰》편의 五美四惡(오미사악) 같은 내용은
《논어》의 일반적인 대화체 문장과는 많이 다르다. 이는 공자의 교훈
이 전수되는 과정에서 후대의 제자들이 기억하기 좋게 요약한 결과
물일 것이다.

141
극 벌 원 욕 불 행 언
克伐怨欲不行焉

이기려 하기, 자만, 원망, 탐욕의 악행을 아니하다.

[원문] 《論語 憲問》憲問恥. ~ "克伐怨欲不行焉, 可以爲仁矣?" 子
曰, "可以爲難矣, 仁則吾不知也."

[해석] 〈憲問〉은 《論語》 14번째 편명이고, 憲은 原憲(원헌)으로 人名이
며, 字는 子思이다.

　원헌은 공자에게 恥(치)가 무엇인가를 물었고, 이어 "남을 꺾어 누
르지 않고, 자만심을 부리지 않고, 남을 원망하지 않으며, 탐욕을 부
리지 않는다면 仁을 실천한 것이라고 말할 수 있습니까?"라고 물었
다. 이에 대하여 공자는 "그 4가지 실천도 매우 어려운 일이다. 그러
나 그것이 仁을 실천하는 것인지는 잘 모르겠다."라고 대답했다.

　사실 사회생활에서 꼭 남을 이겨야만 직성이 풀리는 사람이 있으
니, 억지를 부려서라도, 말도 안 되는 떼를 써서라도 상대방이 더 이
상 논쟁을 회피하면 자신이 이겼고 옳다고 생각한다. 이런 행동이 克

(이길 극)이다. 伐(칠 벌)
은 伐善(벌선, 자기 자랑)
이다.

顔淵(顔回)이 "선행
을 자랑하지 않고(無伐
善), 자신의 노고를 자
랑하지 않는다(無施
勞)."라고 말한 그 伐善
이다.[181]

'怨(원)은 남을 원망
하며 허물을 덮어씌우
기이다. 欲(욕)은 글자
그대로 탐욕스런 행동이다.'

原憲(원헌, 子思)
대만국립고궁박물관 소장

공자는 '너에게 그것도 어려운 일이다. 그것이 仁인가는 나도 모르
겠다.'라고 말한 뜻은 '그 정도로는 좀 부족하다. 그 정도의 일이 자
연스레 지켜져야지, 그것을 염두에 두고 꼭 그리하겠다며 행하는 것
은 아직 仁의 경지에 미달한 것이다.'라는 의미이며, 공자의 대답에
는 제자를 격려하는 뜻도 담겨 있는 것 같다.

본래 대장부는 은혜와 원수를 분명히 하나니(大丈夫恩怨分明), 은
혜를 입었으면 틀림없이 보답한다. 실제로 원한은 크고 작은 악행이

---

181 《論語 公冶長》顔淵季路侍. 子曰, "盍各言爾志?" 子路曰, ~ 顔淵曰, "願
無伐善, 無施勞." 子路曰, "願聞子之志." 子曰, "老者安之, 朋友信之, 少
者懷之."

문제가 아니고, 내 마음에 상처를 주었기 때문이다(怨不在大小而在傷心). 그렇기에 큰 원한은 잊을 수도 없지만, 작은 원한은 적당히 잊어버려야 한다.

그러나 지금 사람들은 자신의 뜻대로 성취하지 못하면 모두를 또 언제나 남의 탓으로 돌린다. 요즈음 젊은이들이 말하는 '헬 조선'이란 말이 그럴 것이다. 이는 마치 변비 환자가 화장실을 탓하는 것과 조금도 다르지 않다.

142
知者樂, 水, 仁者樂, 山
知者의 樂은 물과 같고, 仁者의 樂은 山과 같다.

[원문]《論語 雍也》子曰, "知者樂水, 仁者樂山. 知者動, 仁者靜. 知者樂, 仁者壽."

[해석] 漢文은 본래 띄어쓰기와 구독점이나 문장부호가 없는 글이다. 글을 배워 읽으면서 잠간 멈추며 숨을 쉬거나 문장이 끝난 곳에서 잠시 멈출 줄 알면 文理가 난 것이다.

위의 제목은 '知者는 물을 즐기고, 仁者는 산을 즐긴다.'라고 풀이하며, 간단히 '樂山樂水(요산요수)'라고도 축약한다. 知者의 知는 유동적이기에 물을 좋아할 것이라고 연결 짓고, 仁慈한 사람은 변함없는 산을 좋아한다고 그럴듯하게 설명하면 다 그런 것으로 받아들였다.

이에 대하여 莊子(장자)의 어투를 빌려 표현하자면, 메기나 미꾸라지, 자라 등은 모두 물을 좋아하니 그것들은 총명한 지혜를 가졌는가? 노루나 멧돼지, 호랑이 등은 산이 좋아서 뛰어다니니 모두 인자한 동물인가?

따라서 위 원문은 '知者樂, 水, 仁者樂, 山'이 되어야 한다는 주장이 있다. 곧 知者의 樂은 물과 같고, 仁者의 樂은 山과 같다. 곧 지자의 즐거움은 물처럼 유연하고 평안하며, 인자의 樂은 산과 같아서 崇高(숭고), 偉大(위대), 靜肅(정숙)하다는 뜻이다.

仁者의 8~90%가 산을 좋아한다는 일반적 특성이나 통계라도 있었는가? 인자한 사람은 산만 좋아하고 물은 싫어하는가? 언어도단이라는 생각을 많이 했지만 어렸을 때 학교에서 그렇게 배웠는데, 또 학교에서는 지금도 그렇게 가르치고 있으니 새로운 해석을 시도하는 것은 쉬운 일이 아니다.

그다음에 이어지는 문장은 知者는 動的이고, 仁者는 靜的이다. 知者는 즐기고, 仁者는 壽를 누린다. 여기에도 의문이 없겠는가?

143
<ruby>愛<rt>애</rt></ruby> <ruby>之<rt>지</rt></ruby> <ruby>欲<rt>욕</rt></ruby> <ruby>其<rt>기</rt></ruby> <ruby>生<rt>생</rt></ruby>
愛之欲其生

좋아하면 그가 살기를 바란다.

[원문]《論語 顔淵》子張問崇德辨惑. 子曰, "主忠信, 徙義, 崇德也. 愛之欲其生, 惡之欲其死. 旣欲其生, 又欲其死, 是惑也."

[해석] 子張이 德性을 提高(제고)하고 迷惑(미혹)에 빠지지 않을〔辨惑

(변혹)〕 방법을 물었다. 공자는 "誠實하며 信義를 지키는 것이 崇德(숭덕)이다. 좋아하는 자가 오래 살기를, 미워하는 자는 죽기를 바라고 있지만, 살기를 원하는 것과 죽기를 바라는 그런 것이 미혹이다."라고 말했다.

德이란 올바른 정신을 실천하는 의지이니, 자기의 인격을 수양하는 방법이 崇德이다. 숭덕은 개인 수양의 문제인데, 內心으로 聖人의 덕을 갖추는 것을 목표로 하기에, 이를 內聖(내성)이라 한다. 그리고 다른 사람의 수양을 돕는 것을 外用(외용)이라고 한다. 이는 유가사상에서 다루는 중요한 命題의 하나이다.

崇德의 방법, 곧 인격의 昇華(승화) 방안으로 공자는 忠과 信을 말했다. 忠은 마음이 곧아(直) 왜곡이 없이 자신과 남을 대하며 誠心을 다하는 것이다. 信은 自信과 信人이니, 언행에 대한 신뢰이다. 사실 자신의 인격 수양이나 대인관계에서 忠과 信보다 더 나은 것이 없을 것이다.

미혹은 감정에 휘말리는 것이니, 懷疑(회의)나 曖昧模糊(애매모호), 곧 흐리멍덩하여 판별 능력이 없는 상태이다. 그렇다면 그런 미혹의 상태가 아닌 것이 진정한 지혜라 할 수 있을 것이다. 자신의 주관을 확실히 하기, 곧 주체성과 일관성을 확립한다면 미혹에 빠지지 않을 것이다. 공자는 미혹의 예로 다른 사람이 살기를 바라는 애정과 죽기를 바라는 미움을 예로 들어 설명했다.

張三李四에 대한 애증보다도 가장 이해하기 쉬운 것은 남녀 애정상의 사랑과 미움이다. 이런 愛憎(애증)은 하나의 커다란 모순이다. 그리고 그런 애증의 변화는 순간이며, 왜 꼭 그러한지는 논리적으로 설명이 되지 않는다. 내가 그냥 좋으면 좋은 것이고 싫으면 싫은 것이지, 好惡(호오)를 어떻게 理性으로 설명할 수 있겠는가?

미혹은 인간의 감정뿐만 아니라 업무처리나 사업추진에도 똑같이 작용한다. 성공과 실패에는 그 대상에 대한 미혹이 작용한다. 愛之와 惡之(오지)는 인간의 가장 큰 결점이며 또한 어리석음이라고 말할 수 있다.

144
造次轉沛
조 차 전 패

아주 짧은 시간

[원문]《論語 里仁》子曰, "富與貴, 是人之所欲也, 不以其道得之, 不處也. ～. 君子去仁, 惡乎成名? 君子無終食之間違仁, **造次必於是, 顚沛必於是.**

[해석] 富貴는 모든 사람이 바라는 것이고 공자 또한 그럴 것이나 다만 정당한 부귀가 아니라면 누리지 말라고 했다. 공자에게 부귀는 浮雲과 같다고 하였다. 군자가 仁을 떠난다면 어떻게 명성을 얻을 수 있겠는가? 군자는 밥 한 끼를 먹는 짧은 시간일지라도 仁을 떠날 수 없다. 위급한 순간(造次)에서도 또 굴러 넘어지는〔顚沛(전패)〕짧은 시간일지라도 仁에서 벗어나서는 안 된다고 말했다.

군자에게 仁은 생명이다. 아주 위급한 순간이나 생존이 위협받는 상황에서도 亂世나 末世에서도 仁을 지키고 실천하라고 했다. 때문

에 군자는 '謀道(모도)하지 不謀食하고는 憂道(우도)하지 不憂貧해야
한다.'고 말했다.

145

유 여 자 여 소 인 난 양
唯女子與小人難養

侍妾과 小人은 함께 지내기가 쉽지 않다.

[원문]《論語 陽貨》子曰, "**唯女子與小人爲難養也**, 近之則不孫,
遠之則怨."

[해석] 위 원문을 깊이 생각하지 않으면 여자는 小人과 동격이며, 君子
가 가까이 해주면 시건방지게 기어오르고 좀 멀리하면 토라지고 원
한을 품는다는 의미이다. 이를 요즈음 말로 표현하면 남녀평등에 위
배되는 반 페미니즘(feminism)적이며, 반민중적인 발언으로 공자는
비난을 받을 만하다. 그러나 이러한 식의 해석은 문맥이나 당시 상황
을 고려하지 않은 해석이라고 한다.

　우선 여기서 女子의 범위가 누구냐를 먼저 생각해야 한다. 아내와
딸들도 포함되는가? 아내와 딸이 가까이하면 불손하고 좀 멀리 대하
면 원망하는가?

　여기서 여자는 侍妾(시첩)으로 한정하면 그 뜻이 무난하게 해석될
수 있다. 시첩이나 노비 같은 소인은 좀 귀여워하거나 친근하게 생각
해주면 버릇없이 방자한 짓을 한다. 그래서 좀 멀리하면 금방 삐지며
원한을 품는다. 충분히 이해할만 하다.

그 당시 여자는 정상적인 교육을 받을 수 없었다. 학문적 교양이나 소양을 얻으려 하지도 않았다. 소인은 자아의식 자체가 없어 무슨 자각이나 향상을 위한 노력이 없었다. 그러니 군자가 소인이나 시첩과 함께 생활하거나 그들을 가르치기 어렵다는 말을 할 수 있다.

남녀 노비는 공자 이후 20세기 말까지도 매매의 대상이 되는 '살아 움직이는 재산'으로 취급되었다. 그런 노비들의 생활과 문화의식 수준을 이해한다면 공자의 이 말은 매우 현실적이었지 비난을 받을 정도는 아니라고 생각한다.

공자는 세 살 때 아버지를 여의고 홀어머니 밑에서 성장했고, 젊었을 적에 어머니까지 돌아가셨으니 그 모친에 대한 감정이 얼마나 애틋했겠는가는 미루어 짐작할 수 있다. 또 공자는《논어》에서 제자들에게 孝悌(효제)를 강조했고, 또 여러 제자들이 물음에 효도를 설명해 주었지만 아버지에 대한 효도만을 강조한 어떤 말도 없었다. 그렇다면 공자는 男尊女卑(남존여비)의 인식을 갖고 있지 않았다고 보아야 한다.

146
조 이 불 망
釣而不網

낚시는 했지만 그물로 잡지는 않았다.

[원문]《論語 述而》子釣而不網, 弋不射宿.

[해석] 공자의 제자가 공자의 생활을 메모한 구절이나 좀 생각의 여지

가 있다.

공자는 낚시로 물고기를 잡았지만 그물로 훑지는 않았고, 잠자리에 든 새를 주살로 쏘지 않았다는 뜻이다.

공자가 생업을 위해, 아니면 副食을 얻으려고 물고기를 잡지는 않았다면 낚시를 즐겼다고 할 수 있다. 아니면 젊어 빈천했기에 祭物 (제물)을 얻기 위해 낚시는 했지만 그물로 잡지 않았다는 뜻인가? 그물로 훑는 것이 군자답지 않았다는 뜻이겠는가? 고기잡이를 생업으로 하는 어부에게 들려줄 말은 아니다.

弋(주살 익)은 끈을 맨 화살인데, 물론 숨어서 쏘아야 한다. 宿은 宿鳥(숙조), 곧 잠자리에 든 새이다. 새가 잠을 잘 때, 곧 무방비일 때, 不意의 공격을 하지 않는다는 뜻이니, 새와 같은 미물에 베푸는 仁德이라고 생각할 수 있다. '미물에게도 이런 仁心을 갖고 있었으니, 하물며 사람에게는 어떻겠는가?' 라는 주석이 있다.

낮에 잠을 자는 새가 있는가? 새도 어두워진 다음에 나뭇가지 속에서 잠을 잔다. 하여튼 밤에는 주살(弋)을 쏠 수 없다.

147

“傷人乎?” 不問馬
<small>상 인 호   불 문 마</small>

"사람이 다쳤는가?" 말에 대해서는 묻지 않았다.

[원문] 《論語 鄕黨》廐焚. 子退朝曰, “傷人乎?” 不問馬.

[해석] 이 구절은 좀 논란이 있는 구절이다.

공자의 마구간(廐, 마구간 구)이 불탔다. 공자가 退朝해서는 "사람이 다쳤는가?"라고 물었지만 말(馬)에 대해서는 묻지 않았다.

모든 일에 輕重(경중)과 先後가 있을 것이다. 그래도 최우선 가치는 사람이다. 비록 하등의 노비지만 사람이 죽거나 다치지 않았는가를 염려하였다. 人命이 우선이나 가축도 소중하고 그 생명을 함부로 빼앗을 수 없다고 생각한 공자였다.

이 구절의 일반적인 해석과 달리 「傷人乎不? 問馬」로 해석해야 한다는 주장도 있다. 이렇게 되면 "사람이 다쳤나 안 다쳤나? 그리고 말에 대하여 물었다."로 풀이할 수 있다.

사실 말은 주요한 재산이었고, 말의 부상 역시 중요한 문제였을 것이다. '말에 관하여 묻지 않았다.' 보다는 좀 더 합리적이고 人情上 그래야 할 것이다.

2. 義와 勇

　　현대사회에서는 正義가 윤리 영역 이외에 사회질서나 분배, 정치 분야에까지 두루 쓰이게 되면서 정의의 개념이 매우 폭넓게 확대되었다. 그리하여 正義에 대한 定義(정의)에서부터 정의의 선택과 功利, 共同善의 실천에 이르기까지 얼마나 효과적인 정의인가를 생각하게 된다.

　　유가의 5가지 덕목(仁, 義, 禮, 智, 信)의 하나인 義는 선비나 바른 행실의 사나이가 반드시 마음에 새겨두고 실천해야 할 덕목으로 인식되어왔다. 그렇다면 孔子는 정의를 어떻게 보았는가?

148

<ruby>見<rt>견</rt></ruby> <ruby>義<rt>의</rt></ruby> <ruby>勇<rt>용</rt></ruby> <ruby>爲<rt>위</rt></ruby>

見義勇爲

대의를 알았으면 용기 있게 실천해야 한다.

[원문]《論語 爲政》子曰, "非其鬼而祭之, 諂也. **見義不爲, 無勇也.**"

[해석] 모셔야 할 조상의 神이거나 받들어야 할 귀신도 아닌데 제사를 지낸다면 그것이 바로 아첨이라고 공자께서 말씀하셨다. 또 대의를 알면서도 실천하지 않는다면 용기가 없는 것이라고 말했다. 아첨에 관한 언급을 생략하고 의를 보고서도 실천하지 않는다면 용기가 없다고 간단히 말했다.

勇氣 – 군자나 仁者에게 필요한 용기는 무엇일까? 분명, 전장을 누비는 장군의 용기와 다른 차원일 것이다. 匹夫(필부)일지라도 용기가 필요하다. 필부일망정 怯夫(겁부) 소리를 들어서는 안 된다. 군자가 나아갈 길에 대하여 공자는 3가지를 말하면서 자신이 그것을 실천하지 못했다고 겸손하게 말했다. 곧,

"군자가 밟아나갈 道가 3가지이니, 나는 그 하나도 제대로 실천하지 못했다. 仁者는 우려하지 않고, 知者는 현혹되지 않으며, 勇者는 두려워하지 않는다."[182]

여기서 君子는 知, 仁, 勇을 다 겸비해야 한다. 이는 공자가 이미 《論語 子罕》편에서도 말했다.[183]

---

182 《論語 憲問》子曰, "君子道者三, 我無能焉, 仁者不憂, 知者不惑, 勇者不懼." 子貢曰, "夫子自道也."

183 《論語 子罕》子曰, "知者不惑, 仁者不憂, 勇者不懼."

정당하거나, 지키고 실천할 도리를 보고서도 실천하지 못한다면 용기가 없고 유약한 것이니, 그 실천을 간략히 말한다면 '見義勇爲'라고 할 수 있다. 분명 공자에게도 용기는 仁과 知와 함께 매우 중요한 덕목이었고 그 실천이 부족할까 걱정하였다.

공자는《中庸》에서도 "知, 仁, 勇은 천하의 達德(달덕)이며 그 실천은 모두 마찬가지이다."라고 하였다.[184]

공자가 이처럼 勇을 중시한 것은 실천의지를 강조한 것이다. 나약한 이론이나 空論이 아닌, 곧 알고 있는 바른길, 대의의 실천이다. 실천할 용기가 없는 지식인이라면 그저 부뚜막이나 찬장 안 항아리에 들어있는 소금과 같을 뿐이다.

여기서 다르게 생각하여, 곧 실천할 용기가 있으나 義롭지 못하다면?《論語》에서는 이에 대해 분명히 강조하고 있다.

자로가 공자에게 "군자도 용기를 중시합니까?"라고 물었다. 이에 공자께서 말씀하셨다.

"군자는 대의를 제일로 숭상하는데, 군자가 용기는 있으나 義氣가 없다면 혼란만을 일으키고, 소인이 용감하나 의기가 없으면 도적이 된다."[185]

고대의 禮는 道義의 구체적인 규범이었다. 군자는 용기는 있으나 무례한 자를 미워한다고 하였다.[186]

....

184《中庸》知仁勇三者, 天下之達德也, 所以行之者一也. 或生而知之, 或學而知之, 或困而知之, 及其知之一也. 或安而行之, 或利而行之, 或勉强而行之, 及其成功一也."

185《論語 陽貨》子路曰, "君子尙勇乎?" 子曰, "君子義以爲上, 君子有勇而無義爲亂, 小人有勇而無義爲盜."

186《論語 陽貨》子貢曰, "君子亦有惡乎?" 子曰, "有惡, 惡稱人之惡者, 惡居下流而訕上者, 惡勇而無禮者, 惡果敢而窒者."

이상을 종합하면, 대의를 보고도 실천하지 못하면 용기가 없다는 뜻임을 이해할 수 있을 것이다. 大義는 勇氣의 근거나 표준이 되고, 용기는 대의를 실현하는 역량이 아니겠는가?

149

<ruby>君<rt>군</rt></ruby><ruby>子<rt>자</rt></ruby><ruby>義<rt>의</rt></ruby><ruby>以<rt>이</rt></ruby><ruby>爲<rt>위</rt></ruby><ruby>上<rt>상</rt></ruby>
君子義以爲上

君子는 道義를 숭상한다.

[원문] 《論語 陽貨》 子路曰, "君子尙勇乎?" 子曰, "君子義以爲上, 君子有勇而無義爲亂, 小人有勇而無義爲盜."

[해석] 子路는 공자 제자 중 씩씩한 武人이었다. 자로는 勇(용)에서는 누구보다도 최고라는 자부심을 갖고 있었다. 자로가 공자에게 君子도 勇氣를 숭상하는가를 물었다.

이에 공자는 "군자는 도의를 숭상하는데, 군자가 용기만 있고 도의를 모른다면 作亂(작란)하게 되고, 소인이 용감하지만 도덕심이 없다면 도적이 된다."고 말했다.

위 원문에서 군자는 고위 관리직을 의미한다.

군자는 大義를 바탕으로 삼고 禮를 갖춰 행동하며, 겸손으로 뜻을 표현하며 誠信으로 인격을 완성하는 사람이다.[187] 사람이 용감하지

---

187 《論語 衛靈公》 子曰, "君子義以爲質, 禮以行之, 孫以出之, 信以成之. 君子哉!"

만 예의를 모른다면 혼란만을 야기한다고 하였다.[188] 또 군자가 好勇하나 不好學하면 혼란을 야기할 폐단이 있다고 하였다.[189]

본래 치욕을 안다면 勇에 가깝다고 하였다(知恥近乎勇). 그렇더라도 용기는 지혜만 못하고(有勇不如有智), 지혜는 학식만은 못하다(有智不如有學). 용기에는 의리가 꼭 있어야 하고(義理之勇不可無), 혈기에 따른 용기는 안 된다(血氣之勇不可有). 好漢은 지난날의 용기를 자랑하지 않고(好漢不提當年勇), 패장도 지난날에 용감했다고 말할 수 없다(敗將不談當年勇).

150

견 리 사 의　　견 위 수 명
見利思義 見危授命
이득에 의리를 생각하고, 위기에 목숨을 내주다.

[원문] 《論語 憲問》 子路問成人. 子曰, "若臧武仲之知, 公綽之不欲, 卞莊子之勇, 冉之藝, 文之以禮樂, 亦可以爲成人矣." 曰, "今之成人者何必然? **見利思義, 見危授命,** 久要不忘平生之言, 亦可以爲成人矣."

----

188 《論語 泰伯》 子曰, "恭而無禮則勞, 愼而無禮則葸, 勇而無禮則亂, 直而無禮則絞.~.
189 《論語 陽貨》 子曰, "由也! 女聞六言六蔽矣乎?"~ 好仁不好學, 其蔽也愚, ~ 好勇不好學, 其蔽也亂,~.

冉求(염구, 冉有)
대만국립고궁박물관 소장

[해석] 공자 제자 子路가 成人(全人, 바른 인격의 소유자)가 어떤 사람
인가에 대해 물었다. 이에 공자는 "臧武仲(장무중, 魯의 大夫)의 지혜
와 孟公綽(맹공작, 魯의 대부)의 청렴, 卞莊子(변장자, 魯 卞邑의 대부)의
용기에, 冉求(염구, 공자의 제자)와 같은 재능을 고루 다 갖추고 예악의
기본에 맞게 행동한다면 인격을 갖춘 사람이라 할 수 있다."라고 말
했다.

그리고 이어 "이 시대의 成人이 꼭 그러해야겠는가? 이득이 있을

때 義理를 생각하고, 위난에 처했을 때 자신의 생명을 내줄 수 있고 (授命, 致命), 일상생활에서의 약속을 잊지 않고 지킬 수 있다면 그 또한 成人일 것이다."라고 말했다.

보통 사람이 지혜와 청렴, 용기와 재능을 고루 다 갖춘다는 것은 결코 쉬운 일이 아니다. 그래서 공자는 이득을 얻을 때 의리에 맞는가를 살펴보고, 다른 사람이 위난에 처했을 때 목숨이라도 내줄 각오로 구원하고 평생의 오랜 약속을 잊지 않고 실천하는 그런 사람이라면 바른 인격의 소유자라고 말했다.

위 원문에서 '文之以禮樂'의 文은 '꾸미다'의 뜻이다. 행실예악의 근본에 입각한 행동을 말한다. 卞莊子〔변장자, 卞嚴(변엄)〕는 魯나라 卞邑(변읍)의 大夫였는데 모친이 살아있을 때 三戰三敗하면서도 죽지는 않았다. 그 뒤에 모친이 천수를 다하고 죽은 다음에 자원하여 전투에 나갔고 용감히 싸우다가 전사하였다.

151
군 거 종 일   언 불 급 의
群居終日 言不及義

종일 모여지내며 大義를 말하지 않는다.

[원문]《論語 衛靈公》子曰, "群居終日, 言不及義, 好行小慧, 難矣哉!"

[해석] 보통 사람 일족일문이 모여 생활하고 마을 사람이 한데 모여 살아가면서 먹고 마시며 인생살이의 이런저런 이야기를 하고, 그러면

서 서로에게 작은 은혜를 베풀고 감사하며 살아가는 것은 지극히 정상이다.

그러나 어떤 危難(위난)을 당하거나 국가나 사회적으로 심각한 문제에 봉착했을 때, 지식인이나 지도층이 정의를 말하지 않고 잡기 자랑이나 酒色으로 시간을 보낸다면(好行小慧) 어떻겠는가?

君子는 大義의 바탕 위에 禮에 맞게 행동하며 공손하게 말하고 신의를 지키는 것이 군자의 일상생활이다.[190] 그런데 지도층이나 지식인이 서로 말꼬리나 잡아 씨름하며 지저분한 시비를 따져 분열한다면 어찌해야 하는가? 지도층이 정의나 정도를 말하지 않는다면, 小利나 탐하면서 대의를 위하는 척한다면? 정말 어쩔 수 없을 것이다. 정말 딱할 것이다!(難矣哉) 이는 공자의 탄식이다.

'群居終日하면서 言不及義' 하는 것과 비슷한 상황이 '飽食終日(포식종일)하면서 無所用心(무소용심)' 하는 것이다. 먹고 자고, 끼고 놀면서 아무 일에도 마음 쓰지 않는, 옛날 시골의 부잣집 노인네(富家翁)의 생활이 그럴 것이다. 결국 백세 부가옹은 자신의 한평생이 마치 바람 한 번에 날려 사라지는 꽃과 같은 것(人生百歲翁 似花飛一陣風)을 모르고 살아간다.

孟子도 이러한 생활은 금수와 같다고 하였다. 곧 "배불리 먹고 따듯한 옷에 편안하게 놀면서 자식을 가르치지도 않는다면, 곧 禽獸(금수)와 같다. 그래서 성인은 이를 걱정하여 契(설)을 司徒(사도)로 삼아 인륜을 가르치니, 곧, 父子有親, 君臣有義, 夫婦有別, 長幼有序, 朋友

---

190 《論語 衛靈公》子曰, "君子義以爲質, 禮以行之, 孫以出之, 信以成之. 君子哉!"

有信이다." [191]

지금은 옛날보다 훨씬 더 심할 것이다. 오늘날 상류계층이나 부자들의 행태가 그럴 것이다. 본래 부잣집 아들들은 교만이 많고(富家子弟多驕), 권세가 아들들은 오만이 많다(貴家子弟多傲)고 하였지만, 이들은 정말 '言不及義하고 無所用心' 하는 부류일 것이다.

152
歲寒然後知松柏
세 한 연 후 지 송 백

날이 추워진 뒤에 松柏을 알 수 있다.

[원문]《論語 子罕》子曰, "歲寒然後知松柏之後彫也."

[해석] 松은 군자의 지조를 상징할 수 있는 나무다. 곧게 쭉 자란 老松을 보면 畏敬(외경)의 마음이 든다. 관상용으로 일부러 구불구불 전지하여 키운 소나무는 아마 소나무의 본성을 잃었는지도 모른다.

柏(백, 栢은 俗字)은 보통 잣나무라 하여 소나무의 형님 정도로 생각한다. 구불구불 자라는 잣나무를 필자는 아직 못 보았다. 보통 약간 응달진 산비탈에 잣나무 숲이 만들어진다. 그런데 공자가 말한 柏

----

191 《孟子 滕文公 上》～ 后稷教民稼穡 樹藝五穀 五穀熟而民人育 人之有道也 飽食煖衣 逸居而無敎 則近於禽獸 聖人有憂之 使契爲司徒 敎以人倫 父子有親 君臣有義 夫婦有別 長幼有序 朋友有信. ～

(栢)은 측백나무이니, 側柏(측백)과 扁柏(편백)의 총칭이다.

彫(새길 조, 시들다)는 凋(시들 조)와 같다. 彫落(조락, 凋落)이라는 말을 흔히 쓴다. 소나무가 잎이 지지 않는 것은 아니다. 봄에 피어난 솔잎은 다음 해에 떨어진다. 다만 겨울에도 솔잎이 푸르기에 잎이 지지 않는다고 생각할 뿐이다. 날이 추워지고 눈이 천지를 뒤덮었을 때 유일하게 푸른 소나무와 잣나무는 푸른 잎을 떨구지 않는다. 그래서 간단히 '松柏後彫(송백후조)'라고도 말한다.

겨울 혹한과 白雪은 嚴酷(엄혹)한 시련이며 검증이다. 한여름에는 활엽수가 더 번성하고 푸르며, 잎도 무성하고 그 나무 그늘이 더 시원하고 좋다. 그러기에 소나무가 드러나지 않는다. 마찬가지로 군자와 소인이 함께 섞이면 군자의 장점은 묻혀서 드러나지 않는다.

군자는 난세에 또 역경 속에 지조와 절조를 지키며 世波(세파)를 따라 떠내려가지 않는다. 그래서 군자인 것이다. 백설 속에 우뚝 선 獨也靑靑(독야청청) 소나무이다. 이와 비슷한 뜻으로 '疾風에 억센 풀〔勁草(경초)〕을 알 수 있고, 나라가 어지러울 때〔板蕩(판탕)〕충신을 알아볼 수 있다(疾風知勁草 板蕩識忠信).'라는 말이 있다.

제주도에 유배 간 秋史 金正喜(김정희)는 온 천지가 백설에 묻혔는데, 눈 속에 우뚝 선 소나무의 장한 모습을 그렸고 跋文(발문)을 지었다. 우리가 보통 〈歲寒圖〉라고 부른다. 이런 畵題(화제)를 찾을 수 있던 것은 그가 유배 중이었고, 또 눈이 많은 濟州에서 겨울을 지냈기에 가능했을 것이다.

추사 김정희는 소나무를 좋아했다. 충남 禮山郡의 추사 생가에도 추사가 중국에서 가져와 심었다는 白松이 있다. 서울 헌법재판소 경내에도 천연기념물 白松이 있다.

　시련과 위기를 겪어봐야 우정을 알 수 있다. '뜨거운 불속에서야 진짜 황금이 보이고(熱火現眞金), 환난에 절친한 친우를 볼 수 있다(患難見知交).'고 하였으니, 고생할 때 부부처럼(艱苦夫妻) 환난 속의 우정은 잊을 수 없다(患難之交不可忘).
　눈이 내리면 숯을 보내고(雪裏送炭), 삼복에는 부채를 선물하는(三伏送扇) 것이 보통의 인정이다. 그렇지만 눈 속에 숯을 보내는 사람은 적고(雪中送炭人間少), 비단옷 입은 사람에게 꽃을 보내는(錦上添花世上多) 사람만 많이 있다. 제비나 참새가 큰기러기나 고니의 뜻을 어찌 알겠는가(燕雀焉知鴻鵠之志)! 군자의 지조는 역경을 거치면서 더욱 견고해진다.

김정희필 세한도(金正喜筆 歲寒圖)
국보 제180호, 가로 69.2cm, 세로 23cm, 출처 : 문화재청

153

<ruby>匹<rt>필</rt></ruby> <ruby>夫<rt>부</rt></ruby> <ruby>不<rt>불</rt></ruby> <ruby>可<rt>가</rt></ruby> <ruby>奪<rt>탈</rt></ruby> <ruby>志<rt>지</rt></ruby> <ruby>也<rt>야</rt></ruby>

匹夫不可奪志也

필부일지라도 그 뜻을 빼앗을 수 없다.

[원문]《論語 子罕》子曰, "三軍可奪帥也, **匹夫不可奪志也.**"

[해석] 三軍은 대군이니, 지금으로 말하면 1개 군단 규모라 할 수 있다. 삼군이 패배하면 그 장수야 죽일 수도 있지만 필부의 용기나 大志는 빼앗을 수 없다는 말이다. 仁道 구현을 목표로 하는 君子의 신념은 결코 빼앗을 수 없다는 뜻이다.

그래서 曾子는 "士는 그 뜻이 넓고 강해야 하나니(弘毅), 임무는 重하고 실천할 길은 멀다(任重而道遠). 仁을 자신의 책무로 생각하니 무겁지 않은가? 죽은 다음에야 그 임무에서 벗어날 수 있으니 멀지 않은가?"라고 말했다.[192]

증자는 또 存亡(존망)의 위기에서도 大節을 지켜야만 군자라고 하였으니,[193] 군자는 惡과 타협하시 않는다는 신념과 함께 강한 주체의식을 갖고 있어야 할 것이다. 비록 匹夫(필부)라 할지라도 그가 굳은 빼앗길 수 없는 지조를 지킨다면, 그가 바로 대장부일 것이다.

누가 대장부인가? 우락부락하고 힘 좀 쓰고, 큰소리도 좀 치며, 호탕하게 한턱 쏠 줄도 알면 대장부일까? 대장부가 뱉은 말 한마디는

---

192 《論語 泰伯》曾子曰, "士不可以不弘毅, 任重而道遠. 仁以爲己任, 不亦重乎? 死而後已, 不亦遠乎?"

193 《論語 泰伯》曾子曰, "～ 臨大節而不可奪也, 君子人與? 君子人也."

孟子(맹자)
대만국립고궁박물관 소장

흰 천을 검게 물들인 것과 같으니(大丈夫一言出口 如白染皂), 그 뜻
을 다시 번복할 수 없다. 대장부는 제때에 결단을 내리고(大丈夫當機
立斷), 대장부는 자기 뜻을 실천하며(大丈夫各行其志), 대장부는 자
기가 한 일에 대한 책임을 진다(好漢做事好漢當). 그러하기에 孟子가
말했다.

"天下의 大道를 행하면서 得志하여도 백성과 함께하고, 뜻을 얻지
못해도 홀로 자신의 道를 지켜나간다. 富貴에 마음이 물렁해지지 않
고, 貧賤(빈천)에 뜻을 바꾸지 않으며, 어떤 威勢(위세)에도 굴복하지
않아야만 대장부이다."[194]

----

194 《孟子 滕文公章句 下》居天下之廣居 立天下之正位, 行天下之大道, 得志
與民由之, 不得志 獨行其道. 富貴不能淫, 貧賤不能移, 威武不能屈, 此之
謂大丈夫.

3. 禮와 樂

공자는 인간의 삶에서 禮의 필요성과 중요성을 깊이 인식했었다. 공자 자신이 禮를 공부하고 제자들에게 가르쳤으며, 실천을 강조한 것은 禮가 인성을 순화하는 방법이며 군자의 품위 있는 언행에 필요했기 때문이다. 그리고 사회 구성원 간의 갈등 완화와 안정 추구라는 현실적 목적에도 부합했기 때문이었다. 禮는 禮儀, 禮法, 禮制 등의 뜻으로 쓰이며《論語》에 자주 언급되었다.

고대 중국인의 생활상의 규범이나 습속과 행위의 準則이 바로 禮이다. 天子의 祭天, 조정에서의 의론, 의례나 행사는 모두 정해진 틀이 있었다. 제후의 會盟(회맹), 전쟁, 혼례나 장례는 물론 일상생활의 식사와 起居 역시 禮의 일부였다. 손님을 맞이하기는? 물론 당연히 예법에 따라야 했다. 사회의 계급이나 신분질서에 따라 貧賤(빈천) 역시 禮이었다. 빈민이나 천민이 어쩌다 돈을 벌었다 하여 비단옷을 입는다? 당연히 예법에 어긋나는 일이다. 그러니 禮를 모르고서는 어떻게 사회생활을 하고 단 하루인들 살 수 있겠는가?

사회생활의 기본으로 도덕과 예의를 생각할 수 있다. 또 '예의를 모르는 사람'이라면 아마 성공적인 사회생활은 어려울 것이라고 생각할 수도 있다. 공자에게 禮는 仁만큼이나 중요하며 인과 절대적으로 분리할 수도 없는 덕목이었다.

154

입 어 례
立於禮

禮를 지켜 立身하다.

[원문]《論語 泰伯》子曰, "興於詩, **立於禮**, 成於樂."

《論語 季氏》陳亢問於伯魚曰, "子亦有異聞乎?"～ 他日, 又獨立, 鯉趨而過庭. 曰, '學禮乎?' 對曰, '未也.' '**不學禮, 無以立.**' 鯉退而學禮.

《論語 堯曰》孔子曰, "不知命, 無以爲君子也, **不知禮, 無以立也**, 不知言, 無以知人也."

[해석] 俠義(협의)의 禮는 예절과 儀式(의식)이다. 廣義(광의)로는 정치제도, 사회생활, 도덕질서 등 문화 전반에 걸친 규범이다. 때문에《禮記》는《五經》중 가장 방대한 분량이다.《禮記 曲禮》는 개인의 예절을 설명한 부분인데, '曲禮三千'이라는 말이 있을 정도로 번잡하다.

하여튼 나라의 백성이 '恭儉莊敬(공검장경)' 하다면 이는 禮에 의한 教化, 곧 禮教의 결과라고 말할 수 있다.

禮는 생활을 기반으로 만들어진 제도라고 볼 수 있기에 시대에 따라 약간씩 달라졌다. 그래서 공자는 '夏, 殷, 周의 禮가 전대의 禮를 약간씩 변용하였기에 周代 이후의 禮가 어떨 것이라는 것을 알 수 있다.' 고 말하였다.[195]

周는 宗法을 기반으로 국가 질서를 갖추었다. 大宗과 小宗의 구분에서부터 천자에서 경대부와 서민에 이르기까지 신분의 고저에 따라 생활의 모든 것에 예법이 있었다. 나라와 개인의 吉禮와 凶禮(흉례), 賓禮(빈례), 軍禮, 嘉禮(가례) 등에 모든 절차와 행위에 대한 제약이 있었다. 그러니 이런 예를 모르고서는 사회생활을 할 수 없었다. 때문에 공자는 아들 鯉〔孔鯉(공리)〕에게 "예를 배우지 않으면 사회생활을 할 수 없다(不學禮 無以立)."고 말했고, 공리는 禮를 배웠다.

공자는 仁과 禮를 하나로 통합하여 생각하였다. 그래서 "사람이 不仁하다면 禮가 무슨 소용이 있느냐?"고 하였다.[196] 사람의 본성으로 언급한 仁은 진실한 마음으로 善으로 나아가는 自覺 力量이고, 禮는 성심을 기초로 형성되는 확실한 도덕 세계라고 생각하였다. 때문에 誠心과 진심이 결여된 禮라면 아무 쓸모가 없다고 말한 것이다. 또 하나의 예로, 3年喪에 대해서도 居喪 기간에 맛있는 것을 먹어도 그 맛을 모르는 것이 바로 자식의 마음이며 부모의 돌봄에 대한 최소한의 誠心이라고 말했다.

----

195 《論語 爲政》子張問十世可知也. 子曰, "殷因於夏禮, 所損益, 可知也, 周因於殷禮, 所損益, 可知也. 其或繼周者, 雖百世, 可知也."

196 《論語 八佾》子曰, "人而不仁, 如禮何? 人而不仁, 如樂何?"

공자는 안회가 어떻게 하면 仁을 실천할 수 있느냐고 물었을 때 공자는 "克己復禮(극기복례)가 仁의 실천이라면서, 禮가 아니면 보고 듣거나 말하거나 행동하지도 말라."고 하였으며,[197] 사람은 모든 행동은 예에 의거 조절된다고 생각하였다. 그리고 禮가 지켜지지 않는다면 어떤 결과를 낳는가에 대해서도 구체적으로 설명하였다.[198]

그리고 이러한 禮는 樂과 결합하여 하나로 배우고 실천할 때 진정한 成人이 될 수 있다고 하였다.[199]

155
禮讓爲國
<small>예 양 위 국</small>

예의와 겸양으로 나라를 다스리다.

[원문] 《論語 里仁》 子曰, "能以禮讓爲國乎? 何有? 不能以禮讓爲國, 如禮何?"

[해석] 공자가 말했다. "禮讓(예의와 겸양)으로 나라를 다스릴 수 있는

....

197 《論語 顔淵》 顔淵問仁. 子曰, "克己復禮爲仁. 一日克己復禮, 天下歸仁焉. 爲仁由己, 而由人乎哉?" ~ 子曰, "非禮勿視, 非禮勿聽, 非禮勿言, 非禮勿動." ~

198 《論語 泰伯》 子曰, "恭而無禮則勞, 愼而無禮則葸, 勇而無禮則亂, 直而無禮則絞. 君子篤於親, 則民興於仁, 故舊不遺, 則民不偸."

199 《論語 憲問》 子路問成人. 子曰, "若臧武仲之知, 公綽之不欲, 卞莊子之勇, 冉之藝, 文之以禮樂, 亦可以爲成人矣." 曰, "今之成人者何必然? 見利思義, 見危授命, 久要不忘平生之言, 亦可以爲成人矣."

가? 무슨 어려움이 있겠는가? 禮讓으로 다스릴 수 없다면 禮를 무엇 때문에 실천하겠는가?"

禮는 나라와 사회와 가정 어디에든 필요하고 그 禮에 의거 운영된다. 守禮와 겸양으로 나라를 다스리는 것은 하나도 어렵지 않다. 어쩌면 이는 공자의 희망사항일 것이다.

엄격한 법으로 백성을 폭압적으로 다스린다면 금방이야 효과가 나타날지 모르지만, 또 예의와 겸양으로 다스리면 나라에 권위가 서지 않아 어려울 것 같지만 공자의 신념은 확실했다. 예의와 염치, 겸손과 양보로 다스리는데 어떤 백성이 안 따라오겠는가? 禮의 효용성에 대한 공자 신념의 일단을 알 수 있다.

156
부 이 호 례
富而好禮

부유하면서도 禮를 즐겨 실천하다.

[원문] 《論語 學而》 子貢曰, "貧而無諂, 富而無驕, 何如?" 子曰, "可也, 未若貧而樂, **富而好禮者也.**" 子貢曰, "詩云, '如切如磋, 如琢如磨', 其斯之謂與?" 子曰, "賜也, 始可與言詩已矣, 告諸往而知來者."

[해석] 子貢(자공)이 물었다. "가난하지만 아첨하지 않고(諂은 아첨할 첨), 부자이지만 교만하지 않다면 어떻겠습니까?"

이에 공자께서 말씀하셨다. "좋은 일이다. 그러나 가난하지만 즐거워하고, 부자이지만 예의 실천을 좋아하는 사람만 못 할 것이다."

그러자 자공의 학식과 재치가 번득인다. "《詩》에 나오는 切磋琢磨(절차탁마)가 바로 이런 뜻입니까?"

이에 공자가 칭찬하였다. "자공은 나와 《詩》를 이야기할 수 있다. 지난 것을 말해주니 앞으로 있을 일을 알고 있다."

자공은 공자 문도 중에서 가장 수완이 뛰어났고 상당한 富를 축적하였다. 그런 자공 자신이 '富而不驕(부이불교)'의 뜻을 夫子에게 말씀드렸다. 그러자 공자는 그보다 한층 더 높은 경지인 '富而好禮'를 말해주었다. 그런 스승의 가르침을 자공은 금방 이해하고 받아들이면서 《詩經》의 '有匪君子여! 如切如磋하며, 如琢如磨로다.'의 구절을 말했다.

이 시 구절은 《詩經 衛風 淇澳(기오)》편이다. 切(절)은 玉을 잘라내고, 磋(차)는 갈아 다듬으며, 琢(탁)은 옥을 쪼아내어 무늬를 만들고, 磨(마)는 곱게 갈아 광택을 내는 작업이다. 이를 간단히 '절차탁마'라 하는데, 군자의 부단한 硏學(연학)과 인격 수양을 의미한다.

사람은 지위가 높거나, 부유하거나, 아니면 박사라면서 지식이 많다고, 또는 상대방보다 나이가 많아도, 하다못해 남보다 힘이 조금만세어도 약자 앞에 교만해지기 쉽다. 그러니 교만하지 않다는 것도 대단하지만, 그런 사람이 예의를 지키며 실천한다면 더욱더 훌륭할 것이다. 好禮는 無驕보다 더 높은 境地일 것이다.

'富貴한데다가 교만하다면 스스로 허물을 짓는 것이다(富貴而驕 自遺其咎).'라고 老子도 교만을 질타했다.[200]

----

200 《老子道德經》9章 : 持而盈之, 不如其已. 揣而銳之, 不可長保. 金玉滿堂, 莫之能守. 富貴而驕, 自遺其咎. 功成身退, 天之道.

157

회 사 후 소
繪事後素

바탕을 희게 칠한 뒤에 그림을 그린다.

[원문]《論語 八佾》子夏問曰, 「巧笑倩兮, 美目盼兮, 素以爲絢兮.」 何謂也?" 子曰, **"繪事後素."** 曰, "禮後乎?" 子曰, "起予者商也! 始可與言詩已矣."

[해석] 倩은 예쁠 천, 예쁘게 웃는 모습. 盼은 눈이 예쁠 반, 눈웃음치다(動目貌). 絢은 무늬 현, 곱다. 문채 나는 모양(文貌)이다.

'곱게 웃는 예쁜 미소(巧笑倩兮), 고운 눈빛의 미소(美目盼兮)' 二句는《詩經 衛風 碩人》의 구절이다. 흰 바탕 위에 뚜렷한 무늬(素以爲絢兮)의 一句는 전해오지 않는 逸詩(일시)의 구절이다.

繪事後素를 직역을 하면 '채색으로 그림 그리기는 바탕을 희게 칠한(素) 다음의 일'이다. 繪는 그림을 그리다. 무늬를 놓다(畫文也). 먼저 바탕을 희게 한 뒤에 여러 색으로 그림을 그린다. 이를 먼저 채색을 한 뒤에 그 사이사이에 흰색을 칠한다고 옮기면 事理가 안 맞는다. 고운 자태의 미인이라도 바른 심성을 갖춘 뒤에(素) 禮를 갖추어야(繪事) 그 미모가 돋보인다는 의미로 새겨도 된다.

"起予者商也! 始可與言詩已矣."는 子夏(卜商)가 나의 뜻을 충분히 이해하니 함께《詩經》의 詩를 논할 수 있다는 뜻이다.

158

예 여 기 사 야   영 검
禮與其奢也, 寧儉

예는 사치하기보다는 차라리 검소한 것이 낫다.

[원문]《論語 八佾》林放問禮之本. 子曰, "大哉問! 禮, 與其奢也寧儉, 喪, 與其易也寧戚."

卜商(복상, 子夏)
대만국립고궁박물관 소장

[해석] 魯나라 사람 林放(임방, 字 子丘, 공자의 제자 여부는 논란이 있다.)이 공자에게 禮의 본질에 대하여 물었다. 아마 당시에 예가 형식에 치우쳤기 때문일 것이다. 이에 공자는 질문을 칭찬하면서 간단하게 본질을 짚어주었다.

"禮가 사치하기보다는 차라리 검소해야 하고, 喪禮를 능숙하게 치루기보다는(與其易也, 易는 治也) 차라리 슬퍼해야 한다."

공자는 "꾸밈이 지나치면(奢, 사치) 不遜(불손)하다. 불손하느니 차라리 고지식한 것이 더 낫다."라고 말했었다.[201] 禮에서는 마음과 형식의 조화, 곧 得中(득중)이 중요하다. 禮가 사치하거나 능숙하게 처리된다면 형식이나 꾸밈에 치중했다는 뜻이다. 물론 검소나 애통하는 마음만을 중시한다면 그 역시 본질에서 벗어난 것이다. 그러나 공자가 생각할 때 사치한 것보다는 검소하고, 능숙한 것보다는 슬퍼하는 마음이 더 본질에 가깝다는 뜻이다. 말하자면, 본질을 갖춘 다음에 적당한 절차와 꾸밈이 있어야 한다는 뜻이다.

喪, 葬禮의 절차는 매우 복잡하다. 슬퍼하는 마음이 표정에 나타나지 않고 절차가 능숙하고 여유 있다면 그 또한 보기에 안 좋다. 검소는 물질의 여유가 부족한 것이고, 사치는 지나친 것이다. 슬픔은 마음이고, 절차는 형식이다. 절차가 좀 서툴더라도 어른을 떠나보내는 슬픔이 있어야 할 것이다. 하여튼 모든 예에서 調和와 得中은 중요하다.

寧(차라리 녕)은 선택을 나타내는 말이다. '차라리 닭의 입이 될지언정, 소의 꽁무니는 되지 말라(寧爲鷄口 勿爲牛後).'는 속담도 있다.

----

201 《論語 述而》子曰, "奢則不孫, 儉則固. 與其不孫也, 寧固."

159

여기불손 녕고
與其不孫, 寧固

不遜한 것보다는 고루한 것이 낫다.

[원문]《論語 述而》子曰, "奢則不孫, 儉則固. 與其不孫也, 寧固."

[해석] 공자가 말했다.

"사치하면 不遜(불손, 孫은 遜과 通)하고 검소하다 보면 고루해진다. 불손하기보다는 차라리 고루한 것이 낫다."

공자는 林放(임방) 禮의 本質을 물었을 때 "禮를 행하면서 사치하기보다는 차라리 검소한 것이 낫다."고 말했다.[202] 또 "禮를 갖추는 것이 꼭 玉을 잡고 비단(帛)이 있어야 하는가?"라고 물었다.[203] 이는 사치를 배격한 뜻이다. 그러나 너무 검소한 것을 고집하다 보면 고루하기 쉽지만, 고루한 것이 사치한 것보다는 그래도 더 낫다는 뜻이다.

부자는 사치를 배우지 않아도 사치하고(富不學奢而奢), 가난한 자는 검소를 배우지 않아도 검소하며(貧不學儉而儉), 사치를 가르치기는 쉽고, 검소를 가르치기는 어렵다(敎奢易 敎儉難). 그리고 교만한 자는 틀림없이 어리석고(驕者必愚), 어리석은 자가 더 교만하다(愚者更驕).

202《論語 八佾》林放問禮之本. 子曰, "大哉問! 禮, 與其奢也寧儉, 喪, 與其易也寧戚."

203《論語 陽貨》子曰, "禮云禮云, 玉帛云乎哉? 樂云樂云, 鐘鼓云乎哉?"

160

예 지 용 화 위 귀
禮之用 和爲貴

예의 실천에서는 조화를 중히 여긴다.

[원문] 《論語 學而》有子曰, "禮之用, 和爲貴. 先王之道, 斯爲美, 小
大由之. 有所不行, 知和而和, 不以禮節之, 亦不可行也."

[해석] 有子는 공자의 제자 有若(유약)이다. 공자보다 33세(一說 13세)
어렸다. 공자의 제자 중 有若과 曾參(증삼, 증자)만 子로 호칭하였기에
《논어》가 유약과 증삼의 제자들에 의해 쓰였다는 주장이 나왔다. 有
子는 그 외모가 공자와 많이 닮아 제자들이 한때 유자를 공자처럼 모
시고 학문을 토론했던 때가 있었다.

유자가 말했다. "예의 적용은 조화를 중히 여긴다. 先王의 통치에
서도 조화를 귀하게 여기었으니, 크고 작은 모든 일이 조화를 이루었
다. 만약 조화가 되지 않는다면, 조화의 중요성을 알고서 조화를 꾀
하여야 하며, 禮로써 절제하지 않는다면 실천할 수 없을 것이다."

이 구절의 和는 조화와 협조를 뜻한다. 《中庸》에서는 '喜怒哀樂(희
로애락)을 나타내지 않는 것이 中이고, 희로애락이 발현하되 절제에
맞는 것을 和라고 한다.' 고 하였다.[204]

....

204 《中庸》~ 喜怒哀樂之未發謂之中, 發而皆中節謂之和. 中也者, 天下之大
本也, 和也者, 天下之達道也. 致中和, 天地位焉, 萬物育焉.

禮의 본질은 尊卑(존비)와 귀천 및 원근과 친소의 관계를 명확히 하는데서 출발하지만 그것도 적당한 조화가 필요하다. 모든 사람들의 관계에서 君臣, 父子, 夫婦, 兄弟 朋友의 관계가 특히 중요하기에 이를 五倫(오륜)이라고 지정하였다. 禮는 바로 이런 관계에서의 구분에서 출발한다. 말하자면, 서로 다른 것을 인정하는 것이며 그 다름을 인정하지만 어울림 – 그것이 바로 和이다. 그 求和의 방법은 바로 禮敬(예경)이다. 아랫사람이 윗사람에 대한 의무만이 아니라 윗사람의 아랫사람에 대한 禮도 당연히 있어야 한다.

결론적으로 和는 서로 다르다는 구분을 침해하지 않으며, 구별은 和를 깨뜨리지 않아야 한다. 서로 다름을 인정하지 않는다면 상호 간의 敬愛도 없을 것이다.

161

무 일 가 옹
舞佾歌雍

팔일무를 추고, 雍(옹)을 노래하다. 예악의 문란

[원문] 《論語 八佾》孔子謂季氏, "八佾舞於庭, 是可忍也, 孰不可忍也?"

《論語 八佾》三家者以〈雍〉徹. 子曰, "相維辟公, 天子穆穆, 奚取於三家之堂?"

[해석] 八佾(팔일)은 天子의 舞樂(무악)이다. 周 천자만이 시연할 수 있는 무악을 周公의 공적을 생각하여 魯國에서는 허용되었다. 그러한

八佾의 무악을 魯의 家臣인 季孫氏(계손씨) 자택 뜰에서 시연했다는 것은 예악의 문란을 의미한다. 禮는 넓게 말하면 문화 규범인데, 이러한 禮로써 국가나 사회를 유지하고 문벌 간의 차이와 名分을 바로잡으려 했다. 그러기에 禮는 사회의 질서를 유지하는 외형적 제약이다.

樂(악, 音樂)은 인간의 性情을 和樂하게 하는 기능이 있어 정치나 여러 儀禮에서 樂을 통하여 백성의 성정을 조화하며 교화하는 수단으로 인식되었다.

이처럼 예악이 중요하고 정치에서 중시되었기에 누가 어떤 예악을 행하는가는 아주 중대한 문제였다. 천자가 시연하고 보는 예악과 제후가 할 수 있는 예악이 달랐다. 舞樂의 경우 천자는 八佾(팔일, 佾은 춤 일. 춤추는 줄), 곧 舞人이 1行 8人×8行이니 64명이 춤을 추었다. 제후는 6佾, 곧 8人×6行이니 48명, 大夫는 4行이니 32명이었다.

이런 규정이 있는데, 魯의 정치적 실권을 장악한 三桓(삼환, 季孫, 叔孫, 孟孫氏)의 大夫가 8일무를 자기 집 뜰에서 공연하였으니 크게 참람한 행위였다. 그래서 공자는 삼환씨들이 이런 행위를 하고 있으니 그들의 야심이 결코 작은 것이 아니며, 그들이 무슨 짓을 못하겠느냐며 크게 탄식하였다. 그렇다고 공자가 안색을 바꿔가며 화를 냈다는 뜻은 아니다.

〈八佾〉은 《論語》의 두 번째 편명인데, 그 편의 처음 2, 3字로 편명으로 정하였다. 그렇다면 季氏가 편명이어야 하나 계씨가 예악을 문란케 했다 하여 그다음에 오는 〈八佾〉을 편명으로 했다는 주장이 있다. 이런 이유가 아니라도 《論語》의 16번째 편은 〈季氏〉이다.

三桓氏의 3명의 大夫 家에서는 제사를 마치고 제사상을 철수할 때

《詩 周頌 雍》을 노래 부르게 하였다. 〈雍〉은 지금 통용되는 《시경》에 〈雝(옹)〉으로 되어있는데, 周 武王이 선친 文王을 제사할 때 부르는 악곡이다. 대부의 집에서 周 천자의 악곡을 노래케 하였으니 이 또한 크게 잘못된 것이다. 공자는 '대부가 〈雍〉의 시를 어찌 쓸 수 있느냐?'고 탄식하였다.

공자는 이 두 가지 사례를 들어 춘추 말기에 예악이 크게 문란해졌음을 탄식하였다.

162
성 어 락
成於樂

樂으로 修養을 완성하다.

[원문]《論語 泰伯》子曰, "興於詩, 立於禮, **成於樂**."

[해석] 위는 《詩》의 吟誦(음송)으로 心志를 일으키고, 禮를 실천하여 立身하고, 樂에 의한 性情의 陶冶(도야)로 君子儒(군자유)의 수양을 완성한다는 뜻이다. 여기서 樂은 현대의 음악과 같이 '조화를 이룬 音'이란 뜻보다 깊고 심오한 의미이다.

공자는 "사람이 不仁하다면 그 사람이 禮를 어떻게 행하며, 樂을 어떻게 대하겠는가?"라고 말했다.[205] 곧 예악은 군자의 교양과 수양의 목표이며 기준이라고 해석할 수 있다. 곧 인을 실천하려는 誠心이

----

205 《論語 八佾》子曰, "人而不仁, 如禮何? 人而不仁, 如樂何?"

없다면 禮樂은 일종의 虛飾(허식)일 뿐이다.

공자는 음악에 관심이 많았고, 또 소질도 있었으며 음악에 관한 조예도 매우 깊었다. 공자가 魯의 大師樂(태사악, 大는 太)에게 "樂의 과정을 알 것 같으니 마음이 화합하듯 시작하여 순수하고 맑고 깨끗하게 계속 이어지다가 끝난다."라고 말했다.[206]

그리고 공자는 齊(제)나라에 가서 帝舜의 正樂인 〈韶(소)〉를 감상하고서 석 달간 肉味를 몰랐으며 "음악이 이런 정도의 境界(경계)에 이를 줄 몰랐다."고 말했다.[207]

공자는 사람이 明知, 담백한 성품, 용기 등의 덕행을 갖추었더라도 禮와 樂의 소양을 갖추어야 진정한 교양을 갖춘 成人이라고 말했다.[208]

공자는 그 당시 鄭(정) 나라의 음악은 매우 음란 퇴폐적이기에 그런 음악과 아첨꾼〔佞人(영인)〕을 멀리해야 한다는 말도 했다.[209]

이상으로《論語》에서 찾아볼 수 있는 樂에 관한 여러 가지를 살폈는데, 조정의 儀禮나 종묘의 제사를 행할 때는 樂과 舞(무)가 수반되어야 하고, 士가《詩》를 배우고 吟誦(음송)할 때도 악기로 樂을 연주케 하였으니 樂은 매우 폭넓게 적용되었다.

....

206《論語 八佾》子語魯大師樂, 曰, "樂其可知也, 始作, 翕如也, 從之, 純如也, 皦如也, 繹如也, 以成."

207《論語 述而》子在齊聞韶, 三月不知肉味, 曰, "不圖爲樂之至於斯也."

208《論語 憲問》子路問成人. 子曰, "若臧武仲之知, 公綽之不欲, 卞莊子之勇, 冉之藝, 文之以禮樂, 亦可以爲成人矣."～.

209《論語 衛靈公》顏淵問爲邦. 子曰, "行夏之時, ～ 樂則韶舞. 放鄭聲, 遠佞人. 鄭聲淫, 佞人殆."

동시에 공자 자신도 彈琴(탄금), 鼓瑟(고슬), 擊磬(격경), 歌唱(가창) 등 다양한 연주와 감상을 하였다.[210] 단순한 용기로 武夫와 같은 子路도 瑟(슬)을 연주할 줄 알았다.

결론적으로 樂敎는 공자 교육의 중요한 과정이었고, 그런 교육의 효과는 매우 폭넓게 나타났다. 樂敎는 기예의 수련보다도 그를 통한 인격과 감정의 도야를 중시했고, 禮樂은 나라의 풍기와도 관계가 깊어 교화와 덕치의 중요한 규범이었다.

163
진 미 진 선
盡美盡善

美와 善을 다 갖추었다.

[원문] 《論語 八佾》 子〈謂〉韶, "盡美矣, 又盡善也." 謂〈武〉, "盡美矣, 未盡善也."

[해석] 공자는 음악적 재능이 뛰어났다. 악기 연주뿐만 아니라 歌唱(가창)도 잘했다. 공자는 다른 사람과 함께 노래를 부를 때, 그 사람이 노래를 잘 부르면 다시 한번 불러 달라고 말했다. 그리고 노래를 들은 다음에 다시 함께 불렀다.[211] 이런 점에서는 우리나라의 옛 유학

....
210 《論語 陽貨》 子之武城, 聞弦歌之聲. 夫子莞爾而笑曰, "割雞焉用牛刀?"~.
《論語 陽貨》 孺悲欲見孔子, 孔子辭以疾. 將命者出戶, 取瑟而歌, 使之聞之.
211 《論語 述而》 子與人歌而善, 必使反之, 而後和之.

자 어느 누구도 공자와 가깝지 못했다는 생각이 든다.

공자는 齊(제)나라에 가서 帝舜의 正樂인 〈韶(소)〉를 감상하고서 석 달간 肉味를 몰랐으며 "음악이 이런 정도의 境界(경계)에 이를 줄 몰랐다."고 말했다.[212]

공자가 舜의 正樂 〈韶〉에 대하여 "美를 다 갖추었으며(美妙하다는 뜻) 또 가장 善하다(勸善의 뜻이 충실하게 담겨있다)."라고 말했다. 그리고 殷(은)을 정벌한 周 武王의 정악인 〈武〉에 대해서는 "아름다움(美)을 골고루 갖추었지만 善意가 충만하지는 않다."고 말했다.

공자는 舜과 周 武王을 성인으로 崇仰(숭앙)했었다. 그런데 두 正樂에 왜 이런 차이가 있는가? 아마 그 원인으로 두 가지를 생각할 수 있다.

우선 舜은 堯의 禪讓(선양)을 받았고, 또 아들이 아닌 禹(우)에게 禪位(선위)했었다. 그만큼 舜은 太平했고 정치적 욕구보다는 오로지 백성만을 생각했었다. 그러나 무왕은 殷 紂王(주왕)을 무력으로 정복하고 건국했지만 제도나 예악을 정비할 겨를이 없었다.

다음으로 舜은 50여 년 재위하면서 덕정을 온 나라에 폈고 백성은 태평성대를 누렸다. 그러나 무왕은 재위 6년에 그쳤고 德治를 완성할 겨를이 없었다.

때문에 그런 상황이 결국 盡善盡美, 곧 十全十美의 경계에 이르렀지만 武王은 그런 겨를이 없었기 때문일 것이다.

---

212 《論語 述而》子在齊聞韶, 三月不知肉味, 曰, "不圖爲樂之至於斯也."

164

<ruby>三<rt>삼</rt></ruby><ruby>月<rt>월</rt></ruby><ruby>不<rt>부</rt></ruby><ruby>知<rt>지</rt></ruby><ruby>肉<rt>육</rt></ruby><ruby>味<rt>미</rt></ruby>

三月不知肉味

석 달간이나 肉味를 알지 못하다.

[원문]《論語 述而》子在齊聞韶, 三月不知肉味, 曰, "不圖爲樂之至
於斯也."

[해석]《사기 공자세가》의 기록에 의하면, 공자는 35세인 魯 昭公 25년
(前 517)에 魯의 내란을 피해 齊(제)나라에 가서 高召子의 문하에 기
거했다. 공자는 泰山 아래를 지나면서 묘지에서 울고 있는 여인의 사
정을 듣고 "苛政(가정)은 호랑이보다도 더 사납다."고 말했다.

공자 36세에도 齊에 머물렀는데, 齊의 大樂官과 예악에 관한 이야
기를 나누었고 예악〈韶(소)〉를 감상한 뒤 '3달간은 고기 맛을 모를
것'이라고 말했다.

3개월은 한 계절이니 오랜 기간을 의미한다. 공자가 음악에 도취되
어 다른 곳에 用心하지 못하기에 평소에 알던 미각도 잊을 수 있다.
어느 한 가지 일에 전심전력하여 다른 일에 흥미를 못 느끼는 상태를
표현한 말이다.

165

선 진 야 인
先進野人

예악을 먼저 배운 뒤에 관직에 진출한 순박한 사람

[원문]《論語 先進》子曰, "**先進於禮樂, 野人也**, 後進於禮樂, 君子 也. 如用之, 則吾從先進."

[해석]《論語 先進》은 11번째 편명이다. 先進과 後進에 대해서는 그 해 석이 다양하다.

　공자는 예악을 먼저 배운 뒤에 관직에 진출한 사람(제자)은 野人처 럼 순박한 일면이 있고, 관직에 진출한 뒤에 예악을 익힌 사람들, 곧 卿, 大夫의 자제들은 君子처럼 세련된 특징이 있는데, 나는 예악을 먼저 익히고 관직에 진출하기를 원한다는 뜻이다.

　본래 예악을 배우고 우수하다면 出仕하고, 출사한 뒤에 우수하다 면 學問을 해야 한다.[213] 공자가 말한 野人은 평민 출신의 士이고, 君 子는 신분을 세습이나 爵祿(작록)을 세습한 사람이란 뜻이다. '君子 之德風'의 君子를 고위 관리란 뜻으로 해석한 경우와 같다.

213《論語 子張》子夏曰, "仕而優則學, 學而優則仕."

166

<ruby>割<rt>할</rt></ruby> <ruby>鷄<rt>계</rt></ruby> <ruby>焉<rt>언</rt></ruby> <ruby>用<rt>용</rt></ruby> <ruby>牛<rt>우</rt></ruby> <ruby>刀<rt>도</rt></ruby>
割鷄焉用牛刀

닭을 잡는데, 어찌 소를 잡는 칼을 쓰는가?

[원문] 《論語 陽貨》子之武城, 聞弦歌之聲. 夫子莞爾而笑曰, "**割鷄 焉用牛刀?**" 子游對曰, "昔者偃也聞諸夫子曰, 君子學道則愛人, 小人學道則易使也." 子曰, "二三者! 偃之言是也. 前言戲之耳."

[해석] 공자가 제자들과 함께 武城(무성)에 들렀다. 작은 고을 武城(魯 武城邑은 漢代에 泰山郡 관할이었다)의 邑宰는 공자의 제자 子游〔자유, 言偃(언언)〕였다. 공자는 지나가다가 弦歌(현가) 소리를 들었다.

공자가 빙그레 웃으며〔莞爾而笑, 莞爾(완이)는 웃는 모양〕"닭을 잡는데, 어찌 소를 잡는 칼을 쓰겠는가!"라고 말했다.

武城과 같은 小邑을 다스리면서 어찌 나라를 경영하는데 적용될 예악의 大道를 적용하겠느냐? 의 뜻으로 생각할 수 있다. 그러나 공자의 본뜻은 子游만한 최고의 능력자가 武城 같은 작은 고을을 다스리는데 대한 아쉬움의 표현으로 생각할 수도 있다.

이 말을 전해들은 자유가 공자에게 말했다.

"예전에 저는 夫子께 '君子가 예악을 배워 알면 백성을 사랑하고, 소인이 예악을 알면 쉽게 부릴 수 있다.'고 들었습니다."

자유의 이 말은 禮樂으로 和人하고, 人和하면 쉽게 교화할 수 있다는 뜻이었다. 그러자 공자께서 말했다.

"제자들아!(二三者) 자유의 말이 맞다. 내가 한 말은 농담이었다."

자유는 공자의 착실한 제자였을 것이다. 우수한 두뇌를 가진 사람은 학문을 통해 더욱 좋아진다. 머리가 좀 부족한 사람도 교육을 받으면 자신도 향상되거니와 다른 사람을 위해 일할 수도 있다. 자유는 백성을 위해 자신이 배운 것을 베풀어주고 있었다.

공자가 자유의 뜻을 모를 리 없다. 공자는 신통한 제자가 대견했을 것이고, 너무 기뻐 농담을 했지, 어찌 제자의 치적을 비꼬았겠는가? 스승의 깊은 뜻을 모르고 자유는 정색을 하고 따졌다.

필자가 제3자의 입장에서 보고 있었다면 나는 정색으로 따지는 子游를 보고 빙그레 웃었을 것이다.

4. 智慧와 誠信

　樂山樂水(요산요수)라는 말이 있다. 요산요수는 본래 仁者와 知者의 생활이 어떤 차이가 있는가를 설명한 말이다. 어진 사람과 지혜로운 사람은 어떤 차이가 있는가?

　아는 것을 안다고 확실하게 말하는 것이 쉬운 일인가? 모르면 당연히 모른다고 해야 한다. 그러나 내가 아는지 모르는지 그 자체를 모른다면 어찌해야 하는가?

　'똑똑한 척', 또는 '똑똑한 줄 알았다.'라고 말하면 결과적으로 똑똑하다는 뜻은 아니다. 그러나 그 장본인은 똑똑하다고 생각할 것이다.

　알고 있는 것을 처리하기는 쉽다. 또 알고 있기에 대처하기도 쉽다. 그래서 남들이 보면 지혜롭다고 한다. 안다는 지식과 슬기로운 능력, 곧 지혜가 같지는 않지만 비슷할 수 있다. 사물의 실상을 바로 직시하거나 觀照(관조)할 수 있기에 의혹을 배제할 수 있다. 유혹당하지 않는 것이 지혜이고, 지혜롭기 위해서는 알아야 한다.

그래서 아는 사람이 지혜로운 사람이 된다. 지혜로운 사람은 아는 것이 있는 사람이다. 그러나 그가 仁者인가? 不仁한가는 아직 판단할 수가 없다.

知者는 바른 인식과 지성을 가지고 있으며 仁者가 되기를 목표로 하지만 아직은 仁의 경지에 도달하지 못한 사람이다. 仁의 경지에서 마음이 편한 사람과 仁의 경지를 잘 활용하여 사회를 보다 나은 방향으로 이끌려는 적극적인 의지를 가진 사람이 智者이다. 곧 바르고 건전한 인식과 함께 적극적인 참여의식을 가진 사람이 지혜로운 사람일 것이다.

167

인 무 원 려 필 유 근 우
人無遠慮 必有近憂

사람이 멀리 보지 않으면, 필히 눈앞에 걱정거리가 있다.

[원문]《論語 衛靈公》子曰, "人無遠慮, 必有近憂."

[해석] 본래 군자는 평안하더라도 위기를 생각하고, 있을 때는 없을 때를, 그리고 잘 다스려질 때도 혼란을 염려하기에 몸이 평안하고 나라를 지켜나갈 수 있다. 사실 군자의 이러한 遠慮(원려)를 小人들이 어찌 알겠는가?

곤경이나 역경이 삶의 의지를 더 강하게 만들기도 하지만 멀리 내다보는 지혜가 있다면 곤경에 잘 대처할 수 있을 것이다. 멀리 내다보는 것은 杞憂(기우)가 아니다. 杞(기)나라 사람은 할 일이 없어서 하늘이 무너진다는 걱정을 했으니, 그것은 원려가 아니다.

168
지 지 위 지 지
知之爲知之

아는 것을 안다고 말하다.

[원문] 《論語 爲政》 子曰, "由! 誨, 女知之乎? **知之爲知之**, 不知爲不知, 是知也."

[해석] 공자가 자로를 불러 말했다.

"자로야! 네게 일러주겠다. 너는 알고 있는가? 아는 것을 안다 하고, 모르는 것을 모른다 하는 것이, 곧 아는 것이다."

사실 내가 무엇을 아는지? 내가 모르는 것이 얼마나 있는가? 이것을 안다면 그것이 최고의 지혜일 것이다.

다 알만한 상식을 모른다면 창피하다는 생각이 들 것이다 그래서 모르면서 아는 척한다. 이것은 일종의 虛張聲勢(허장성세)이다.

아는척 할 수도 있지 않은가! 물론 그렇다. 그러나 문제는 그다음이다. 모르는 것을 알려고 노력하거나 배워 안다면, 아는 것이 좀 늦었을 뿐, 아는 것은 마찬가지이다.

그런데 배우려는 노력도 없이 그냥 넘어가면서 또 아는척 할 것이다.

'죄송합니다.' 아니면 '정말 모르고 있었습니다.' 라고 말하는 사람은, 곧 배울 사람이다. '모르는 척하기' 는 謙遜(겸손)이 아니다. 그것은 僞裝(위장)이다.

알면 안다고 말하고, 모르면 모른다고 말하기가 쉽지 않을 것이다. 왜냐면 소인이나 어리석은 사람은 일단 머릿속으로 잔머리를 굴려본 다음에 대답하기 때문이다.

169

상 지 하 우
上知下愚

상등의 明知와 하등의 愚者

[원문] 《論語 陽貨》子曰, "唯上知與下愚不移."

[해석] 공자는 인간의 본성은 서로 비슷하여 큰 차이가 없지만(本性이 서로 같다고는 말하지 않았다), 살아가는 환경이나 습관에 따라 그 차이가 벌어진다고 보았다.[214]

그리고 공자는 학문을 할 수 있는 능력을 구분하여 生而知之, 學而知之, 困而學之, 困而不學(곤이불학)의 4등급으로 구분할 수 있다고 보았다.[215] 이는 본성의 문제가 아니라 재능의 문제라고 인식해야 한다.

....

214 《論語 陽貨》子曰, "性相近也, 習相遠也."

215 《論語 季氏》孔子曰, "生而知之者上也, 學而知之者次也, 困而學之, 又其次也, 困而不學, 斯爲下矣."

태어나면서부터 사리를 깨우칠 능력을 가진 生而知之者는 上知인데, 이들은 배우지 않는다 하여 그 천재성이 사라지지 않고 또 바뀌지도 않는다.

그리고 아는 것이 없어 몹시 힘들게 살아가면서도 배우려 하지 않는 사람, 가르침을 거부하는 사람, 또 선행을 거부하는 완강한 無知者(무지자)가 있다면 이들은 모두 下愚(하우)인데, 이들은 깨우치려 해도 깨우칠 수 없는 사람이다. 곧 전혀 가능성을 기대할 수 없는 불변이라고 보았다.

또 공자는 "재능이 中人 이상이면 그의 재능 이상을 말해줄 수 있지만(그러면 이해하려고 노력을 할 것이다), 中人 이하에게는 그 능력 이상을 일러줄 수 없다."고 말했다.[216]

실제 교육현장에서 학생을 가르쳐보면 어느 정도 수준에 올랐을 때 그 이상을 일러주면, 일러준 것을 받아들이고 배우려고 애를 쓰는 학생이 있다. 그러나 어느 수준 이하에서는 조금 높은 것을 말해주면 아예 포기하는 경우가 있다.

공자의 위와 같은 인식과 구분이 지금의 교육 이론 또는 생물학 아니면 정신의학 등과 다르더라도 그 정도의 구별과 인식은 그 시절에도 필요했을 것이다.

---

216 《論語 雍也》子曰, "中人以上, 可以語上也, 中人以下, 不可以語上也."

170

怪^괴,力^력,亂^난,神^신

괴이, 폭력, 혼란, 귀신 – 공자가 언급하지 않은 것.

[원문] 《論語 述而》子不語怪力亂神.

[해석] 공자가 살던 시절에는 괴이한 짐승이나 자연현상, 사건 등이 많았다. 과학적 지식이 저급했기에 그럴 수밖에 없었을 것이다. 공자는 괴이한 일은 사람을 미혹하게 하기에 언급을 회피했을 것이다. 또 무력이나 폭력은 仁德에 反하기 때문에 언급하지 않았다. 혼란이나 난신적자들에 사람을 불안하게 만들기에 그에 대한 말도 꺼렸을 것이다. 神은 鬼神이나 神異한 일을 합리적인 설명이 어렵기에 공자가 언급하지 않았을 것이다. 그러나 공자가 이들의 존재를 부정하지는 않았다.

귀신에 대해서 공자는 언급을 적극 회피했다. 제자인 樊遲(번지)가 問知하자, 공자는 "귀신을 공경하되 멀리하는 것이 지혜"라고 말해 주었다.[217]

또 자로가 귀신 섬기는 방법을 묻자, 공자는 "사람도 제대로 못 섬기는데 어찌 귀신을 섬길 수 있겠느냐?"고 말했다. 자로가 죽음에 대해 묻자, 공자는 "삶도 알지 못하면서 어찌 죽음을 알겠느냐?"고 말했다.[218] 이처럼 공자의 思考는 현실적이면서도 합리적이었다.

....

217 《論語 雍也》樊遲問知. 子曰, "敬鬼神而遠之, 可謂知矣."

218 《論語 先進》季路問事鬼神. 子曰, "未能事人, 焉能事鬼?" 曰, "敢問死." 曰, "未知生, 焉知死?"

본래 사람은 나약한 존재이기에 어려움이나 곤경에 처하면 귀신이나 神을 믿게 된다(人到難中信鬼神). 그러나 '귀신을 부르기야 쉽지만 보내기는 어렵다(請神容易送神難).'는 말처럼 한 번 섬기기 시작한 신이나 종교를 버리거나 바꾸기는 쉽지 않다.

그렇지만 이런 귀신도 재물 앞에서는 힘을 못 쓴다. 그러기에 '돈이 있으면 귀신과도 통할 수 있다(有錢可以通神).'고 하였으며, '손에 권력을 쥐고 있으면 신선도 세배하러 온다(手中有權 神仙來拜年).'는 중국 속담처럼, 신도들에게 神처럼 군림하는 당회장 목사님도 아마 권력자 집에는 세배하러 갈 것이다.

171
未知生 焉知死
미 지 생 언 지 사

生을 모르는데 어찌 死를 알 수 있겠는가?

[원문]《論語 先進》季路問事鬼神. 子曰, "未能事人, 焉能事鬼?" 曰, "敢問死." 曰, "未知生, 焉知死?"

[해석] 季路(子路)가 공자에게 "귀신을 어떻게 섬겨야 하는가?"를 물었다 공자는 "산 사람도 못 섬기면서 어찌 귀신을 섬기겠는가?"라고 말했다. 죽음에 대하여 묻자, 공자는 "生을 모르는데 어찌 죽음을 알겠느냐?"고 말했다.

사실 산 사람을 모시기가 쉽지 않으며, 윗사람을 잘 섬긴 다음에 귀신을 섬겨야 되는 것도 아니다. 인생이 무엇인가를 다 알아야만 죽음을 아는 것은 아니다. 마치 우리말을 다 알고서야 외국어를 배우지는 않는다. 生과 死는 별개의 문제라고 생각할 수도 있다.

공자는 '괴이, 폭력, 혼란 귀신에 대한 말을 하지 않았다.'고 했다.[219] 또 귀신을 적당히 敬遠(경원)하는 것이 지혜라는 말도 했다.[220] 이는 공자의 현실 중심의 사고방식이라고 말할 수 있다.

인간의 삶 다음에 죽음이 온다. 삶과 죽음은 하나로 연결되었고 생사는 분리하여 생각할 수 없다. 공자의 생각은 삶을 먼저 확실하게 아는 것이 죽음을 제대로 인식할 수 있다고 자로에게 일러준 것이다.

사실 생사의 문제는 인간의 삶에서 가장 큰 문제이고, 이것을 한 마디로 설명하기도 쉬운 일이 아니며, 공자는 자로가 아직은 생사를 이해할 수준이 아니라고 생각했을 것이다.

사람과 세상일은 너무 미묘하고 복잡하여 알 수가 없다. 예상 밖의 일은 언제나 일어날 수 있다. 우리가 십 리 밖에 나갈 때는 갑자기 만날 수 있는 비나 바람에 대비해야 하고, 몇백 리 밖으로 여행할 때는 춥고 더운 날씨에 대한 준비를, 천 리 밖에 나갈 때는 生死에 대한 대책이 있어야 한다.

그리고 선악과 생사에 관해서는 부자간이라도 서로 도와줄 수 없다(善惡生死 父子不能有所助)고 하였다. 자신의 일은 자신이 결정하고 스스로 생각해야 한다. 어떤 生死觀을 갖고 있는가는 그 자신의 문제가 아니겠는가?

----

219 《論語 述而》子不語怪力亂神.
220 《論語 雍也》樊遲問知. 子曰, "敬鬼神而遠之, 可謂知矣."

172

<ruby>敬<rt>경</rt></ruby><ruby>鬼<rt>귀</rt></ruby><ruby>神<rt>신</rt></ruby><ruby>而<rt>이</rt></ruby><ruby>遠<rt>원</rt></ruby><ruby>之<rt>지</rt></ruby>

귀신을 공경하면서 멀리하다.

[원문] 《論語 雍也》樊遲問知. 子曰, "務民之義 敬鬼神而遠之, 可謂知矣."

[해석] 樊遲(번지)는 공자의 제자인데, 농사짓는 것을 배우고 싶다는 엉뚱한 질문도 했지만 근본적인 문제에 관한 질문을 자주했고, 공자는 친절하게 응답해 주었다.

무엇이 지혜이고 어떤 행동이 지혜로운가? 지혜는 사리를 분별할 수 있는 지식이다. 그것은 과학, 철학, 때로는 정치철학이다. 그러기에 고대에 知와 智는 상통했다.

이런 질문은 쉽게 할 수 있지만 그 대답은 결코 쉽지 않다. 공자는 번지가 알아들을 수 있도록 구체적으로 설명해 주었다. 백성을 위하여 힘써야 한다. 이런 일은 지식을 가진 사람이 할 일이다. 그리고 다음으로, 귀신을 받들지만 귀신을 멀리해야 한다고 말했다.

그 시대에 귀신을 받들지 않는 사람이 없었다. 그러나 귀신을 숭배하며 귀신에 의지한다면 그것은 무당의 일이다. 귀신과 함께 살 필요도, 또 귀신을 조상처럼 섬길 필요는 없으니 숭배하지만 적당히 멀리해야 한다. 곧 받들되 멀리하는 것 – 바로 敬遠(경원)이다.

멀리한다는 것은 적당한 거리를 유지해야 한다는 뜻이다. 이는 迷信(미신)에 빠지지 말라는 뜻이다. 맹목적인 공경이나 의지는 迷惑(미혹) 아니면 미신이다. 그렇다고 너무 먼 거리를 두면 疎遠(소원)이다.

인간끼리라도 소원은 바람직하지 않다.

　공자도 귀신의 존재는 인정했다. 이는 그 당시 모든 사람들에게 마치 종교와 같은 의미였다. 인간과 다른 존재로서의 귀신, 人道와 다른 天道가 있다고 믿었다. 人道는 정치나 교육, 경제, 군사, 사회생활 등이 모두 인간이 가야 할 길, – 바르게 걸어가야 할 人道이다.

　그러나 天命이나 造化, 인간에게 내리는 길흉화복은 天道이다. 공자는 천도는 멀리 있고 그러기에 잘 알 수 없기에 인간의 본성이나 천도에 관해서는 거의 말하지 않았다고 하였다.[221] 또 군자는 천명을 두려워한다고 하였다.[222]

　여기서 공자는 번지의 질문에 번지가 이해할 수 있도록 구체적인 예를 들어주었다.

173

신 종 추 원
愼終追遠

신중한 임종에 먼 조상을 추모하다.

[원문]《論語 學而》曾子曰, "**愼終追遠**, 民德歸厚矣."

[해석] 원문의 終은 終生이니 자손의 입장에서는 臨終(임종)이다. 애통

....

221《論語 公冶長》子貢曰, "夫子之文章, 可得而聞也, 夫子之言性與天道, 不可得而聞也."

222《論語 季氏》08 孔子曰, "君子有三畏, 畏天命, 畏大人, 畏聖人之言.

한 심정으로 喪禮(상례)와 葬禮(장례)를 신중하게 거행한다는 뜻이다. 이는 亡者에 대한 존경이며 그 생명에 대한 존중과 일생에 대한 추모의 情이다. 후손은 망자를 존중하면서 선행을 이어가면서 덕행을 닦아나가겠다는 뜻이 들어있을 것이다.

遠은 나에게서 먼 윗대 선조들이다. 먼 윗대의 선조까지 추모하는 행사가 제사이다. 내가 태어난 것은 부모가 있기 때문이며, 부모의 부모, 그리고 윗대 조상이 존재했던 것은 틀림없는 사실이다. 먼 조상을 섬기는 것은 '飮水思源(음수사원)' 의 뜻이다. 이를 통해 寬厚仁慈(관후인자)한 마음을 되새기게 된다.

曾子는 이런 것이 효도라고 했다. 부모로 받은 身體髮膚(신체발부)를 온전하게 유지하는 것이 효도의 시작이고, 바른 행실과 당당한 성취로 살아계실 적의 부모를 기쁘게 해드리며, 선행과 인덕으로 이름을 후세에 남기는 것이 효도의 끝이라고 했다.

증자는 이러한 효의 실천으로 사회는 순박, 온순, 인애, 후덕해질 것이라고 믿었다.

모든 선행 중에서도 효도가 첫째(百善孝當先)이고, 효자 가문에서 효자가 나온다(孝門有孝子)고 하였다. 어진 처가 있으니 남편에게 화가 없고(妻賢夫禍少), 자식이 효도하니 부모 마음이 넉넉하다(子孝父心寬)고 했다. 그러나 어리석은 처와 불효자는 어찌할 수 없다(不賢妻 不孝子 沒法可治)는 말도 있다.

174

도 부 동　불 상 위 모
道不同 不相爲謀

주장이 다르다면 같이 상의하지 말라.

[원문] 《論語 衛靈公》子曰, "**道不同, 不相爲謀.**"

[해석] 갈 길이 다른 사람이 같이 여행하겠는가? 방향이 같다 하여도
장사하러 가는 사람과 관광길에 나선 사람이 같이 걸음을 맞추겠는
가? 인생을 살아가면서 기본 도리나 주장이 처음부터 같지 않다면
같은 일을 함께 추진하겠는가? 寬容(관용)과 尊重(존중)은 일을 함께
할 때 고려해야지, 길이 다른 사람과는 같이 논할 수 없을 것이다.

　文과 武는 그 道가 같지 않으며, 道를 같이 하는 사람은 서로 아껴
주지만(同道者相愛), 같은 업종끼리는 서로 질투한다(同行者相妬).
개는 개의 도리가 있고(狗有狗道理), 잡귀는 잡귀의 도리가 있다(鬼
有鬼道理). 道가 다르다면 정말 함께할 수 없다.

175

공 호 이 단
攻乎異端

이단을 공격하다.

[원문] 《論語 爲政》子曰, "**攻乎異端, 斯害也已.**"

[해석] 異端(이단)은 자기와 다른 주장을 하는 것이지, 옳지 않다는 뜻은 아니다. 그래서 이단에 대하여 '나는 옳고 너는 틀리다. 正道가 아니다.'라고 공격한다. 특히 종교적 신념에서 이단에 대해서는 가차없이 공격 박멸했다.

공자 시대에 諸子百家 사상이 꽃 피면서 서로 다른 주장이 존재했고, 자신과 다른 입장이나 주장에 대하여 반박할 수밖에 없다. 그러나 그런 반박과 공격이 거듭된다면 나 자신에게도 해로울 것이라고 공자는 예측했다.

원문에서 斯(이 사)는 '이것', 곧 앞에 말한 '攻乎異端'이고, 也已(야이)는 종결어미로 '~일 따름이다.'로 번역한다.

공자는 "道가 다르다면 함께 일을 도모하지 않는다."고 하였다.[223] 善惡이나 正邪(정사)는 서로 상대적인 개념이다. 주장이 서로 상대적인 사람이 어찌 함께 일을 하겠는가?

여기서 한 발짝 더 나아간 것이 '攻乎異端'이다.

공자는 제자 冉求(염구, 冉有)는 魯나라 실권자 季康子의 家臣이었다. 염유가 계씨의 재산을 늘려주려 증세하자, 공자는 제자들에게 '염유는 내 제자가 아니니 너희들은 북을 치며 염유를 공격해도 좋다.'는 극단적인 말로 염유의 처사를 비난했다.[224]

....
223 《論語 衛靈公》子曰, "道不同, 不相爲謀."
224 《論語 先進》季氏富於周公, 而求也爲之聚斂而附益之. 子曰, "非吾徒也. 小子鳴鼓而攻之, 可也."

176

지 자 부 실 인
知者失失人

총명한 자는 사람을 잃지 않는다.

[원문]《論語 衛靈公》子曰, "可與言而不與言, 失人, 不可與言而與
之言, 失言. **知者不失人,亦不失言.**"

[해석] 공자가 말했다.

　"함께 이야기를 할 수 있는데도 이야기를 나누지 않는다면 사람을
잃은 것이고, 같이 말해서는 안 될 사람과 이야기를 했다면 말(言)을
낭비한 것이다. 知者는 失人하지 않고 또 失言하지도 않는다."

　해야 하는데 말하지 않는다면 말을 아낀 것이 아니라 사람을 잃은
것 아닌가? 말하기 좋다 하여 아무에게나 아무 말이나 한다면 언어
의 낭비이며 결국 失信하게 된다.

　말은 마음의 표현이나(言是心之表), 말이 많으면 실언하게 되나(言
多有失). 말을 고를 때 수척하다고 놓치고(相馬失之瘦), 사람을 쓸 때
가난하다 하여 인물을 놓칠 수 있다(相士失之貧). 그러나 말만 듣고
사람을 알아보기는 정말 어려울 것이다.

177

기 왕 불 구
旣往不咎

이미 지난 허물을 다시 탓하지 않다.

[원문] 《論語 八佾》哀公問社於宰我. 宰我對曰, "夏后氏以松, 殷人
以栢, 周人以栗, 曰, 使民戰栗." 子聞之曰, "成事不說, 遂事不諫,
旣往不咎.

[해석] 國都에는 正宮의 좌측(東)에 종묘를 짓고, 그리고 도성 우측(西)
에 나라의 社稷壇(사직단)을 건립했다. 그래서 왕조를 다른 말로 宗廟
社稷(종묘사직)이라고 했다. 지금 서울(漢陽)에도 景福宮 서쪽에 사직
단이 남아있다. 사직단은 나라의 토지신(社)과 오곡의 神(稷)을 제사
하는 자리이고 그 왕조의 특성에 맞는 나무를 심었다. 이는 魯에서도
마찬가지였다. 魯 哀公(재위 前 494～468년)이 宰我〔재아, 宰予(재여).
宰가 姓, 名은 予, 字는 子我. 予我, 宰我로도 표기〕에게 역대 왕조의 社稷
과 문화의 상이점에 대하여 물었다. 이에 재여는 자신의 생각대로 대
답했다.

이를 전해들은 공자는 재여를 꾸짖는 뜻으로 말했다.

"기정사실은 재론할 필요가 없고, 완성된 사업은 다시 충고하지 말
며, 과거의 허물을 다시 추궁하지 말라."

178

<ruby>一朝之忿<rt>일 조 지 분</rt></ruby>

한때의 분노

[원문] 《論語 顏淵》樊遲從遊於舞雩之下, 日, "敢問崇德, 脩慝, 辨
惑." 子曰, "善哉問! 先事後得, 非崇德與? 攻其惡, 無攻人之惡, 非
脩慝與? 一朝之忿, 忘其身以及其親, 非惑與?"

[해석] 樊遲(번지)가 공자를 따라 舞雩(무우, 기우제 제단, 高臺) 아래를 걸
으면서 말했다.

"崇德(숭덕)과 脩慝(수특, 마음속의 邪惡을 다스리기), 辨惑(변혹, 미혹에
서 벗어나다)을 어찌해야 하는지 묻겠습니다."

이에 공자가 말했다.

"좋은 질문이다! 먼저 수고하고 나중에 얻는 것이 바로 덕행을 높
이는 것이 아니겠느냐? 자신의 죄악을 공격하고 남의 단점을 공격하
지 않는다면 사악을 바로잡는 길이 아니겠는가? 하루아침의 분노를
참지 못하여 부모에게까지 화를 당하게 한다면 그것이 미혹이 아니
겠는가?"

공자는 번지가 仁에 대하여 물었을 때 "仁者는 어려운 일을 남보다
먼저 하고, 보답이 있다면 남들보다 뒤에 받는다면 仁이라 할 수 있
다."고 말해 주었다.[225] 공자가 말할 "攻其惡, 無攻人之惡"은 바로 忠
恕(충서)의 관용이다. 이는 다른 사람의 죄는 미워할 수 있지만 사람

---

225 《論語 雍也》樊遲問知. 子曰, ~. 問仁. 曰, "仁者先難而後獲, 可謂仁矣."

은 미워하지 말라는 그런 뜻일 것이다.

또 子張이 辨惑(변혹)을 물었을 때 공자는 "愛之면 欲其生하고, 惡
之(오지)면 欲其死한다. 살기나 죽기를 바라는 것이 미혹이다."라고
말했다.[226] 한때의 분노를 참지 못하여 그 화가 자신은 물론 부모에
게까지 미칠 것을 생각하지 못하는 것도 큰 미혹일 것이다.

179

소 불 인   즉 난 대 모
小不忍 則亂大謀
작은 것을 참지 못하면 큰일을 그르친다.

[원문]《論語 衛靈公》子曰, "巧言亂德. 小不忍, 則亂大謀."

[해석] 巧言亂德(교언난덕)은 소인의 행태이다. 소인의 허풍이나 큰소
리, 빈말, 치켜세우기에 많은 사람들의 마음이 기운다. 소인은 大德
과 道理를 모르거나 따를 뜻도 없으면서 누구보다도 먼저 의리의 사
나이를 자처한다.

군자는 소인의 그런 행태에 넘어가지 않는다. 군자는 전체를 보아
실상을 파악하고 대의에 입각하여 갈 길을 정한다. 결단을 내리고 굳
게 지킨다. 그런데 세상일은 그렇게 간단치가 않다. 군자가 작은 분
노를 참지 못하면 큰일을 그르치고 大志를 손상한다.

....

226 《論語 顔淵》子張問崇德辨惑. 子曰, "主忠信, 徙義, 崇德也. 愛之欲其生,
惡之欲其死. 旣欲其生, 又欲其死, 是惑也.

군자가 인내한다는 것은 글자 그대로 참으면서 분노하지 않는다는 뜻이다. 그러면서 소인이나 그런 부류들을 용서하고 수용한다는 뜻도 들어있다.

분노를 참으며 소리를 삼킬 수 있어야 군자이다(忍氣吞聲是君子). 참을 忍 글자는 마음속 한 자루의 칼이다(忍字心上一把刀). 참지 못하면 분명 화를 불러오나니, 한 번의 인내는 온갖 용맹을 제압할 수 있고(一忍可以制百勇), 한 번의 고요는 온갖 움직임을 제압할 수 있다(一靜可以制百動). 한순간의 분노를 참으면 백일 동안 당할 재앙에서 벗어난다(忍一時之忿 免百日之灾).

180

欲速不達
<ruby>欲<rt>욕</rt></ruby> <ruby>速<rt>속</rt></ruby> <ruby>不<rt>부</rt></ruby> <ruby>達<rt>달</rt></ruby>

빨리 가려 서둘면 도달하지 못한다.

[원문] 《論語 子路》子夏爲莒父宰, 問政. 子曰, "無欲速, 無見小利. **欲速, 則不達**, 見小利, 則大事不成."

[해석] 子夏(자하)가 莒父(거보)라는 곳의 邑宰(읍재, 지방관)가 되어 정사에 관하여 물었다. 공자가 말했다.

"빨리 가려 하지 말고 小利를 탐하지 말라. 서두르면 도달하지 못하고, 小利를 탐하면 큰일을 이루지 못한다."

옛말이 하나도 틀리지 않는다. 서둘러 가는 길은 넘어지기 마련이고(快行無好步), 급한 불에 밥이 설익는다(急火燒不成飯). 또 큰일을 하는 사람은 작은 절차에 구애받지 않고(成大事者 不拘小節), 작은 비용을 아끼지 않는다(不惜小費). 큰일을 하면서 몸을 사리고(幹大事而惜身), 작은 이득을 좇아 목숨을 돌보지 않는다(逐小利而忘命)면 이는 사리 판단을 잘못하는 사람이다.

181
우 불 가 급
愚不可及

어리석은 척하는 것은 따라갈 수 없다.

[원문] 《論語 公冶長》子曰, "甯武子, 邦有道則知, 邦無道則愚. 其知可及也, **其愚不可及也**."

[해석] 甯武子(영무자)는 甯兪(영유, 甯은 寧과 通)로 武는 시호이고, 衛(위)나라 원로 大夫였다. 그는 나라가 태평하면 자신의 총명과 才智(재지)를 발휘했지만 나라가 어지러우면 어리석은 사람이 되었다. 그러한 총명은 다른 사람도 따라갈 수 있지만 그 어리석음(愚)은 다른 사람이 따라 할 수 없었다.

이때의 愚(우)는 어리석은 척한다는 뜻이다. 멀리 내다보는 것이 聰(총)이고, 미세한 조짐을 살피는 것이 明(명)이다. 총명하다는 평가를 들을 만큼 학식과 지혜를 쌓는 것도 쉬운 일이 아니다. 타고난 둔재야 어쩔 수 없고 그렇게 태어났으니 그렇게 살아가면 된다.

비천한 사람이 총명한 척하고, 고귀한 사람은 어리석은 척하는 것이 僞裝(위장)인데, 이런 위장술도 가끔은 필요하다. 그러한 총명을 갖추었고 뛰어난 식견을 지녔는데도, 자신을 지키려는 뜻이 있어 바보인 척 깊이 감춰 텅 빈 듯 보여야 한다. 그런 연기가 어찌 쉽겠는가?

182

이 약 실 지 자 선 의
以約失之者 鮮矣

절제하여 실패한 자는 거의 없다.

[원문] 《論語 里仁》 子曰, "以約失之者鮮矣."

[해석] 군자의 행실에서 마음의 節制(절제)와 均衡(균형), 調節(조절)을 강조한 말이다. 約은 멋대로 행동하지 않고 스스로 절제하여 말을 조심하고(謹言), 신중한 행동(愼行), 그리고 쓰임을 節約(절약)하는 것이다. 그렇게 했는데도 실패하는 경우는 드물다(鮮矣)고 했다. 이런 約(약)이 쌓이고 쌓여 공자의 不惑(불혹)이나 知命, 그리고 耳順이나 不逾矩(불유구)가 가능했을 것이다.

183

재　전　질
齊, 戰, 疾

재계, 전쟁, 질병

[원문]《論語 述而》子之所愼, **齊, 戰, 疾.**

[해석] 공자가 마음에 신중히 생각했던 것은 齋戒(재계, 齊는 재계할 재, 齋와 通)와 전쟁과 질병이었다.

　　재계는 부정을 피하고 몸을 깨끗이 하는 일이다. 특히 중요한 제사에는 필히 재계해야 한다. 齊(가지런할 제)는 '재계할 재'의 음훈이 있다. 전쟁은 많은 백성이 죽고 다치며 승패를 막론하고 폐해가 크기에 조심하지 않을 수 없다. 疾病(질병)에 걸리면 藥을 함부로 먹지 않고 조심한다고 하였다.[227]

184

사　이　무　회
死而無悔

죽어도 후회하지 않다.

[원문]《論語 述而》子謂顔淵曰, "用之則行, 舍之則藏, 唯我與爾有是夫!"子路曰, "子行三軍, 則誰與?"子曰, "暴虎馮河, **死而無悔**者, 吾不與也. 必也臨事而懼, 好謀而成者也."

....
227《論語 鄕黨》康子饋藥, 拜而受之. 曰, "丘未達, 不敢嘗."

[해석] 공자가 안연(안회)에게 말했다.

"나를 써 준다면 내 뜻을 펴고, 버리면 물러나 은거할 수 있는 것은 나와 너만은 할 수 있을 것이다."

이 말은 구차하게 얻으려 하지 않고, 또 권세에 굽히며 매달리지도 않는, 그리하여 부귀에 초연할 수 있는 담담한 심경을 표현하였다. 안연 만큼은 仁德을 갖추었기에 이러한 '用行舍藏(용행사장)'이 가능한 것이다.

공자가 안회에게 진퇴를 함께할 수 있는 사람은 너뿐이라고 말하자, 옆에 있던 자로가 물었다. "三軍을 지휘할 수 있다면 누구와 함께 하시겠습니까?"

이에 공자가 말했다. "맨주먹으로 범을 잡고, 맨발로 강을 건너려 하면서 죽어도 뉘우치지 않는 그런 사람과는 같이 하지 않겠다. 일을 앞에 두고 걱정을 하면서 計謀(계모)를 잘 꾸며 성사시킬 수 있는 자와 함께 하겠다."

공자는 용기는 좋지만 무모한 용기로는 어떤 일도 할 수 없으며 충분한 준비와 대책을 마련해야 일을 성공할 수 있다는 뜻을 말했다.

원문의 暴虎馮河(포호빙하)는 호랑이를 때려잡고 河水(黃河)를 걸어서 건너간다는 뜻이다.(馮은 탈 빙. 맨발로 건너가다) 호랑이와 맨주먹으로 싸울 이유는 무엇이고, 황하를 배를 타고 건너지 않고 걸어서 건너가려다가 빠져 죽으면서도 후회하지 않는다면 거의 바보와 같은 용기가 아니겠는가! 공자는 '사람이 용맹하나 가난을 질시하면 세상을 어지럽힌다.'면서 용기만 있고 도덕이 없는 사람을 걱정하였다.[228]

----

228 《論語 泰伯》子曰, "好勇疾貧, 亂也. 人而不仁, 疾之已甚, 亂也."

185

_{수 소 도 필 유 가 관}
雖小道 必有可觀

비록 잡기라도 배울만한 道가 필히 있다.

[원문] 《論語 子張》子夏曰, "**雖小道, 必有可觀者焉**, 致遠恐泥, 是
以君子不爲也."

[해석] 子夏는 "百工이 그들 작업장(肆, 市場)에서 자신의 일을 하고
군자는 학문으로 道를 구현한다."고 하였다.[229]

　　小道는 百工의 技藝(기예), 또는 농사나 원예, 醫術과 占卜(점복), 음
악 등의 재능을 의미한다. 百家의 書는 異端의 雜書라고 해설한 사람
도 있다. 名筆, 畵家(화가), 石刻(석각), 바둑(下棋), 악기 연주나 마술,
심지어 골패의 기술조차도 깊이 연구하지 않는다면 피나는 수련이나
엄격한 법도 하에 익히지 않고서는 大家의 명성을 누릴 수가 없다.

　　곧 어떤 기예에도 그 분야만의 특별한 원칙이나 도리가 있고 절차
탁마의 과정을 거치게 마련인데, 군자가 그런 기예에 깊이 몰입하다
보면 원대한 大道를 잊거나 막혀버리기에 군자는 그런 기예를 배우
지 않는다고 했다.

　　그 당시에도 나름대로 오락이 있었을 것이다. 공자는 "종일 飽食
(포식)하고 아무 일도 하지 않는 사람은 정말 어쩔 수 없다. 바둑〔博奕
(박혁)〕을 둘 수도 있지 않은가? 그런 것이라도 하는 것이 오히려 나

----

　229 《論語 子張》子夏曰, "百工居肆以成其事, 君子學以致其道."

을 것이다."라고 말했다.[230]

공자가 말한 博奕(박혁)은 바둑으로 번역하지만 본래 博은 일종의 주사위 놀이이고, 奕(혁)은 장기나 바둑을 뜻하여 놀이 방법이 달랐다고 한다.

공자의 이런 말은 아무것도 하지 않는(無所用心) 것보다는 그래도 머리를 쓰는 놀이가 차라리 더 낫다는 뜻이었다. 사실 지금의 바둑은 아주 고차원의 두뇌 스포츠이며 거기에도 분명히 지키고 닦아야 할 棋道(기도)가 있다. 그 심오한 경지는 여러 명칭이 통용되지만 棋聖이라는 칭호가 만들어진 것을 보면 小道 중 으뜸이 아니겠는가?

186
청 기 언 이 관 기 행
聽其言而觀其行

그의 말을 듣고 그 행실을 살펴본다.

[원문] 《論語 公冶長》宰予晝寢. 子曰, "朽木不可雕也, 糞土之牆不可杇也, 於予與何誅?" 子曰, "始吾於人也, 聽其言而信其行, 今吾於人也, **聽其言而觀其行**. 於予與改是."

[해석] 宰予(재여, 字는 子我, 宰我로도 표기)는 달변에, 辨說(변설)에 능했기에 孔門十哲 중 언어에 이름이 올랐다. 《논어》에는 재여에 대한 공

---

230 《論語 陽貨》子曰, "飽食終日, 無所用心, 難矣哉! 不有博奕者乎? 爲之猶賢乎已."

宰予(재여, 子我)
대만국립고궁박물관 소장

자의 꾸중이 실렸는데, 대표적인 것이 본 구절이다. 재여의 낮잠이 문제였다. 사실 어렵고 힘들게 살아가는 농부에게, 또 우리나라 선조의 일반적 통념으로도 낮잠은 게으름이고, 게으름은 죄악이었다.

공자는 "썩은 나무에는 무늬를 새길 수 없고, 썩은 흙을 바른 벽은 흙을 새로 바를 수가 없나니, 재여를 꾸짖어 뭐하겠는가?"라고 말하며 크게 실망했다.

그러면서 "나는 처음에는 사람의 말을 듣고 그 사람의 행실을 믿었는데, 지금은 그 사람이 하는 말을 듣고 그 행실을 관찰하게 되었는데 재여를 본 뒤에 그렇게 바뀌었다."고 말했다.

사람은 善을 향하는 의지가 있기에, 누구나 행실 역시 그럴 것이라고 믿었지만, 지금은 말을 들으면 그다음에 행실을 더 두고 본다는 뜻이다. 그리고 '이렇게 바뀐 것은 재여 때문이다.' 라는 말이다.

사실 바탕이 좋아도 노력하지 않으면 성취가 없고, 또 바탕이나 심성이 나쁜 것 같지만 나중에 大悟覺醒(대오각성)하고 改過遷善(개과천선)하여 큰 인재로 우뚝 설 수도 있다. 말과 실천이 다르다는 것은 누구나 알지만 그렇다 하여 한때의 선입관으로 다른 사람의 앞날을 부정적으로 보거나, 한 사람의 부정적 행동 때문에 평소의 자신의 주관을 바꿀 수는 없을 것이다.

'功名看器宇 事業看精神' 라는 말이 있다. 이는 '功名을 성취했을 때 그 사람의 재능과 인품〔器宇(기우)〕을 볼 수 있고, 그 사람이 하는 일을 보면 그의 정신을 알 수 있다.' 는 뜻이다.

하여튼 위 구절은 공자답지 않은 말이라는 생각이 든다. 〈朽木不可雕〉 조항 참고.

187
익 자 삼 락
益者三樂
유익한 3가지 쾌락

[원문] 《論語 季氏》 孔子曰, "益者三樂, 損者三樂. 樂節禮樂, 樂道人之善, 樂多賢友, 益矣. 樂驕樂, 樂佚遊, 樂晏樂, 損矣."

[해석] 살면서 즐거움이 없다면 어찌 장수할 수 있겠는가? 적당한 오락이나 삶에서 느끼는 쾌락이 있어야 한다. 공자가 말한 3가지의 유익한 쾌락을 지금 사람들은 쾌락으로 여기는 사람이 많지 않을 것이다.

禮(예)와 樂(악)으로 절제되는 생활의 즐거움, 다른 사람의 선행을 이야기하는 즐거움, 그리고 현명한 친우가 많다는 즐거움은 우리에게 유익한 즐거움이라고 공자가 말했다.

대신 3가지의 유해한 쾌락도 있다. 驕樂(교락, 오만방자한 쾌락), 佚樂(일락, 逸樂, 放蕩)의 즐거움, 그리고 宴樂(飮食과 荒淫의 쾌락)은 유해한 쾌락이라고 했다.

필자의 생각으로 驕樂은 부자가 돈을 뿌리고 권력자가 멋대로 행세하는 즐거움일 것이다. 약자를 괴롭힐 때 느끼는 쾌락도 여기에 속할 것이다. 逸樂은 일도 하지 않고 놀이만을 탐하거나 마음껏 게으름을 피울 수 있는 끝없는 遊樂일 것이고, 宴樂(안락)은 퇴폐적인 행위에서 느낄 수 있는 쾌락일 것이다. 어느 재벌 2세의 버르장머리 없는 셋째 아들이 즐기는 쾌락은 아마 이 3가지를 다 포함할 것이다.

188
중 오 필 찰
衆惡必察

衆人이 미워하더라도 꼭 살펴보다.

[원문] 《論語 衛靈公》子曰, "**衆惡之, 必察焉, 衆好之, 必察焉.**"

[해석] 惡(미워할 오)는 憎惡(증오)이다. 衆人의 미움을 받는다면 필히

그 까닭이 있을 것이다. 모두가 좋아하는 사람에게도 그럴 만한 이유가 있을 것이니 꼭 심사숙고한다는 뜻이다.

공자는 仁者만이 사람을 좋아하고 미워할 수도 있다고 말했다.[231] 衆人은 감정에 휘말리기 쉽다. 衆人이 좋아한다고, 또 미워한다고 그 대상을 잘 살펴보지 않으면 사적 감정에 치우칠 수 있다. 이를 경계한다는 뜻이다.

189
空空如也
^{공 공 여 야}

정성을 다하다. 성심으로 대하다.

[원문]《論語 子罕》子曰, "吾有知乎哉? 無知也. 有鄙夫問於我, **空空如也**. 我叩其兩端而竭焉."

[해석] 위 말은 공자의 겸손이다.

"내가 아는 게 있겠나? 아는 것이 없다. 만약 촌사람이 내게 물어온다면 나는 성심으로 대답할 뿐, 나는 처음부터 끝까지 다 일러줄 뿐이다."

鄙夫(비부)는 비천한 사람, 무식한 사람의 뜻이고, 空空은 성실한 모양, 우직한 모양, 정성스러운 모양을 뜻한다. 如는 '~처럼' 일종의 어조사로 쓰였다. 叩(고)는 '두드릴 고'인데, '끌어당기다. 일러주

231《論語 里仁》子曰, "唯仁者能好人, 能惡人."

다.'의 뜻으로 쓰였다. 兩端은 本末, 始終, 事理의 처음과 끝이다. 竭
은 '다할 갈'이니, 아는 것이 없는 사람이 질문한 일 모두를 그 사람
이 알아들을 때까지 설명을 다 하겠다는 뜻이다.

원래 공자는 "나는 태어날 때부터 저절로 아는 사람이 아니다. 옛
것을 좋아하여 부지런히 배웠을 뿐이다."라고 겸손하게 말했다.[232]
따라서 공자는 누구든지 노력하면 다 알 수 있고 얻을 수 있으며 성취
할 수 있다는 신념을 갖고 있었다. 그러기에 제자의 예를 갖춰 배우겠
다는 모두를 다 받아들였고 성심으로 제자들을 가르쳤다. 공자는 "배
움에 실증을 몰랐고 제자를 가르치는 일을 게을리하지 않았던"[233] 참
교육자였고 진정한 스승이었다.

190
기 여 부 족 관
其餘不足觀

그 나머지는 볼 것이 없다.

[원문]《論語 泰伯》子曰, "如有周公之才之美, 使驕且吝, 其餘不足
觀也已."

[해석] 周 무왕을 도와 殷(은)을 정벌하고 周를 건국한 뒤, 국가제도와
문물을 이룩한 周公(姬旦)은 武王의 친동생으로 魯國의 시조이다. 공

---

232 《論語 述而》子曰, "我非生而知之者, 好古敏以求之者也."
233 《論語 述而》子曰, "默而識之, 學而不厭, 誨人不倦, 何有 於我哉?"

자는 주공을 무척이나 존경했다. 공자는 周公의 道統을 계승하려 공부했고 노력했다. 공자는 만년에 "내가 너무 늙어 쇠약했구나! 오랫동안 꿈에서도 주공을 뵙지 못했다."라고 탄식하였다.[234]

周公은 성심으로 마음을 열고 인재를 맞이하며 대우하였다. 주공은 한 번 목욕하는 동안 손님이 왔다는 말을 듣고 세 번이나 두발을 움켜쥐고 나와서 손님을 맞이했으며(一沐三握髮), 한 끼 식사를 하면서 세 번이나 입안에 든 밥을 뱉고(一飯三吐哺) 나와서 손님을 상대하였다. 주공은 이처럼 바빴고, 이처럼 할 일이 많은 재상으로 나라의 내정과 외교를 지휘하였다. 이는 周公의 미덕이며 진심이었다.

만약 어떤 사람이 周公과 같은 미덕과 재능을 가졌다 하더라도 그 사람이 교만하거나 인색하다면 그 사람의 다른 것은 볼 것이 없다는 말이다. 또 부귀한데다가 교만하다면 스스로 화를 초래하는 것이라고 했다.[235]

굳센 의지와 훌륭한 미덕을 가진 어떤 사람이라도 그가 교만하다는 것은 다른 사람을 무시하는 것이고, 인색하다면 돈을 아낄 뿐만 아니라 다른 사람에 대한 도움을 베풀 줄도 모르며 타인에 대한 칭찬에도 인색할 것이니, 나머지 재능과 근면 같은 것을 높이 평가해서 무엇 하겠는가? 교만하지 않다면 겸손이다. 동정과 포용, 그리고 화합은 인색한 마음에서 나올 수 없다.

---

234 《論語 述而》子曰, "甚矣吾衰也! 久矣吾不復夢見周公!"
235 《老子道德經》九章 - ~富貴而驕, 自遺其咎. 功成身退, 天之道.

191

切切偲偲

간절하게, 상세히 勸善하다.

[원문]《論語 子路》子路問曰, "何如斯可謂之士矣?" 子曰, "**切切偲**
偲, 怡怡如也, 可謂士矣. **朋友切切偲偲**, 兄弟怡怡."

[해석] 자로가 물었다. "어찌해야 士(사)라 할 수 있습니까?

이에 공자가 말했다.

"아주 간절하게, 그리고 아주 상세하게 좋은 일을 권하고 화락하게
생활한다면 士라고 할 수 있다. 벗으로 성심으로 권선하며 형제끼리
화목해야 한다."

切切은 懇切(간절)한 모양이고, 偲偲(시시, 偲는 자세히 타이를 시)는
상세히 힘써 노력하는 모양이다. 친우에게 진심으로, 그리고 애써 勸
善하는 모양이다. 怡怡(이이, 기쁠 이)는 화락한 모습이다.

責善(책선)과 勸善(권선)을 할 수 있어야 친우이다. 이는 士의 당연
한 임무일 것이다. 물론 자신이 힘써 노력해야 한다. 친우나 형제에
게 좋은 일을 권하기는 쉬운 것 같지만 어렵다. 친우가 형제간에 마
음이 열리지 않았다면 어설픈 권고는 책망으로 들려서 틈은 더 벌어
진다. 형제간에는 은덕을 배신하는 賊恩之禍(적은지화)가 있고, 친우
간에는 그저 뜻이나 맞추고 아첨하는 善柔之損(선유지손)이 있다. 결
코 쉬운 일이 아니다. 그래서 공자가 자로에게 특별히 가르침을 베풀
었을 것이다.

192

譎而不正

흌계에 정직하지도 않았다.

[원문]《論語 憲問》子曰, "晉文公譎而不正, 齊桓公正而不譎."

[해석] 晉 文公(名 重耳. 재위 前 636－628년)과 齊 桓公(환공, 재위 前 685－643년)은 두 사람 모두 춘추시대에 尊王攘夷(존왕양이)를 구호로 제후들의 패권을 장악한 覇者(패자)였다. 晉 문공은 譎計(흌계)에 정 직하지 않은 방법으로 패권을 장악했다. 제 환공은 그래도 정도를 택 했고 흌계를 쓰지 않았다.

여기서 譎(속일 휼)은 권모술수를 善用했다는 뜻이고, 正은 합법적 인 규범을 지켰다는 뜻이다. 하여튼 그 당시 제후국 간의 다툼에서 정도를 추구하느냐, 아니면 흌계를 즐겨 썼느냐는 집권자의 개성이 면서 또 국가 간의 세력관계에 따라 달랐을 것이다.

제 환공이나 진 문공 모두 주 왕실을 받든다는 '尊王攘夷(존왕양 이)'를 구호로 삼아 제후의 패권을 장악했다. 두 사람은 周王의 제후 이며 신하였다. 윗사람을 받든다면서 아랫사람을 흌계로 장악한다면 결코 正이라 할 수 없다. 공자는 "속이지 말고, 낯빛을 거슬려 충언하 라."고 하면서 正을 강조하였다.[236]

----

236 《論語 憲問》子路問事君. 子曰, "勿欺也, 而犯之."

5. 孝道와 正直

　공자는 孝를 仁의 실천방법의 하나로 강조하였다. 忠孝는 군주와 어버이에 대한 섬김의 방법이지만 유교문화권에서는 신하(백성)와 자식의 절대적인 의무로 받아들여졌다. 국가에 대한 충성은 옛날에는 전제군주에 대한 충성이었으며, 효도는 부모나 조상에 대한 섬김을 의미하기에 이를 강조하는 유가 사상은 봉건질서 유지에 매우 유용하였다.

　孝는 家父長的 이데올로기 확립에 크게 기여했지만 不孝에 대한 강박관념은 오늘의 젊은이들이 공자로부터 멀어지게 된 결정적 계기가 되었다고 주장하는 사람도 있다. 공자가 강조한 충효의 본질은 무엇인가?

　《孝經》은 유가의 13경(經)의 하나인데, 본문은 1,800여 자로 비교적 적은 분량의 책이다. 이 책은 공자의 뜻을 曾子(증자, 前 505~435)가 서술한 책으로 알려졌지만, 후세 사람이 지은 것을 증자에게 假託(가탁)했다고 인정되고 있다. 증자는 공자보다 46세 연하의 제자인데, 공자의 학통을 계승했다 하여 宗聖(종성)으로 추앙받으며[237] 효자로 널리 알려졌다. 이 책의 저술에 대하여 공자와 증자가 거명되는 것은 유가에서 이 책을 그만큼 중시했다는 뜻이라고 해석할 수 있다.

《효경》은 효를 유가 윤리도덕의 핵심으로 확실하게 자리를 잡게 하였는데, 효는 하늘에서 인간에게 내려준 규범이며 人性의 근본이라고 하였다. 그리하여 군주는 효 사상을 바탕으로 나라를 다스리고, 백성들은 효를 바탕으로 가정을 이루며, 효를 실천하면 부귀와 지위를 누릴 수 있다면서 효의 효용성을 강조하고 있다.

《효경》에서는 忠君과 孝順의 윤리를 연결하여 효도하는 사람이라야 충군할 수 있다고 설명하고 있다. 《효경》에서 천자는 박애의 정신으로 백성들을 감화시켜 나라의 안정을 지키는 것이 천하를 물려준 조상에 대한 효도이며, 신하인 경이나 대부는 예에 맞는 언어나 행실로 모범을 보이는 것이 효이다. 그리고 보통 백성들은 자신의 신체와 체면을 지키며 의식을 풍족케 하여 부모에게 걱정을 끼치지 않는 것이 효도라고 설명하고 있다.

그러면서 부모로부터 물려받은 신체를 훼손하지 않는 것이 효도

---

237 안회는 復聖(복성), 曾子는 宗聖(종성), 공자의 손자 子思(孔伋)는 述聖(술성), 孟子는 亞聖(아성)으로 불린다.

의 시작이며, 이어 군주에 충성을 바치고 立身하여 이름을 후세에 전하며 부모를 높이는 것으로 끝난다고 하였다.[238] 《효경》은 봉건적 윤리도덕을 확립하고 유지하는데 매우 큰 영향을 끼쳤다.

사실 효도를 국가에 대한 충성의 개념과 연결시키고 또 군주나 사대부와 서민의 효도가 내용을 달리한다는 이론은 봉건제도하에서 신분계급제도를 유지하고 강화하는데 도움이 되었지 조금도 방해가 되지 않았다.

이러한 봉건체제 유지의 이념이 현대에 들어와서 부정되는 것은 당연한 귀결이지만, 그러다 보니 효도의 본질이 흐려지는 것은 효도를 강조한 공자의 본뜻에서 크게 멀어졌다고 볼 수 있다.

193
^{삼 년 지 상}
三年之喪
3년간 服喪하기

[원문] 《論語 陽貨》宰我問, "三年之喪, 期已久矣. ~ 子曰, "予之不仁也! 子生三年, 然後免於父母之懷. 夫三年之喪, 天下之通喪也, 予也有三年之愛於其父母乎!"

[해석] 宰予(재여)의 字는 子我(자아)이다. 그래서 보통 宰我(재아)로도

---

238 《孝經 開宗明義章》仲尼居 曾子侍. 子曰, ~身体髮膚 受之父母 不敢毀傷孝之始也. 立身行道~ 以顯父母 孝之終也.

표기한다. 달변에, 辨說(변설)에 능했지만,[239] 낮잠을 자는 것을 보고 공자가 말했다.

"썩은 나무에 새길 수가 없고, 썩은 흙으로 쌓은 담은 장식할 수가 없다."[240]

공자의 가르침을 받고서 재여가 물었다.

"3년의 친상이 너무 길지 않습니까? 군자가 3년 동안 禮를 행하지 않는다면 예는 틀림없이 붕괴되고, 3년 동안 음악을 아니 한다면 음악도 틀림없이 없어질 것입니다. 묵은 곡식이 다 없어지면 햇곡식이 여물고, 나무를 비벼 새 불씨를 만드는 것처럼[241] 3년 복상을 1년이면(期年) 될 것입니다."

이에 공자께서 말했다. "그렇게 하는 것이 너에게 편하겠는가?"

"편할 것입니다."

"네가 편하다면 그렇게 하라. 君子가 居喪하면서 좋은 음식을 먹어

----

239 宰予(재여, 前 522~458년). 宰가 姓, 名은 予, 字는 子我. 予我, 宰我(재아)로도 표기. 魯國人, 재여는 子貢과 함께 孔門四科 중 言語에 이름이 올랐다. 宰予는 孔子와 三年喪의 禮制나 仁의 問題를 함께 토론하였다. 利口는 말을 교묘하게 잘 한다는 뜻으로 부정적 이미지가 있다.

240 《論語 公冶長》宰予晝寢. 子曰, "朽木不可雕也, 糞土之牆不可杇也, 於予與何誅?" 子曰, "始吾於人也, 聽其言而信其行, 今吾於人也, 聽其言而觀其行. 於予與改是." 朽는 썩을 후(腐也). 雕는 새길 조(雕琢刻畵). 糞土는 穢土(예토), 더러운 흙. 杇는 흙손 오. 벽장식을 하다(墁也). 썩은 나무나 썩은 흙담은 공을 들여도 성취할 수가 없다. 재여에 대한 심한 질책의 뜻이 들어있다.

241 鑽燧改火 - 鑽는 뚫을 찬. 燧는 부싯돌 수. 《周書 月令》에는 '4계절에 따라 각각 다른 재목(느릅나무, 대추나 뽕나무, 떡갈나무, 홰나무) 등을 마찰하여 불씨를 바꾼다(改火).'고 하였다.

도 맛을 모르고, 음악을 들어도 즐겁지 않기 때문에 예악을 행하지 않는 것이다."[242]

재여가 나가자, 공자께서 말했다. "재여는 마음이 어질지 않도다. 자식이 태어나 3년이 지나야 부모의 품에서 떨어질 수 있다. 그래서 삼년상은 온 천하에 두루 통하는 대의이다. 재여도 부모의 품에서 3년간 愛育을 받았을 것이다."

3년상이라고 하지만, 小喪(만 1년)과 大喪(만 2년), 그리고 대상 다음 달에 禫祭(담제)를 지내고 완전 탈상하니 정확하게는 25개월이다.

자식이 부모 품에서 3년을 지내야 제 발로 제대로 걸어 다닐 수 있으니, 부모의 3년상은 부모님의 애육에 보답하는 최소한의 기간이라고 할 수 있다. 공자가 재여를 不仁하다고 말한 것은 왜 그 정도도 생각하지 못하느냐는 심한 질책의 뜻이 들어있다.

공자는 부친이 돌아가신 뒤 최소 3년간 부친의 뜻을 바꾸지 않아야 효도라고 말했다.[243] 부친이 돌아가시자마자 부친의 사업을 뒤집거나 아니면 부친이 이룩한 재산을 탕진했다면 분명 불효이다.

---

242 食旨不甘의 旨는 美食也. '汝安則爲之'에는 부모에게 무정함을 심하게 책망하는 뜻이 들어있다.

243 《論語 學而》子曰, "父在觀其志, 父沒觀其行, 三年無改於父之道, 可謂孝矣."
《論語 里仁》子曰, "三年無改於父之道, 可謂孝矣."

194

<ruby>父<rt>부</rt></ruby><ruby>母<rt>모</rt></ruby><ruby>之<rt>지</rt></ruby><ruby>年<rt>년</rt></ruby> <ruby>不<rt>불</rt></ruby><ruby>可<rt>가</rt></ruby><ruby>不<rt>부</rt></ruby><ruby>知<rt>지</rt></ruby>

父母之年 不可不知

부모의 나이를 몰라서는 안 된다.

[원문] 《論語 里仁》子曰, "父母之年, 不可不知也. 一則以喜, 一則
以懼."

[해석] 자식은 부모의 나이를 모를 수 없다. 부모가 장수하시니 기쁘지
만 한편으로는 곧 돌아가실 것이라 생각되기에 두려울 것이다. 부모
의 연세를 생각하여 효도할 날도 얼마 없다는 것을 생각한다면 두려
울 것이다.

부모가 키우지 않은 자식이 어디에 있는가? 세상에 옳지 않은 부모
없고(天下無不是的父母), 부모는 또 다른 하늘이니, 자식은 부모의
뜻을 따라야 한다. 아버지가 계시는 동안 아들의 재산은 없는 것이
고, 부모가 계시다면 친구와 죽음을 같이하겠다는 약속을 할 수 없다
(親在不許友以死). 집에서 부모를 공경한다면, 밖에 나가 향불을 피
우며 기도를 해서 무엇에 쓰겠는가? 효도가 제일이며, 효도하면 하
늘에서 복을 내린다.

부모가 계시면 멀리 떠나갈 수 없고, 멀리 간다면 어디를 간다고 꼭
이야기해야 한다.[244] 그리고 자식은 부친이 돌아가신 뒤에 적어도 3
년은 부친의 뜻을 바꾸지 않아야 효도라 할 수 있다.[245]

---

244 《論語 里仁》子曰, "父母在, 不遠遊, 遊必有方."
245 《論語 學而》子曰, "父在觀其志, 父沒觀其行, 三年無改於父之道, 可謂孝矣."

195

불 원 유 유 필 유 방
不遠遊 遊必有方

멀리 떠나지 않고, 간다면 꼭 정한 곳에 있어야 한다.

[원문]《論語 里仁》子曰, "父母在, **不遠遊, 遊必有方**."

[해석] 부모님이 계시다면 집을 떠나 멀리 오래 머물러서는 안 된다. 아침저녁으로 부모님 보살핌(定省, 昏定晨省)을 폐할 수도 없거니와 부모님께 걱정을 끼치기 때문이다. 그리고 어디서 무슨 일로 누구와 함께 있겠다고 말씀드린 그대로 지켜야 하고(遊必有方의 方은 方位), 또 돌아온다고 말씀드린 날에는 꼭 돌아와야 한다.

　자식이 많으면 고생도 많다지만(多兒多累), 또 아들도 딸도 없는 사람이 신선이라면서(沒男沒女是神仙), 무자식이 상팔자라고 말한다. 그러나 부모가 키우지 않은 자식이 있는가?
　부모는 또 다른 하늘이니(父母是層天), 자식은 부모의 뜻을 따라야 한다. 어미의 자식 생각은 흐르는 강처럼 끝이 없지만, 자식의 부모 생각은 젓가락 길이 만큼이라고 한다. 자식은 어미의 몸에서 도려낸 살점이다(孩子是娘身上掉下來的肉). 자식이 아프면 부모의 마음은 더 아프다. 부모님 마음을 헤아릴 줄 알아야 효도이다.

196

색 난
色難

늘 온화한 안색으로 모시기는 어렵다.
부모의 안색을 보아 모시기는 쉽지 않다.

[원문] 《論語 爲政》子夏問孝. 子曰, "**色難**. 有事, 弟子服其勞, 有酒
食, 先生饌, 曾是以爲孝乎?"

[해석] 공자는 여러 제자에게 효에 대하여 여러 가지 다른 설명을 해주
었다. 孟懿子(맹의자)에게는 부모의 뜻을 어기지 말라(無違)고 하였
고, 樊遲(번지)에게는 예를 다하여 모시는 것이라고 설명했다.[246] 또
孟武伯(맹무백)에게는 부모는 자식의 병을 걱정하시니 건강한 것이
효도라고 일러 주었고, 子游(자유)에게는 정성으로 공경해야 한다고
말했다.[247]

그리고 子夏에게는 色難(색난)이라고 했다. 일반적으로 '부모의 안
색에 따라 그 뜻을 받들기는 어려운 일이다.' 라는 뜻이다.
자식은 부모 앞에서 힘들거나 싫은 표정, 슬픔이나 근심을 얼굴에

----

246 《論語 爲政》孟懿子問孝. 子曰, "無違." 樊遲御, 子告之曰, "孟孫問孝於
我, 我對曰, 無違." 樊遲曰, "何謂也?" 子曰, "生事之以禮, 死葬之以禮, 祭
之以禮."

247 《論語 爲政》孟武伯問孝. 子曰, "父母唯其疾之憂."
《論語 爲政》子游問孝. 子曰, "今之孝者, 是謂能養. 至於犬馬, 皆能有養,
不敬, 何以別乎?"

나타낼 수 없다. 가령 걱정, 근심으로 자식 얼굴에 수심이 그득하다면 부모는 금세 알아채고 걱정하게 된다. 그러하기에 자식은 늘 평상시의 얼굴로 부모를 모셔야 하는데, 이 또한 쉬운 일이 아니며 이것을 색난이라고 풀이한다.

공자는 色難에 대한 보충 설명을 추가했다.

"힘든 일이 있다면 젊은 사람이 수고해야 한다. 술이나 음식은 어른에게 먼저 드린다. 그러나 이런 일을 효도의 전부라고 할 수 있겠느냐?"

곧 일상생활에서 어른 공경은 당연히 해야 하는 것이니 孝라고 특별히 지칭할 수 없다. 진짜 효도는 '色難'이라고 문맥을 짚을 수 있다.

효자 가문에서 효자가 나오고(孝門有孝子), 가난한 집에 효자 난다(家貧出孝子)고 하지만, 色難이 어려운 것처럼 끝까지 효도하기가 쉽지 않기에, 오랜 병에 효자 없다(病長無孝子)라는 말이 나왔을 것이다.

197

노 이 불 원
勞而不怨

마음 상하더라도 원망하지 않다.

[원문] 《論語 里仁》子曰, "事父母幾諫, 見志不從, 又敬不違, **勞而不怨**."

[해석] 자식의 부모 섬김을 가르친 구절이다.

"부모를 섬기면서 (부모가 잘못하면) 조용히 바른 말을 올리지만 (幾諫), 부모가 받아들이지 않더라도(見志不從) 더욱 공경하며 부모 뜻을 어기지 말며, 기분이 상할지라도 원망하지 않아야 한다."

幾는 살필 기이고, 諫은 사리에 맞게 권유하는 것이니, 幾諫(기간)은 완곡하고 진실 되게 조용히 말씀 올린다는 뜻이다. 見志不從은 부모가 자신의 뜻을 말하며, 자식의 권유를 따르지 않다. 勞(마음 상할 노)는 자식의 '마음이 아프다', '걱정되다'의 뜻이다.

자식은 부모가 고집을 부리며 잘못할 때 진심으로 조용히 권유해야 한다. 그래도 부모가 받아들이지 않으면 울면서 따라가야 한다. 그러면 어느 부모라도 자식의 뜻을 다시 생각하게 된다. 효도란 쉬운 일이 아니다.

198

군 자 불 시 기 친
君子不施其親

군자는 그 친척을 소홀히 하지 않는다.

[원문] 《論語 微子》周公謂魯公曰, "君子不施其親, 不使大臣怨乎不以. 故舊無大故, 則不棄也. 無求備於一人."

[해석] 周公 旦(단)은 周 武王의 親弟로 魯公에 봉해졌는데, 건국 후 업무가 많고, 또 무왕이 일찍 죽고 어린 成王이 즉위하여 성왕을 보필하여 국정을 이끌었다. 때문에 周公은 魯公으로 부임하지 못하고 아들 伯禽(백금)을 보내 魯公으로서 魯를 다스리게 했다.

주공이 노공에게 施政의 기본 원칙을 일러 주었다.

"군자는 그 친척을 소홀히 하지 않으며, 대신으로 하여금 써주지 않는다는 원망을 들어서도 안 된다. 옛 友人이 큰 잘못이 아니라면 버릴 수 없다. 그리고 한 사람에게 완벽하기를 바랄 수 없다."

不施其親의 施(베풀 시)는 弛(늦출 이)와 통하며 '버리다', '遺棄(유기)하다'의 뜻이 있다. 곧 친척에게 소홀히 해서는 안 된다는 말이다. '無求備於一人'의 備는 완비, 곧 어느 사람에게 완벽하기를 요구하지 말라는 뜻이다. 잘하는 역할과 부분이 있다면 못하고 소홀한 영역도 있다. 만능을 요구하거나 완전한 인격과 자질을 바라지 말라는 당부이다. 역시 세상 경륜에 밝은 주공의 한 마디이며 그만큼 절실하기에 아들에게 당부했을 것이다.

199
견 마 지 양
犬馬之養

개나 말을 키우듯 봉양하다.

[원문] 《論語 爲政》子游問孝. 子曰, "今之孝者, 是謂能養. **至於犬馬, 皆能有養**, 不敬, 何以別乎?"

[해석] 子游〔자유, 言偃(언언)〕는 공자의 제자이다. 자유가 효도에 대하여 묻자, 공자께서 말씀하셨다.

"지금 사람들은 잘 봉양하는 것만을 효도라고 생각한다. 개나 말도 먹여 기르는데, 공경이 없다면 개나 말을 기르는 것과 무엇이 다르겠

言偃(언언, 子游)
대만국립고궁박물관 소장

는가?"

　부모에 대한 효도는 우선 정성과 공경으로 부모를 봉양하는 것이
다. 공경심이 없다는, 가축을 먹여 키우는 것과 다름이 없다는 뜻이
다. 같은 〈爲政〉편에는 효도에 관한 대화를 여러 곳에서 볼 수 있다.
魯 대부 孟懿子(맹의자)가 효도에 관하여 묻자, 공자는 "예의에 벗어
나지 않는 것(無違)"이라고 말했는데, 이에 대한 구체적 방법으로

"살아서는 예를 다하여 섬기고, 죽어서는 예법에 맞게 장례를 치르고 예를 다하여 제사를 지내는 것"이라고 제자인 樊遲(번지)에게 설명해 주었다.[248]

또 맹의자의 아들 孟武伯(맹무백)이 효도에 관하여 묻자, 공자는 "부모는 자식의 건강을 걱정하니 부모님께 걱정을 끼치지 않는 것"이라고 말했다.[249]

孝는 공자 철학의 중요한 개념의 하나이다. 효도를 행하는 자식이 제각각 다르고, 효도의 대상인 부모의 처지가 각각 다를 것이다. 부모의 말씀을 잘 따르지만 가난하여 제대로 봉양을 못한다 하여 불효자라 할 수 없을 것이다. 이처럼 같은 문제를 갖고서 공자는 묻는 사람이나 제자에 따라 다르게 가르쳤다(因材施敎).

200
임 연 리 박
臨淵履薄

깊은 연못가를 걷듯, 얇은 얼음을 밟듯 조심하다.

[원문]《論語 泰伯》曾子有疾, 召門弟子曰, "啓予足! 啓予手! 詩云, '戰戰兢兢, **如臨深淵, 如履薄氷.**' 而今而後, 吾知免夫! 小子!"

....
248《論語 爲政》孟懿子問孝. 子曰, "無違." 樊遲御, 子告之曰, "孟孫問孝於我, 我對曰, 無違." 樊遲曰, "何謂也?" 子曰, "生事之以禮, 死葬之以禮, 祭之以禮."
249《論語 爲政》孟武伯問孝. 子曰, "父母唯其疾之憂."

[해석] 曾子의 병이 위독했다. 중자는 문하의 제자들을 불러 말했다.

"내 다리를 펴보아라! 나의 손을 펴 보아라!《詩》에 '戰戰兢兢(전전긍긍, 兢은 삼갈 긍)하면서 깊은 연못가를 걸어가듯, 얇은 얼음을 밟는 듯이 하라.'고 하였다. 지금 이후로 나는 책무를 면했다! 제자들아!'

원문의 啓는 開와 같다. 이불을 걷어서 수족을 살펴보라는 뜻이다. 수족, 곧 四肢(사지)가 완전하다는 것은 살면서 큰 사고나 형벌을 받지 않았다는 뜻이다. 증자가 인용한 詩는《詩經 小雅 小旻(소민)》의 詩 마지막 구절이다.

요즈음, 자신의 뜻과 상관없이 안전사고가 얼마나 많은가? 부주의로 어떤 사고를 당했을 때, 부모의 심정이 어떻겠는지 생각해보았는가? 고대에도 발(足)을 자른다든지, 아니면 얼굴에 墨刺(묵자)를 한다든지 신체를 훼손하는 肉刑이 많았다. 본인의 불명예는 말할 것도 없이 不具(불구)의 몸으로 살아가는 고통도 상당했을 것이다.

부모로부터 물려받은 신체를 훼손치 않는 것이 효도의 시작이었다.

《孝經》의 시작은「身體와 髮膚(발부)는 受之父母 하였으니, 감히 毁傷(훼상)하지 않는 것이 孝의 시작이다. 立身行道하여 후세에 揚名(양명)하고 父母를 높이 알리는 것이 효도의 끝이다. 효도란 事親에서 시작하여 事君하며 立身으로 끝난다.」라고 하였다.[250]

<hr />

250 《孝經 開宗明義章》仲尼居. 曾子侍. 子曰, "先王有至德要道, 以順天下 ~." 子曰, "夫孝, 德之本也, 教之所由生也. 復坐, 吾語汝. 身體髮膚, 受之 父母, 不敢毁傷, 孝之始也. 立身行道, 揚名於後世, 以顯父母, 孝之終也. 夫孝, 始於事親, 中於事君, 終於立身."

요즈음 젊은이들의 文身은 옛날 사고방식대로라면 스스로 죄인 표시를 만드는 천박한 짓이다. 본인이야 그런 문신이 좋을지 몰라도 부모도 좋아하겠는가?

201

<ruby>以德報怨<rt>이 덕 보 원</rt></ruby>

덕행으로 나에 대한 원한을 갚다.

[원문]《論語 憲問》或曰, "**以德報怨**, 何如?" 子曰, "何以報德? 以直報怨, 以德報德."

[해석] 어떤 사람이 "은덕으로 나에 대한 원한과 감정을 보답하면 어떻겠습니까?"라고 물었다. 이에 공자가 말했다.

"어찌 은덕으로 보답해야 하는가? 정직한 행실로 원한을 갚고 덕행으로 은덕에 보답해야 한다."

솔직하게 恩怨(은원)은 분명히 해둘 필요가 있고, 是是非非는 확실하게 구분해야 한다. 저쪽이 나에게 원한을 품고 있는데 내가 잘못이 없다면 그냥 정직하게 대처하면 그뿐이다. 언젠가는 원한이 풀릴 것이다. 정직한 대처에서 적극적으로 한 걸음 더 나아가 은덕을 베푸는 것이 원한을 씻는데 더 좋다고 말할 수 있겠는가?

이런 관계는 교우관계에서 흔히 있을 수 있는 일이다. 이에 대하여 증자도 같은 뜻을 말했다. 증자가 말했다.

"유능하지만 무능한 사람에게도 묻고, 박학해도 寡聞(과문)한 사람에게 물으면서 있어도 없는 것처럼, 찼으면서도 빈 것처럼 행동하며 남이 무시해도 따지지 않는다. 옛날에 나의 友人이 이러했었다."[251]

여기서 '犯而不校' 란 말이 나왔다. 校는 挍(견줄 교)와 통하는 뜻으로 '計較(계교)하다', '따지다' 라는 뜻이다. 변함없이 대하며 원망하지 않으며 그런 태도를 오랫동안 지켜나가는 일이 결코 쉽지 않을 것이다.

저쪽이 나한테 은덕을 베풀었다면 나도 은덕으로 갚아야 한다.

남의 원한을 산 일이 없지만 내가 남에게 베풀면 그도 언젠가는 나에게 보답할 것이다. 또 조상이 베푼 은덕에 대한 보답을 후손이 받을 수 있다. 하여튼 군자가 덕을 베풀어도 보답을 바라지 않지만(君子施德不望報), 은혜를 입었으면 은혜로(有恩報恩), 덕을 입었으면 덕으로 갚아야 한다(有德報德). 보이지 않는 덕행에는 틀림없이 눈에 보이는 보답이 있을 것이다(有陰德者 必有陽報).

202
인 지 생 야 직
人之生也直

사람은 정직하게 태어났다.

[원문]《論語 雍也》子曰, "人之生也直, 罔之生也幸而免."

....

251 《論語 泰伯》曾子曰, "以能問於不能, 以多問於寡, 有若無, 實若虛, 犯而不校, 昔者吾友嘗從事於斯矣.

[해석] "사람이 태어날 때 그 본성은 정직이다. 정직하지 않은 사람이 이 세상을 살아갈 수 있는 것은 요행으로 (천벌을) 면한 것이다."

'人之生也'가 주어인데, 也는 語氣詞이다. 읽을 때 잠깐 띄워 읽으면 뜻이 명확하다. 정직이 곧 본성이란 뜻이다. '罔之生也'는 정직하지 않은 인생이다. 罔(없을 망)은 直의 반대를 의미하니 不直이다. 나중에 악인이 될 자가 태어나는데 그 출생 자체가 요행이라는 뜻이다. 幸은 僥倖(요행).

공자는 "내가 누구를 칭송하거나 헐뜯을 수 있겠는가? 내가 칭송하는 사람이라면 (여러 사람의) 검증을 거친 것이다. 그렇게 칭찬과 폄훼를 거친 사람들은(斯民也) 三代(夏, 殷, 周)에 걸쳐 正直의 道를 실천한 사람이다."라고 하였다.[252] 곧 정직한 사람들은 지금도 칭송을 받으며 살아 있다는 뜻일 것이다.

때문에 군자가 사람을 대할 때는 물처럼 담백하며, 군자는 언제나 솔직한 태도로 남을 대한다(君子以直道待人).

203

부 위 자 은   자 위 부 은
父爲子隱 子爲父隱

父親은 자식을 숨겨주고, 자식은 부친을 숨겨준다.

[원문] 《論語 子路》 葉公語孔子曰, "吾黨有直躬者, 其父攘羊, 而子

----

252 《論語 衛靈公》 子曰, "吾之於人也, 誰毀誰譽? 如有所譽者, 其有所試矣. 斯民也, 三代之所以直道而行也."

證之." 孔子曰, "吾黨之直者異於是, **父爲子隱, 子爲父隱**. 直在其
中矣."

[해석] 葉公(섭공)이 공자에게 말했다. "우리 家鄕에 정직한 사람은 그
아버지가 羊을 훔치자(攘羊) 아들이 이를 고발하였습니다(證之)." 그
러자 공자가 말했다.

　"우리 마을의 정직한 사람은 그와는 다릅니다. 부친은 자식을 숨겨
주고, 자식은 부친을 숨겨주었습니다. 그것이 정직일 것입니다."

　아버지가 살인하고 피신하자, 아들이 부친을 숨겼다. 관리가 와서
물었다. 아들은 정직하게 부친이 숨은 곳을 말해야 하는가? 아들이
군대에서 도망쳐 나왔다. 어머니가 자식을 숨겨주고 음식을 공급했
다. 나중에 발각되었을 때 모친은 범인 은닉죄로 처벌되어야 하는
가? 아버지가 처형되면 그 치욕은 아들에게도 똑같다. 부친을 숨길
수 있는 한 숨겨주는 것이 자식의 도리가 아니겠는가? 아들이 죄를
짓고 피신했는데 어머니가 정직하게 고발하여 아들이 처형된다면 어
머니는 "나는 국법을 따랐다"면서 마음이 편하겠는가? 자식을 숨겨
주는 것이 人情이고, 그것이 正直이 아닌가?

204

인 지 장 사 　기 언 야 선
人之將死 其言也善

사람이 죽기 전에 하는 말은 선하다.

[원문]《論語 泰伯》曾子有疾, 孟敬子問之. 曾子言曰, "鳥之將死, 其

鳴也哀, 人之將死, 其言也善. ~.

[해석] 曾參(증삼)의 병환이 위중하자, 魯國 대부 孟敬子(맹경자)가 문병
했다. 그때 증삼은 "새가 죽을 때가 되면 그 울음이 슬프고, 사람이
죽기 전에 하는 말은 선량하다."고 말했다. 將은 장차, 곧, 막 ~의 뜻
으로 쓰인 副詞(부사)이다.

   말하자면, 그 말은 진실 되며 진심에서 우러나온다는 뜻이다. 그러
면서 군자의 몸가짐에 대한 말을 하면서 그 실천을 당부했다.

   사실 이는 自然死의 경우이지, 처형당하거나 또는 감정을 갖고 자
살하는 사람이 남기는 유서 같은 것이 다 진실하다고 보기는 어렵다.

   증자는 죽기 전 제자들에게 자신의 손발을 펴보라면서 부모에게서
받은 육신을 잘 지키려 戰戰兢兢(전전긍긍)했다고 말했다.[253] 증자는
신체를 훼손치 않는 것이 효도의 시작이라고 보았다.

205

향 원 덕 지 적 야
鄕原 德之賊也

鄕原은 미덕을 해치는 자이다.

[원문] 《論語 陽貨》子曰, "鄕原, 德之賊也."

· · · · · · · · · · · · ·

253 《論語 泰伯》曾子有疾, 召問弟子曰, "啓予足! 啓予手! 詩云, '戰戰兢兢,
   如臨深淵, 如履薄氷.' 而今而後, 吾知免夫! 小子!'

[해석] 鄕은 鄕黨의 鄕이니, 마을이나 城鎭(성진, 도시 읍내)의 일정 지역을 지칭한다. 그러나 鄕人, 鄕民은 시골 사람, 鄕下老兒라 하면 시골 촌뜨기를 지칭하니, 鄕에는 鄙陋(비루)하다는 뜻이 있다.

鄕原은 鄕愿(향원, 愿은 공손할 원)으로도 표기하는데, 시골 마을에서 얌전하고 공손하며, 이쪽저쪽 눈치를 보고 時流에 영합하며, 善人처럼 행동하여 명성을 얻는 위선자를 지칭한다. 이런 부류들은 시류나 상급 유력자에 철저히 영합하며 자기 주관 없이 이리저리 쏠리는 사람이다. 그런 자들은 옳아서 옳다 하는 것이 아니라 자신에게 이득이 되거나 이득을 얻기 위해 옳다고 찬동할 뿐이다. 그러면서 약방의 감초마냥 아니 끼는 데가 없으면서, 여기 와서는 '옳소!' 그리고 저쪽에 가서는 '지당한 말씀!' 이라면서 맞장구를 치는 사람이기에 결국 미덕과 正義를 해치는 사람이다.

'鄕原' 이란 말은 《孟子》에도 나온다. 곧 "鄕原은 時俗을 따르면서 세속을 더럽힌다. 일상생활에 성실한 것 같고 행실은 청렴한 것 같다. 그래서 모두가 좋아하기에 자신은 옳은 줄 알고 있으나 堯舜의 道를 함께 따를 수 없는 사람이기에 공자도 덕을 해치는 자라고 하였다."라고 맹자는 설명했다.[254]

子貢이 공자에게 "鄕人들이 모두 좋다고 하는 사람이라면 어떻겠습니까?"라고 물었다. 그러자 공자는 "그것으로는 부족하다."라고 말했다.

....

254 《孟子 盡心章句 下》"曰非之無擧也 刺之無刺也. 同乎流俗 合乎汚世. 居之似忠信 行之似廉潔. 衆皆悅之 自以爲是. 而不可與入堯舜之道 故曰德之賊也."

"鄕人이 모두 미워하는 자라면 어떻겠습니까?"

이에 공자가 말했다. "그 경우라도 부족할 것이다. 다만 鄕人 중 善
人이 좋아하는 자나 향인 중 不善者가 미워하는 자를 좋아하는 것만
못할 것이다."²⁵⁵

보통의 경우 民意를 내세우며 일을 추진한다. 또는 민의를 名分으
로 삼아 반대한다고 선동한다. 민의가 언제나 옳은 것은 아니다. 煽
動(선동)에 무력하게 넘어가며 집단으로 악행을 저지를 수 있는 것이
민의이다. 히틀러의 유태인 학살을 당연하게 여겼던 독일 사람들은
그들이 선동에 넘어갔기 때문이다. 衆愚政治(중우정치)는 21세기 우
리나라에서 가장 흔히 볼 수 있는 현상이다.

따라서 마을 사람들이 좋다고 칭송하는 사람이 아닌 마을의 善人
이 칭송하는 사람이 옳고 선한 사람이다. 마을의 惡人이 미워하는 사
람이라면 틀림없이 善人일 것이다. 전체 마을 사람의 칭송은 줏대 없
는 향원을 칭송할 수 있다. 마을의 선인이 칭찬하는 사람이라면 틀림
없이 선인이다.

마을에서 점잖은 척하면서 시류만을 따라가는 줏대 없는 鄕原이
되어서는 안 될 것이다.

---

255 《論語 子路》子貢問曰, "鄕人皆好之, 何如?" 子曰, "未可也." "鄕人皆惡
之, 何如?" 子曰, "未可也, 不如鄕人之善者好之, 其不善者惡之."

206

오 자 지 탈 주
惡紫之奪朱

붉은색을 탈색한 자주색을 싫어하다.

[원문]《論語 陽貨》子曰, "**惡紫之奪朱也**, 惡鄭聲之亂雅樂也, 惡利
口之覆邦家者."

[해석] "붉은색을 탈색한 자주색을 싫어하고, 雅樂(아악)을 어지럽히는
鄭聲을 증오하며, 나라를 뒤엎는 교묘한 궤변(利口)을 증오한다."고
공자가 말했다.

　朱(赤)와 靑의 중간색이 자주색(紫, 자줏빛 자)이다. 자주색은 朱를
탈색한 것이다. 음탕한 鄭의 음악이 雅樂의 正音을 어지럽히며, 나라
를 혼란에 빠트리는 뻔뻔한 궤변을 미워한다고 하였다.

　공자는 "鄭聲을 방출해야 하고, 간사한 사람을 멀리해야 한다. 鄭
聲은 음란하고, 간사한 아첨꾼은 위험하다"고 하였다.[256]

　"공자는 似而非(사이비)를 싫어하였다. 어린싹이 크는 것을 방해하
는 강아지풀〔莠(유)〕을 증오하였고, 대의를 어지럽히는 아첨(佞, 아
첨할 영)을 증오했으며, 신의를 어지럽히는 교묘하게 꾸미는 말(利
口), 正樂을 어지럽히는 정나라 음악(鄭聲), 붉은색을 탈색한 자줏빛
(紫), 덕행을 어지럽히는 鄕原(향원)을 증오하였다."[257]

....

256 《論語 衛靈公》顏淵問爲邦. 子曰, "～ 放鄭聲, 遠佞人. 鄭聲淫, 佞人殆."
257 《孟子 盡心章句 下》孔子曰 "惡似而非者. 惡莠 恐其亂苗也. 惡佞 恐其亂
義也. 惡利口 恐其亂信也. 惡鄭聲 恐其亂樂也. 惡紫 恐其亂朱也. 惡鄕原
恐其亂德也."

207

獲罪於天
_{획 죄 어 천}

하늘에게 죄를 짓다.

[원문] 《論語 八佾》王孫賈問曰, "與其媚於奧, 寧媚於竈, 何謂也?"
子曰, "不然, **獲罪於天**, 無所禱也."

[해석] 王孫賈(왕손가)는 衛(위)나라의 大夫인데, 공자에게 물었다. "안
방 아랫목에 잘 보이기보다는 부엌의 竈王(조왕, 부엌 조)에게 잘 보여
야 한다는 말은 무슨 뜻입니까?"

그러자 공자가 말했다. "그렇지 않소이다. 하늘에 죄를 지으면 어
디 빌 곳도 없습니다."

奧(아랫목 오)는 방 안의 서남쪽으로 방 안에서 가장 깊숙한 곳이라
서 거기에서 제사를 지낸다고 한다. 여기서는 나라의 최고 권력자,
곧 당시 衛 靈公의 부인 南子(남자)를 뜻한다. 寧은 차라리 ~ 하다는
뜻. 媚는 아첨할 미. 잘 보이다. 竈는 부엌 조. 곧 부뚜막의 神 竈王神
이다. 이는 衛(위)나라의 실질적 권력자 왕손가를 암시한다.

곧 공자는 魯國에서 衛를 찾아왔고 위령공의 환대를 받고 있었다.
그러니 왕손가는 '당신이 위령공의 신임을 받아 등용되고 싶다면 차
라니 최고 권력자의 측근인 나에게 먼저 잘 보여야 한다는 뜻이었다.

이에 대하여 공자는 하늘을 언급했다. 天은 天理이니, 도덕과 가치
의 근원이다. 일시적 권세에 영합하려고 양심과 도의에 어긋난 짓을
했다가는 하늘의 죄를 받을 것이니, 그러면 어디에도 빌 곳이(禱, 빌
도) 없다는 뜻이다.

V

공자의 政治와 社會思想

'정치는 살아있는 生物'이라고 한다. 정치는 현실이며, 현실을 떠난 정치는 있을 수 없다는 뜻이다. 공자는 당시의 지식인이었고 자신도 정치에 뜻을 두었지만 정치적으로는 성취한 바가 거의 없었다. 대신 그의 정치사상은 정치 일선에 나간 제자들에게 영향을 주었고, 그보다는 후세에 더 많은 영향을 끼쳤다.

공자의 수제자로 잘 알려진 자공은 "만약 夫子께서 나라를 다스렸다면(夫子得邦家者) 백성을 안정시켜 자립케 하고(所謂立之斯立), 백성을 바른길로 교화 인도하실 것이며(道之斯行), 찾아오는 백성까지 화목하고 편안케 하실 것이다(動之斯和)."라고 말했다.[258]

이는 요즈음 말로 경제적 번영과 사회적 안정, 그리고 소통과 화합에 의한 정치라고 할 수 있다.

....

258 《論語 子張》陳子禽謂子貢曰, ~. 子貢曰, "君子一言以爲知, ~ 夫子之得邦家者, 所謂立之斯立, 道之斯行, 綏之斯來, 動之斯和. 其生也榮, 其死也哀, ~."

공자의 정치적 견해는 학덕과 바른 심성을 가진 군자가 정치를 담당해야 한다는 주장에서 출발한다. 곧 군자에 의한 통치는 백성의 안녕과 복리를 증진하는 정치, 곧 民本政治라고 요약할 수 있다. 민본주의는 민주주의 시대에서 여전히 중요한 의미를 갖는다. 유럽에서도 그러하지만 우리나라에서도 모든 정당들이 복지향상을 주장하는데, 이는 민본정치의 또 다른 표현이라 할 수 있다.

오늘의 평등사상은 인간은 누구나 하늘로부터 부여받은 인권을 갖고 있다는 인식에서 출발한다. 天賦人權(천부인권)의 자연권을 구현하고 보장하는 사회란 쉽게 만들어지는 것은 아니다. 그 때문에 오랜 세월에 걸친 논쟁과 투쟁이나 혁명이 있었다. 2500여 년 전의 공자는 사회질서 유지의 방법으로 예악을 강조했는데 공자도 인권이나 사회적 평등에 관심을 갖고 있었는가?

1. 爲政과 事君

　인간은 언어를 사용하면서 살며 사회생활을 한다. 언어는 인간의 思考를 외부로 표출하며 사물의 모습이나 활동을 묘사하는 서술 기능이 있다. 이름(名)은 한 인간의 여러 모습을 가장 단적으로 표현해 주는데 명분을 통해 인간의 생각이나 행동이 정당한가를 평가받을 수 있다. 공자의 여러 사상 중에는 이름과 관련하여 正名 사상이 있다. 개인의 지위 또는 관계에서 생기는 여러 가지 이름이 있으며, 그 이름으로 내세우는 名分이 있다.

　공자의 正名은 '바른 이름'이고 '올바른 이유나 까닭'이라고 할 수 있으며, 또 名分을 '바르게 한다(正).'는 뜻도 있다. 공자는 正名을 爲政의 출발로 인식했다.

　신하는 주군을 어떻게 섬겨야 하며, 또 어떻게 근무해야 하는가? 이는 出仕하고 싶은 공자의 제자들이 갖는 공통 관심사였고, 공자는 제자들의 요구에 진심을 담아 설명해 주었다.

208

정 자 정 야
政者 正也

정치란 바로잡는 것이다.

[원문]《論語 顔淵》季康子問政於孔子. 孔子對曰, "政者, 正也. 子
帥以正, 孰敢不正?"

[해석] 季康子(계강자)는 魯의 실권을 쥐고 있었기에 공자에게 정치에
관하여 자주 물었다. 공자는 평소에 명분이 바로 서야 한다는 信念을
갖고 있었다. 공자의 이런 신념이 그대로 나타난 구절이다.

　"子帥以正, 孰敢不正?"에서 子는 계강자를 지칭하고, 帥은 '거느
릴 솔'로 읽고, '앞장서다'라는 뜻이다. 孰은 '누구 숙'이니, 의문대
명사이다. '누가 감히 ~하겠는가?'라는 뜻이다.

　季康子가 백성이 충성을 바치게 할 방법을 물었을 때 공자는 위엄을
갖출 것과 효행과 자애의 실천, 그리고 잘 모르는 백성을 가르치며 권
장한다면 백성이 충성을 다할 것이라고 말해 주었다.[259] 제자 중에 누
가 好學하느냐고 물었던 사람이며,[260] 계강자가 도적을 걱정하자, 공
자는 "당신 먼저 욕심을 부리지 않는다면 상을 준다 하여도 도적질은
안 할 것이라고 말했다.[261] 그리고 공자는 백성을 다스리면서 어찌 사

259《論語 爲政》季康子問, "使民敬忠以勸, 如之何?" 子曰, "臨之以莊則敬,
　　孝慈則忠, 擧善而敎不能則勸."
260《論語 先進》季康子問, "弟子孰爲好學?" 孔子對曰, "有顔回者好學, 不幸
　　短命死矣, 今也則亡."
261《論語 顔淵》季康子患盜, 問於孔子. 孔子對曰, "苟子之不欲, 雖賞之不竊."

람을 죽일 수 있는가? 군자의 덕은 바람과 같다는 말을 해주었다. [262]

209

명 부 정 　 언 불 순
名不正, 言不順

명분이 바르지 않으면, 말이 순리에서 벗어난다.

[원문] 《論語 子路》子路曰, "衛君待子而爲政, 子將奚先?" 子曰, **"必也正名乎!"** 子路曰, "有是哉, 子之迂也! 奚其正?" 子曰, "野哉, 由也! ~. **名不正, 則言不順,** 言不順, 則事不成, ~. 故君子名之必可言也, 言之必可行也. 君子於其言, 無所苟而已矣."

[해석] 공자가 각국을 주유했다지만 약소국 衛(위)에서만 그런대로 대우를 받았는데, 衛 靈公은 공자를 존중하였다. 그래서 자로가 공자에게 "만약 衛 靈公이 정사를 일임한다면 무슨 일을 제일 먼저 하시겠습니까?"라고 물었다.

　그러자 공자는 "필히 명분을 바로 세우겠다(必也正名乎)."라고 말했다.

　이에 자로는 "그렇습니까? 뜻밖의 일입니다! 왜 하필 正名입니까?"라면서 공자의 생각이 현실을 모르는 처사라는 뜻을 표시하였다.

....
262 《論語 顔淵》季康子問政於孔子曰, "如殺無道, 以就有道, 何如?" 孔子對曰, "子爲政, 焉用殺? 子欲善而民善矣. 君子之德風, 小人之德草. 草上之風, 必偃."

그러자 공자는 자로에게 "무식하구나. 자로야! 군자는 모르는 일에는 입을 다물어야 한다."면서 正名이 중요한 이유를 설명하였다.

곧 "대의명분이 바로 서지 않으면 말이 순리에서 벗어나고, 순리에서 벗어난 말을 하면 다른 政事를 성취할 수 없고, 정사가 바로 이뤄지지 않으면 예악이 바로 융성할 수 없다. 예악이 흥성하지 못하면 형벌이 바로 집행되지 않고, 그러면 백성은 손발을 둘 데가 없다. 그래서 군자는 매사에 바른 명분을 찾아 내세워야 하며 바른 말로 설명을 해야 하며, 바른 말을 했으면 반드시 실천하여야 한다. 그리고 군자는 그 언사에 조금이라도 소홀한 점이 있으면 안 된다."고 하였다.

지금은 '名正言順'으로 말을 조금 바꿔 통용되는데 명분과 대의가 정당하다면 설득하거나 업무처리를 틀림없이 잘할 수 있다는 뜻으로 사용된다.

魯의 季康子(계강자)가 정사를 묻자, 공자는 "정치란 바르게 하는 것(政者正也)"이라고 말했다. 그러면서 正道로 이끄는데, 누가 부정하겠느냐고 반문했다.[263]

또 齊 景公에게는 "主君은 주군의 도리를, 臣은 신하의 도리를, 父는 아비의 도리를, 子는 아들의 도리를 다해야 한다."고 대답했다.[264]

이는 名分이 바로 서야 한다는 뜻이다. 요즈음 정치용어를 빌린다면 合法性과 正統性을 갖추어야 한다는 뜻일 것이다. 正名은 명칭과 그 용어의 문제이다. 명칭과 용어가 바르다면 그 명칭과 용어로 추진되는

---

263 《論語 顏淵》季康子問政於孔子. 孔子對曰, "政者, 正也. 子帥以正, 孰敢不正?"

264 《論語 顏淵》齊景公問政於孔子. 孔子對曰, "君君, 臣臣, 父父, 子子." 公曰, "善哉! 信如君不君, 臣不臣, 父不父, 子不子, 雖有粟, 吾得而食諸?"

政務나 施策(시책)이 이론적으로 바른 근거를 갖춘 것을 의미한다.

명분이 바르지 않다면 그런 명분에 따라 하는 말이 순리에서 벗어나게 된다. 순리가 아니라면, 순리로 설명할 수 없다면 억지나 궤변으로 합리성을 입증해야 한다. 그것은 불가능하다. 그러니 國事가 제대로 성취될 수 없고, 國政이 제대로 추진되지 않는다면 예악이 무너진다. 예악이 붕괴한다면, 곧 질서의 문란이고 문화와 학문, 理性과 合理가 제자리를 잡지 못하며, 反知性的, 非文化的, 沒價値的인 僞善(위선)이나 非理, 악덕과 폭력이 난무하게 된다. 이는 法治가 무너진 것이고, 질서유지를 위한 최하위 개념인 형벌마저 바로 서지 못한 것이니, 이런 상황에서 백성이 안정된 생활을 하며 자유를 누리겠는가? 백성은 손발을 놀릴 수가 없을 것이다〔手足無措(수족무조)〕.

지금 '手足無措'는 불안한 시대, 공황상태에서 어찌해야 좋을지 모르는 상황을 뜻한다.

210
北辰居所
북 신 거 소

북극성이 제자리에 있다.

[원문] 《論語 爲政》子曰, "爲政以德, **譬如北辰, 居其所而衆星共之.**"

[해석] 이는 《논어 위정》편의 시작이다. 北辰(북신)은 北極星이고 하늘의 중심이며 움직이지 않는다. 북신은 나라의 主君, 天子를 상징한다. 북극성은 제자리에 있으면서(居其所) 不動하고, 다른 모든 별들

은 북극성을 중심으로 회전한다고 생각하였다.

'衆星共之'의 共은 '向하다'로 풀이한다. 이는 나라의 주군이 제자리를 굳건히 차지하고 있으니 온 천하가 주군을 중심으로 모여들고 떠받드는 형상이다.

공자는 '政은 正也'이라고 했는데, 이는 不正을 바로잡는다는 뜻이다. 무엇으로 바로잡는가? 德으로 바로잡아야 한다. 그래서 '爲政以德'이라고 했다. 이는 공자가 생각한 治國의 기본 방침이다.

그리고 다른 일을 하지 않아도, 곧 無爲이어도 천하에 교화가 이뤄지고 민심이 歸依한다. 이는 하늘의 북극성과 衆星의 관계와 같은 형상이다. 곧 '爲政以德'이 바탕이 된 無爲가 통해지는 것이지, 德化가 아닌 형벌로 나라의 질서를 잡을 수는 없다고 생각한 공자였다.

공자가 생각한 '無爲의 治'는 제왕의 修德이 그 출발점이고 인재를 잘 등용하고 책임을 맡겨 백성을 덕으로 통치하는 것이다. 이 점에서는 道에 바탕을 두고 自然의 상태로 人爲를 배제한 老子의 無爲와는 크게 다르다.

211
군 군 신 신
君君臣臣
주군은 주군답게, 신하는 신하답게

[원문] 《論語 顔淵》 齊景公問政於孔子. 孔子對曰, "君君, 臣臣, 父父, 子子." 公曰, "善哉! 信如君不君, 臣不臣, 父不父, 子不子, 雖有粟, 吾得而食諸?"

[해석] 齊 景公이 공자에게 정사에 대하여 묻자, 공자는 "君은 주군의 도리를, 臣은 신하의 직분을, 父는 아비의 도리를, 子는 아들의 할 일을 다 해야 한다."고 대답했다.

그러자 경공이 공감하며 말했다. "좋은 말씀입니다. 정말로 人君이 주군답지 않고, 신하가 신하의 일을 하지 않으며, 아버지가 아비 노릇을 못하고, 자식이 그 도리를 다하지 않는다면 비록 곡식이 있다 한들 어찌 먹을 수 있겠습니까?"

주군이나 가장인 부친은 권위가 있는 존재이다. 특히 주군의 권력은 산천초목을 떨게 할 수 있다. 그러나 위세에 의한 권위가 참된 권위인가? 권위는 그 자리에 걸맞은 책임을 다할 때, 그리고 관용을 베풀 수 있는 곳에 베풀 줄 알아야 권위가 설 것이다.

신하가 신하의 직무를 다하지 않고, 아들이 아들의 도리를 다하지 않는다면 어찌 되겠는가? 그런 나라의 國富나 개인의 재물이 많다 한들 진정 즐길 수 있겠는가?

212

고 불 고 고 재
觚不觚 觚哉!

觚가 觚처럼 생기지 않았어도 觚이겠는가!

[원문] 《論語 雍也》子曰, "觚不觚, 觚哉! 觚哉!"

[해석] 공자가 말했다. "觚(술잔 고)가 觚의 모양이 아닌데도, 觚라 할

수 있나! 觚이겠나!'

觚(술잔 고)는 夏와 殷代에 통용되었던 飮酒(음주)를 위한 禮器였고 재질은 보통 청동으로 만들었다. 중간이 잘록하게 긴 모양인데, 밑바닥 부분과 상단부는 나팔처럼 벌어졌고 허리 부분은 4각(마름모꼴)이었다. 그런데 이 酒器가 후대에 내려오면서 모양이 바뀌어 마름모꼴이 그냥 원 모양으로 바뀌고 크기도 작아졌다가 한다.

공자는 문헌상의 觚(고)와 당세에 사용되는 觚가 모양이 달라졌는데 "그래도 觚라고 해야 하느냐? 사람들은 여전히 觚라고 하는데, 정말 觚라고 말해야 하느냐?"라고 거듭 물었다.

공자는 君君, 臣臣, 父父, 子子해야 한다고 말했다. 그러나 그 시절에 '君不君 臣不臣' 하여 이미 名實이 서로 부합하지 않았는데, 그런 현상에 대한 공자의 탄식이라고 풀이하였다. 하여튼 여러 뜻으로 새길 수 있는 구절이다.

213
無爲而治
무 위 이 치

하는 일이 없어도 잘 다스리다.

[원문] 《論語 衛靈公》 子曰, "無爲而治者其舜也與? 夫何爲哉? 恭己正南面而已矣."

[해석] 政事에 부지런한 賢君도 많이 있었다. 정말 잠도 못 자며 열심

히 정사 관련 업무를 처리했지만 당대에 몰락한 사람은 바로 新나라 王莽(왕망, 재위 서기 8 - 23년)이었다.

공자는 舜(순)을 無爲而治로 성공한 대표적 인물로 꼽았다. 자신의 儀表(의표)를 단정히 하고 그냥 南面만 했어도 잘 다스렸다고 칭송하였다.

사실 최고의 통치자가 문서를 만들고 검토하지 않는다. 문제는 인재 획득에 있다. 舜은 禹(우)와 皐陶(고요)에게 정사를 맡기고 의자에서 내려오지도 않았지만 천하는 잘 다스려졌다. 최고의 위정자는 求人에 힘쓰고 賢者에 일임한 뒤 공손하게 자리만 지켰다. 즉 공자는 지도자가 유능한 인재를 골라 일임하고 주군이 行善하며, 그 아래서 자발적으로 본받아 따라오는(上行下效) 것이 無爲의 治이다.

그러나 老子가 말한 無爲는 자연에 순응하는 無爲로 통치자가 아무런 作爲도 하지 않아 백성으로 하여금 無知無欲하고, 智者 역시도 아무런 작위를 하지 않으면 천하에 다스려지지 않는 것이 없다고 하였다.[265]

前漢 건국 후 文帝와 景帝 시대에 黃老 사상에 바탕을 둔 無爲의 治가 태평성대를 이룩했었는데, 이후로 공자의 無爲의 治보다 老子의 無爲의 治가 일반적으로 널리 통용되었다.

---

265 《老子道德經》2장 : 天下皆知美之爲美, 斯惡已. 皆知善之爲善, 斯不善已. 有無相生, 難易相成, ～是以聖人處無爲之事, 行不言之敎.
3장 : 不尙賢, 使民不爭, 不貴難得之貨, 使民不爲盜. ～ 常使民無知無欲. 使夫智者不敢爲也. 爲無爲, 則無不治.

214

其身正 不令而行
기 신 정　 불 령 이 행

처신이 바르다면 명령하지 않아도 실행된다.

[원문] 《論語 子路》子曰, "其身正, 不令而行, 其身不正, 雖令不從."

[해석] 이 구절은 위정자의 처신을 두고 한 말이다.

"행실이 바르다면 지시하지 않아도 실행이 되나, 처신이 바르지 못하면 호령해도 따르지 않는다."

政事의 政은 바로잡는다(正也)는 뜻이다. 내가 바르지 못하면서 누구를 바로잡는다고 하겠는가? 명분을 바로 세워야 하고 백성을 이끌려면 바른 처신으로 이끌어야 따라온다. 군자가 克己復禮하는 것이 바로 禮治이며, 爲政以德도 바른 자세로 중심을 잡았기에 衆星이 함께 따라오는 것이다. 폭압으로 백성을 거느리려는 명령이 얼마나 먹혀들어가겠는가?

몸이 바르다면 그림자가 비뚤어질 일 없는 것처럼(身正不怕影子歪), 행실이 바르면 걸음걸이도 바르다(行的正 走的正). 또 마음에 邪念이 없다면(心中無邪念) 행동은 틀림없이 바르다(行爲必端正). 그러니 자신이 바르지 못하다면 남을 바르게 할 수 없다(己不正難正人).

215

庶, 富, 敎
서 부 교

인구증대, 경제부강, 백성교화

[원문]《論語 子路》子適衛, 冉有僕. 子曰, "庶矣哉!" 冉有曰, "旣庶
矣, 又何加焉?" 曰, "富之." 曰, "旣富矣, 又何加焉?" 曰, "敎之."

[해석] 공자가 衛(위)에 갔을 때 冉有(염유, 冉求. 魯國人. 孔門十哲 중 政
事)가 수레를 몰았다.(僕은 마부 복, 수레를 몰다) 공자는 사람이 많은 거
리를 보고 감탄했다(庶矣哉! 庶는 衆多). 그러자 염구가 물었다. "이
렇게 인구가 많으니 다음은 어떻게 해야 합니까?"

"백성을 부유하게 해야 한다."

"백성이 부유하다면 어떻게 하시겠습니까?"

"백성을 가르쳐야 한다."

管仲(관중)은 治國之道는 필히 먼저 부유하게 만들어야 하나니, 백
성이 부유하면 쉽게 다스릴 수 있다고 생각했다. 백성이 가난하면 고
향마을이나 가정을 쉽게 떠나고, 윗사람을 두려워하지 않고 거스른
다고 했다. 물론 관중의 이런 관점이 지금 시대에 꼭 맞는 것은 아니
지만 공자의 庶 - 富 - 敎의 원칙은 맞는 말이다. 지금 우리나라의 實
情을 보더라도 실감하는 말이다.

맹자는 飽食煖衣(포식난의)에 逸居(일거)하며 無敎하다면 禽獸(금수)
와 같기에 聖人께서 이를 우려하여 契(설)을 司徒(사도)로 삼아 父子
有親, 君臣有義, 夫婦有別, 長幼有序, 朋友有信의 人倫(인륜)을 가르

치게 하였다.[266]

　教化는 국가와 사회, 그리고 가정의 교육적 기능이다. 이런 기능이 무너졌을 때 사회 기풍이 문란하고, 그다음에는 법과 나라의 기강이 풀어지고, 다음은 멸망의 수순을 밟게 될 것이다.

　庶, 富, 敎는 善政이 이루고자 하는 爲政目標이다. 인구 증대와 함께 경제적으로 번영해야 민주주의가 발전할 수 있다는 사실을 우리는 경험하였다.

管仲(관중)
《三才圖會(삼재도회)》人物卷(인물권)

　　266《孟子 滕文公 上》～后稷敎民稼穡 樹藝五穀 五穀熟而民人育 人之有道
　　也. 飽食煖衣 逸居而無敎 則近於禽獸. 聖人有憂之 使契爲司徒 敎以人倫,
　　父子有親 君臣有義 夫婦有別 長幼有序 朋友有信.～

216

무 신 불 립
無信不立

백성의 신뢰가 없으면 나라가 존속할 수 없다.

[원문]《論語 顏淵》子貢問政. 子曰, "足食, 足兵, 民信之矣." 子貢
曰, "必不得已而去, 於斯三者何先?" 曰, "去兵." 子貢曰, "必不得
已而去, 於斯二者何先?" 曰, "去食. 自古皆有死, **民無信不立.**"

[해석] 자공이 政事의 要諦(요체)를 묻자, 공자는 '足食'을 제일 먼저
꼽았다. 족식은 식량을 풍족하게 한다는 뜻이니 우선 백성의 배를 채
워야 한다.《尙書 周書 洪範》의 八政의 첫째가 '一曰食'이다.[267]

《禮記 王制》에서는 나라에 9년 정도의 식량이나 군량 비축이 없다
면 '不足'이라 했고, 3년 치 양식의 비축이 없다면 '나라가 나라도
아니다(國非其國).'라고 했다.[268]

다음으로 공자가 열거한 것은 '足兵'이다. 여기서 兵은 병력과 무
기나 군수물자를 총칭한다. 나라에 文事가 중요하지만 반드시 武備
(무비)가 있어야 한다. 공자는 "백성을 가르치지 않고 전쟁에 내보내
는 것은 백성을 버리는 것"이라고 했다.[269] 백성을 적당히 훈련시키
는 것도 足兵이다.

....

267《尙書 周書 洪範》八政, 一曰食, 二曰貨, 三曰祀, 四曰司空, 五曰司徒, 六
曰司寇, 七曰賓, 八曰師.

268《禮記 王制》國無九年之蓄曰不足, 無六年之蓄曰急, 無三年之蓄曰國非其
國也. 三年耕, 必有一年之食. 九年耕, 必有三年之食. ～

269《論語 子路》子曰, "以不敎民戰, 是謂棄之."

공자는 세 번째로 '民信之'라고 했다. 이는 백성이 위정자를 신뢰하게 하는 것, 곧 主君이나 제후, 관리, 그리고 나라의 정책이 백성으로부터 신뢰를 얻어야 한다.

자공이 물었다. "어쩔 수 없이 하나를 버려야 한다면 무엇을 먼저 버리겠습니까?"라고 묻자, 공자는 '去兵'이라고 했다. 무기가 좀 부족하고 병력이 좀 劣勢(열세)라도 나라는 버틸 수 있다는 뜻이다. 그러면 이제 남은 둘 중에서 하나를 버려야 한다면?

공자는 '去食'이라고 말했다. 옛날부터 죽지 않는 사람은 없다. 사람은 언젠가는 죽는 존재이다. 나라에 식량이 좀 부족하더라도 참고 견디며 다음 해 농사를 기대할 수 있다. 그러면서 공자가 이어 말했다. "백성의 신뢰가 없다면 나라가 존속할 수 없다."

정말 痛切(통절)한 교훈이다. 물은 배를 띄울 수도 있지만 배를 엎을 수도 있다[載舟覆舟(재주복주)]. 백성이 물이라서 배를 뜨게 할 수도 있지만 물에 파도가 일면 배는 전복된다. 물을 잔잔하게 하는 것이 바로 신의이고 신뢰이다. 신뢰를 잃었다면 그다음을 기약할 수가 없다. 나라도 그러하지만 개인 역시 그럴 것이다. 다른 사람의 신뢰를 잃은 사람이 어찌 사회생활, 공동생활을 영위할 수 있겠는가?

공자가 말했다. "사람이 신의가 없다면 쓸만한 데가 없다. 큰 수레나 작은 수레에 굴대가 없는 것과 같으니 어떻게 나아갈 수 있겠는가?" 270

---

270 《論語 爲政》 子曰, "人而無信, 不知其可也. 大車無輗, 小車無軏, 其何以行之哉?"

車軸(차축)이 없는 자동차가 굴러가겠는가? 사람은 근본을 잊어서는 안 되고, 사람에게 믿음이 없다면 사귈 수 없다(人而無信 不可交也). 처세와 사람 노릇에는 신의가 근본이다(處世爲人 信義爲本). 이름도 없는 봄풀들은 해마다 푸르지만(無名春草年年綠), 신의가 없는 사내는 대대로 가난하다(無信男兒世世窮)고 하였다.

백성의 신의를 잃은 통치자도 마찬가지이다. 신의를 잃은 지도자는 백성의 눈에 필부만도 못할 것이다.

217

군 자 지 덕 풍
君子之德風

군자의 덕은 바람과 같다.

[원문] 《論語 顔淵》 季康子問政於孔子曰, "如殺無道, 以就有道, 何如?" 孔子對曰, "子爲政, 焉用殺? 子欲善而民善矣. **君子之德風**, 小人之德草. 草上之風, 必偃."

[해석] 魯나라의 실력자 계강자가 공자에게 정사에 관하여 물으면서, 무도한 자를 죽여 백성을 정도로 이끄는 것이 어떠냐고 물었다. 그러자 공자가 대답했다.

"백성을 다스리며 어찌 살인을 하려 합니까? 당신이 착하면 백성도 착할 것입니다. 군자의 덕은 바람이고, 소인의 덕은 풀과 같습니다. 풀 위로 바람이 불면 풀은 틀림없이 눕게 되었습니다."

공자가 "焉用殺(언용살, 어찌 살인을 하겠느냐?)라고 반문한 것은 처형하지 않고도 백성을 잘 다스릴 수 있다는 뜻이다. 백성이 죽음을 두려워할 때 처형이 효과가 있다. 죽으나 사나 마찬가지라고 자포자기한 백성에게 죽이겠다는 위협이 통하겠는가?[271] 그런 위협이 있다 하여 바람 앞에 풀처럼 눕겠는가?(偃은 쓰러질 언)

위 원문에서 '君子之德風'에서 德은 군자의 德行, 심리, 사상 등 포괄적인 뜻을 내포하고 있다. 거기에 비해 백성은 그냥 풀과 같다. 바람이 불어오면(草上之風) 바람 따라 풀은 눕게 되어있다. 위정자의 선정이 베풀어진다면 백성들은 절로 그렇게 따라간다는 뜻이다. 바람의 기세가 강하다면 온 나라가 그런 분위기, 그런 氣風이 휩쓸 것이다. 이를 간단히 風行草偃(풍행초언)이라고도 쓴다.

풀은 바람을 따라 눕고, 사람은 큰 흐름을 따르나니(草隨風偃 人隨大流), 그래도 바람이 없으면 나무는 흔들리지 않으며(無風樹不動), 거친 바람이 불 때 튼튼한 풀을 알 수 있다(疾風知勁草). 그리고 사람이 초목이 아니거늘 누군들 정이 없겠는가?(人非草木 孰能無情)

또 바람이 온종일 불어오는가? 그리고 땅에는 풀만 있는가? 백성은 누구든 모두 고분고분할 것이라고 믿는가? 그렇다면 공자의 비유는 잘못된 가설이고 설정이 아닌가?

----

271 《老子道德經》74章 : 民不畏死, 奈何以死懼之? 若使民常畏死, 而爲奇者, 吾得執而殺之, 孰敢?

218

<ruby>民<rt>민</rt>可<rt>가</rt>使<rt>사</rt>由<rt>유</rt>之<rt>지</rt></ruby>

백성을 따라 오게 하다.

[원문]《論語 泰伯》子曰, "**民可使由之**, 不可使知之."

[해석] 공자가 말했다.

"백성은 따라오게 할 수 있지만, 왜 그런가를 알게 할 필요는 없다."

백성이란 통치를 받는 사람이다. 그런 백성들은 법과 예의를 준수하도록 지도하여 따라오게 할 수는 있지만, 국가사업의 시작이나 제도나 의례 등을 일일이 다 깨우쳐 알게 할 필요는 없다는 뜻이다. 말하자면 백성은 성취한 결과를 보여주고 혜택을 주면 그뿐이지, 왜 그렇게 했는가를 가르쳐 줄 필요는 없다는 뜻이다.

이는 일반 백성이 교육 혜택을 받을 수 없어 민도가 낮았던 시절에나 통할 수 있는 말일 것이다.

219

<ruby>苛<rt>가</rt>政<rt>정</rt>猛<rt>맹</rt>於<rt>어</rt>虎<rt>호</rt></ruby>

가혹한 정치는 호랑이보다도 더 사납다.

[원문]《禮記 檀弓 下》孔子過泰山側, 有婦人哭於墓者而哀, 夫子式

而聽之. 使子路問之曰, "子之哭也, 壹似重有憂者." 而曰, "然, 昔
者吾舅死於虎, 吾夫又死焉, 今吾子又死焉." 夫子曰, "何爲不去
也?" 曰, "無苛政." 夫子曰, "小子識之, **苛政猛於虎也.**"

[해석] 이는《論語》에는 없지만,《禮記 檀弓 下》와《孔子家語 正論》에
수록되어 있다.

　　공자가 泰山 부근을 지나는데 묘지에서 슬피 우는 부인을 보았다.
子路를 시켜 사연을 묻게 했다. "예전에 시아버지와 남편이 모두 호
랑이한테 물려 죽었고, 이번에 아들이 또 호랑이에게 죽었습니다."
이에 공자가 물었다. "왜 여기를 떠나지 않습니까?"

　　"苛政(가정, 虐政)이 없습니다." 그러자 공자가 말했다.

　　"제자들은 잘 알아둘 것이니, 가혹한 정치는 호랑이보다 더 무섭다."

　　공자의 이 말은 공자가 늘 강조한 仁政과 德治, 그리고 백성에게 혜
택을 주는 정치의 당위성을 증명하는 사례라 할 수 있다.

220
^{절 용 애 인}
節用愛人
비용을 절약하며 백성을 아껴주다.

[원문]《論語 學而》子曰, "道千乘之國, 敬事而信, **節用而愛人**, 使
民以時."

[해석] 萬乘天子(만승천자)는 뒷날 황제를 지칭하는 말이 되었다. 乘은

兵車, 곧 戰車이다. 1만 대의 병거를 동원할 수 있는 군사 규모이다. 千乘之國은 제후국을 지칭한다. 그런 제후국을 다스릴 때, 자신의 담당 직무를 성실하게 수행하여 백성들의 신임을 획득해야 한다(敬事而信). 그리고 나라나 官府의 각종 비용을 절약하며 백성을 사랑하고 지켜주어야 한다(節用愛人). 또 백성을 부역에 동원하더라도 때를 맞춰야 한다(使民以時). 곧 농사철에는 백성을 동원해서는 안 된다.

공자는 樊遲(번지)가 問仁하자, 공자는 "愛人"이라고 했다.[272] 다른 사람에 대한 사랑은, 곧 仁의 핵심이다. 부모에 대한 사람은 효도이며, 형제를 사랑하는 것이 友愛이고, 남을 사랑하는 것이 바로 忠이다. 사람을 사랑하는 마음은 禮를 따르기에 '克己復禮가 바로 仁'이라고 했고, 愛人者는 見義하면 용감하게 실천하니 勇은 仁의 한 덕목이다. 사랑의 또 다른 표현인 공경(恭), 너그러움(寬容, 寬), 신의를 지킴(守信), 부지런히 노력하기(敏), 베풀기(惠), 인정해주기(認) 등이 모두 愛人의 또 다른 의미이다.

221

^{백 성 부 족 군 숙 여 족}
百姓不足 君孰與足

백성이 궁핍한데, 君은 누구와 함께 풍족하겠는가?

[원문]《論語 顏淵》哀公問於有若曰, "年饑, 用不足, 如之何?" 有若對曰, "盍徹乎?" 曰, "二, 吾猶不足, 如之何其徹也?" 對曰, "百姓

272《論語 顏淵》樊遲問仁. 子曰, "愛人." 問知. 子曰, "知人." ~.

足, 君孰與不足? 百姓不足, 君孰與足?"

[해석] 이는 나라 살림을 위한 租稅(조세) 제도에 관한 구절이다. 옛날이나 지금이나 누구에게 어떤 세금을 징수하는가는 중요한 문제이다.

魯 哀公이 有若(유약, 〈學而〉에는 有子로, 〈顔淵〉에서는 有若으로 기록)에게 물었다.

"흉년이 들어 國用이 부족한데 어찌하면 좋겠는가?"

그러자 유약이 대답했다. "왜 10分의 1 세법(徹)을 적용치 않습니까?"

"지금 10분의 2를 징수해도 부족하거늘, 어찌 세율을 낮출 수 있겠는가?"

"백성이 풍족하다면 君께서는 혼자 궁핍하시겠습니까? 백성 살림이 부족하다면 君은 누구와 함께 풍족하시겠습니까?"

年饑는 흉년이다.(饑는 주릴 기) "盍徹乎?"의 盍은 어찌 ~하지 아니할 합(何不의 合音字, 疑問反語의 뜻을 표현)이고, 徹(통할 철)은 周代 井田法을 기초로 한 세법으로, 그 세율은 대략 수확량의 10분의 1 정도였다. 수확량의 10분에 1은 萬代에 두루 다 적용된다 하여 徹(철)이라 하였다. 前漢 文帝는 아주 검소한 황제였다. 문제 때는 수확량의 30분의 1을 징수하였는데 그때에 국가 재정은 풍족했었다.

魯 哀公은 지금 10분의 2를 징수해도 國用이 부족한데, 어찌 세율을 더 낮출 수 있겠느냐고 반문하였다. 이에 유약은 온 백성이 다 굶주리는데 군주 혼자 배부르겠느냐? 만백성이 모두 풍족한데 주군 혼자 궁핍하겠느냐고 반문하였다. 유약은 稅收(세수)보다는 지출 억제를 강조하였다.

222

<ruby>萬<rt>만</rt></ruby><ruby>方<rt>방</rt></ruby><ruby>有<rt>유</rt></ruby><ruby>罪<rt>죄</rt></ruby> <ruby>罪<rt>죄</rt></ruby><ruby>在<rt>재</rt></ruby><ruby>朕<rt>짐</rt></ruby><ruby>躬<rt>궁</rt></ruby>

萬方有罪 罪在朕躬

나라 백성이 죄를 지었다면 그 잘못은 나에게 있다.

[원문]《論語 堯曰》堯曰, ～ 舜亦以命禹. 曰, "予小子履敢用玄牡,
敢昭告于皇皇后帝, 有罪不敢赦. 帝臣不蔽, 簡在帝心. 朕躬有罪,
無以萬方, **萬方有罪, 罪在朕躬**."

[해석] 공자가 본받으려 했던 聖人은 堯(요)와 舜(순), 그리고 禹王(우왕)
과 湯王(탕왕) 이어 周 文王과 武王, 그리고 周公을 꼽을 수 있다.《論
語 堯曰》편은《논어》의 마지막 편으로 편폭이 짧다.

堯(요)가 舜(순)에게 禪讓(선양)을 하면서 命한 말을 舜이 禹王에게
제위를 물려줄 때도 같은 말을 하였다. 그리고 (殷의) 湯王(탕왕)이
(여러 제후에게) 말했다.[273]

"～, 朕(짐, 나. 自稱)이 지은 죄는 萬方의 백성과 상관없습니다만,
만방의 백성이 죄를 지었다면 그 잘못은 짐에게 있습니다."

현세의 황제와 저승세계의 閻羅王(염라왕)은 온 백성이 떠받들지만
그래도 황제는 祭天할 때 무릎을 꿇어야 한다. 황제가 天子라고 하는
것은 글자 그대로 天帝의 아들로 천제를 대신하여 모범을 보이며 백
성을 다스려야 한다는 뜻이다.

천자가 자신의 잘못은 우리 백성들하고는 관계가 없다고 선언한다.

....

273 "予小子履敢用玄牡～萬方有罪, 罪在朕躬" 이 말은 湯王이 (夏의) 桀王
(걸왕)을 방출하고 여러 제후에게 한 말로《尙書 商書 湯誥》에 나온다.

천자 자신의 잘못은 하늘의 벌을 직접 받겠다는 뜻이다. 그리고 자신이 통치하는 만백성의 잘못은 그 원인과 책임이 천자에게 있다고 선포한 말이다. 이는 천자가 만백성을 보살필 책임이 있다는 선언이다.

'萬方有罪, 罪在朕躬'은 백성을 다스리는 천자의 가장 중요한 정치적 도덕심이었다. 천자는 백성을 교화할 의무가 있고, 백성의 잘못은 교화의 잘못이기에 그 책임이 천자에 있다는 선언이지만, 실제로 이는 그냥 그 선언에 의미가 있을 뿐이었다.

223

<ruby>一<rt>일</rt></ruby><ruby>言<rt>언</rt></ruby><ruby>興<rt>흥</rt></ruby><ruby>邦<rt>방</rt></ruby>, <ruby>一<rt>일</rt></ruby><ruby>言<rt>언</rt></ruby><ruby>喪<rt>상</rt></ruby><ruby>邦<rt>방</rt></ruby>

一言興邦, 一言喪邦

나라를 일으킬, 나라를 잃을 만한 한 마디

[원문] 《論語 子路》 定公問, "一言而可以興邦, 有諸?" 孔子對曰, "言不可以若是其幾也. 人之言曰, '爲君難, 爲臣不易.' 如知爲君之難也, 不幾乎一言而興邦乎?" 曰, "一言而喪邦, 有諸?" 孔子對曰, "言不可以若是其幾也. 人之言曰, '予無樂乎爲君, 唯其言而莫予違也.' 如其善而莫之違也, 不亦善乎? 如不善而莫之違也, 不幾乎一言而喪邦乎?

[해석] 마치 소설과 같은 장면이고, 소설처럼 묘사되었다.

魯의 定公이 공자에게 물었다.

"한 마디로 나라를 흥성케 할 수 있는 말이 있습니까?" 그러자 공자가 대답하였다.

"그렇게 간단한 것처럼 말을 할 수는 없습니다. 사람들이 말하길, '主君의 책무가 막중하여 제대로 수행하기 어렵고(爲君難), 신하 노릇도 쉽지 않다(爲臣不易).'고 말하는데, 만약 主君의 임무가 어려운 줄을 안다면 거의 나라를 흥성케 할 수 있는 한 마디가 아니겠습니까?"

그러자 정공이 다시 물었다.

"나라를 잃을 수 있는 말 한마디가 있습니까?"

이에 공자가 대답하였다.

"그렇게 간단하게 말할 수 없습니다. 사람들이 말하기를, '내가 주군의 자리에서 아무 즐거움도 없지만, 그래도 내가 한 말을 감히 누구도 어기지 않는다.'라고 합니다. 만약 주군의 말이 옳은 말이라면 어길 사람이 없을 것이니 좋지 않습니까? 그러나 옳은 말이 아닌데도 아무도 거스르지 않는다면 그 말이 거의 나라를 잃게 하지 않겠습니까?"

기업의 CEO나 나라의 한 기관장, 하다못해 1인 사업자일지라도 그 책무를 제대로 다하다면, 망할 사람이 어디 있고, 누가 번성하지 않겠는가? 최고 자리는 편한 자리가 아니고 어려운 자리이다. 어려운 자리인 줄 알고 노력한다면 興隆(흥륭)하지 않겠는가?

"누가 감히 내 지시를 따르지 않는가?"라는 관리자는 아랫사람 모두가 굽실거리니까 그 즐거움을 만끽할 것이다. 충언을 받아들이지 않는 상관에게 누가 또 다른 충언을 하겠는가? 아부의 말만 귀에 들어올 것이다. 그러고서도 망하지 않는 기업이나 나라가 있겠는가?

定公 물음에 대한 정답은 '爲君難(임금 노릇 어렵다)'이고, '莫予違(감히 어길 자 없다)'였다.

중국인들은 '貞觀之治'의 唐 太宗을 聖君이라고 말한다. 그 당태종이 "創業도 어렵지만 守成 또한 쉽지 않다."고 말했다. 어떤 사람이 가난했다가 부자가 되었다면 성공한 創業者이다. 그 아들이 대를 이어 富를 키우거나 지켰다면 성공한 守成이라고 할 수 있다.

商號를 만들어 걸기는 쉬워도(創名牌容易) 상호를 지켜나가기는 어려우며(護名牌難), 창업 백 년이라도 망하기는 하루면 족하다(創業百年 敗家一天). 그러나 창업도 어렵고, 수성 역시 어렵지만(創亦難, 守亦難), 어려운 줄 알고 대처하면 어렵지 않다(知難不難).

2,500년 전, 공자는 경영학의 大家였고, 통치술의 達人이었으며, 해박한 지식인이었다.

224
부 재 기 위 불 모 기 정
不在其位 不謀其政
그 자리가 아니라면 정사를 논하지 말라.

[원문]《論語 泰伯》子曰, "不在其位, 不謀其政."

《論語 憲問》子曰, "不在其位, 不謀其政." 曾子曰, "君子思不出其位."

[해석] 현대 컴퓨터의 보급과 인터넷으로 각 분야의 많은 지식은 아주 널리 쉽게 전파되고 누구나 찾아 이용할 수 있다. 이제 우리나라에서도 어떤 분야에 전문가와 아마추어의 구분은 거의 사라졌는지도 모른다. 이런 현상은 인공지능의 연구, 발달과 함께 더욱 가속화될 것

이다. 지금 우리나라에서 정치와 환경, 경제와 노동, 문화와 학문에서 일가견을 갖고 있지 않은 사람을 찾아보기가 어려울 것이다. 모두가 전문가를 자처하고 그렇게 행세한다.

그런데 2,500년 전에 공자는 "그 자리가 아니라면 그 자리의 정사를 논하지 말라."고 하였다. 이는 쉬운 말로 "장관이 아니라면 장관이 담당하는 업무에 관하여 언급하지 말라."는 뜻이다. 곧 국회의원이 아니라면 입법을 논하지 말고, 법관이 아니라면 재판을 말하지 말라는 뜻이다. 이를 더 확대하면 경제학자가 아니라면 경제를 논하지 말라는 뜻이니, 현대인으로서는 수긍할 수 없는 말이고 민주와 평등의 시대 조류와는 상반되는 말이다.

그러나 공자의 말을 입장을 바꿔 논할 수 있다. 전문가와 비전문가 숙련공과 비숙련공의 차이는 그만두고서라도, 그 자리에서 업무를 주관하는 사람과 그 자리에 있지 않은 사람과는 얻을 수 있는 정보나 자료, 그리고 상황인식과 업무 경험 등에서 차이가 날 것이다.

공자의 뜻은 우선 자신의 관련 직무에 충실할 것과 전공이 아닌 분야에 대한 어설픈 관심이나 지식으로 화를 자초하지 말라는 뜻이 들어있다.

《論語 憲問》편에서는 공자의 같은 말에 대한 曾子의 보충 설명이 첨가되었다. 곧 "군자의 생각은 그 지위에서 벗어나지 않는다."고 하였다. 여기에서도 자신의 전문 분야 외에 관하여 언행을 삼가라는 뜻이 들어있다.

그리고 또 한 가지, 그 자리를 떠났다면 직무상 얻은 정보에 관한 비밀 유지의 뜻도 들어 있다. 전임자가 후임자의 업무에 대한 관심 표명도 별로 바람직하지 않거니와 野人으로 돌아갔다면 재직 중에 알게 된 정보나 비밀에 대하여 철저히 함구하라는 뜻이다.

225
천 하 유 도   서 인 불 의
天下有道 庶人不議
천하에 질서가 있다면 서인들이 정사를 논하지 않는다.

[원문] 《論語 季氏》孔子曰, "天下有道, 則禮樂征伐自天子出, 天下
無道, 則禮樂征伐自諸侯出. 自諸侯出, 蓋十世希不失矣, 自大夫出,
五世希不失矣, 陪臣執國命, 三世希不失矣. 天下有道, 則政不在大
夫. **天下有道, 則庶人不議**."

[해석] 요즈음 우리나라에서 널리 쓰이고 있는 '守舊꼴통' 이라는 비속
어가 생각나는 구절이다. 지금 젊은이 – 자칭 '進步' 라면서 진보 아
닌 자는 모두 '保守' 라는 二分法을 맹신하며, 보수를 守舊라는 낡은
이념으로 몰아 '타도' 를 부르짖는 속 좁은 젊은 사람들 – 이들이 싫
어하는 구절일 것이다.

민주주의가 아니라고, 또는 平等에 위배된다면서 입에 거품을 무
는 사람들은 모두가 하루아침에 이루어진 줄 알고 있다. 과연 그들이
말하는 진정한 민주주의는 얼마나 오랜 시련을 겪으면서 성장하여
오늘에 이르렀는지? 또 평등은 얼마나 오랜 불평등 속에서 자랐는지
를 생각 못한다. 자신들이 어느 날 알게 된 이념이 최선인 줄 盲信(맹
신)하는 그런 오류를 얼마나 많은 사람들이 범했는가를 생각지도 못
하면서 입으로만 口頭禪(구두선)을 외우니, 누가 그들을 신뢰하겠는

가?

공자가 살았던 시대는 지금부터 2,500년 전이다. 그때 민주주의라는 이념이 없고 선거가 없었으며, 人權이 무시되었다 하여 그 시대의 제도가 가치 없다고 말할 수 있나? 2,500년 전에 만민평등이 없던 시절의 정치적 사상은 가치가 없는가?

"천하에 道가 확립되었다면 禮樂과 征伐(정벌)이 天子로부터 나왔고, 道가 없으면 예악 정벌이 제후의 손에 있었다. 제후가 예악 정벌을 행사하면 10世代 안에 망하지 않은 나라가 드물고, 예악이 대부의 손에 있다면 5세대면 망하며, 대부의 家臣이 정권을 장악했다면 3世代에 망하지 않은 경우가 없을 것이다. 천하에 道가 바로 섰다면 政事가 대부의 손에서 나올 수 없고, 천하에 道가 있다면 서민들이 정사를 논하지 않는다."

그 당시의 경제적 기반과 경제 여건이 어떤 상황이었는가? 그 시대에 누가 문자를 알고 학식과 문화를 누렸는가? 그 사회에서 소수의 엘리트가 나라를 이끈 것이 잘못이며 비난의 대상인가?

지금은 그야말로 민주와 인권과 평등사상이 보편화되었기에 서민이란 계층을 제외하거나 배제할 수도 없다. 서민 누구도 자신의 의견을 내세우며 현실 비판과 함께 개선을 주창한다. 그러나 모두에게 말할 수 있는 권리가 있다 하여 그가 하는 말이 모두 옳은가? 정치 지도자는 정말 公正과 中正으로 나라를 이끌고 있는가? 바람이 불면 눕는 풀이고, 바람에 쓸려가는 낙엽은 2,500년 전이나 지금이나 똑같다.

226

<ruby>近<rt>근</rt></ruby><ruby>說<rt>열</rt></ruby><ruby>遠<rt>원</rt></ruby><ruby>來<rt>래</rt></ruby>
近說遠來

나라 백성이 기뻐하면 먼 나라에서도 찾아온다.

[원문]《論語 子路》葉公問政. 子曰, "近者說, 遠者來."

[해석] 여기 葉公(섭공, 땅이름 섭, 성 섭)은 楚國의 대부로 이름은 沈梁
(심량)이고, 자는 子高(자고)이다. 공자가 각국을 주유하면서 섭공을
찾아가 만났다. 섭공은 공자와 허심탄회한 대화를 나누었는데 "자신
나라의 정직은 아버지가 양을 훔치자 아들이 부친의 죄를 입증했
다."고 말한 사람이다.[274]

섭공이 정치에 대하여 묻자, 공자는 "선정으로 近者(內國人)가 기
뻐하면 먼 곳(遠者, 外國)의 백성도 찾아온다."고 말했다. 近者說의
說은 '기뻐할 열(說은 悅과 同)'이다.

그런데 지금은 상인이 좋은 물건을 싸게 판매하여 근처 사람이 좋
아하며 먼 데서도 소문을 듣고 찾아온다는 뜻으로 사용된다. 이는 공
자가 말한 뜻과 전혀 다른 의미이니 成語도 시대에 따라 의미가 달라
진 것이다.

상인의 입장에서는 가까운 사람을 잘 대우하는 좋은 소문을 전파
할 수 있는 방법이었다. 그래서 '천 리 밖 손님을 잘 대접하면 만 리 밖
까지 소문난다(好看千里客 萬里去傳名).'는 속담도 생겼을 것이다.

....
274《論語 子路》葉公語孔子曰, "吾黨有直躬者, 其父攘羊, 而子證之." 孔子
曰, "吾黨之直者異於是, 父爲子隱, 子爲父隱. 直在其中矣."

227

필 세 이 후 인
必世而後仁

필히 한 세대가 지나야 仁이 정착된다.

[원문]《論語 子路》子曰, "如有王者, **必世而後仁.**"

[해석] 공자가 말했다. "王道政治를 하는 자가 있더라도 한 세대가 지
나야 仁이 정착될 것이다."

　王道로 백성을 이끄는 王者는 覇者(패자)의 상대적인 말이다. 世는
한 세대이니 30년을 의미한다. 아무리 훌륭한 왕자가 출현하여 백성
을 교화한다 하더라도 弊風(폐풍)을 바로잡아 仁의 기풍이 나라 안에
널리 행해지려면 한 세대가 흘러야 한다는 뜻이다. 공자가 볼 때도
시대풍조의 改變(개변)이 결코 쉬운 일이 아니었다.

　30년이면 父에서 子로 이어지기에 보통 1世가 30년이다. 지금은 1
世가 아닌 1代로 쓴다. 唐 太宗(李世民) 이름의 世를 피휘하여 이후
代로 고쳐 쓰기 시작했다고 한다.

228

환 득 환 실
患得患失

얻으려 걱정하고, 잃을까 두려워하다.

[원문]《論語 陽貨》子曰, "鄙夫可與事君也與哉? 其未得之也, **患得**

之. 既得之, **患失之**. 苟患失之, 無所不至矣."

[해석] 공자가 말한 鄙夫(비부)는 비루하고 저속한 사람이다. 그러한
사람과 함께 事君할 수 있겠는가? 라고 반문하였다. 공자는 "그런 사
람들은 관직을 얻지 못했을 때는 수단 방법을 가리지 않고 얻으려 애
쓴다. 관직을 얻은 다음에는 잃을까 걱정하는데, 그런 걱정과 염려
때문에 하지 못하는 짓이 없다."고 말했다.

관직에 있는 사람들을 대략 3부류로 나눠 생각할 수 있다.

道德의 실현에 뜻을 둔 자는 功名을 마음에 두지 않고 성실하게 직
무를 수행하며 정도를 걷는다. 功名에 마음을 둔 자는 富貴에는 마음
쓰지 않고 오직 승진만을 생각하며 열심히 일한다. 관직에 있으면서
富貴에 마음이 쏠린 자는 못하는 짓이 없다. 공자가 말한 鄙夫(비부)
는 부귀에 뜻을 둔 자이다.

기본 인격수양이 되지 않은 자는 수단과 방법과 인연에 연줄을 찾
아 관직을 얻으려 광분한다. 관직에 기어오른 다음에는 잃지 않으려
고 동료와 정직한 사람을 공격하고, 賢才를 질시하며 못하는 짓이 없
다. 患得患失 글자 그대로이다.

229
오　미　사　악
五美四惡

다섯 가지 美德과 네 가지 惡政

[원문] 《論語 堯曰》 子張問於孔子曰, "何如斯可以從政矣?" 子曰,

"**尊五美, 屛四惡**, 斯可以從政矣." ～.

[해석] 자장이 공자에게 "어떠하면 政事를 잘 처리할 수 있는가?"를 물자, 공자는 "5가지의 美德을 실천하고, 4가지 惡政을 배제하라.(屛은 막을 병)"고 말했다.

　공자가 강조한 5가지 덕행은,

　① 惠而不費 – 백성에게 은혜를 베풀어주고, 백성의 재물을 허비하지 말 것.

　② 勞而不怨 – 백성에게 때를 가려 勞役에 동원하여 백성의 원망을 사지 말 것.

　③ 欲而不貪 – 백성에게 덕을 베풀되 탐욕하지 말 것.

　④ 泰而不驕 – 태평한 마음으로 다스리되 교만하지 말 것.

　⑤ 威而不猛 – 백성에게 위엄을 지키되 사납게 대하지 말 것.

그리고 공자가 물리쳐야 한다고 설명한 4惡은 아래와 같다.

❶ 不敎而殺謂之虐 – 교화하지도 않고 죄를 지었다고 처형하는 것은 학살이다.

❷ 不戒視成謂之暴 – 주의를 주고 살펴보지도 않고 결과만 따진다면 폭행과 같다.

❸ 慢令致期謂之賊 – 분명한 지시도 없이 기일을 어겼다고 다그치면 도적질과 같다.

❹ 猶之與人也, 出納之吝謂之有司 – 남에게 줄 것을 내주면서도 인색한 것은 국량이 좁은 것이다. 有司는 관리의 티를 내다. 국량이 좁은 소인이라는 뜻.

230

_{탁 고 기 명}
託孤寄命

어린 주군을 부탁받고 나라의 통치를 담당하다.

[원문]《論語 泰伯》曾子曰, "可以託六尺之孤, 可以寄百里之命,
臨大節而不可奪也, 君子人與? 君子人也."

[해석] 증자가 말했다. "어린 主君을 부탁받고 나라 통치를 맡았으며
국가의 위기에서 큰 지조를 지킬 수 있는 사람이라면 君子이겠는가?
그런 사람이라면 군자이다."

　六尺之孤는 어린 主君이다. 키가 六尺이라면 未成年이다. 漢代의
일척은 약 23cm이었으니 140cm가 안 되는 키이며, 보통 15세 이하
라 생각하면 된다. 孤는 父를 잃은 아이이다. 父王이 일찍 죽어 어린
아들이 계승할 경우 顧命之臣(고명지신)에게 후계자를 부탁한다. 그
리고 나라를 대신 다스리며 위기에서도 大節을 지킨다면 군자라는
뜻이다. 본래 百里의 땅이라면 사방 국경의 총 길이가 1백 리이니 작
은 제후국이다.

231

_{해 불 위 정}
奚不爲政

왜 정치를 안 하시는가?

[원문]《論語 爲政》或謂孔子曰, "子奚不爲政?" 子曰, "書云, '孝乎

惟孝, 友于兄弟, 施於有政.' 是亦爲政, 奚其爲爲政?"

[해석] 어떤 사람이 공자에게 물었다. "夫子께서는 왜 정치를 하지 않으십니까?"

그러자 공자가 말했다. "옛글에 '효도, 오로지 효도하고, 형제간 우애로 지내는 것 또한 백성을 다스리는 것' 이라 하였으니, 왜 또 다른 정치를 하겠는가?"

奚(어찌 해)는 의문사이다. 書云의 書는 《尙書》니, 이는 《고문상서》를 지칭하기에 지금 《書經》에는 없는 말이다. 공자의 말뜻은 내가 부모께 효도하고 형제간 우애로운 것이 바로 정치의 한 수단이다. 곧 나의 모범이 바로 정치라는 뜻이다.

결국 지도층의 솔선수범이 정치적 효과를 거둘 수 있다는 뜻이나 현재 우리나라의 실정으로는 차라리 馬頭에 뿔이 나기를 바라는 것이 더 나을 것이다.

232
군 여 지 사 미 학
軍旅之事 未學
군사에 관한 일을 배우지 않았다.

[원문] 《論語 衛靈公》 衛靈公問陳於孔子. 孔子對曰, "俎豆之事, 則嘗聞之矣, **軍旅之事, 未之學也**." 明日 遂行.

[해석] 衛靈公이 공자에게 군대 陣法(진법, 陳은 陣과 通)에 관해 물었다. 이에 공자가 말했다. "禮儀에 관한 일은 들은 바가 있지만 군사에 관하여는 배우지 않았습니다." 그리고는 衛나라를 떠나갔다.

俎豆(조두)의 俎(조)는 도마인데 희생물을 올리는 큰 도마이고, 豆(두)도 祭器(제기)인데 조리한 고기를 담는 그릇이다. 俎豆는 祭禮나 예의를 의미한다.

위령공에게는 軍陣의 배치는 관심사였다. 그러나 공자가 그런 것을 알 것이라 생각했다면 상대를 몰라도 한참 몰랐다.

233
<ruby>學<rt>학</rt></ruby><ruby>而<rt>이</rt></ruby><ruby>優<rt>우</rt></ruby><ruby>則<rt>즉</rt></ruby><ruby>仕<rt>사</rt></ruby>

學而優則仕

배움이 뛰어나면 出仕하다.

[원문]《論語 子張》子夏曰, "仕而優則學, **學而優則仕.**"

[해석] 옛날 사람들의 讀書란 사실상 科擧 시험 준비였다. 십 년 동안 창문을 닫고 열심히 經典과 詩文을 암송했고, 그 암송한 내용을 적당히 얽어 명문장을 지어 올리면 과거 급제했고, 급제하면 곧 직업과 자산과 권위와 명성을 한 번에 얻을 수 있었다.

그러기에 北宋 眞宗(재위 998 – 1022년)의 〈勸學文〉에서도 '책 속에는 황금으로 지은 집이 있다(書中自有黃金屋).' 등등을 열거한 뒤에 '남아가 평생의 뜻을 이루려거든(男兒欲遂平生志) 六經을 창문 아래 펴놓고 부지런히 읽어라(六經勤向窓前讀).'로 끝을 맺는다. 이는 매우 현실적인, 그리고 또 중국인다운 권학문이다.

이는 지금도 마찬가지이다. 영어는 외국인과 소통하기 위해 공부하지 않고 9급 공무원 시험을 위해 공부한다. 하여튼 학문(시험성적)이 우수해서 공무원이 되면(學而優則仕) 그다음에 '출사하여 우수하면 학문을 하는(仕而優則學) 일을 절대로 하지 않는다. 그저 연줄이나 잡아 승진하고 부수입이 좋은 자리로 옮기려 애쓰니 그야말로 '其未得之也에 患得之하고, 旣得之해서는 患失之한다. 苟患失之하여 無所不至矣' 하는 鄙夫(비부)가 되어 버린다.

234
事君以忠
사 군 이 충

충성으로 事君하다.

[원문] 《論語 八佾》定公問, "君使臣, 臣事君, 如之何?" 孔子對曰, "君使臣以禮, 臣事君以忠."

[해석] 魯의 定公(재위 前 509 - 495년)이 공자에게 물었다. "君이 臣을 등용하고 臣이 事君할 때 어떠해야 합니까?"

이에 공자가 대답했다. "主君은 禮를 지켜 신하에게 일을 시키고 신하는 충성으로 섬겨야 합니다."

공자 43세부터 57세까지 定公이 재위했었다. 정공은 공자를 등용했고, 공자는 司寇(사구)로 재직하며 한때 국정을 총괄하였다(攝相

事). 공자가 재직했던 3년 동안(52~54세)에 魯國의 정치는 크게 안정되었는데, 이에 불안을 느낀 이웃 齊에서는 가무에 능한 미인과 名馬를 정공에게 보냈는데, 季桓子(계환자)가 이를 받아들였고 정공 또한 정치에 태만했다. 결국, 이 때문에 공자는 魯를 떠났다고 《史記》〈孔子世家〉에 기록되었다.

주군은 신중, 겸허, 辭讓之心(사양지심)으로 신하를 대하고, 신하도 충성으로 직무를 완수하는 것이 君臣의 禮일 것이다.

235
사 군 진 례
事君盡禮

예를 갖춰 主君을 섬기다.

[원문] 《論語 八佾》子曰, "**事君盡禮, 人以爲諂也.**"

[해석] "禮를 다해 주군 섬기기를 사람들은 아첨이라고 생각한다."고 공자가 말했다.

신하가 주군의 명을 받들면서 직무를 다하는 것은 당연한 도리이다. 직무를 다하지 않고 주군의 뜻에만 영합한다면 그것은 忠이라 할 수 없다. 주군의 나라 중심이며 상징이고 백성의 구심점이가 존중되어야 하며 그 존중의 바탕은 예도와 충성심이다. 강압이나 무력에 의한 굴복의 결과가 아니다.

한 나무의 열매라도 신 것과 단 것이 있고(一樹之果 有酸甜之別),

한 어미의 자식이라도 어리석고 현명한 차이가 있으며(一母之子 有愚賢之分), 형제에는 능력의 차이가 있고 한 가문에서도 충신과 간신이 나온다.

236
선 난 후 획
先難後獲

고생은 남보다 먼저하고 보답은 나중에 받다.

[원문] 《論語 雍也》 樊遲問知. 子曰, "務民之義. 敬鬼神而遠之, 可謂知矣." 問仁. 曰, "仁者先難而後獲, 可謂仁矣."

[해석] 樊遲(번지)가 知(지)에 대하여 묻자, 공자가 말했다. "사람이 해야 할 일에 힘쓰라. 그리고 귀신을 받들지만 멀리할 수 있는 것이 지혜롭다고 할 수 있다."

　공자가 번지에게 말해준 사람의 의무(民之義. 民은 人)란 효도나 우애, 柔順(유순), 忠義 등 기본 윤리나 인성을 뜻한다.

　이어 번지가 問仁하자, 공자는 "仁者는 어려운 일을 남보다 먼저하고, 보답이 있다면 남들보다 뒤에 받는다면 仁이라 할 수 있다."고 말해 주었다.

　사실 어려운 일이 눈앞에 닥쳤다면 피하거나 다른 사람보다 늦게 고생하려는 마음이 생긴다. 이를 克己(극기)하여 먼저 애를 쓰는 사람이 仁者이다. 그러면서 얻을 것을 계산하지 않고, 또 남들보다 나중에 받기도 쉬운 일이 아닐 것이다.

237

^{거 지 무 권}
居之無倦

재직하면서 나태하지 않다.

[원문]《論語 顔淵》子張問政. 子曰, "居之無倦, 行之以忠."

《論語 子路》子路問政. 子曰, "先之勞之." 請益. 曰, "無倦."

[해석] 자장이 정사에 관하여 묻자, 공자는 "재직하며 나태하지 말고 지시나 업무를 성심으로 수행해야 한다."고 말했다.

　자로가 問政하자, 공자는 "백성보다 솔선하여 백성을 위해야 한다."고 말했다. 자로가 자세히 말씀해달라고 하자, 공자는 "업무에 나태하지 말라."고 말했다.

　여하튼 예나 지금이나 勤勉(근면)과 誠實(성실)을 미덕으로 하는 관직에서 懶怠(나태)나 싫증, 怠慢(태만)은 죄악이었다. 본래 근면으로 창업하고(創業在於勤), 검약으로 수성하다가(守業在於儉) 나태하면 패가하는 법이다(敗家在於懶).

238

^{소 장 지 우}
蕭牆之憂

집안 내부의 걱정거리

[원문]《論語 季氏》今由與求也相夫子, 遠人不服, 而不能來也, 邦分

崩離析, 而不能守也, 而謀動干戈於邦內. 吾恐**季孫之憂**, 不在顓
臾, 而在**蕭牆之內**也."

[해석] 공자의 제자 子路와 冉有(염유)는 무도한 季氏(계씨)의 家臣으로
근무하면서 계씨가 顓臾(전유)란 곳을 정벌하려는 뜻을 그냥 보고만
있었다. 공자는 자로와 염유를 심하게 질책했다.

공자는 "나라를 다스리는 사람은 나라 인구가 적은 것을 걱정하지
않고 빈부의 차를 걱정해야 하고, 가난을 걱정하는 것이 아니라 불안
한 치안을 걱정해야 한다."고[275] 말하면서, 자로와 염유가 "민심이
이탈하고 나라가 쪼개지는데도 이를 막지 못하고 도리어 나라 안에
서 전쟁을 일으키려 하니, 나는 季氏의 우환이 전유란 곳에 있는 것
이 아니라 바로 계씨 집안에 있다는 사실이 더 걱정된다."고 하였다.

공자가 생각할 때, 대부인 季氏(계씨)가 魯의 정권을 쥐고 참람한
일을 일삼고 무도한 것은 그 가신에게도 책임이 있다. 가신으로서 주
군을 바르게 보필하지 못하고 주군의 학정과 악덕을 방관하거나 助
長(조장)한다면 그것은 곧 자리만 차지하고 있는 竊位(절위)일 것이
다. 상관이 하급자에게 책임 전가는 흔히 볼 수 있지만 그 못지않게
하급자의 무소신과 袖手傍觀(수수방관) 역시 책임 전가와 다르지 않
을 것이다.

위 원문의 蕭牆(소장)은 본래 군신이 상면하는 곳에 설치한 가림막
인데 집안 내부를 의미한다.

---

275 《論語 季氏》丘也聞有國有家者, 不患寡而患不均, 不患貧而患不安. 蓋均
無貧, 和無寡, 安無傾.

239

侍君子有三愆

높은 사람을 모실 때 3가지 잘못

[원문]《論語 季氏》孔子曰, "**侍於君子有三愆, 言未及之而言謂之**
躁, 言及之而不言謂之隱, 未見顏色而言謂之瞽."

[해석] 공자가 말했다.

"君子(高官)를 모실 때 3가지 허물(三愆, 허물 건)을 범할 수 있으
니, 말할 때가 아닌데 말을 하면 조급이고(躁 성급할 조), 말을 해야
하는데 입을 다물면 은닉(隱匿 숨길 은, 匿은 숨길 닉)이며, 안색을 살피
지 않고 말한다면 눈이 멀은 것이다.(瞽 소경 고)"

원문의 君子는 원만 고상한 품덕을 갖춘 사람이 아니다. 정말 그런
사람은 아랫사람의 미숙한 언행을 어느 정도 이해하고 덮어줄 수 있
다. 문맥으로 볼 때 여기 군자는 고위직에 있는 사람이다. 그런 사람
을 모실 때는 나댈 수도 없고, 그렇다고 입을 다무는 것이 최선책도
아니며, 더군다나 눈치코치 없이 말한다면 눈뜬장님이 아니겠는가?
하여튼 말은 몸을 망치는 재앙(口言是亡身禍)이라 생각하고 조심조
심해야 한다.

윗사람의 인품이 너절하면 너절한 대로 맞춰주는 것도 처세의 한
방법이다. 모시는 상관에 따라 뇌물을 줘서 이득일 경우가 있고, 뇌
물을 주어 망신을 당할 수도 있다.

사물을 볼 때, 그 장단을 보아야 하고(見事看長短), 사람을 만났다

면, 그 인품의 고저를 알아차려야 한다(人面識高低).

240
경 사 후 식
敬事後食

직분을 다하고 보수를 받다.

[원문]《論語 衛靈公》子曰, "事君, 敬其事而後其食."

[해석] 五倫(오륜)과 花郞(화랑)의 世俗五戒(세속)의 조항을 혼동하는 경우가 있는데, '君臣有義'와 '事君以忠'이 그러하다. 주군을 섬긴다는 것은 공무를 수행한다는 의미이다. 온 나라에 주군의 신하가 아닌 사람이 없는[276] 그 시절의 事君은 모든 백성의 도리이고 의무였다.

　지금 공무원이 맡은 임무를 제대로 다 하고 있는가? 공무원이 되는 것이 요즈음 젊은이들의 꿈인데, 공무원이 된 다음에 그 담당 업무를 공경으로 성실하게 수행한 다음에 봉급을 받겠는가?

　군자는 無道한 주군을 위해 충성하지 않는다. 포악한 주군이 있다면 忠諫(충간)을 올렸고, 받아들여지지 않으면 사직하고 은거했다. 그러나 재직 중에는 최선을 다해 책임을 완수했다. 그것이 事君(사군)의 도리였고 충성이었다. 성실한 근무로 백성의 신뢰를 얻고 절약하며, 백성을 위해 일해야 한다.[277] 이것이 본문에서 말한 敬事이다.

----

276 《孟子 萬章章句 上》~ 普天之下 莫非王土 率土之濱 莫非王臣 ~.

277 《論語 學而》子曰, "道千乘之國, 敬事而信, 節用而愛人, 使民以時."

단순히 봉록을 위해, 먹고 살기 위해 관직에 나아가지 않았다. 국록을 받는다는 것은 성실한 직무수행과 국가에 대한 봉사의 代價이니 敬事 다음의 일이다. 공무원의 보수가 좋고 안정적이니 공무원이 되려는 요즈음 풍조와는 다른 입장이다. 좋은 보수만을 원한다면 그것은 物慾(물욕)이고 소인배이다.

241

직 도 사 인
直道事人

바른 방법으로 윗사람을 섬기다.

[원문] 《論語 微子》 柳下惠爲士師, 三黜. 人曰, "子未可以去乎?" 曰, "**直道而事人**, 焉往而不三黜? 枉道而事人, 何必去父母之邦?"

[해석] 柳下惠(유하혜)는 魯의 대부로, 본명은 展獲(전획)이고 柳下를 식읍으로 받았고, 惠는 시호이다. 공자는 유하혜의 탁월한 재능을 칭찬하였다. 유하혜는 典獄官(전옥관)으로 현명하고 유능하였지만[278] 관직에서 3번이나 쫓겨났다.

　　어떤 사람이 유하혜에게 "당신은 아직도 떠나지 않을 겁니까?"라고 물었다.

　　이에 유하혜가 말했다. "正道로 주군을 섬긴다면 어디를 가더라도 3번쯤은 쫓겨나지 않겠습니까? 정도를 굽힌 枉道(왕도)로 섬길 것이

....

278 《論語 衛靈公》 子曰, "臧文仲其竊位者與! 知柳下惠之賢而不與立也."

라면 하필 부모님이 살던 나라를 떠나겠습니까?"라고 말했다.

이처럼 유하혜는 사리에 맞는 말을 사려 깊은 행동으로 정도를 지켰지만 3번이나 면직되는 치욕을 겪었다(降志辱身).

사람이 살아가는데 분명히 正道가 있다. 이 세상에 정도를 아무도 지키지 않는다면 이 세상은 아주 먼먼 옛날에 망했고, 인류는 씨도 남지 않았을 것이다. 어느 세상이든 악인이 있고, 그런 악인이 존재하는 것을 보면 正道와 正人은 사라진 것처럼 보인다.

그러나 돌 틈에서 솟아나는 맑고 가느다란 물줄기가 쉬지 않고 흐르기에 장마에 휩쓸렸던 탁류가 다시 맑아지는 것이다. 공자가 살아 있을 때에도 많지는 않았겠지만 유하혜 같은 善人은 분명히 존재했다.

242
危言危行
위 언 위 행

바른 말과 바른 행실

[원문]《論語 憲問》子曰, "邦有道, **危言危行**, 邦無道, 危行言孫."

[해석] 나라의 정치 상황에 따라 군자는 어떤 언행을 취해야 하는가? 나라 상황이나 사회가 어떻게 돌아가든 정직하고 성실하게 생활하면 되지 않겠는가? 그러나 세상이 그렇게 단순하지 않다. 이에 공자가 말했다.

"나라 정치가 淸明하다면 정직한 언행을 하고, 정치 상황이 암흑과
같다면 정직한 행동에 언어는 謙遜(겸손)해야 한다."

위 원문에서 危는 높이 솟았다〔高峻(고준)〕는 뜻이다. 正直이나 端
正(단정)의 뜻이라는 주석을 채택하면 文意에 더 가까울 것 같다. 孫
은 遜(겸손할 손)과 같이 恭順(공순)의 뜻이다.

243

침 윤 지 참
浸潤之譖

물처럼 스며드는 험담

[원문] 《論語 顔淵》 子張問明. 子曰, "浸潤之譖, 膚受之愬, 不行焉,
可謂明也已矣. 浸潤之譖, 膚受之愬, 不行焉, 可謂遠也已矣."

[해석] 필자가 史書를 읽으면서, 특히 班固(반고)의 《漢書》와 范曄(범
엽)의 《後漢書》의 紀傳(本紀와 列傳) 부분을 註釋, 國譯하면서 느낀
점의 하나는 정말 昏庸愚昧(혼용우매)한 군주가 의외로 많았다는 점
이다. 上等은 그만두고서, 中等의 식견도 없다면 그저 배불리 먹고
마신 다음에 잠이나 잤다면 백성을 고통받게 하거나 아니면 나라를
멸망으로 이끌지도 않았을 것이다.

위 구절에서 子張은 爲政者의 明智나 明達에 관하여 물었다.

공자는 "물처럼 스며드는 讒言(참언)과 피부로 느껴지는 것 같은 讒
訴(참소)가 너에게 통하지 않는다면 明智라 할 수 있고, 그런 참언과

참소가 네 주변에서 들리지 않는다면 멀리 내다본다고 말할 수 있다."

말하자면, 참언이 참소를 구별하고 알아서 들어주지 않는다면 똑똑한 것이며, 그런 일에 자신의 주변에서 일어나지 않도록 미리 조치할 수 있다면 멀리 내다볼 수 있는 明智를 갖춘 것이라는 뜻이다.

머리를 쓰는 것은 똑똑한 사람만이 아니다. 우매한 사람도 나름대로 머리를 쓴다. 다만 우매한 사람의 奸智(간지)는 쉽게 간파된다. 영리한 사람의 간지는 보통 사람이 눈치채지 못한다. 그래서 세상에 邪惡(사악)한 거짓과 詐欺(사기)가 있는 것이다.

譖(참소할 참)은 讒毁(참훼), 誣告(무고)의 뜻, 膚는 살갗 부. 愬(하소연할 소)는 訴와 同, 誹謗.

244
재 난 불 기 연 호
才難 不其然乎

인재를 얻기 어렵나니, 그렇지 않은가?

[원문]《論語 泰伯》舜有臣五人而天下治. 武王曰, "予有亂臣十人." 孔子曰, "**才難, 不其然乎**? 唐虞之際, 於斯爲盛. 有婦人焉, 九人而已. 三分天下有其二, 以服事殷. 周之德, 其可謂至德也已矣."

[해석] 舜(순)은 禹(우), 稷(직, 后稷), 卨(설), 皋陶(고요), 伯益(백익) 등 5인의 신하를 등용하여 천하를 다스렸다. (周) 武王은 "나는 亂臣(治臣, 亂은 다스릴 난) 10人이 있다."고 말했다. 이에 대하여 孔子가 말했

다. "인재는 얻기 어렵나니 그렇지 않은가? 唐虞(당우, 堯舜) 시절에 인재가 참 많았었다. 武王의 治臣 10인 중 婦人(武王의 처 姜氏)가 있었으니 9명뿐이었다. 周는 殷(은)의 영역 3분의 2를 차지하고서도 殷王을 섬겼다. 그러니 周의 德은 至德(지덕)이라 할 수 있다."

공자는 인재 등용의 중요성을 잘 알고 있었다.

공자는 仲弓(중궁)에게 "먼저 임무를 분장하고(先有司), 사소한 과오는 용서하고(赦小過) 賢才를 등용하라(去賢才)."고 말했었다.[279] 공자는 관리가 正으로 통솔하며〔帥以正(솔이정)〕舉賢才하는데, 우선 주변의 알고 있는 인재를 등용한다면 賢才를 다른 사람들이 그냥 방치하겠느냐? 반드시 천거하는 사람이 있을 것이라고 구체적 방안까지 일러 주었다.

245
학 간 록
學干祿

관직에 나아갈 방법을 배우다.

[원문]《論語 爲政》子張學干祿. 子曰, "多聞闕疑, 愼言其餘, 則寡尤, 多見闕殆, 愼行其餘, 則寡悔. 言寡尤, 行寡悔, 祿在其中矣."

[해석] 子張은 顓孫師(전손사)의 字이다. 干은 방패 간. 구하다. 간여하다. 祿은 祿位. 관직이다. 子張이 祿位(녹위, 관직)를 얻을 수 있는 방

279《論語 子路》仲弓爲季氏宰, 問政. 子曰, "先有司, 赦小過, 舉賢才."

법을 질문한 것은 매우 현실
적인 문제이다. 학문을 하고
자신의 수양으로 어느 정도
이름이 알려지고, 그래야만
관직을 얻어 생활상의 문제
를 해결할 수 있다. 공자가 修
身을 강조한 것도 관직에서
의 처신을 미리 교육한 것이
라 볼 수도 있다. 이는 또 다
른 제자들 모두에게도 마찬
가지였다. 그 질문에 공자의
대답은 매우 원론적이었다.

子張(자장), 顓孫師(전손사)
대만국립고궁박물관 소장

　"많이 배우면 모르는 것이 적을 것이고, 말을 조심하면 허물이 적
을 것이다. 많이 보면 위험한 일이 적을 것이니, 그런 다음에 행실을
조심하면 후회할 일이 적을 것이다. 허물이 될 만한 말이 없고, 뉘우
칠 짓을 하지 않으면 관록은 거기에 있을 것이다."

　이처럼 공자는 修身을 잘한다면 국록을 얻을 수 있을 것이라고 강
조하였다.

　"군자가 추구할 바는 道이지, 개인의 衣食(의식)을 얻으려 애쓰지
않는다. 사실 농사를 짓지만 굶주리는 것이 현실이다. 학문 속에 국
록이 있다. 군자는 道의 실현을 걱정하지 가난을 걱정하지 않는다."
고 공자는 말했다.[280]

---

280 《論語 衛靈公》子曰, "君子謀道不謀食. 耕也, 餒在其中矣, 學也, 祿在其
　　中矣. 君子憂道不憂貧."

246
무 구 비 어 일 인
無求備於一人

한 사람에게 책임이 있다고 문책하지 않는다.

[원문]《論語 微子》周公謂魯公曰, "君子不施其親, 不使大臣怨乎不
以. 故舊無大故, 則不棄也. **無求備於一人!**"

[해석] 周公(名 旦)은 周의 개국시조 武王(名 發)의 친동생으로 殷(은)
정벌과 周 개국의 실무를 담당하였다. 그래서 무왕은 주공을 魯公에
봉했는데, 주공은 국사가 많았고 무왕이 붕어하고 어린 成王이 즉위
했기에 성왕을 보좌하느라고 魯에 부임하지 못하고 대신 아들 伯禽

(백금)을 보내 다스리
게 하였다. 위 원문의
魯公은 周公의 아들 백
금이다.

주공이 아들 백금에
게 말했다. "君子는 친
척을 疎遠(소원)하게
대하지 않고, 大臣으로
하여금 신임을 받지 못
한다 하여 원한을 갖게
하지 않는다. 그래서
옛사람이나 友人은 죄
를 짓지 않았기에 내쫓

周公(주공)
《三才圖會(삼재도회)》人物卷(인물권)

는 일도 없었다. 어떤 한 사람에게만 모든 것을 다 잘하기를 요구하지 않았다. (원문의 施는 弛와 通, 버릴 시. 태만하다, 소원하게 대하다. 備는 責備. 완전하게 다 잘하기를 요구하다. 求備.)

관직을 가진 모두가 다 유능하거나 선량하지는 않을 것이다. 관리라도 모두 개성이 다르고 담당하는 업무나 내용이 같을 수도 없다. 군자는 그런 현실을 잘 알아 적당히 명령하고 기대하면서 업무를 잘 수행할 수 있도록 독려해야 한다. 책망이나 처벌만이 능사는 아닐 것이다.

247
行不由徑
행 불 유 경

샛길로 다니지 않다.

[원문] 《論語 雍也》子游爲武城宰. 子曰, "女得人焉爾乎?" 曰, "有澹臺滅明者, 行不由徑, 非公事, 未嘗至於偃之室也."

[해석] 子游(자유)가 武城의 邑宰로 재직할 때 공자를 만났다. 공자가 자유에게 "너는 쓸만한 인재를 찾았는가?"라고 물었다. 이에 자유가 말했다.

"澹臺滅明(담대멸명, 澹臺가 姓이고 滅明이 이름)이란 사람이 있는데, 샛길로 다니지 않고(行不由徑, 徑은 지름길 경), 公事가 아니라면 저의 처소에 들린 적이 없습니다."라고 말했다.

사람들은 좀 돌아가야 하는 길이라면 길이 아닌 곳을 지름길로 질

러서 간다. 말하자면, 샛
길이 가장 빠른 길이다.
그런데 담대멸명은 샛길
로 가지 않고 正道로만
다녔으니 그 점에서는
군자였다. 그리고 사적
으로 상관을 찾아보지
않았으니 그 청렴을 인
정해야 할 것이다.

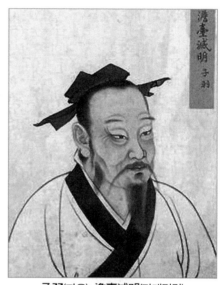

子羽(자우), 澹臺滅明(담대멸명)
대만국립고궁박물관 소장

　澹臺滅明(담대멸명)의
字는 子羽(자우)인데, 외
모가 아주 추했다. 공자
를 사부로 섬기고자 할
때 공자는 재주도 없을 것이라 생각했다. 가르침을 받고 물러나 실천
했는데, 샛길로 다니지 않았고 공무가 아니면 경이나 대부를 찾아다
니지 않았다.

　(담대멸명이) 남쪽으로 여행하여 長江에 이르렀는데 그를 따르는
제자가 3백 명이었고, 주고받거나 거취에 흠결이 없어 제후 사이에
이름이 알려졌다. 이를 공자가 듣고서 말했다.

　"내가 말재주로 사람을 고르다 보니 宰予(재여) 같은 자를 잘못 골랐
고, 외모로 사람을 고르다가 子羽(자우)같은 사람을 놓칠 뻔했다."[281]

---

281 '以貌取人, 失之子羽'라는 말은 《論語》에는 나오지 않는다. 공자는 "君
　　子不以言擧人, 不以人廢言."이라고 말했다. 《論語 衛靈公》.

248

물 기 이 범
勿欺而犯

속이지 말고, 면전에서 충간하다.

[원문] 《論語 憲問》子路問事君. 子曰, "勿欺也, 而犯之."

[해석] 事君以忠(사군이충)은 누구나 다 안다. 사군의 방법 중 하나가 忠諫(충간)이다. 諫言은 웃어른이나 주군에게 올리는 충고이다. 주군의 면전에게 주군이 싫어하는데도 바른 말을 올리는 것을 犯(범)한다고 한다.

아랫사람이 정확하게 실상을 말하지 않는 것은 분명 거짓말이다. 사익을 위해 꾸며낸 말이 적극적인 거짓 행위라면, 사익을 염두에 두지 않았지만 정확한 보고를 올리지 않았다면 이 또한 분명 거짓이다. 특히 주군의 잘못이 확실한데도 아무런 충간을 올리지 않는 것도 거짓이다. 자로가 事君에 관하여 묻자, 공자가 말했다.

"윗사람을 속이지 말라. 그리고 면전에서도 바른 말을 하라."

인간의 꾀가 아무리 뛰어난들 하늘을 속일 수는 없다(人謀雖巧 天道難欺)고 한다. 欺(속일 기)는 '업신여기다' 와 같은 뜻이다. 家勢가 기울면 종놈도 주인을 깔본다(家敗奴欺主)는 말이 있다.

249

^{불 욕 군 명}
不辱君命

君의 命을 욕보이지 않다.

[원문]《論語 子路》子貢問曰, "何如斯可謂之士矣?" 子曰, "行己有
恥, 使於四方, **不辱君命**, 可謂士矣." 曰, "敢問其次." 曰, "宗族稱
孝焉, 鄕黨稱弟焉." 曰, "敢問其次." 曰, "言必信, 行必果, 硜硜然
小人哉! 抑亦可以爲次矣." 曰, "今之從政者何如?" 子曰, "噫! 斗筲
之人, 何足算也?"

[해석] 이 장은 士의 바탕과 능력에 다른 등급을 나눠 설명하고 있다.

우선 士의 음훈이 '선비 사'라서 '선비'라 번역하지만 그 뜻이 충
분하지 않다. 그리고 士의 개념이 시대에 따라 달라졌는데 우리말 선
비에는 그런 뜻이 포함되지 못하기에 번역할 때 고심하지 않을 수 없
다.

공자가 생존 당시의 士라면 일단 지식인이었다. 文士와 武士 모두
를 포함하여 문자를 해독하고 교육을 받은 사람이었다. 그리고 士는
士民의 우두머리, 곧 士農工商의 첫째라지만 士와 농공상은 계층이
전혀 달랐다. 士는 관직에 근무하거나 현직이 아닌 사람도 포함한다.

자공이 공자에게 어떤 사람을 士라고 할 수 있느냐고 물었다. 여기
서는 사회계층으로서의 士가 아닌 사람, 됨됨이로서의 士를 물었다.
이에 공자가 말했다.

"자신의 행실에 염치를 알고(行己有恥), 사방 다른 나라에 업무차

나가서 君命을 욕보이지 않아야 士라고 할 수 있다."

공자의 뜻은 관원이면서 또 자기 행실에 책임을 지는 도덕심을 갖고 있어야 士라고 할 수 있으며, 군명을 받아 다른 나라에 출장을 나갔다면 임무를 완수하며 주군의 체면을 세울 수 있어야 한다. 사실 이는 主君의 하급 관원으로서 士의 직능을 설명했다.

공자는 주군의 부름을 받으면 수레가 준비될 때까지 기다리지 않고 우선 출발하였다.[282] 이는 주군의 부름을 한시라도 지체할 수 없다는 뜻이었다.

주군의 명을 받고 그 명령대로 직무를 완수 못한다면 그 자체가 무능이며 君命을 욕되게 하는 것이라고 생각하였다.

자공이 그다음을 묻자, "문중과 鄕黨에서 孝와 悌(제)로 좋은 평판을 받아야 한다."고 말했다. 자공이 또 그다음을 묻자, 공자는 '言必信, 行必果'를 말하며, 고지식하고 융통성 없는 소인(硜硜然小人哉!, 硜은 돌 소리 갱, 硜硜은 소인의 모습)이라 할 수 있지만 그래도 그다음 등급이라고 말했다.

자공이 현재의 정치 담당자들에 대해 묻자, 공자는 국량이 좁은, 거우 한 말 두 되짜리(斗筲之人, 筲는 대그릇 소) 器量(기량)을 가진 사람들을 다 언급할 필요가 없다고 말했다.

---

282 《論語 鄕黨》君命召, 不俟駕行矣.

250

察言觀色
찰 언 관 색

남의 말과 속뜻을 헤아리다.

[원문]《論語 顏淵》子張問, "士何如斯可謂之達矣?" 子曰, "何哉, 爾
所謂達者?" 子張對曰, "在邦必聞, 在家必聞." 子曰, "是聞也, 非達
也. 夫達也者, **質直而好義**, **察言而觀色**, 慮以下人. 在邦必達, 在
家必達. 夫聞也者, 色取仁而行違, 居之不疑. 在邦必聞, 在家必聞."

[해석] 공자의 제자들도 각자 개성이 달랐을 것이다. 내실과 실질을 추
구하는 제자도 있었을 것이고, 명성과 평판에 민감하고 외모에 마음
을 쓰는 제자도 있었을 것이니, 子張은 후자에 속했던 것 같다. 자장
이 공자에게 물었다.

"士로서 어찌하면 사리에 通達했다는 말을 들을 수 있겠습니까?"

그러자 공자가 물었다.

"네가 말하는 통달이란 무슨 뜻인가?"

자장이 대답했다.

"어떤 나라나 한 가문에 이름이 널리 알려지는 것입니다."

그러자 공자가 말했다. "이는 所聞(名聲)일 뿐 通達했다는 뜻은 아
니다. 통달했다는 것은 정직을 바탕으로(質直) 대의를 애호하며(好
義), 남의 말뜻을 알고(察言) 속마음을 헤아리며(觀色) 아랫사람까지
도 배려하는 것이다. 그러면 나라와 가문 내에 두루 통달할 것이다.
그러나 이름이 알려진 사람은 忠厚溫和(충후온화)한 안색이지만 그

행실은 정도와 어긋나고, 그렇게 살면서도 자신이 틀렸다는 사실을 의심하지도 않는다. 그런 사람은 이름만 나라와 가문에 알려질 것이다."

자장은 명성이 알려지고, 명성으로 관직을 얻을 수 있는 세속적인 출세를 생각했다. 곧 좋은 명성과 소문(聞), 그에 따른 지위 향상을 염두에 두었다. 그러나 공자의 생각은 달랐다. 고상한 인격을 바탕으로 목표의 설정과 노력, 그리고 원만 성실한 대인관계가 배려로 세상사는 사리에 통달하여(達) 만인에 혜택을 주어 존중을 받는 성취를 생각했다.

자장이 원하는 聞과 공자가 생각한 達은 근본적 차이가 있지만, 지금 사람들은 어떻게 알려지든 無名보다는 낫다고 생각하여 聞達(문달)을 동의어로 여기면서 立身出世란 뜻으로 사용하고 있다. 그리고 察言觀色은 일상생활에서 남의 말뜻이나 안색을 잘 살핀다는 뜻으로 통용되고 있다.

사실, 名聲을 누리고 싶은 것은 누구에게나 마찬가지이다. 그러나 명성의 근본은 뭐니 뭐니 해도 실력이고, 실력이란 학식이 아니겠는가? 위 원문에서 공자가 강조한 것은 실력이다. 자장은 힘들게 쌓아 올리는 실력 말고 손쉽게 명성을 얻을 수 있는 방법을 알고 싶었다.

지금 현실에서 사람의 외모도 명성에 한몫을 한다. 마치 미모가 뛰어난 여인이 누리는 명성과 같다. 그리고 勇力도 명성에 크게 작용한다. 스포츠 선수나 군인의 명성은 여기에 바탕을 두고 있다. 그리고 세 번째로 富裕(부유)한 명성도 한몫한다. 재벌 2세나 3세가 누리는 명성의 바탕이나 조그만 농촌 읍내에도 재산으로 명성을 누리는 사람이 있다. 그리고 지금은 좀 덜하지만 부친이나 조부가 이룩한 가문의 명성도 있다. 부친이나 조부의 명성을 바탕으로 국회의원이 되거나 지방에서 감투 썼다며 방자한 행실을 하는 자가 한둘이 아니다. 그러나 이러한 명성을 특별히 입에 올릴 필요가 있겠는가?

251
舉直錯諸枉

정직한 자가 邪曲한 자의 위에 있게 하다.

[원문]《論語 爲政》哀公問曰, "何爲則民服?" 孔子對曰, "**舉直錯諸枉**, 則民服, 舉枉錯諸直, 則民不服."

[해석] 魯 哀公(재위 前 494~468년)이 백성을 잘 다스릴 수 있는 방법을 물었다. 공자는 바른 사람을 등용하여 바르지 않은 사람보다 위에 있게 하면 백성이 잘 따를 것이지만, 그 반대면 백성이 따르지 않을 것이라고 말했다. 錯은 섞일 착. 둘 조의 뜻이 있는데, 여기서는 둘 조(措와 通)의 뜻이다.(錯 音 조, 諸는 之於의 合音으로 音은 저.) 枉은 邪枉(사왕)이니 바르지 못한 사람, 또는 치우친 사람, 정직하지 않은 자란 뜻이다.

　군주가 정직한 자를 찾아 등용하기도 쉽지는 않을 것이다. 등용하여 정직하지 않은 자보다 윗자리에 둔다면 백성이 어찌 아니 따르겠는가? 그 반대라면 백성이 복종하지 않을 것이다.

樊遲(번지)가 공자에게 '知'에 대하여 물었다. 공자는 '知人'이라고 대답했으나 번지가 이를 이해하지 못했다. 그러자 공자는 '擧直錯諸枉'이라고 구체적으로 말해 주었다. 이에 번지는 공자에게 들은 말을 다시 子夏에게 물었는데, 자하가 구체적인 예를 들어 설명해 주었다.

伊尹(이윤)
《三才圖會(삼재도회)》人物卷(인물권)

"舜(순)이 천하를 차지한 뒤 皐陶(고요)를 등용하자, 不仁者가 멀리 사라졌고 湯王(탕왕)이 천하를 차지한 뒤 伊尹(이윤)을 등용히자 不仁者가 없어졌다."[283]

皐陶(고요)는 舜帝와 夏朝의 賢臣. 舜帝의 司法을 담당하는 理官(이관)을 역임하였고 정직한 사람으로 이름이 났다. 중국 사법의 鼻祖(비조)라고 알려졌다. 伊尹(이윤)은 殷 湯王을 도운 개국 공신. 본래는 노예 출신의 요리사로, 중국 주방장의 祖師로 추앙받는 인물이다.

....
283 《論語 顏淵》樊遲問仁. 子曰, "愛人." 問知. 子曰, "知人." ~ 子夏曰, "富哉言乎! 舜有天下, 選於衆, 擧皐陶, 不仁者遠矣. 湯有天下, 選於衆, 擧伊尹, 不仁者遠矣."

252

애 궁 물 희
哀矜勿喜

백성을 불쌍히 여기며, 범인을 잡고서 기뻐하지 말라.

[원문]《論語 子張》孟氏使陽膚爲士師, 問於曾子. 曾子曰, "上失其
道, 散久矣. 如得其情, **則哀矜而勿喜!**"

[해석] 魯의 집권자인 孟孫氏(맹손씨)가 증자의 제자인 陽膚(양부)를 獄
官(옥관)으로 임명했는데, 양부가 증가에게 가르침을 청했다. 이에 증
자가 말했다.

"높은 자리에 있는 관리들이 정도를 잃어 백성의 마음이 떠난 지
오래다. 범죄의 실상을 밝혀내더라도 죄인을 불쌍히 여기며 잡아냈
다고 기뻐하지 말라!'

有錢無罪, 無錢有罪란 말이 통용되는 지금도 그러하니 옛날이야
오죽했겠는가? 관리들이 백성 위에 군림하고, 判官이 죄인과 백성
위에 군림하며 가혹한 형벌로 죄인의 자백을 받아내면 일이 성공했
다고 喜喜樂樂(희희낙락)하지 말고 죄를 지을 수밖에 없었던 백성을
불쌍히 긍휼히 여기라는 가르침이다.

한때 우리나라 관청에 爲民이라는 말이 유행했었다. 지금도 민원
실을 '爲民室'이라면서 군림하려는 태도가 여전하다. 마치 官民을
상하관계로 인식하며 당연히 할 일을 하고 큰 은혜나 베푼 것처럼 행
세하는 얼빠진 공무원이 아직도 흔하고 흔하다.

253

<ruby>勝<rt>승</rt></ruby><ruby>殘<rt>잔</rt></ruby><ruby>去<rt>거</rt></ruby><ruby>殺<rt>살</rt></ruby>

勝殘去殺

잔악한 자를 누르고 사형을 폐지하다.

[원문] 《論語 子路》子曰, "善人爲邦百年, **亦可以勝殘去殺矣**, 誠哉
是言也!"

[해석] 공자가 말했다. "善人이 백 년간 나라를 다스린다면 잔악한 자
를 이기고 사형 제도를 제거한다고 하였는데, 이는 사실 옳은 말이
다."

　爲邦은 나라를 다스린다는 뜻이다. 善人이 善人의 뒤를 이어 백 년
이면 잔인포악자를 이기고, 또 형벌에 의한 처형을 없앨 수 있을 것
이라고 믿었다. 이는 교화의 힘이다.

　周의 成王과 康王 때에는 범법자가 없어 40여 년간 형벌을 집행하
지 않았다고 한다. 또 전한의 文景之治(文帝, 景帝의 재위 기간)에는
나라가 태평하여 백성들이 살기 좋았던 시절로 손꼽히는데 이 기간
에도 형벌 집행이 많지 않았다고 한다.

　그러나 《史記》, 《漢書》, 《後漢書》에는 공통적으로 〈酷吏列傳(혹리
열전)〉이 있는데, 여기에 기록된 혹리들의 잔혹한 형벌은 읽기조차
두려울 정도이다. 형벌에 의해 질서가 유지되는 사회에서 사형 폐지
는 하나의 이상이었다.

254

<ruby>有<rt>유</rt></ruby><ruby>恥<rt>치</rt></ruby><ruby>且<rt>차</rt></ruby><ruby>格<rt>격</rt></ruby>

염치를 알고 선행을 한다.

[원문]《論語 爲政》子曰, "道之以政, 齊之以刑, 民免而無恥. 道之以
德, 齊之以禮, **有恥且格**."

[해석] 위 원문에서 道는 導이니 '인도하다, 앞서 이끌다(先之).' 의 뜻
이다. 政은 法制와 禁令이다. 齊는 하나로 만들다(所以一也)의 뜻이
니, 이끌어서 따르지 않는 자는 형벌을 써서 따라오게 한다는 뜻이
다. 그렇게 되면 백성들이 형벌을 빠져나가기만 부끄러움도 모른다.
그런 다음에는 누가 악행을 아니하겠는가? 악행을 저지르려는 마음
이 사라지지 않을 것이다.

　禮는 制度와 형식, 그리고 품위와 지조를 지키는 절차이다. 格(이를
격, 틀 격)은 이른다는 뜻이다. 백성에 솔선하여 바르게 이끌면 백성이
보고 느끼게 된다. 그리고 深淺厚薄(심천후박)의 차이가 있던 백성의
품성이 禮를 지키며 따라오게 된다. 그래서 무례한 행동에 부끄러움
을 느끼고, 부끄러움을 알기에 不善을 저지르지 않고 다음에 善에 이
르게(格) 된다.

　결국 政이란 백성을 이끌되 채택하는 방법에 관한 문제이다. 형벌
도 분명 그 방법 중 하나이다. 그러나 그 형벌은 어디까지나 보조이
고 또 일시적 방편이다.

　德은 禮를 행하는 근본이니, 덕정과 禮讓(예양)으로 백성을 이끌면
백성이 악행을 마음에서 멀리하게 된다. 비록 한때의 잘못도 뉘우치

면서 부끄러움을 알아 악을 멀리하게 될 것이다. 물론 형벌로 이끌면 가시적 효과가 금방 나타난다. 모든 백성의 속마음까지 형벌로 이끌 수 없다. 바탕에 악을 행하려는 마음이 있다면 언제든지 악행을 하고 서 '民免而無恥'가 더 큰 문제이다.

255
편 언 절 옥
片言折獄

한쪽의 진술만으로도 판결 내다.

[원문]《論語 顔淵》子曰, "片言可以折獄者, 其由也與?" 子路無宿 諾.

[해석] 재판이나 訟事(송사)는 양쪽 당사자의 말을 듣고 판결하였는데, 이를 兩造(양조)라고 하였다. 한쪽 편의 진술을 片言(편언)이라 했다. 자로는 一方의 진술만을 듣고도 판결할 수 있을 만큼 명철했다는 뜻 이다. 자로의 사람됨이 성실하고 진술하여 다른 사람 누구도 자로에 게 거짓말을 할 수 없었고, 그래서 한쪽의 진술만으로도 판결 내릴 수 있었다.

　子路無宿諾은 '자로는 수락하는 말을 머뭇거리지 않았다.' 는 뜻인 데 본 구절과 상관없는 말이다.

256

<ruby>必<rt>필</rt></ruby> <ruby>也<rt>야</rt></ruby> <ruby>使<rt>사</rt></ruby> <ruby>無<rt>무</rt></ruby> <ruby>訟<rt>송</rt></ruby> <ruby>乎<rt>호</rt></ruby>

必也使無訟乎!

꼭 소송이 없게 하겠다.

[원문]《論語 顔淵》子曰, "聽訟, 吾猶人也. **必也使無訟乎!**"

[해석] 옛날 중국과 우리나라의 관원, 특히 지방관의 주요한 업무 중 하나는 백성에 대한 裁判(재판, 司法)이었다. 공자의 관직 생활은 잠깐 이었다.

21세 전후에 委吏(위리, 창고지기)와 乘田(승전, 목장 관리)의 업무를 담당했고, 51세(서기 前 501년)에 魯國의 中都宰(중도재, 今 山東省 濟寧市 관할 汶上縣. 지방관)를 역임하였다.

중도재로 1년을 재직하고, 다음 해(前 500년, 52세)에 小司空(소사공)을 역임했다가 곧 司寇(사구)로 승진하였는데, 이는 나라의 司法과 刑獄(형옥)을 담당하는 大夫의 직급이었다. 공자는 재임 중 定公을 도와 夾谷(협곡)에서 齊 景公과의 회담에서 크게 활약했고, 齊에서는 빼앗았던 魯國의 땅을 반환하였다. 공자는 53세(서기 499년, 定公 11년)에 司寇의 직책에서 魯의 국정을 담당하는 최고 행정관으로 季康子를 도와 국정을 운영하였는데, 이를 攝相事(섭상사)라 하는데,《論語》에는 기록이 없다.(《史記 孔子世家》참고)

그리고 공자는 定公에게 卿大夫의 私兵 보유 금지와 불법 축조한 성벽 철폐를 건의하고 季氏의 費邑, 叔氏의 郈邑(후읍), 孟氏의 成邑(성읍) 등 이른바 三都의 성벽을 허물었다〔墮三都(타삼도)〕.《左傳 定公 12년》과《史記 孔子世家》참고.

공자의 고급 관직은 이처럼 前 501년에서 498년까지 햇수로 4년 정도였다.

공자가 司寇로 재임하면서 공자는 "백성의 소송을 처리하는 것은 나도 다른 사람과 마찬가지이다. 다만 나는 백성이 소송을 하는 일이 없도록 만들겠다."라고 말했다. 말하자면, 소송을 제기하고 재판으로 처리하는 것보다는 백성이 법을 지키고 禮를 따라 생활하며, 나라에서는 백성을 원만하게 교화하여 소송을 제기하지 않고도 안온하게 살게 하는 것이 더 중요하고, 그러한 정사를 펴야 한다는 공자의 희망사항이었다. 국가 권력에 의한 횡포를 없애는 것, 好戰的 군주에 의한 전쟁의 살육에서 구하기, 그리고 백성이 소송하지 않고서도 화목하게 살 수 있도록 덕정을 펴는 이런 일들이 바로 爲政以德(위정이덕)이다.

본래 '訟事 한 번에 10년 원수(一場官司十年仇)'라 하였다. 원만한 중재나 판결을 내리기보다는 訴訟(소송)이 일어나지 않게 하는 것이 백번 좋을 것이다.

257
不敎民戰 是棄之
불 교 민 전 시 기 지

훈련 안 된 백성을 참전시키면 백성을 버리는 것이다.

[원문]《論語 子路》子曰, "以不敎民戰, 是謂棄之."

[해석] 공자는 善人이 7년 정도 백성을 교화한 뒤에야 그런 백성을 동원하여 작전할 수 있다고 하였다.[284] 말하자면 백성을 잘 교화하여 애국심이나 상부상조의 기풍을 진작시킨 뒤에야 동원이 가능하다는 뜻이다.

그런데 훈련되지 않은 백성을 전쟁터에 동원한다면, 이는 백성을 그냥 내버리는(放棄) 것과 같다는 뜻이다.

싸울 수 있어야 지킬 수도 있고(能戰而後能守), 지킬 수 있어야 和解할 수도 있다(能守而後能和). 그리고 싸우지 않는다면 그만이지만(不戰則已), 싸운다면 반드시 이겨야 하는 것이 전쟁이다(戰則必勝).

258

호 행 소 혜
好行小慧

잔재주 부리기를 좋아하다.

[원문]《論語 衛靈公》子曰, "羣居終日, 言不及義, **好行小慧**, 難矣哉!"

[해석] 함께 모여 담론을 나누고 좋은 일을 말한다면, 누가 무슨 말을 하겠는가? 패거리를 지어 떠들어도 義로운 말이 없다면(言不及義), 그런 말은 비록 도덕과 무관하더라도 아무 말이나 되는대로 해대는

284《論語 子路》子曰, "善人教民七年, 亦可以卽戎矣."

放辟(방벽)이다. 言不及義는 일의 요점이나 대의를 파악하지 못했다는 뜻으로 사용된다.

小慧(소혜)는 私智(사지)라는 주석이 있다. 私智를 뽐낸다는 말은 얄팍한 총명으로 말재주나 부린다는 뜻이다. 또 자신만의 어떤 이득을 위해 의롭지 못한 일이나 요행수를 바라며 일을 벌인다는 뜻이다. 難矣哉(난의재)는 덕행의 실천을 기대할 수 없고, 해로운 일만 있을 것이며, 인생의 正道를 걷기 어렵다는 뜻이다.

인간으로 태어나서 평생을 돼지처럼 먹고 자고, 그런 다음에 죽을 것인가? 아니면 남한테 미움만 받다가 끝낼 것인가? 시간의 낭비는 괜찮은가? 인생을 허비한 것도 죄라면 큰 죄이다.

2. 處身과 交友

　인간이 사회생활을 할 수 있는 바탕은 도덕적 의식이 있기 때문이니, 도덕성은 곧 사회성이다. 사람은 사람다운 인격이 있어야 하고, 그런 인격은 곧 德(덕)이라고 표현할 수 있다. 덕은 개인 또는 사회에 내재하는 바람직한 品格(품격)이나 가치관이다. 덕은 개인이 비교적 장시간에 걸쳐 생활하면서 축적해온 바람직한 행위규범이라 해석해도 무난할 것이다.

　이렇게 덕을 쌓아온 사람은 사회생활을 원만하게 한 사람이고, 따라서 그런 사람은 사회 구성원으로부터 인정을 받을 것이다. 곧 그런 덕 있는 사람은 외롭거나 혼자일 수가 없을 것이니 반드시 이웃과 더불어 살 것이다. 때문에 공자는 '덕이 있는 사람은 외롭지 않고 필히 이웃과 함께 살아간다.' 고 하였다.

사람에게 벗이 없다면 나무에 뿌리가 없는 것과 같으며, 벗을 보면 그 사람됨을 알 수 있다고 한다. 벗과의 사귐은 의리로 사귀는 것이지 재물로 교제하지 않으며, 벗을 고를 때 지혜를 보고 고르지 외모를 보고 고르지 않는다. 집에서는 부모에게 의지하지만 밖에 나가서는 친우에게 의지하며, 벗과 벗은 서로에게 좋은 일을 권장해야 하는 의무가 있다.

공자의 제자들은 요즈음으로 말하면 학교의 동창생들이며 벗이었다. 같은 스승을 모시는 벗으로 그들은 어떻게 사귀었는가? 공자는 교우에 대하여 어떤 가르침을 주었는가?

259

무 가 무 불 가
無可無不可

되는 것도 아니 되는 것도 없다. 中庸之道를 따르다.

[원문]《論語 微子》逸, 伯夷, 叔齊, 虞仲, 夷逸, 朱張, 柳下惠, 少連. 子曰, "不降其志, 不辱其身, 伯夷 叔齊與!" 謂柳下惠少連, 降志辱身矣, 言中倫, 行中慮, 其斯而已矣. 謂虞仲夷逸, 隱居放言, 身中淸, 廢中權. 我則異於是, **無可無不可**.

[해석] 공자 이전의 隱逸(은일, 은자) 7명에 대한 공자의 평가가 있었다. 뜻을 굽히지도 않았고 치욕을 겪지 않은 伯夷(백이)와 叔齊(숙제)이었다. 그리고 자신의 뜻을 꺾고 몸으로는 어려운 생활을 겪으면서도(降

志辱身) 바른 언행을 끝까지 견지한 사람은 柳下惠(유하혜)와 少連(소
련)이었다. 그리고 은거하며 할 말을 다하면서도 처신은 깨끗했고 중
도적인 타협을 거부하고 자신의 뜻을 고집한 사람은 虞仲(우중)과 夷
逸(이일), 朱張(주장) 등이었다.

공자 자신은 그들과 다르다고 하였다. 공자는 세상을 버리고 은거
하지 않았다. 또 자기주장만을 끝까지 내세우거나 그렇다고 자신의
신념을 버리고 치욕을 견디지도 않았다. 등용되면 할 일을 하며 理想
을 실천하려고 노력했다. 등용되지 않았다면 그뿐! 현실을 외면하지
않고 평소와 같이 생활하였다. 곧 될 것도 아니 될 것도 없고, 꼭 해야
할 것도 해서는 아니 될 것도 없었다. 융통 속에 中庸之道(중용지도)를
지켰다.

강한 신념이 뒷받침되지 않는다면 그것은 中庸이 아니다. 형세에
추종하거나 타의에 의해 자신의 주장을 펴지 못하고 이도 저도 아니
면서 중립을 내세우는 것은 중용이 아니다. 사리사욕을 채우기 위한
방편으로 흑도 백도 아닌 灰色(회색)의 처신을 중용이라 자처한다면
그것은 亡身으로 가는 지름길이다. (〈降志辱身〉 條 참고)

260
이 인 위 미
里仁爲美

마을이 仁厚해야 좋다.

[원문] 《論語 里仁》 子曰, "里仁爲美. 擇不處仁, 焉得知?"

[해석] 공자가 말했다. "마을 기풍이 인자하니 아름답도다. 인자한 곳을 골라 거처하지 못한다면 어찌 지혜롭다 하겠는가?"

군자는 어디서 살아야 하나? 군자가 사는 마을을 고르는 것을 擇里(택리)라고 한다. 조선 英祖 때 李重煥(이중환)의 《擇里志》는 아마 여기에서 제목을 따왔을 것이다. 이중환은 주거를 선정하는 기준으로는 地理(風水), 生利, 人心, 山水를 들었고, 이 중 하나라도 부적당하면 거주지로서 결함이라고 생각하였다.

사람들의 심성이 순박하고 온후하다면 인심이 좋은 것이니, 그런 곳이 바로 里仁이다. 山水에 따라 경제나 민심이 달라질 것이다. 군자가 거처를 선택하면서 그런 것을 고려하지 않는다면 明智라 할 수 없을 것이다.(원문의 知는 智의 뜻)

인자한 기풍이 있는 곳이 어디인가? 서울뿐만 아니라 특히 대도시에서는 당연 부자동네라고 생각할 것이다. 그런데 공자가 생각한 곳은 인자한 사람이 많이 사는 곳이다. 공자는 '益者三友'란 말을 했다. '三人行에 必有我師하니' 그중에서 善者를 골라 따른다고 하였다. 善人과 함께 거처하는 것은 마치 芝蘭之室(지란지실)에 있는 것과 같아 그 향이 몸에 밴다고 하였다. 악인과 한마을에 사는 것은 마치 생선가게에 머무는 것 같아 비린내가 몸에 밸 것이다.

이 구절은 《孟子》에도 인용되었다.[285] 화살을 만드는 사람은 그 화살로 사람이 다치거나 죽어야 한다. 그러나 甲冑(갑주, 갑옷)를 만드는 사람은 그 갑옷을 입고 사람이 다치지 않기를 바란다. 그렇다면 갑옷

---

285 《孟子 公孫丑章句 上》孟子曰 矢人豈不仁於函人哉? 矢人惟恐不傷人 函人惟恐傷人 巫匠亦然 故術不可不愼也, 孔子曰 里仁爲美 擇不處仁 焉得智? 夫仁天之尊爵也, 人之安宅也. 莫之禦而不仁 是不智也.

은 만드는 사람이 화살을 만드는 장인보다 더 인자한 사람인가?

하여튼 군자는 직업 선택에도 마음을 써야 할 것이다. 맹자는 仁을 사람이 안주하는 곳이라고 하였다. 그렇다면 仁厚한 곳을 고르지 못한다면 上智는 아닐 것이다.

《荀子 勸學》에는 "쑥(蓬, 쑥 봉)이 삼(麻, 大麻) 속에서 자라면 붙들어 매지 않아도 곧게 자라고, 흰 모래가 진흙 속에 있으면 모두가 검어진다."고 하였다.[286]

쑥은 옆으로 퍼지면서 자라는 풀이고, 삼은 가지를 치지 않고 위로만 자라며, 삼은 촘촘하게 심는다. 쑥이 삼밭에 들었다면 햇볕은 받기 위해서라도 위로 자랄 수밖에 없다. 곧 환경의 영향이고 사람 또한 그럴 것이다.

261
德不孤 必有隣
덕 불 고 필 유 린

유덕자는 외롭지 않나니 반드시 가까운 이웃이 있다.

[원문] 《論語 里仁》 子曰, "德不孤, 必有隣."

[해석] "살고 있는 마을에 온후한 기풍이 있어야 좋으니 그런 곳을 골라 살지 못한다면 어찌 지혜롭다고 말할 수 있겠느냐?"고 공자는 말했다.[287] 그런 마을에 仁人이 사는데, 그가 다른 사람과 왕래도 없이

----

286 《荀子 勸學》 "蓬生麻中 不扶自直, 白砂在涅 與之具黑~"
287 《論語 里仁》 子曰, "里仁爲美. 擇不處仁, 焉得知?"

외롭겠는가? 보통 사람도 서로 왕래하면서 살아간다. 그런데 仁德을
갖춘 사람이라면 더 말할 것이 없을 것이다.

　이 말에서 '必有隣'이라고 했다. 이는 공자의 仁을 강조하는 확실
한 신념이다.

　본래 여행길에는 좋은 짝(동료)이 있어야 하고, 사는 곳에는 좋은
이웃이 있어야 한다. 좋은 이웃은 내가 잘할 때 이웃도 내게 잘 상대
해준다. 그래서 백만금을 주고 집을 사지만(百萬買宅), 천만금을 주
고 이웃을 산다(千萬買隣)는 속담이 있다.

262

이 문 회 우　　이 우 보 인
以文會友, 以友輔仁

학문으로 벗과 사귀고, 벗을 함께 仁德을 보완한다.

[원문] 《論語 顔淵》曾子曰, "君子**以文會友, 以友輔仁**."

[해석] 《論語 顔淵》편은 안연이 問仁하는 것으로 시작하여 이 구절로
　끝이다. 어쩌면 〈顔淵〉편의 결론으로 일부로 맨 마지막에 배치했을
　것이다.

　　여기서 文의 개념은 매우 포괄적이다. 단순한 武의 상대적 개념을
　넘어 문화나 사상, 학문과 문예, 문장이나 문헌 등 전부를 망라한다.
　사람이 獨學하여 벗이 없다면 고루하고 식견이 좁다고 하였다. 학교
　는 지식을 가르치고 배우는 단순한 기능만을 갖고 있지 않다.

산속에서 사부한테 무술을 연마하더라도 어느 수준에 이르면 하산
케 한다. 산속에서 혼자 연마하는 무술에는 한계가 있다. 배움이나
인격도야도 마찬가질 것이다. 벗을 통해 仁德을 補完해야 한다. 輔는
수레의 덧방나무라는 본래의 뜻에서 격려하고 돕는다는 뜻이 있다.

집에 있을 때는 부모에게 의지하고, 밖에 나가서는 친우에게 의지
하게 되어 있다. 시를 지으면 시인이 친우이고(詩有詩友), 술을 마시
면 술친구가 있다(酒有酒友). 사람에게 벗이 없다면 나무에 뿌리가
없는 것과 비슷하다고 했으며, 엄한 스승은 유익한 친우만 못하다(嚴
師不如益友). 그 사람을 모르거든 그 사람의 친구를 보라(不知其人觀
其友)는 말이 있다.

263

주 이 불 비

周而不比

두루 통하고 편파적이지 않다.

[원문]《論語 爲政》子曰, "君子周而不比, 小人比而不周."

[해석] 군자가 어떻게 처세하는가에 대한 결론이다. 군자는 어디서나
누구에게든 두루(周) 똑같이 대우하고 편파적이지(比) 않다. 그러나
소인은 끼리끼리 모이고 널리 교제하지 않는다.
군자는 마음이 넓고 평탄하여 인생의 바른길을 걸으면서 뜻이 같
은 사람은 물론 다른 사람도 포용하면서 선의로 대하고 공정하게 대

한다. 이를 周(주)라고 표현하였으니, 周는 '誠을 열고 公正을 널리 펴는 것'이다.

그러나 소인은 자신의 의견만을 고집하고 다른 사람에 대한 포용이 없으며 무리를 지어 私益(사익)을 추구한다. 이를 比(비)라 하여 똑같은 무리라는 뜻이고, 同黨(동당)만을 편애한다는 뜻이다. 공자가 말한 周而不比는 '群而不黨(군이부당)'과 같은 뜻이다.[288]

264
군 이 부 당
群而不黨

어울려 지내지만 무리를 짓지 않다.

[원문]《論語 衛靈公》子曰, "君子矜而不爭, 群而不黨."

[해석] 본래 군자는 화합하지만 不同하고, 소인은 한데 어울리나 不和한다고 하였다.[289] 또 군자는 泰然(태연)하고 교만하지 않으나 소인은 교만하나 늘 불안하다고 하였다.[290]

군자는 고결한 긍지를 지키며 생활하지만 교만하거나 남과 다투지 않는다. 군자는 모두에게 온화하며 친근하지만, 그렇다고 附和雷同(부화뇌동)하거나 어떤 이득을 목적으로 패거리(黨)를 만들지 않는다. (〈其爭也君子〉條 참고)

....
288 《論語 衛靈公》子曰, "君子矜而不爭, 群而不黨."
289 《論語 子路》子曰, "君子和而不同, 小人同而不和."
290 《論語 子路》子曰, "君子泰而不驕, 小人驕而不泰."

군자는 재물로 교제하지 않고(君子結交不爲財), 소인은 전적으로
입(말)으로 교제한다(小人結交全爲嘴)고 하였다. 군자가 사람을 대
할 때는 물처럼 담백하다(君子待人平淡如水).

그러나 소인은 이와 반대이다. 어떤 이득을 좇아 모여들지만 이득
이 사라지면 뒤도 돌아보지 않고 파리가 날아가듯 흩어진다. 본래 소
인의 말은 꿀처럼 달콤하지만(小人口如蜜) 순식간에 원수가 된다(轉
眼是仇人). 또 군자의 교제는 물처럼 담백하고(君子之交淡若水), 소
인들의 교제는 단술처럼 달콤하다(小人之交甛若醴).

군자는 화합 단결하고 무리 짓지 않지만, 소인은 무리 짓지만 뭉치
고 화합하지 못한다.[291]

265
<ruby>久<rt>구</rt></ruby> <ruby>而<rt>이</rt></ruby> <ruby>敬<rt>경</rt></ruby> <ruby>之<rt>지</rt></ruby>
久而敬之

오래 교제했는데도 공경하다.

[원문]《論語 公冶長》子曰, "晏平仲善與人交, **久而敬之.**"

[해석] "晏平仲(안평중)은 교제를 잘했으니 오래 교제하면서도 늘 남을
공경하였다."

晏平仲은 齊나라의 大夫인 晏嬰(안영, 晏子)이니, 平은 그의 시호이
고, 仲은 그의 字이다. 공자는 鄭나라의 子産(자산)과 안영을 유능한

291《論語 爲政》子曰, "君子周而不比, 小人比而不周."

정치가로 공경하였다. 공자가 35세 전후에 齊에 머물면서 出仕하려 했지만 안영의 반대로 등용되지 못했다.

久而敬之는 장기간 교제하더라도 상대에 대한 공경심은 여전했다는 뜻이다. 사실 이 점이 어려운 일이다. 交友以信의 경우 信의 바탕에는 공경심이 있어야 한다.

《史記》 62권 〈管晏列傳〉은 짧은 문장이지만 안영의 고결한 인품이 잘 그려져 있다.

晏嬰(안영, 晏子)
《古聖賢像傳略(고성현상전략)》

266
<ruby>忠<rt>충</rt></ruby> <ruby>告<rt>고</rt></ruby> <ruby>善<rt>선</rt></ruby> <ruby>道<rt>도</rt></ruby>
忠告善道

충고하고 좋은 길로 이끌다.

[원문]《論語 顔淵》子貢問友. 子曰, "**忠告而善道之**, 不可則止, 毋
自辱焉."

[해석] 공자의 제자들은 서로 學友였다. 지금은 學友라는 말보다 '同
期' 니 '같은 학번' 정도로 말하는데, 이런 말에는 '友情' 의 뜻이 들
어있지 않다.

따라서 같은 학우끼리 어떻게 교제하느냐? 어떻게 하면 돈독한 우
정을 쌓을 수 있을까? 하는 문제는 모든 제자들의 관심사였고, 공자
또한 교제에 관한 가르침을 많이 자주 베풀었다.

《論語》에 언급된 '友' 가 19次인데 朋友로 쓰인 경우가 7차, 벗과
사귀기(交朋友)의 뜻이 11회, 그리고 형제간의 우애를 뜻하는 경우가
1회였다는 분석이 있다.

자공이 交友之道에 관하여 묻자, 공자가 말했다.

"충고하고 行善으로 이끌어서 불가하다면 그만두고 (강요하여) 욕
을 당하지 않아야 한다."

공자도 益者三友와 損者三友를 말했으며, 벗과 사귀면서 신의를
지켜야 한다고 강조하였으며, 曾子 또한 벗과 신의를 지켰는가를 반
성한다고 했다.

형제라면 형이 아우에게 타일러서 안 되면 강요할 수 있지만, 벗과

벗 사이에서는 강요가 안 통한다. 벗에게 責善(책선)이 도리이지만, 받아들이지 않는다면 그만둬야지 더 자주 강요했다가는 오히려 더 큰 반발만 불러온다. 충고란 衷心(충심)과 정성을 해주는 말이다. 그런데 받아들이지 않는데 두 번 세 번 거듭할 필요가 없다. 責善과 勸善이 나쁠 것은 없다. 그렇다고 강요할 수 없다는 뜻이다."

이와 같은 뜻을 子游〔자유, 言偃(언언), 前 506~443년. 子游는 字. 뒷날 武城의 邑宰〕도 말했다. "(事君以忠하지만) 주군에게 자주 간언을 올리면 욕을 당하고, (交友以信하지만) 친우를 자주 책선하다 보면 소원해진다."[292]

'형제가 불신하면 정이 없고(兄弟不信情不親), 붕우가 불신하면 왕래가 드물다(朋友不信交易疏).'고 하였다. 교우는 인품으로 사귀지만 그래도 너무 따지거나 지적하여 멀어진 붕우는 다시 만날까 두려울 것이다.

267
익 자 삼 우
益者三友
3가지의 유익한 친우

[원문]《論語 季氏》孔子曰, "**益者三友**, 損者三友. 友直, 友諒, 友多聞, 益矣. 友便辟, 友善柔, 友便佞, 損矣."

....
292 《論語 里仁》子游曰, "事君數, 斯辱矣, 朋友數, 斯疏矣."

[해석] 사실 이 벗이 나에게 유익할 것인가? 아니면 무익하거나 또는 해로운 벗인가를 계산하고서 벗을 사귈 수는 없다. 벗과 사귀면서 유익하고 도움이 많다면 돈독한 우정을 계속하겠지만 손해가 되는 벗이라면 속속 단절해야 할 것이다. 그러나 類類相從(유유상종)이라고 하지 않는가? 끼리끼리 친구가 되어 몰려다니고 비슷하니까 계속 만나고 사귀는 것이다.

友人이 정직하고(友直) 이해심이 많으며, 진실되거나[友諒(우량)] 견문과 지식이 많다면(友多聞) 유익할 것이다. 그러나 우인이 이득을 헤아려 아첨하거나 비위나 맞춘다면[友便辟(우편벽)], 벗이 물렁하여 줏대가 없거나[友善柔(우선유)], 벗이 교언영색으로 아부나 한다면 [友便佞(우편녕)] 해로울 것이다.

본래 龍은 용끼리 鳳凰은 봉황끼리 교제하며(龍交龍 鳳交鳳), 좋은 친구는 친형제보다 낫고(好朋友賽過親兄弟), 천금은 쉽게 얻을 수 있지만(千金易得), 마음을 알아주는 친구는 얻기 어렵다(知音難求). 정말로 인생에서 얻기 어려운 것은 한 사람의 진정한 친구이다(人生難得一知己). 붕우는 서로 좋은 일을 권장해야 하는 의무가 있고(朋友有責善之道), 술과 고기로 사귄 친구는 오래 가지 않으며(酒肉朋友一世無), 친구끼리 술은 권하더라도 여색을 권하지는 않는다(朋友勸酒不勸色). 바다가 깊다고 생각하지 말지어니(海水不爲深), 우정이 가장 깊도다(友情第一深).

268

주 급 불 계 부
周急不繼富

위급한 자를 도울 뿐, 부자가 부유하도록 돕지 않는다.

[원문]《論語 雍也》子華使於齊, 冉子爲其母請粟. ～ 子曰, "赤之適齊也, 乘肥馬, 衣輕裘. 吾聞之也, 君子周急不繼富."

[해석] 공자의 제자 公西赤(공서적)의 字는 子華(자화)이다. 자화가 齊에 사자로 가는데, 冉有(염유, 冉求)가 공서적의 모친을 위해 곡식을 내주겠다고 하였다. 이에 공자께서 말씀하셨다. "釜(부, 六斗四升)를 내주어라." 염유가 조금 더 주어야 한다고 말하자, 공자는 "庾(유, 十六斗)를 주라."고 하였다. 그러나 염유는 곡식 5秉(병)을 내주었다.[293]

이를 알고 공자께서 말씀하셨다. "공서적이 齊에 갈 때 살찐 말을 타고 가벼운 갖옷을 입었었다. 내가 알기로, 군자는 남의 위급을 도와주지만 부자에게 보태주지는 않는다고 했다."

말하자면, 공서적이 생활이 궁핍하지는 않았다는 뜻이다. 아마 공자의 필요에 의하여 자화가 출장을 가는데, 염유는 공자가 최초에 말한 양보다 120배 정도를 더 주었다. 염유는 출장 경비가 그 정도는 될 것이라 생각했겠지만 공자 입장에서 보면 부자를 더 부자로 만들어준 것이다.

---

293 16斛(곡)이 1秉(병)이니, 5병이면 80斛(곡)이었다. 前漢 시대에 1斛은 10斗이고, 1斗는 2,000cc정도였다.

군자는 어려운 사람을 도와야 한다(周急). 한겨울에 추위에 떠는 사람이 있다면 숯을 보내주어야 한다(雪中送炭). 그러나 비단 옷을 입은 부자에게 금박 비용을, 아니면 繡(수)놓는 비용을 보내 줄 필요는 없을 것이다. 차라리 굶은 사람에게 밥 한술을 줄지언정(寧給飢人一口), 부자에게 곡식 한 말을 보태지 말라고 하였다(不送富人一斗).

269

노 이 불 사　시 위 적
老而不死, 是爲賊

늙어 죽지도 않으니 해로울 뿐이다.

[원문] 《論語 憲問》原壤夷俟. 子曰, "幼而不孫弟, 長而無述焉, **老而不死, 是爲賊**." 以杖叩其脛.

[해석] 《孔子家語 屈節解》에 의하면, 原壤(원양)은 공자가 어릴 적부터 알고 지냈으며(舊友), 그의 모친이 죽었을 때 공자는 관을 만들어 부조했는데, 원양은 관을 받고 그 위에 올라 앉아 노래를 했다는 사람이다. 공자는 그냥 모른 체했다는 기록이 있다.

이 늙은이는 공자가 들어오는데도 벽에 기대 버릇없이 다리를 쭉 뻗어 벌리고 앉아있었다.(夷는 평평할 이. 다리를 뻗어 쫙 벌리고 앉다. 展足箕坐. 俟는 기다릴 사) 이에 공자는 원양이 "어려서부터 공손하지 않았고, 어른이 되어 칭찬받을 일도 없이 늙어 죽지도 않으니 仁義를 해치는 사람."이라고 말하면서 들고 있던 지팡이로 원양의

정강이(脛, 정강이 경)를 때렸다.(叩, 두드릴 고)

　사실 어려서 교육을 받지 않으면 늙어 사람의 도리를 모르고(小時不求教 到老不知道), 쓸모가 없다. 사람이 늙으면 세 가지 병을 얻는데, 돈에 인색하고(愛財), 죽을까 겁을 내며(怕死), 잠이 없어진다(沒瞌睡). 또 사람이 늙으면 고집부리는 아이와 같고(人老如頑童), 잔소리만 많아지니(人老話多), 젊은 사람이 늙은이를 싫어한다. 특히 나이 먹었다고 늙은 대우를 바라는 노인은 마음이 먼저 늙은 사람이니, 젊은 사람이 더 미워한다.

　사실 노인의 경험과 지혜는 아주 소중한 자산이다. 사람은 살다 보니 늙었고(活到老), 인생을 배우면서 늙었다(學到老). 그러하기에 아무리 늙어도 배울 것은 배워야 하며, 또 배울 것은 얼마든지 있다. 그래서 사람은 늙어 죽을 때까지 배워도 배움은 끝나지 않고(學到老 學不了), 배울수록 지식이 적다는 것을 깨닫는다(越學越覺知識少).

　공자는 보람 있는 일을 찾아 이상을 추구하고 실현하려고 노력하며 평생을 살아왔다. 공자는 젊은 제자를 가르치며 또 함께 배우면서, 곧 '배우면서 늙었기에 늙는 줄도 모르는(學到老 不會到老)' 사람이었다. 그런데 늙어 죽지도 않고 젊은이에게 모범이 되지도 못하면서 도리어 해악을 끼친다면, 이는 해로운 사람(賊은 해칠 적, 그르칠 적)이기에 지팡이로 오랜 친구 원양의 정강이를 때리며 질책했다.

　사실 공자의 질책은 어릴 적 친구에 대한 농담이 아니겠는가? 원양도 공자가 어릴 적 친구이기에 편한 대로 다리를 벌리고 앉아 있었을 것이다. 그런 원양을 두고 예절을 모른다고, 젊어 못 배웠기에 쓸모 없는 인생이라고 비난할 필요는 없다. 모든 사람이 다 보람찬 인생을 살고 도덕을 준수하는 모범 시민이어야 하는가?

어릴 적에 논두렁에서 욕하며 싸웠다고 늙어서도 미워하는가? 젊은 날 직장 동료로서 술 먹고 크게 다투었다고 늙어 은퇴한 다음에도 '나쁜 놈'이라고 비난하겠는가? 고향 친구, 학교 친우, 직장 동료는 함께 늙어갔기에, 늙어서 서로 지위가 다르고 빈부의 차이가 나도 어릴 적 친구는 그냥 친구이고, 동료는 그냥 동료이다.

그런데 공자의 말을 인용하여 '늙어 죽지도 않는 도적 같은 놈(老而不死, 是爲賊)'이라고 젊은이가 노인을 욕한다면?

이는 공자의 뜻하고는 아무 상관 없는 일이다. 공자를 끌어대서는 안 될 것이다.

VI 君子와 小人

周 왕조에서 周王(天子)은 제후를 각 지역에 分封(분봉)하여 제후국을 세워 백성을 통치케 하였다. 이 제후를 백성들은 國君이라 불렀고 國君의 아들을 君子라고 불렀다. 제후국의 군자는 좋은 교육을 받으며 성장하였기에 학식을 갖추고 문화적 소양과 함께 도덕적 의지를 가진 사람이었다. 때문에 학식과 고매한 인품을 가진 사람을 높여 군자라 부르기 시작했다.

이러한 어원을 가진 군자는 일반적으로 귀족에 대한 통칭으로 쓰였고, 후대에는 士大夫나 관리를 지칭하는 용어가 되었다. 또한 군자는 생산 활동에 종사하는 小人(平民)의 상대적 의미로도 쓰였다.

공자는 군자의 의미를 세습적 신분으로 타고난 사람이 아닌 '바른 심성과 교양을 가지고 도덕적인 행동으로 모범이 되는 인간'이라는 價值指向的(가치지향적)인 의미로 사용했다.

'공자의 교육은 사람을 군자로 만들기 위한 교육'이라고 생각될 정도로 《논어》에는 군자에 대한 언급이 많다. 공자는 군자보다 더 훌륭한 인격체로 聖人을 언급하기도 하였지만, 성인은 타고난 자질이 있어야만 하는 사람이었다. 그러나 공자가 생각하는 군자는 누구든 노력하면 도달할 수 있는 보편적이며 일반적인 인간의 이상형이라 할 수 있다.

곧 군자는 이상적 인간형이기는 하지만 현실과 동떨어졌거나 주변에서 찾아보기 힘든 인간이 아니었다.

1. 隱逸과 古賢

　　공자는 사회의 혼란에서 도피하여 은둔생활을 하려는 道家(도가)
와 달리 세속에 적극적으로 참여해야 한다고 주장하였다. 공자는 세
상에 적극 참여하여 인성을 계발하고 심성을 순화하며 풍속을 개선
하는 것이, 곧 人道라고 생각하였다.

　　《論語 微子(미자)》편에는 공자가 숭앙한 古賢에 관한 언급이 있고
당시의 隱者(은자)들이 행적과 언행을 많이 기록하였다. 은자는 隱
逸(은일, 逸民)이라고도 칭하는데, 혼탁한 시대에 이상을 품고 다른
사람과 함께 어울리기를 거부하며 이름을 숨기고 사는 사람들이었
다. 이런 사람들의 일반적 특성은 관직에 나가지는 않았지만 이름이
널리 알려졌으며, 때로는 많은 사람들의 존경을 받기도 했으니 伯夷
와 叔齊(숙제) 등이 바로 그런 부류였다.

　　이런 은일 중 좀 특별한 사람들을 狂人(광인)과 狷者(견자)로 구분

할 수도 있다. 狂人은 괴팍하면서도 급진적인 생각을 가진 사람이니 〈미자〉편에 나오는 楚의 광인 接與(접여) 같은 사람이다. 〈雍也〉편에 仲弓(중궁)이 물은 子桑伯子(자상백자)에 대하여 공자는 상백자를 簡(간)이라고 표현하였는데, 簡은 바탕이 너무 질박하여 예법을 무시하고 따르지 않는다(質美而無文)는 뜻이다.[294]

　狂人과 좀 다른 부류가 狷子(견자)이다. 狷은 성급할 견, 狷介(견개)할 견의 뜻인데, 자신의 潔白(결백)을 고집하며 남을 용납하지 못한다는 뜻이다. 〈微子〉편에 子路가 만난 荷篠丈人(하조장인)과 같은 사람을 말한다.

270
降志辱身
강 지 욕 신

뜻을 낮추고 몸을 욕되게 하다.

[원문] 《論語 微子》逸, 伯夷, 叔齊, 虞仲, 夷逸, 朱張, 柳下惠, 少連. 子曰, "不降其志, 不辱其身, 伯夷　叔齊與!" 謂柳下惠少連, **降志辱身矣**, 言中倫, 行中慮, 其斯而已矣. ∼.

[해석] 공자 이전에 세상을 숨어 사는 隱逸(은일, 隱者)이 많았다. 虞仲(우중)은 仲雍(중옹)으로 吳 泰伯(태백)의 동생이다. 夷逸(이일)과 朱張

----

294 《論語 雍也》仲弓問子桑伯子. 子曰, "可也簡." 仲弓曰, "居敬而行簡, 以臨其民, 不亦可乎? 居簡而行簡, 無乃大簡乎?" 子曰, "雍之言然."

司馬遷(사마천)

(주장)의 행적은 알려진 것이 없다.

　伯夷(백이)와 叔齊(숙제)는 대표적인 隱者이다. 商(殷)나라 폭군 紂王(주왕) 말기 伯夷(백이, 생졸년 미상)는 殷의 고죽군(孤竹君)의 長子였는데, 고죽군은 叔齊(숙제)를 후사로 정했다. 백이는 부친의 뜻을 따르려 했고, 숙제는 長子인 형을 제치고 계승할 수 없었다. 결국 두 사람은 둘째 아들 仲馮(중풍)에게 양위하고 고죽국을 떠났다. 백이와 숙제는 周 武王의 紂王(주왕) 정벌을 말렸지만 따르지 않고 商을 없애버리자, 항의하는 뜻으로 周의 곡식을 먹지 않겠다며 今 河南省 洛陽 북쪽 首陽山에 숨었다. 백이와 숙제의 高行은 왕조의 교체에서 前朝에 대한 충절의 대명사로 흔히 인용되었다. 백이와 숙제는 자신의 신

넘을 버리거나 또 굽히지도 않으며(不降其志), 치욕을 겪지도 않았다(不辱其身).

　공자는 백이가 수양산에서 굶어 죽었지만 지금까지 칭송을 듣는 것처럼, 권력이나 재물은 명성이나 仁義에 아무 관련도 없다고 齊 景公과 비교도 하였다.[295] 司馬遷의 《史記 列傳》은 〈伯夷列傳〉으로 시작한다.

柳下惠(유하혜)
《古聖賢像傳略(고성현상전략)》

....
　295 《論語 季氏》 "齊景公有馬千駟, 死之日, 無德而稱焉. 伯夷叔齊餓于首陽
　　　之下, 到于今稱之. ~"

柳下惠(유하혜)는 魯의 대부로 본명은 展獲(전획)이고, 柳下를 식읍으로 받았고, 惠는 시호이다. 현명하고 유능하였지만 [296] 관직에서 3번이나 쫓겨났다. 그런 치욕을 겪으면서도 魯를 떠나지 않았다. 자신은 正道로 주군을 섬겼고, 다른 나라에 가더라도 그러했으면 역시 3번쯤 쫓겨났을 것이다. 자신의 정도를 굽혀 벼슬을 하겠다고 고국을 떠날 수 있겠느냐고 되물었던 사람이다. [297] 이처럼 유하혜는 사리에 맞는 말과(言中倫) 사려 깊은 행동으로(行中慮) 정도를 지켰지만 3번이나 면직되는 치욕을 겪었다(降志辱身). (〈無可無不可〉條 참고)

271
隱居放言
<small>은 거 방 언</small>

은거하면서도 할 말을 다하다.

[원문] 《論語 微子》謂虞仲夷逸, **隱居放言**, 身中淸, 廢中權. 我則異於是, 無可無不可.

[해석] 《論語 微子》편에는 고대의 여러 隱逸(은일, 隱者)에 대한 이야기가 나온다. 공자가 이들에 대하여 언급하였다. 虞仲(우중)은 周나라

---

296 《論語 衛靈公》子曰, "臧文仲其竊位者與! 知柳下惠之賢而不與立也."

297 《論語 微子》柳下惠爲士師, 三黜. 人曰, "子未可以去乎?"曰, "直道而事人, 焉往而不三黜? 枉道而事人, 何必去父母之邦?"

왕실의 선조인 古公亶父(고공단보, 太王이라 추존)의 아들이었다. 부친이 자신의 지위를 三男 季歷(계력)의 아들 昌(창, 文王)에게 물려주려 한다는 뜻을 알게 된 고공단보의 장남인 泰伯(태백)은 동생 虞仲(우중)과 함께 長江 하류로 이주한다. 文王 昌(창)의 아들 武王(성은 姬, 이름은

武王(무왕, 周)
《歷代古人像贊(역대고인상찬)》

發)은 周를 건국하고 殷(은)을 멸망시킨 뒤, 宗法에 의거 각지에 제후를 두는 봉건제도로 중국을 통치한다. 따라서 태백과 우중은 周의 실질적인 건국자 武王의 큰할아버지이다. 夷逸(이일)의 행적은 미상이다.

우중과 이일은 은거했지만 마음껏 자신의 高論을 말했고, 처신은 바르고 깨끗하였으며 세상을 떠나 은거 이유도 적절하였다. 이들이 그럴 수 있었던 것은 자신이 세속을 따라 더럽히지 않고 깨끗한 처신으로 이상을 추구했기 때문이다.

그러나 공자는 이들과 달리 꼭 해야 할 것도 해서는 안 될 것도 없는 中庸의 道를 지키겠다고 말하였다.(〈降志辱身〉, 〈無可無不可〉 조 참고)

272

被髮左衽
피 발 좌 임

散髮하고 옷깃을 좌로 여미다.

[원문]《論語 憲問》子貢曰, "管仲非仁者與? 桓公殺公子糾, 不能死,
又相之." 子曰, "管仲相桓公, 霸諸侯, 一匡天下, 民到于今受其賜.
微管仲, **吾其被髮左衽矣.** 豈若匹夫匹婦之爲諒也, 自經於溝瀆而
莫之知也?"

[해석] 管仲(관중)과 鮑叔牙(포숙아)의 '管鮑之交(관포지교)'는 美談 중
의 미담이다.

　뒷날, 管仲은 齊國의 公子 糾(규)를 섬겼고, 鮑叔牙는 공자 규의 동
생 小白(소백)을 섬겼다. 前 686년, 齊의 襄公(양공)이 병란 중에 죽고,
公孫無知(공손무지)가 簒位(찬위)했지만, 다음 해(前 685년) 봄에 공손
무지가 피살되었고, 결국 公子 小白이 즉위하니, 이가 齊 桓公(환공)
이다. 魯國에서는 그 형인 公子 糾(규)를 지지하면서 齊國과 魯國 사
이에 전투가 벌어졌다. 管仲은 활로 小白(桓公)을 쏘았는데 소백의
허리띠 갈고리를 맞추었다. 소백은 죽은 척하며 관중을 속였다. 뒷날
전쟁에서 이긴 齊國의 환공과 포숙아는 魯 莊公(장공)에게 公子 糾
(규)의 처형과 관중을 넘겨줄 것을 요구했다. 관중을 넘겨받은 齊에
서는 포숙아가 관중을 강력하게 추천했고, 齊 桓公은 지난날의 감정
을 버리고 관중을 相에 임명한 뒤에 매우 존중하였다. 관중은 정치개
혁을 성공적으로 이끌었고 尊王攘夷(존왕양이)를 내세우며 霸業(패업)

을 성취하였다.

관중이 환공에 등용된 해가 前 685년이니, 공자 출생(전 551년) 130여 년 전이었다. 공자는 관중의 능력을 존중하였지만 관중의 기량을 좁다고 평가하였고 검소하지 않았다며 비판하였다.[298] 관중은 桓公 41년 (前 645)에 죽었다.

鮑叔牙(포숙아)

子路가 공자에게 물었다. "桓公이 公子 糾(규)를 죽일 때 召忽(소홀)은 죽었지만 管仲은 죽지 않았으니 仁이 아니라 할 수 있습니까?"

이에 공자가 말했다. "桓公이 諸侯(제후)들을 모두 규합할 때 군사력을 동원하지 않았는데, 이는 관중의 힘이었다. 그것이 仁이라고 생각한다면 仁인 것이다."[299]

그리고 자공도 말했다. "管仲(관중)을 仁者라고 할 수는 없잖습니까? 桓公(환공)이 公子 糾(규)를 죽일 때 (主君을) 따라서 죽지도 않았

---

298 《論語 八佾》子曰, "管仲之器小哉!" 或曰, "管仲儉乎?" 曰, "管氏有三歸, 官事不攝, 焉得儉?" ~.

299 《論語 憲問》子路曰, "桓公殺公子糾, 召忽死之, 管仲不死. 曰, 未仁乎?" 子曰, "桓公九合諸侯, 不以兵車, 管仲之力也. 如其仁, 如其仁."

으며 도리어 (주군을 죽인) 환공을 도와주었습니다."

그러자 공자가 말했다. "관중이 환공을 도왔기에 환공은 제후의 패자가 되어 천하의 질서를 바로잡았는데 백성들은 지금도 그 혜택을 입고 있다. 관중이 없었다면(微管仲) 우리는 아마도 (야만인처럼) 머리를 산발하고 옷깃을 왼쪽으로 여미었을 것이다. 어찌 匹夫匹婦처럼 조그만 의리를 지킨다고 물도랑에서(溝瀆) 목을 매어(經) 아무도 알아주지 않는 그런 죽음과 같겠느냐?"

공자는 관중이 죽지 않은 것은 더 큰 대의를 생각했기 때문이라고 관중의 행적을 옹호하였다.

273

왕 자 불 가 간　내 자 가 추
往者不可諫 來者可追

지난 일은 탓할 수 없지만, 닥칠 일은 따라갈 수 있다.

[원문] 《論語 微子》楚狂接輿歌而過孔子曰, "鳳兮鳳兮! 何德之衰? **往者不可諫, 來者猶可追.** 已而已而! 今之從政者殆而!" 孔子下, 欲與之言. 趨而辟之, 不得與之言.

[해석] 《論語 微子》에는 隱逸(은일, 隱者)이 몇 사람 등장한다. 여기 나오는 楚의 狂人(광인) 接輿(접여) 외에 長沮(장저)와 桀溺(걸익), 그리고 荷蓧丈人(하조장인) 등이 공자 곁을 지나간다. 楚의 광인 접여는 공자 곁을 노래하며 지나간다.

"鳳凰이여, 봉황새여! 어찌 그리 德을 잃었나? 지난 일은 탓할 수 없지만 닥칠 일은 쫓을 수 있단다. 그만, 그만두게나! 지금 세상에 벼슬하기는 위태로워라!"

이에 공자가 수레에서 내려 이야기를 하려 했으나 접여는 뛰듯이 피했기에 이야기를 나누지 못했다.

접여의 姓은 陸씨이고 道家의 인물로 알려졌는데, 뒷날 晉朝의 劉伶(유영)이나 阮籍(완적) 같은 사람들의 먼 祖師라 할 수 있다.

접여의 노래에서 鳳(봉)은 태평시대에 출현한다는 瑞鳥(서조)인데, 공자를 봉황에 비유하였지만 시대를 잘못 타고난데 대한 조롱이라는 생각이 든다. 또 '지난 일을 따지려 하지 말라! 지난 과거는 이미 잘못되었다. 그것을 이제야 바로잡으려 해도 되겠느냐? 앞으로 정치에 참여할 수는 있겠지만 위태로울 것이다.' 라는 예고라 할 수 있다.

楚나라의 昭王은 공자를 등용할 마음이 있었지만 楚의 令尹 子西(자서)의 반대로 그만두었다. 이런 상황에서 접여는 공자의 현실참여 의식을 諷諭(풍유)한 셈이다.

274

<small>사 체 불 근 오 곡 불 분</small>
四體不勤 五穀不分

사지로 일도 않고 오곡도 구분하지 못하다.

[원문]《論語 微子》子路從而後, 遇丈人, 以杖荷蓧. 子路問曰, "子見夫子乎?" 丈人曰, "**四體不勤, 五穀不分**. 孰爲夫子?" 植其杖而芸. 子路拱而立. 止子路宿, 殺雞爲黍而食之, 見其二子焉.

[해석] 자로가 공자를 수행 중, 일행과 떨어져 가다가 지팡이로(杖) 망태기(篠, 망태기 조)를 메고 가는(荷) 丈人(장인, 老人)을 만나 공자 일행을 보았느냐고 물었다.

그 노인은 "(당신들은) 四體(四肢)로 일도 하지 않고 五穀도 분별하지 못한다. 누구를 夫子라고 하는가?"라고 말했다. 그리고는 지팡이를 꽂아놓고 김을 매었다. 자로는 공손하게 서 있었다. 노인은 자로를 데리고 집에 가서 하루 재워주며, 닭을 잡고 기장(黍, 기장 서) 밥을 대접하며 두 아들을 불러 시중케 하였다.

자로가 만난 노인의 이름은 모르기에 *荷篠丈人*(하조장인)이라 통칭한다. 당시의 은자였을 것이다. 은자는 그런대로 농사지으며 자급했을 것이다. 그런 은자의 입장에서 공자 일행은 생산에 종사하지 않고, 실용적인 지식도 없으면서 떼지어 다니며 스승이니 뭐니 불러대는 것이 못마땅했을 것이다.

공자가 자로를 시켜 그 은자에게 전하려 했던 뜻은 명백하다. 出仕하지 않으면 君臣의 義도 없다. 그리고 사람이 지켜야 할 長幼(장유)의 질서 같은 윤리는 어떤 상황에서도 폐할 수 없다. 은자같이 혼자만 결백해서는 아무것도 아니다. 道가 시행되지 않는 세상에 義마저 버릴 수는 없다. 누군가는 이를 바로잡아야 한다. 바로잡아진다는 보장은 없더라도 노력하면서 정도를 지켜나가는 것이 나의 사명이다.

이런 뜻을 통해 공자의 사회 참여를 통한 현실 개혁 의지를 이해할 수 있다. 지금 우리나라에도 이런 참여의식을 가진 사람들이 정의를 말하면서 여러 가지로 행세하고 있지만, 그 진정성이나 순수성을 그들 주장대로 수긍하기는 쉽지 않을 것이다.

275
심 려 천 게
深厲淺揭

물이 깊으면 많이, 얕으면 조금 걷어 올린다.

[원문]《論語 憲問》子擊磬於衛, 有荷簣而過孔氏之門者, 曰, "有心哉, 擊磬乎!" 旣而曰, "鄙哉, 硜硜乎! 莫己知也, 斯己而已矣. **深則厲, 淺則揭**." 子曰, "果哉! 末之難矣."

[해석] 옛날에, 겨울 시냇물에 다리(橋)가 없다면 신발을 벗고 바지를 걷어 올리고 건너가야 한다. 이는 나그네에게 큰 고생이 된다. 따라서 사람이 많이 다니는 곳에 다리를 놓거나 징검다리를 만들어 주는 것은 아주 큰 積善(적선)이었다. 그래서 '사람이 오십을 넘기면 응당 다리(橋)를 놓아주고 길을 닦아야 한다(人過五十就該修橋補路).' 는 속담이 있는데, 이는 나이가 들면 불특정 다수를 위해 선행을 베풀어야 한다는 인간과 사회생활의 보편적인 도덕을 강조한 말이다.

물이 깊으면 옷자락을 허리띠 있는 곳까지 걷어 올려야 한다(深則厲, 厲는 많이 걷어 올릴 려). 그러나 물이 얕다면 옷자락을 무릎까지만 들어 올리고 건너간다(淺則揭, 揭는 들 게, 추어올릴 게). 이는 상황에 따라 대응을 달리한다는 뜻이다. 이 말은 본래《詩經 邶風(패풍) 匏有苦葉(포유고엽)》에 있는 말이다.

공자가 각국을 주유하면서 衛(위)나라에 머물 때, 거처에서 磬(경쇠 경, 編磬. 두꺼운 돌로 만들어 매달아 놓은 타악기의 일종)을 연주하였다. 삼태기〔蕢(궤)〕에 물건을 담아 메고 가던 사람이 편경 연주를 듣고 말했다.

"뜻이 있어 편경을 연주하는구나!"

그리고 조금 있다가 다시 말했다.

"연주가 쨍쨍하니 비루하구나! 나를 알아주는 사람이 없다는 말 같은데, 그러면 그만, 그만두면 그뿐이지. 물이 깊으면 많이 걷어 올리고, 얕으면 살짝 들어 올리면 된다."

공자가 이를 전해 듣고서는 말했다.

"맞는 말이다. 세상을 잊을 수만 있다면 어려운 일이 없을 것이다."

물이 깊다는, 사회가 크게 혼란하여 암흑과 같다는 뜻이고, 얕은 것은 그 정도가 심하지 않다는 뜻이다. 나라의 정세나 상황에 따라 대처하면 되겠지만, 공자는 바로잡으려는 사명감 때문에 잊어버리거나 회피할 수 없는 심경을 말했다.

276

자 로 문 진
子路問津

자로가 나루터 길을 묻다.

[원문]《論語 微子》長沮桀溺耦而耕, 孔子過之, **使子路問津焉**. 長

沮曰, "夫執輿者爲誰?" 子路曰, "爲孔丘." 曰, "是魯孔丘與?" 曰, "是也." 曰, "是知津矣." 問於桀溺. 桀溺曰, "子爲誰?" 曰, "爲仲由." 曰, "是魯孔丘之徒與?" 對曰, "然." 曰, "滔滔者天下皆是也, 而誰以易之? 且而與其從辟人之士也, 豈若從辟世之士哉?" 耰而不輟. 子路行以告. 夫子憮然曰, "鳥獸不可與同羣, 吾非斯人之徒與而誰與? 天下有道, 丘不與易也."

[해석] 長沮(장저)와 桀溺(걸익) 두 사람이 밭을 갈고 있을 때, 공자가 지나가면서 子路를 시켜 나루터(津) 가는 길을 묻게 했다. 장저가 누구냐고 물었고 孔丘(공구)라고 말하자, 장저는 "그분이라면 길을 알 것이요." 하면서 일러 주지 않았다.

걸익에게 묻자, 공자의 제자냐고 물으면서 "온 천하가 도도한 물결처럼 흘러가는데, 누가 이런 풍조를 막을 수 있겠는가? 사람을 피해 다니는 분을 따라다니느니, 세상을 피해 살고 있는 우리를 따르는 것이 어떻겠는가?"라고 묻고서는 밭일을 계속했다.

자로가 공자를 따라가 말했다. 공자는 시무룩하게 한숨지으며 말했다.

"사람은 鳥獸(조수)와 함께 살 수 없나니, 내가 세상 사람들과 함께 하지 않는다면 누구와 더불어 살겠는가? 만약 천하에 道가 통한다면 나 역시 세상을 바꾸려 하지 않을 것이다."

장저와 걸익은 혼탁한 세상을 피해 사는 은자였는데, 그들 눈에는 세상을 바꾸려는 일념으로 각지를 여행하는 공자를 이해할 수가 없었다. 나루를 건너 저쪽은 다른 곳, 곧 다른 세상이다.

장저는 '공자는 어떻게 바꿀 수 있는지 알고 있으니 바꾸려는 것 아니냐?' 라고 생각하면서 '왜 알면서 물어보느냐?' 는 뜻으로 말해 주지 않았다.

問津(문진)은 지금 '학문의 길(治學之門徑)을 묻다.' 라는 뜻으로 사용된다.

2. 君子와 小人

물건을 서로 비교하면 그 차이가 확실해지며, 어떤 개념은 그 상대적인 개념을 찾아 설명해주면 뜻이 더욱 명확해진다. 이는 신사의 예절을 교육하기 위해 비신사적 행위를 보여주는 것과 마찬가지이다. 공자는 군자가 해야 할 일이나 가쳐야 할 도덕규범 또는 가치관을 소인과 비교하여 설명하였다.

일반적으로 군자는 신분이 고귀한 사회의 지배계층이었고 소인이 생산에 종사하는 피지배층이었다. 君子 또는 大人이라 지칭하는 이들은 周나라 지배계층으로 교육을 받고 통치하는 일에 종사하며 정신적 노동, 곧 勞心(노심)을 담당하였으며 禮에 의하여 질서가 유지되었다.

"군자는 신임을 얻은 뒤에 백성을 부릴 수 있으니, 그렇지 않으면 백성을 괴롭힌다고 생각할 것이다. 군자는 신임을 얻은 뒤에 諫言

(간언)을 올릴 수 있으니, 그렇지 않으면 (윗사람은) 헐뜯는다고 여길 것이다."[300]

이들 지배계층인 군자의 통치를 받으며 생산 활동에 종사하는 사람들을 민(民) 또는 庶人(서인, 庶民)이라 불렀는데, 이들은 군자나 대인에 대하여 소인(小人)이라 칭했다. 곧 소인은 지배계층을 위하여 육체적 노동, 곧 勞力(노력)을 바쳐야 했기에 '관리들이 먹는 것은 모두 소인의 땀(官家之所食是小人之勞)'이라는 말 그대로 소인은 '생산에 종사하는 사람'이었다.

백성을 뜻하는 글자 '民'의 象形은 눈을 찔린 형상, 곧 앞을 못 보는 형상에서 나왔다고 하는데, 때문에 처음부터 교육의 기회가 주어지지 않았기에 문맹자이면서 교양이 없는 사람들이었다. 그래서 생산 활동에 종사하지만 학문적 지식이 필요하지 않았고, 禮를 지키거나 알아야 할 필요가 없었으며, 심지어 자기 조상을 알지도 못했고 제사를 지낼 수도 없었다.

군자는 도덕을 갖추고 수양을 쌓았으며, 예를 알고 실천하는 사람이었고, 그렇지 못한 사람은 소인이었다. 따라서 소인은 도덕과 규칙을 따르지 않는 사람, 또는 고상한 인격이나 원대한 이상을 품지 못한 사람, 또는 자신만의 이익을 추구하는 사람이라는 뜻으로 통용되었다. 이런 점은 공자도 확실하게 선언하였다. 곧,

"군자이면서 不仁한 사람이 있을 수 있지만, 소인으로 仁을 실천

---

300 《論語 子張》子夏曰, "君子信而後勞其民, 未信, 則以爲厲己也. 信而後諫, 未信, 則以爲謗己也."

하는 사람은 없다.”³⁰¹

277

君子不器

군자가 그릇이어서는 안 된다.

[원문]《論語 爲政》子曰, “君子不器.”

[해석] 물건이나 액체를 담을 수 있는 그릇은 크기에 따라 용도가 제한
된다. 大器는 晚成(만성)이고, 小器는 速成(속성)하며 易盈(이영), 곧
쉽게 채울 수 있다.

　군자는 그릇처럼 그 용도가 제한되어서는 안 된다는 말이다. 器란
그릇이나 연모로 쓰이는데 ‘옥도 다듬지 않으면 그릇(물건)이 되지
않는다(玉不琢 不成器).’ 는 말은³⁰² 아무리 바탕이 좋아도 교육을 받
아야만 인재가 될 수 있다는 뜻이다.

　공자의 ‘君子不器’ 란 말이 나올 수 있었던 그 당시에는 지식의 범
위가 넓지 않았다. 군자는 두루 널리 배워 많이 알아야 하고, 여러 가
지 일을 담당할 수 있어야 한다고 생각했다. 따라서 博學(박학)을 권
장한 공자였다.

．．．．．．．．．．．．．

301《論語 憲問》子曰, “君子而不仁者有矣夫, 未有小人而仁者也.”
302《禮記 學記》…玉不琢, 不成器. 人不學, 不知道. 故古之王者 建國君民, 敎
　　學爲先～.

공자의 博學은 누구나 인정할 정도였다. 공자의 박학에 대하여 達巷黨人(달항당인)이, 공자를 "위대하도다! 공자여, 널리 배웠지만 이름을 날린 것이 없도다."라고 비판했다.[303]

그러나 공자는 늘 박학을 강조했고, 박학에 예를 지켜 행실을 조심해야만 정상에서 벗어나지 않을 것이라고 주장하였다.[304]

공자 교육의 중점 내용인 文, 行, 忠, 信은 곧 문헌적 지식과 행위규범(禮), 직무 충실과 신뢰할 수 있는 언행이었다. 이 정도가 갖춰지면 어디에서 무슨 일이든, 또 어떠한 경우라도 대처할 수 있을 것이다. 즉 君子不器의 경지에 도달한 것이라 볼 수 있다.

공자가 강조한 '君子儒'와 '君子不器'는 같은 뜻이 아니겠는가?

278
군 자 삼 계
君子三戒
군자가 조심해야 할 3가지

[원문] 《論語 季氏》孔子曰, "**君子有三戒**, 少之時, 血氣未定, 戒之在色, 及其壯也, 血氣方剛, 戒之在鬪, 及其老也, 血氣旣衰, 戒之在得."

---

303 《論語 子罕》達巷黨人曰, "大哉孔子! 博學而無所成名." 子聞之, 謂門弟子曰, "吾何執? 執御乎? 執射乎? 吾執御矣."
304 《論語 雍也》子曰, "君子博學於文, 約之以禮, 亦可以弗畔矣夫!"

[해석] 군자가 한평생 조심해야 할 3가지!

젊었을 때는 왕성한 혈기가 안정되지 않았기에 女色을 조심해야 한다(戒色). 壯年(장년)이 되어서는 혈기가 한창 성할 때이니 다툼(鬪, 싸움 투)을 조심해야 하고(戒鬪), 늙어서는 혈기가 쇠퇴하는 대신 욕망만 남았으니 탐욕을 조심해야 한다(戒得).

이는 인간 본성의 문제가 아니라 혈기나 기운에 따라 인간의 욕망이 달라지고, 그에 따라 삼가고 조심할 내용이 달라진다. 공자는 인성의 선악을 단정적으로 언급하지 않았다. 다만 인간이 가진 욕망이나 악습은 예절이나 교육, 수양에 의해 향상되고, 그래서 군자가 될 수 있다는 신념을 갖고 있었다.

모든 과오나 실수, 더 나아가 敗家亡身(패가망신)과 멸족에 이르기까지 그 근본은 욕심이다. 욕심이 생기면 지혜는 혼미해진다(貪心生則智昏). 그래서 욕심이나 욕구를 잘 제어해야 한다.

젊었을 때 女色을 조심하라는 말은 많은 사람들이 잘 알고 있다. 본래 젊은 남녀의 색정은 비슷하다(少女少郎 情色相當). 술과 여색은 사람을 다치게 하고 일을 그르친다(女色傷人 酒色誤事). 술과 여색, 돈과 재물은 사람마다 다 좋아하지만(酒色錢財人人愛), 그 얻는 방법이나 즐기는 방법이 문제가 된다.

본래 貧(가난 빈)字와 貪(탐할 탐)은 한 모양이다. 곧 가난하면 생존 욕구 때문에 욕심이 생길 수밖에 없다. 특히 노년에 기력이 쇠퇴하며, 젊었을 때 色情으로 향하던 욕구가 노년에 物慾(물욕)으로 집중되기에 老貪(노탐)이란 말까지 생긴 것이다. 늙은 재물 욕심에 평생에 이룬 공덕을 하루아침에 잃고 패가망신하는 경우를 지금 시대에도 흔히 볼 수 있다.

공자의 君子三戒는 직접 체험이 아닌 견문에서 얻은 결론이라고 생각해야 한다. 여하튼 미끼를 탐하는 고기가 쉽게 낚시에 걸린다(貪食的魚易上鉤). 그러나 진정한 好漢(호한)은 여색을 탐하지 않고(好漢不貪色), 영웅은 재물을 탐하지 않는다(英雄不貪財).

279
<ruby>君<rt>군</rt>子<rt>자</rt>三<rt>삼</rt>畏<rt>외</rt></ruby>
君子三畏

군자가 두려워하는 3가지

[원문]《論語 季氏》孔子曰, "**君子有三畏**, 畏天命, 畏大人, 畏聖人之言. 小人不知天命而不畏也, 狎大人, 侮聖人之言.

[해석] 畏는 두려울 외, 狎은 친압한 압. 업신여기다. 철없이 함부로 까불다. 侮는 업신여길 모.

군자는 인격적이나 도덕적으로 완성된 사람이다. 그런 사람도 두려워하며 조심하고 피해야 할 것이 있다. 곧 天命과 大人(高官)을 두려워하고, 聖人의 말씀을 두려워해야 한다. 大人은 고관이다.《周易 乾卦》의 「利見大人」에서 大人은 고관이다. 고관의 욕심이나 착오, 감정에 따라 君子의 목숨은 한방에 혹 날아갈 수 있다. 聖人之言을 조심하라는 말은, 正道를 걷지 않는다면 패가망신할 수 있다는 뜻으로 받아들이면 된다. 무술계의 교훈에 '大勇은 겁쟁이 같고(大勇若怯), 大智는 마치 어리석은 것 같다(大智若愚).'고 하였다. 군자는 조심하고 두려워해야 한다.

　군자의 두려움과 소인의 두려움은 차이가 있다. '멍청한 사내가 마누라를 무서워하고(癡人畏婦), 현명한 여자는 남편을 두려워한다(賢女畏夫).'고 하였다. 그리고 소인은 천명을 모르기에 두려워하지 않고, 고관에게 기어오르거나 聖人의 말씀도 모르기에 두려워하지 않는다. 그래서 어느 순간 목숨을 잃는다. 그래서 자고로 '군자는 예의를 갖춰 대접하고(禮義以待君子), 소인은 형벌로 다스린다(刑戮加於小人).'고 하였다.

280
君子上達
군자 상 달

군자는 仁義에 통달한다.

[원문]《論語 憲問》子曰, "君子上達, 小人下達."

[해석] 군자와 소인은 극과 극의 차이가 있다. 小人은 덕이 없는 사람이고, 때로는 보통 백성을 의미한다. 위 구절에서 達은 '도달하다'는 뜻으로, 과거의 습관이나 독서 또는 학습을 통하여 어느 정도 수준에 올랐다는 뜻이다. 따라서 상달은 고명하고 원대한 이상을 품고 있는 상황을 上達이라 하고, 현실적이고 미천한 문제를 잘 안다는 의미에서 상대적으로 下達이라고 했다.

　君子는 인의를 알려고 노력하고 배워 실천하니, 知的이고 철학적 문제에 관심을 가지기에, 이를 形而上學的(형이상학적)이라 말할 수 있고 上達이라 하였다.

　그러나 小人은 현실적인 문제에 관심하여 의식주나 재물이나 이익에 관심을 가지고 그런 물질적 문제에 관심을 집중하니, 공자는 이를 下達(하달)이라고 말했다.

281
군 자 고 궁
君子固窮

군자의 가난은 타고난 것이다.

[원문] 《論語 衛靈公》明日遂行, 在陳絶糧, 從者病, 莫能興. 子路慍見曰, "君子亦有窮乎?" 子曰, "**君子固窮**, 小人窮斯濫矣."

[해석] 기원전 497년 공자 55세에, 공자는 魯나라를 떠나 각국을 여행한다. 공자가 노나라를 떠난 이유를 명확하게 설명한 사료도 없으며, 오랜 기간의 외유에 관하여 《論語》에도 극히 간단한 서술이 있을 뿐이다. 하여튼 공자는 당시 魯의 실권자 季桓子(계환자)와 갈등이 있었다고 추정할 수 있다.

　공자는 68세 되는 해까지 14년간 자신의 道를 실현할 수 있는 나라를 찾아다녔다. 공자는 당시 魯나라 주변의 약소국인 衛(위), 宋(송), 陳(진), 蔡(채) 등에 주로 머물렀고, 晉(진), 楚(초), 齊(제) 같은 큰 나라에는 가지도 않았다.

　이러한 외유를 공자가 천하를 周遊(주유)했다고 표현하지만 사실은

杜甫(두보)

많은 역경과 난관만을 겪었을 뿐 끝내 뜻을 이루지 못했다. 공자가 각국을 돌아다니는 동안 鄭(정)나라 성문에서는 일행과 떨어져 '상갓집의 개(喪家之狗)' 처럼[305] 처량한 상황에 처하기도 했으며, 匡(광)이란 곳에서는 마을 사람들의 공격을 받아 목숨이 위태로웠던 때도 있었다. 뿐만 아니라 陳나라와 蔡(채) 사이에서는 식량이 떨어져 7일 동안 굶기도 했었다.

---

305 《史記 孔子世家》에 나오는 표현이다. 상갓집의 개는 주인이 경황이 없어 먹을 것을 챙겨줄 수 없다. 떠돌아다니는 공자의 생활을 이렇게 표현한 것은 공자 같은 聖人일지라도 일상생활은 결코 쉽지 않았다는 점을 후세에 전해주기 위한 사마천의 의도였다고 생각한다.

이때 子路는 화가 나서 "군자도 이렇듯 쪼들려야 합니까?"라고 물었다. 이에 공자께서 말씀하셨다. "군자는 본래 쪼들리게 마련이다. 소인은 쪼들리면 함부로 외람된 짓을 한다."고 말했다.

君子는 정도를 걷는 사람이다. 불의와 타협할 수 없다. 그러다 보면 관직에 진출도 못하고 때로는 쫓겨난다. 그런 다음은 가난이다. 군자의 가난은 숙명이라는 뜻이다.

시인으로 가난을 숙명처럼 지고 살았던 사람은 詩聖 杜甫(두보, 字子美. 712~770)였다.

282

君子懷德
<small>군 자 회 덕</small>

군자는 도덕을 생각한다.

[원문] 《論語 里仁》 子曰, "**君子懷德**, 小人懷土, 君子懷刑, 小人懷惠."

[해석] 군자와 소인은 여러 면에서 상대적이다.

"군자는 도덕을 생각하나 소인은 토지를 마음에 두고 있으며, 군자는 법도를, 소인은 받을 은혜만을 생각한다.

懷(품을 회)는 思念이다. 德은 도덕이니, 바른 이념이나 仁義의 실천을 지칭할 것이다. 小人의 懷土는 生利, 곧 먹고 살아갈 궁리이다. 君子懷刑의 刑은 法度이고, 小人懷惠의 惠는 위에서 베풀어주는 혜택만을 생각한다. 이 구절은 "군자는 대의를 밝히고, 소인은 利得을 추

구한다."는 공자의 말과 같은 뜻이다. ³⁰⁶

283
<ruby>望<rt>망</rt></ruby><ruby>而<rt>이</rt></ruby><ruby>生<rt>생</rt></ruby><ruby>畏<rt>외</rt></ruby>
望而生畏

우러러보고 두려워하다.

[원문] 《論語 堯曰》 子張問於孔子曰, "何如斯可以從政矣?" 子曰,
"尊五美, 屛四惡, 斯可以從政矣." 子張曰, "何謂五美?" 子曰, "君
子惠而不費, 勞而不怨, 欲而不貪, 泰而不驕, 威而不猛." ~ 子曰,
"君子正其衣冠, 尊其瞻視, **儼然人望而畏之**, 斯不亦威而不猛乎?"

[해석] 子張이 공자에게 정무를 처리하는 자세를 물었다. 이에 공자는
5가지 미덕을 존중하고(尊五美), 4가지 악덕을 물리쳐야(屛四惡) 한
다고 말했다. 자공이 5가지 미덕에 대한 설명을 요청하자, 공자는
'위엄을 지키되 사나워서는 안 된다(威而不猛).'는 미덕을 설명하면
서 "군자가 의관을 整齊(정제)하고 눈빛을 바로하고 엄숙하면 백성이
우러러 두려워하나니, 이것이 바로 위엄을 지키되 사납지 않을 것이
아니겠는가?"라고 말했다.
　　군자의 외모는 衣冠을 바로 갖추는데서 출발한다. 행동이 경망스
러워서는 물론 안 된다. 그리고 엄정하고 바른 눈빛이다. 무섭게 노
려보라는 뜻이 아니다. 전체적으로 엄숙 단정해야 바라보는 백성이

<hr>

306 《論語 里仁》 子曰, "君子喩於義, 小人喩於利."

군자의 권위를 느끼게 될 것이다.

돈은 사람의 담력이고(錢爲人之膽), 옷은 사람의 체면(衣是人之臉)이라고 하였으며, 옷이 사람을 만든다 하였고, 사는 곳 십 리 안에서는 사람을 알아보지만(十里認人), 백 리 밖에서는 옷을 알아준다(百里認衣)는 말이 있으니, 군자가 의관을 바로하지 않을 수 있겠는가?

자세가 바르다면 그림자가 비뚤어질 일이 없고(身正不怕影子歪), 행실이 바르면 걸음걸이도 바르다. 또 의관이 바르지 못한 것은 친구의 잘못(衣冠不正 朋友之過)이라 하였으니, 이는 친우가 잘못을 바로잡아 주지 않았다는 뜻이다.

행실이 바르지 못하면 주변에 그런 사람만 모이게 된다. 그래서 몸에 똥이 묻었으면 개가 뒤를 따라오는 것이다(身上有屎狗跟踪).

284
<ruby>望<rt>망</rt></ruby><ruby>之<rt>지</rt></ruby><ruby>儼<rt>엄</rt></ruby><ruby>然<rt>연</rt></ruby>
望之儼然

군자의 외모는 엄숙하다.

[원문] 《論語 子張》 子夏曰, "君子有三變, **望之儼然**, 卽之也溫, 聽其言也厲."

[해석] 자하가 군자의 몸가짐에 관해 언급하였다.
"군자는 3가지로 다르나니, 외모를 보면 엄숙하고, 가까이서 상대하면 온화하며, 그 말을 들으면 바르고 확실하다."

공자의 처신은 '온화하되 분명하고, 위엄이 있으나 사납지 않으며, 공손하면서도 安穩(안온)하였다.' 고 하였다. 공자의 몸가짐이 이러하였으니 자하도 비슷한 말을 그 제자에게 언급하였다.[307]

원문에서 厲(엄할 려, 사나울 려)는 엄격하면서도 태도가 바르고 분명하다는 뜻이다. 보통의 경우 사람이 온화하다면 柔弱(유약)한 일면이 있지만 자하가 언급한 군자의 말은 확실하면서도 분명하다는 뜻이다.

사실 내면의 수양 없이 이러한 外表를 가지려 해도 가질 수 없고, 꾸미려 해도 꾸밀 수 없다. 白玉에는 무늬를 새기지 않고(白玉不雕), 좋은 구슬은 꾸미지 않는다(寶珠不飾). 군자의 모습이 아마 白玉과 같으며 백옥 같은 존엄이 있을 것이다.

285
문 질 빈 빈
文質彬彬
문채와 바탕이 함께 빛나다.

[원문]《論語 雍也》子曰, "質勝文則野, 文勝質則史. 文質彬彬, 然後君子."

[해석] 신석기시대 한강 가에 살던 사람이 진흙으로 토기를 만들었다. 토기의 본질은 흙이다. 토기의 표면에 빗으로 긁은 것 같은 무늬(文)를

307《論語 述而》子溫而厲, 威而不猛, 恭而安.

그려 넣었는데, 그것이 바로 빗살무늬토기[櫛文土器(즐문토기)]이다.

質은 바탕이다. 인간으로서 갖춰야 할 바탕이 있다. 부모를 섬기고 열심히 노력하며 성실하게 살아간다. 그런 착하고 순박한 사람을 質朴(질박)하다, 또는 朴實(박실)하다고 말한다.

文은 무늬이다. 비단옷도 좋지만 거기에 꽃무늬를 수놓으면 더 아름답다. 이는 外表의 표현이다. 인간의 행위로 말하면, 살아가는데 필요한 여러 가지 禮이며 학식이나 문예, 그리고 인격적 수양과 같은 것이다.

공자는 인간 본연의 바탕이 어떤 예절이나 의식, 문화, 학식 등 곧 文보다 강한 특성이 나타난다면, 이를 '粗野(조야)하다' 아니면 '野人과 같다'고 생각하였다. 그러나 文이 본성을 뛰어넘게 두드러지다면 그런 상황을 '浮華(부화)하다' 아니면 '꾸밈이 화려하다'고 생각하였다.

우선 사람으로서 인간으로서의 본성과 본질을 갖춘 군자의 인격 바탕은 仁이다. 거기에 곧 禮가 보태어진다면, 적절한 문화적 소양이 조화를 이룬다면 그것을 '文質彬彬(문질빈빈)'이라 하였다. 彬은 '빛날 빈'이니, 文과 質이 함께 조화를 이룬 상태이다. 그러한 사람이라면 군자이다.

文質彬彬은 물론 사람에 따라 주관이 다를 것이다. 그래도 바탕이 더 나아야 한다. 문채가 지나친 것은 차라리 모자란 것만 못하다 할 수 있다. 그러나 인간적 본바탕에서 벗어나지 않는다면 좀 더 문채가 나서 나쁠 것 없을 것이라고 생각할 수도 있다.

曾子는 "士는 그 뜻이 넓고 강해야 하나니(弘毅), 임무는 重하고 실천할 길은 멀다(任重而道遠). 仁을 자신의 책무로 생각하니, 무겁지 않은가? 죽은 다음에야 그 임무에서 벗어날 수 있으니, 멀지 않은 가?"라고 말했다. 증자의 '任重道遠'은 君子之道를 설명하였고, 여기서 말하는 '文質彬彬'은 덕을 갖춘 군자의 모습이다. 이 두 가지는 결코 분리해서 생각할 수 있다. 그런 다음에《論語》최후의 결론 "不 知命이면 無以爲君子"에 다다를 수 있는 것이다.[308]

曾參(증삼, 曾子)
대만국립고궁박물관 소장

----

308 《論語 堯曰》孔子曰, "不知命, 無以爲君子也, 不知禮, 無以立也, 不知言, 無以知人也."

286
<ruby>君<rt>군</rt></ruby><ruby>子<rt>자</rt></ruby><ruby>九<rt>구</rt></ruby><ruby>思<rt>사</rt></ruby>
君子九思

군자의 9가지 행실

[원문]《論語 季氏》孔子曰, "君子有九思, 視思明, 聽思聰, 色思溫, 貌思恭, 言思忠, 事思敬, 疑思問, 忿思難, 見得思義."

[해석] 공자는 군자의 일상에서 꼭 유념해야 할 9가지를 열거하였다. 사물을 볼 때 내가 명백하게 잘 보는가를 생각하고, 명확하게 들었는가를 생각하고, 안색은 온화한가를 생각하며, 공손한 외모인가를 생각하고, 진실한 말을 했는가 생각하며, 웃어른에게 공경했는가를 생각하고, 모르는 일이 있을 때 가르침을 청했는가를 생각하며, 화가 났을 때라도 다음에 오는 곤경을 생각하고, 이득이 있을 때 의리를 생각해야 한다.

　사물을 밝게 보아야 한다(視思明)는 말은 어떤 편견이나 선입관을 가지고 보지 말라는 뜻이다. 명확하게 듣는 것도 상대방 말의 뜻을 새겨서 들으라는 뜻이며, 言思忠의 忠은 충실한 말, 곧 진실된 말이며 거짓이 없는 진실을 말하라는 뜻이다. 忿思難(분사난)은 화가 났을 때 성질대로 대응한 다음에 일어날 수 있는 곤란한 문제를 생각하라는 뜻이다.

　사실 군자가 지켜야 할 이런 9가지 행실을 모두 다 지키기는 정말 어려울 것이다. 목표를 여기에 두고 성실히 노력하라는 뜻으로 새겨 들어야 한다. 처음부터 너무 높고 고상한 목표를 제시해주고 실천을 강요한다면 노력하기 전에 아예 자포자기할 수도 있다.

군 자 구 저 기
君子求諸己

군자는 자신에게서 문제를 찾는다.

[원문]《論語 衛靈公》子曰, "君子求諸己, 小人求諸人."

[해석] 전에 가톨릭 교단에서 '내 탓이요' 하는 운동을 전개하면서 차량 뒤쪽에 스티커를 부착하고 다녔었다. 이는 아마 일종의 참회 문구였을 것이다.

군자는 '내 탓이요' 하면서 문제를 자기의 수양으로 돌리고 나에게 무슨 결점이 있는가를 먼저 생각한다. 君子求諸己에서 諸는 '之於', '之乎'의 축약으로 '저'로 읽는다.

그러나 소인은 남의 탓으로 돌린다. '小人求諸人'에서 人은 다른 사람, 곧 남이다. 소인은 자신의 잘못을 인정하지 않고, 잘못을 잘못이 아닌 것처럼 윤색하며, 더 나아가 모든 원인을 남의 탓으로 돌린다. 군자는 그래서는 안 된다는 뜻이다.

먹을 것이 없다고 조상을 탓해서는 안 되고(尋食不到不要怪祖宗), 제 얼굴이 못생겼다면 거울 탓을 해서는 안 된다(自己貌醜別怪鏡子). 끝나버린 일은 다시 말하지 말고(成事不說), 지나간 것을 탓하지 말라(旣往不咎)고 했다.[309] 본래 남 말을 하는 입은 있어도(有口說別人), 자신을 탓하는 말을 하는 입은 없다(無口說自己)고 하였으니,

<hr />

[309] 《論語 八佾》哀公問社於宰我. 宰我對曰, ~. 子聞之曰, "成事不說, 遂事不諫, 旣往不咎."

'君子求諸己, 小人求諸人'이라는 말이 얼마나 절감한가!

288
군 자 유 어 의
君子喻於義

군자는 大義에 밝다.

[원문]《論語 里仁》子曰, "**君子喻於義**, 小人喻於利."

[해석] 여기서 군자와 소인은 관리 중에서도 대인과 소인, 백성 중에서
도 대인과 소인이라는 뜻일 것이다. 喻은 깨달을 유, 깨우쳐 주다,
'~에 밝다'로 해석할 수 있다. 곧 대의에 밝은 사람, 대의를 따르는
사람은 군자이고, 이득이나 이익만을 추구하면 소인이라는 뜻이다.
본래 군자와 소인은 공존할 수 없다(君子小人 勢不兩立). 군자는 禮
를 논하지만, 소인은 주둥이로 다툰다(君子爭禮 小人爭嘴).

또 어떤 일을 당하여 그 일의 대의나 타당성, 공익을 논하여 결정한
다면 군자이나, 그런 일이나 사업이 자신에게 어떤 이익이 될까를 따
져서 결정한다면 소인일 것이다.

온 나라에 온갖 일이나 사정, 형세, 단순한 일에서 복잡한 일까지
그런 일이 진행되고 복잡하게 얽혀 있는데, 누가 군자와 소인을 구분
하고 또 알아낼 수 있겠는가?

군자와 소인은 외모로 판단할 수 없다. 또 한두 번 만나고 대화한다
하여 금방 구별하거나 알아볼 수도 없다. 군자의 도량에 대장부의 마
음(君子量丈夫心)이 진정한 군자이겠지만, 군자다운 외모에 소인의 마

음(君子貌小人心)을 가진 似而非(사이비) 군자가 많은 것도 사실이다.

^{군 자 탄 탕 탕}
君子坦蕩蕩

군자는 心志가 넓고 너그럽다.

[원문]《論語 述而》子曰, "**君子坦蕩蕩, 小人長戚戚.**"

[해석] 坦蕩蕩에서 坦은 평평할 탄. 평탄한 모양이고, 蕩蕩(탕탕)은 心
地가 광대하여 마음에 걱정이 없는 모양이다. 蕩은 클 탕, 넓을 탕.
쓸어버린다는 뜻. 長戚戚의 戚戚(척척)은 근심하는 모양. 戚은 근심할
척, 슬플 척, 친할 척, 도끼 척 등 여러 가지 뜻이 있다.

군자는 일신의 이득을 생각하지 않기에 늘 마음이 평정 속에 관대
하다. 그러나 소인을 득실을 따지고 계산하기에 언제나 마음이 불안
하고 근심이 많다는 뜻이다.

군자는 수양이 완성되었기에 오직 正道로 만사를 대하고 정정당당
한 원칙이 확립되었기에 한없이 너그러울 수 있다. 그러나 소인은 매
사를 이해득실로 따지기에 누구하고도, 또 어떤 일이든 발끈하며 싸
움닭처럼 목을 세우고 달려든다.

군자는 남들이 나를 알아주든 몰라주든, 마음 쓰지 않고 화를 내거
나 성질을 부리지 않는다.[310] 설령 세상살이에 이해 못 할 일이 있어도

....

310 《論語 學而》子曰, "學而時習之, 不亦說乎? ~. 人不知而不慍, 不亦君子
乎?"

학문의 발전이 뜻대로 되지 않아도 하늘이나 남을 원망하지 않는다.[311]

사실 이 정도의 수양도 쉬운 일은 아니지만 군자의 가슴은 가을 밤하늘에 높이 뜬 보름달과 같이 밝고 깨끗하다. 이렇게 열린 가슴을 가지려면 우선 매사에 긍정적인 자세가 필요하다.

그러나 소인은 이와 반대이다. 득실에 얽매이니 매사가 불안하고 부정적이다. 내 손 안에 있는 것은 언제든지 작거나 부족하다. 늘 남이 떡이 커 보이니 불안하고 손해 보는 것 같아 참을 수가 없다. 이것이 바로 소인의 長戚戚(장척척)이다. '장척척'은 병이다. 요즈음 사람들은 이것을 '스트레스'라고 말하며, '히스테릭한 반응'을 보인다.

군자는 소인과 같은 스트레스가 없으니 healing(힐링)이 필요 없다. 요즈음 관광지마다 툭하면 '힐링! 힐링!' 하며 힐링을 만병통치약처럼 아무 데나 갖다 붙이지만 군자에게 무슨 힐링이 필요하겠나?

군자는 병들지도 않았기에 치료를 받을 필요가 없고 또 지치지도 않았다. 힐링이 필요한 사람은 아마도 모두 소인일 것이다.

---

311 《論語 憲問》子曰, "莫我知也夫! 子貢曰, "何爲其莫知子也?" 子曰, "不怨天, 不尤人, 下學而上達. 知我者其天乎!"

290

기 쟁 야 군 자
其爭也君子

그런 경쟁이 바로 군자이다.

[원문] 《論語 八佾》 子曰, "君子無所爭. 必也射乎! 揖讓而升, 下而
飮. **其爭也君子**."

[해석] 君子와 小人은 서로 대립되는 개념이다. 善惡의 판단 기준은 무
엇인가? 어떤 사람이 선인이고 악인은 누구인가? 악인은 언제나 나
쁜가? 사회 정치적으로, 논리적으로도 입장이나 상황에 따라 다른
것이다. 君子란 표현도 어쩌면 매우 추상적 개념일 것이다.

　군자는 긍지를 갖고 있어 다른 사람과 다투지 않는다.[312](〈群而不
黨〉條 참고)

　사람을 대하면서, 또 일을 처리하면서 다투지 않고 오직 禮讓(예양)
으로 해결한다. 그렇다면 군자는 늘 물러서고 양보한다는 말인가?

　공자께서 말씀하셨다. "군자는 다투지 않는다. 그러나 활쏘기에서
는 경쟁한다. 서로 揖(읍)하며 양보한 뒤에 射臺(사대)에 올라가고,
(활을 쏜 다음) 내려와서도 (揖을 한 다음에) 음주한다. 그런 경쟁이
바로 군자이다."

　射(사)는 六藝(禮, 樂, 射, 御, 書, 數)의 하나이다. 이는 여러 사람이
함께 진행한다. 그 본래의 목적은 군사훈련이었을 것이다. 활쏘기 시
합은 그 절차상 예를 중시한다. 서로 인사하고 양보한다. 활을 쏜 다

---

312 《論語 衛靈公》22 子曰, "君子矜而不爭, 群而不黨."

음에 내려와 승자가 '사양하겠습니다(承讓)' 라고 말하면, 패자는 '삼가 가르침에 따르겠습니다.' 라고 말하면서 벌주를 마신다.

鄕射禮(향사례)를 지방에서도 문화행사로 시행했던 것은 그것이 禮讓을 바탕으로 했기 때문이었다. 군자의 도덕심을 선양하는 행사였다.

291

군 자 불 우 불 구
君子不憂不懼

군자는 근심하거나 두려워하지 않는다.

[원문]《論語 顔淵》司馬牛問君子. 子曰, "**君子不憂不懼.**" 曰, "不憂不懼, 斯謂之君子已乎?" 子曰, "內省不疚, 夫何憂何懼?"

[해석] 司馬牛(사마우)의[313] 형 司馬桓魋(사마환퇴)는 포악한 자로 宋에서 亂을 일으키려 했고 또 공자를 살해하려고 했었다.[314] 사마환퇴의 동생 사마우는 이 때문에 늘 두렵고 걱정이 많았다. 사마우가 공자에게 仁에 대하여 묻자, 공자는 "仁者는 그 언사가 어눌한 듯 조심한다."라고 말했다. 사마우가 "말을 천천히 조심하면 仁이라 할 수 있습니까?"라고 물었다. 이에 공자는 "仁은 실천하기가 어렵다. 그러

----

313 司馬耕의 司馬는 복성. 本傳에는 이름이 耕(경)이나 《論語》에서는 이름이 犁(리)이다. 宋 司馬桓魋(사마환퇴)의 동생, 字는 子牛.

314 《論語 述而》子曰, "天生德於予, 桓魋其如予何?"

니 말을 조심하지 않을 수 있겠느냐?"라고 말했다.[315]

사마우가 君子에 대하여 묻자, 공자는 "君子는 걱정도 두려움도 없다."라고 말했다. 그러자 "근심도 두려움도 없다면 바로 군자라 할 수 있습니까?"라고 물었다.

이에 공자께서 말씀하셨다. "마음으로 반성하여 허물이 없다면 무엇을 근심하고, 무엇을 두려워하겠느냐!"고 말했다.

본문의 內省不疚(내성불구)는 마음으로 반성하여 잘못이 없다는 뜻이다. 疚는 병 구.

292

군 자 화 이 부 동
君子和而不同

군자는 和合하나 同化되지 않는다.

[원문]《論語 子路》子曰, "君子和而不同, 小人同而不和."

[해석] 化合(화합)은 화학적 결합이다. A 성분과 B 성분이 본래의 성질을 버리고 새로운 결합물이 된 결과이니, 곧 甲과 乙이 자신의 특성을 상실하고 똑같은 하나가 되는 것(同化)이다.

그러나 和合은 調和 속에 하나의 조직으로 새롭게 형성되는 것이다. 말하자면, 갑과 을은 여전히 자신의 특성이나 개성을 갖고 있으

---

315 訒은 말 더듬을 인. 발음이 유창하지 못하다는 뜻이 아니라 생각하며 신중하게 말하기에 마치 더듬는 것 같다는 뜻이다. 《論語 顔淵》의 구절.

면서 調和를 이루어 보다 강한 새로운 조직체가 되는 것이다. 소금, 설탕, 식초, 참기름, 고추장 등 五味가 調和를 이루는 양념이나 여러 악기의 八音이 하나의 아름다운 선율을 이루는 것이 調和이고 화합이다. 武林의 고수들이 그 전통과 무술을 달리하면서도 立志하고 협객의 정신으로 大義를 지키려고 함께 협력하는 것은 和合이다.

군자는 화합하지만 동화하지 않는다. 소인은 同化되었지만 개개인으로서 調和를 이루지 못한다는 뜻이다. 소인은 이득을 위해 맹목적으로 附和(부화)하나니, 말하자면 그냥 분위기에 휩쓸려버린다. 그렇지만 군자는 附和雷同(부화뇌동)하지 않는다. 곧 和合하지만 같이 휩쓸려 떠내려가지 않는다(和而不流). 군자가 强한 것이 바로 이 때문이다.[316]

부부가 화합한 뒤에야 가정의 법도가 서고(夫婦和後家道成), 형제가 화목하면 가문이 번창한다(兄弟和睦家必昌). 그리하여 한 가정의 화목이, 곧 한 집안의 복(一家和睦一家福)이니, 집안이 불화하면 남이 업신여긴다(家不和而外人欺).

316《中庸》子路問强. 子曰, "南方之强與? 北方之强與? 抑而强與? ~. 故君子和而不流, 强哉矯! 中立而不倚, 强哉矯! ~."

293
君子周而不比
군 자 주 이 불 비

군자는 널리 교제하나 무리 짓지 않는다.

[원문]《論語 爲政》子曰, "君子周而不比, 小人比而不周."

[해석] 周의 사전적인 뜻은 두루두루 보편적이라서 신의가 있고 단결
시킨다는 뜻이다. 比는 똑같은 무리들이니, 끼리끼리 모이고 파당을
짓는다는 뜻이다.

　군자는 修德하여 마음이 넓고 평탄하기에 누구에게다 똑같은 원칙
으로 상대하기에 이념적으로 同道는 물론 다른 사람까지도 모두 포
용하기에 군자를 중심으로 모두가 단결한다. 그러나 소인은 그럴만
한 마음 바탕이 없기에 끼리끼리 모여 편을 가르고 또 거기서 분파를
형성하게 된다. 곧 그 離合集散(이합집산)이 無常(무상)하다. 이득 있
는 곳에 모였다가 이득이 없어지면 뿔뿔이 흩어진다.

　정치판의 모리배들이 그러하다. 철새 정치꾼이라 하지만 어찌 보
면 철새만도 못하다. 철새는 이동하며 모여 살지만 동료를 해치지 않
는다. 소인은 그런 점에서 철새만도 못한 집단일 것이다.

　周而不比(주이불비)는 群而不黨(군이부당)과 같은 의미이다.

294

군 자 성 인 지 미
君子成人之美

군자는 남의 장점을 성취케 한다.

[원문]《論語 顔淵》子曰, "**君子成人之美, 不成人之惡. 小人反是.**"

[해석] 간략히 '成人之美'라 하여, 남을 도와 어떤 좋은 결과를 얻은 경우에 관용어처럼 널리 쓰이는 말이다.

　군자는 남을 도와 좋은 일을 완성케 하고 남의 나쁜 일을 돕지 않는다. 소인은 이와 반대이다.

　남을 장점을 찾아내고 그를 도와주는 일, 다른 사람의 선행을 도와 완성케 하는 일 역시 선행이다. 남의 악행을 방관하거나 남의 악행에 동참하지 않는 것은 군자의 당연한 의무이다.

　眞僞(진위), 善惡(선악), 美醜(미추)는 사실 주관적이고 어떤 표준이 없다. 사실 무엇이 선이고 악인가는 철학적인 개념이기에 한 마디로 설명할 수 없다. 그러나 사회생활에서 약자를 돕는다든지, 어려운 처지에서 벗어나게 해주는 등 선행을 말하기 등은 어려운 일이 아니다. 그런 도움의 결과로 나중에 더 나빠질 수도 있고 오히려 독이 될 수도 있지만 눈앞의 선행은 우선 실천해야 한다. 본래 좋은 일은 소문이 잘 안 나지만(善事不出門), 추한 일은 천 리까지 퍼진다(醜事傳千里). 그래서 나쁜 짓을 해서는 안 된다.

　교사는 학생의 소질과 장점, 좋은 인성을 찾아 더욱 권장하며 이끌어줘야 한다. 때문에 교사가 존경받을 수 있는 자랑스러운 직업이다. 공자가 바로 그 본보기이다.

그러나 학생의 교육에 소극적이거나 계산적으로 처신하는 교사라면 스승으로 절대 대우받지 못할 것이다. 공자는 그러하지 않았다.

295
君子病無能焉
군자병무능언

군자는 자신의 무능을 걱정한다.

[원문] 《論語 衛靈公》子曰, "**君子病無能焉**, 不病人之不己知也."

[해석] 공자가 말했다.

"군자는 자신의 무능을 걱정할 뿐 다른 사람이 알아주지 않는 것을 탓하지 않는다."

원문의 病은 우려하다, 책망하다의 뜻이다. 군자는 다른 사람이 알아주지 않는 것을 걱정하지 않으며, 자신이 다른 사람을 알지 못하는 것을 걱정해야 한다고 하였다.[317]

바다가 마르면 결국 바닥이 보이지만, 사람은 죽어도 그 마음은 모른다(海枯終見底 人死不知心)고 하였으니, 다른 사람을 아는 것이 쉬운 일이겠는가? 내가 남을 모르는데 남이 나를 알아주지 않는다고 걱정해서야 되겠는가?

....
317 《論語 學而》子曰, "不患人之不己知, 患不知人也."
《論語 里仁》子曰, "不患無位, 患所以立. 不患莫己知, 求爲可知也."
《論語 憲問》子曰, "不患人之不己知, 患其不能也."

296

군 자 거 인　오 호 성 명
君子去仁 惡乎成名?

군자가 仁에서 떠난다면 어찌 군자란 이름을 얻겠는가?

[원문]《論語 里仁》子曰, "富與貴, 是人之所欲也, 不以其道得之, 不
處也. 貧與賤, 是人之所惡也, 不以其道得之, 不去也. **君子去仁,
惡乎成名**? 君子無終食之間違仁, 造次必於是, 顚沛必於是."

[해석] 공자는 "富와 貴는 모두가 바라는 것이지만, 正道로 얻은 것이
아니라면 누릴 수 없다. 貧(빈)과 賤(천)은 사람들이 싫어하지만 정도
로 얻어진 것이 아니더라도(정치의 잘못 등 타의에 의한 빈천이라도)
감수해야 한다."고 말했다.

그러면서 군자가 仁을 잊거나, 떠나거나, 벗어난다면 어찌 군자라
는 명성을 누릴 수 있겠느냐고 물었다. '惡乎成名'의 惡는 어찌 오
(何也)이다. 미워할 오(憎也)가 아니고 모질 악(不善也)이 아니다. 그
러면서 보충 설명으로 군자는 밥 한 그릇을 먹을 시간(終食之間)이라
도, 위급한 순간일지라도〔造次(조차), 지극히 짧은 순간〕또 굴러 넘
어지는 상황〔顚沛(전패)〕일지라도, 곧 눈 깜짝할 짧은 시간도 仁에
의거해야 한다고 말했다.

그렇다면 평상시는 물론, 亂世(난세)나 末世(말세)에도 仁을 지키고
실천하는 것은 당연지사이다.

297

군 자 부 중　　즉 불 위
君子不重, 則不威

군자가 自重하지 않으면 위엄이 없다.

[원문] 《論語 學而》 子曰, "**君子不重, 則不威**, 學則不固. 主忠信.
無友不如己者. 過則勿憚改."

[해석] 不重은 '자중하지 못하다', '자존심을 지키지 못하다'의 뜻으
로 옮길 수 있다. 不威는 위엄이 없다. 권위가 서지 못한다는 뜻이다.
學則不固는 그런 자존심이나 자신감이 없다면 학문을 하여도 그 학
문이 견고하지 못한다는 뜻이다.

　　主忠信은 두 가지 뜻으로 새길 수 있다. 前漢의 鄭玄은, 主를 '親近
하다'로 풀이했다. 곧 성실하고 신의 있는 사람과 교제하라는 뜻이
다. 또 다른 해석은 君子는 忠과 信을 근본으로 삼아야 한다는 뜻이
다. 어느 쪽으로도 의미가 통한다.

　　'無友不如己者'의 해석이 문제이다. 無友는 벗하지 말라. 無는 毋
(말 무, 금지사)와 통용된다. 不如己者는 나와 같지 않은 사람이다. 그
렇다면 능력이나 신념이 나만 못한 사람, 아니면 경제, 사회적으로
나만 못한 사람으로 새길 수 있다. 그런데 교우는 상대적이다. 自我
(甲)가 타인(乙)과 교제할 때 甲은 乙이 신념과 인품이 나보다 우수할
것이라 하여 교제하려 한다면, 乙의 입장에서는 자신보다 못한 甲과
교제하겠는가?

　　하루 이틀의 교제가 아닌 십 년 이상 오래 사귀다 보면 우인의 장단
점은 어차피 다 드러나게 되어 있다. 그렇다면 甲보다 乙이 모든 면

에서 다 우수하겠는가? 그런 計量과 계산이 있다면, 어찌 갑과 을이
서로 교제할 수 있겠는가?

여기서 '不如'는 '나보다 못한'의 뜻이 아닌, '나와 같지 않은(不
相似)의 뜻이다. 이는 '道不同 不相爲謀'와 같은 뜻이다.

'군자는 언사만으로 사람을 천거하지 않고, 또 사람을 보아 그의
말까지 무시하지 않는다.'고 하였다.[318] '無友不如己者'는 인격의
문제이지, 개인의 능력이나 지위를 판단의 기준으로 삼지 않는다.

'主忠信, 毋友不如己者, 過則勿憚改'는 〈子罕(자한)〉편에도 중복
기록되었다.

298
군 자 우 도 불 우 빈
君子憂道不憂貧

군자는 道의 실천을 걱정하고 (자신의) 가난을 걱정하지 않는다.

[원문] 《論語 衛靈公》 子曰, "君子謀道不謀食. 耕也, 餒在其中矣, 學
也, 祿在其中矣. 君子憂道不憂貧."

[해석] 군자는 학문에 전념하고 衣食을 도모하지 않는다. 농사를 지어
도 굶주리나 학문에는 국록이 들어있다. 군자는 道의 실천을 근심할
뿐 자신의 가난을 걱정하지 않는다.

....
318 《論語 衛靈公》 子曰, "君子不以言擧人, 不以人廢言."

옛날 중국이나 우리나라에서 지식인(선비, 사대부)의 직업은 관리가 되는 길뿐이었다. 아마 동서양의 같은 세기에 공부하는 사람이 많기로는 중국을 따라갈 나라가 없었을 것이다. 옛날의 학문은 과거시험 준비였고, 그래서 관직에 진출하면 먹고 살길은 거기에 다 있었다. 뿐만 아니라 존경과 권위가 더 좋았을 것이다.

뼈가 부러지게 농사일을 하고도 굶주리는 사람은 언제나 농부였다. 가난한 사람이 부자가 되기로는 농사는 工匠(공장, 匠人)만 못하고, 공장은 장사만 못하다(以貧求富 農不如工 工不如商)고 하였다. 실제로 농사꾼은 10년 내에 부자 되기 어렵지만(十年難發農家漢), 상인은 하루에도 큰돈을 벌 수 있다(一朝致富經商人). 그러한 富商도 관리 앞에서는 힘을 못 썼다. 그러니 가난뱅이는 부자와 싸우지 말고(窮不與富鬪), 부자는 관리와 다투지 말라(富不與官鬪)는 속담이 생겼을 것이다. 이는 지금 시대에도 통하는 不文律(불문율)이다.

관리가 되면 녹봉을 받는다. 농사를 지어도 농민은 굶주리는데 농사를 배우고 싶다는 樊遲(번지)의 말에, 공자는 "번지는 小人이로다! 윗사람이 好禮하면 공경치 않는 백성이 없을 것이다. 위에서 好義하면 감히 불복하는 백성이 없을 것이다. 위에서 好信한다면 감히 속이려는 백성이 없을 것이다. 이렇게 되면 사방의 백성이 자식을 강보에 싸안고 모여들 것인데, 어찌 농사를 지어야 하겠는가?"라고 말했다. 곧 군자는 가난을 걱정할 필요가 없었다.

299

<ruby>君<rt>군</rt></ruby><ruby>子<rt>자</rt></ruby><ruby>疾<rt>질</rt></ruby><ruby>沒<rt>몰</rt></ruby><ruby>世<rt>세</rt></ruby><ruby>不<rt>불</rt></ruby><ruby>稱<rt>칭</rt></ruby><ruby>焉<rt>언</rt></ruby>

君子疾沒世不稱焉

군자는 죽을 때까지도 칭송이 없는 것을 싫어한다.

[원문]《論語 衛靈公》子曰, "君子疾沒世而名不稱焉."

[해석] 본 구절 앞에 "군자는 자신의 무능을 탓할 뿐 남이 알아주지 않는 것을 걱정하지 않는다."는 구절이 있다.[319]

이를 종합해 보면, '군자가 正道를 행하면 남이 저절로 알아주고 또 자연스레 명성이 날 것이다. 그런데 죽을 나이가 되었는데도 칭송을 듣지 못한다면, 그리하여 이름이 남지 않는다면, 이는 자신의 능력 부족이나 수양 부족이니 군자로서는 부끄러운 일이다.' 라는 뜻이다.

그런데 그 명성이 어느 정도 알려져야 하고 또 얼마나 오래 알려져야 하는가? 역사적으로 볼 때 얼마나 많은 황제가 있었고, 얼마나 많은 고관이나 장군과 학자가 있었는가? 과거에 장원급제하여 이름을 날린 수재는 얼마나 많았던가? 그렇다면 그들은 모두 만족하며 죽었는가?

군자라 하여 꼭 명성이 나고 칭송을 들어야 하는가?

'사람의 이름(명예)은 나무의 그림자와 같다(人的名兒 樹的影兒).' 고 하였으니, 나무가 곧으면 그림자도 곧은 것처럼, 사람의 행적 그대로 명성이 날 것이다. 그리고 '좋은 절 안에 있지만 소리는 밖에 들리고(鐘在寺院聲在外)', '꽃이 담 안에서 피었어도 담 밖까지 향기가

319《論語 衛靈公》子曰, "君子病無能焉, 不病人之不己知也."

퍼지는 것(墻裏開花墻外香)'처럼 명성은 저절로 멀리 퍼져나간다. 그렇다면 억지로 얻으려 해서는 안 될 것이다. 명성이 없다고 걱정할 일은 아니다.

부귀와 功名이란 풀끝에 맺힌 이슬(富貴功名草頭露)이고, 부귀는 귓가에 스치는 가을바람과 같은데(富貴如秋風過耳), 그리고 부귀는 뜬구름 같다(富貴如浮雲)는 것을 간파한다면 얻었다 하여 기쁘고, 잃었다 하여도 걱정할 것이 못 된다.

기러기가 날아가며 소리를 남기지만(雁過留聲), 누가 그 소리를 기억하는가? 사람이 떠나면서 이름을 남기지만(人過留名), 누가 그 이름을 기억하겠는가? 또 그런 칭송과 기억이 죽은 본인에게 무슨 뜻이 있겠는가?

300

소 인 지 과 필 문
小人之過 必文

소인은 잘못하고선 꼭 핑계를 댄다.

[원문] 《論語 子張》子夏曰, "小人之過也必文."

[해석] 過는 과오이다. 자식이 죄를 지었다면 아버지는 응당 숨겨야 하고(子有過父當隱), 아버지가 잘못을 저지른다면 자식은 응당 諫諍(간쟁)해야 한다(父有過 子當諍). 또 대인은 소인의 과실을 보지 않는다(大人不見小人之過).

군자와 소인은 모든 면에서 틀리다. 군자의 과오는 日月之食과 같아서 모든 사람이 다 쳐다본다. 그러나 군자가 그 잘못을 고치면 모두가 우러러본다.[320] 소인은 잘못을 저질렀고 그것이 알려지면 꼭 무슨 핑계를 댄다. 그 핑계는 거의 다른 사람의 탓이다. 여기서 文은 학문의 文이 아니고 꾸민다는 뜻이다.

자신의 허물을 숨기고 핑계대면서 고치지 않다 보니 점점 거짓말이 커지고 결국 완전히 잘못되기에 이른다. 이를 文過遂非(문과수비)라고 한다. 소인이 그러하다. 사람은 누구나 과오를 범하지만 과오는 고치는 것이 중요하다(人皆有過 改之爲貴). 소인은 핑계 대며 고치지 않으니 결국 엎지른 물이 된다. 엎지른 물은 담을 수 없다(覆水不返盆).

---

320 《論語 子張》子貢曰, "君子之過也, 如日月之食焉, 過也, 人皆見之, 更也, 人皆仰之."

부록

孔子 年表

● 공자 출생 이전 ●

年代			공자 나이	행적	弟子生沒
기원前	周	魯			
1122	武王			殷 멸망, 천자 즉위.	
1121				鎬京(今 陝西省 西安市 부근) 천도	
1115	成王			成王 卽位, 周公 섭정.	
1104				周公 薨.	
770	平王 원년	孝公 37년		周平王 洛(雒)邑 천도. 東周시대.	
685	莊王 12년	莊公 9년		齊 桓公 즉위, 管仲 등용, 개혁 정치.	
651	襄王 원년	僖公 9년		齊 桓公, 諸侯 大會, 覇者 인정.	
632	襄王 20년	僖公 28년		晉 文公, 諸侯 召集, 文公 稱覇.	

年代			공자 나이	행적	弟子生沒
기원前	周	魯			
551년	靈王 21년	襄公 22년	1세	孔子, 魯國 昌平鄕 출생. 〈孔子世家〉에는 襄公 21년 生.	
549	23년	24	3	부친 叔梁紇 去世. 防山에 장례. 모친과 함께 曲阜 厥里로 이사.	
548	24년	25	4	齊 景公 즉위.	
547	25년	26	5	衛 獻公 즉위.	
546	26년	27	6	제사, 行禮하는 놀이.	
544	景王 원년	29	8	吳 公子 季札(계찰) 魯國 방문	冉伯牛 生
542	3년	31	10	襄公 薨(훙, 去世). 昭公 즉위.	子路 生
541	4년	昭公 원년	11	楚 靈王 즉위.	
540	5년	2	12	晉 韓宣子 魯國 방문, 文物 감탄.	
537	8년	5	15	自述, 十有五而志于學. 魯, 三家 四分公室. 季氏 大權.	
536	9년	6	16	鄭國 大夫 子産 執政.	閔子騫 生
535	10년	7	17	모친 顔徵在 別世. 季武子 卒, 季平子 繼位.	
532	13년	10	20	冠禮, 宋人 幵官氏(견관씨)와 결혼.(亓官氏, 亓는 其의 古字, 音기, 계)	
531	14년	11	21	이 무렵 季氏의 委吏(창고 관리), 乘田(가축사육) 등을 담당. "吾少也賤 故多能鄙事." 아들 鯉(리) 출생.	
529	16년	13년	23	楚國 內亂. 楚 平王 즉위.	
525	20년	17년	27	郯國 國君 노국 방문, 公子請敎.	

年代			공자 나이	행적	弟子生沒
기원前	周	魯			
522	景王 23년	昭公 20년	30세	孔子 "三十而立" 禮에 따르고 正道를 지켜 自立, 琴牢(금뢰, 琴張), 孔子에게 請教.	仲弓, 冉求 宰我 生
521	24년	21년	31		顔回 生
520	25년	22년	32	周 景王 逝世. 敬王 즉위.	子貢 生
519	敬王 원년	23년	33	周室 내분.	
518	2년	24년	34	孔子 周室 방문, 老子에게 問禮 (孔子世家). 魯 孟僖子 去世.	
517	3년	25년	35	魯 三家 悖禮. 八佾舞. 〈雍〉撤. 魯國 內亂 孔子 齊에 가다. '苛政猛於虎'(泰山). 昭公 兵敗. 季平子 실권 장악.	
516	4년	26년	36	孔子 在齊. 聽聞〈韶〉 "三月不知肉味." 齊 景公 問政.	
515	5년	27년	37	孔子, 齊에서 魯 귀국. 吳 季札 (계찰)과 상면. 吳王 闔閭(합려), 伍子胥, 孫武 重用.	
514	6년	28년	38	魯 昭公 晉國에 머묾.	
513	7년	29년	39		
512	8년	30년	40	孔子 自述 '四十不惑.'	
510	10년	32년	42	晉에 亡命 중이던 昭公 去世.	
509	11년	定公 원년	43	季平子의 지지하에 昭公의 弟 定公 즉위. 昭公 운구 귀국, 장례.	
507	13년	3년	45	郯國 대부 訪魯, 孔子에게 冠禮를 배움.《左傳 定公 3년》.	子夏 生
506	14년	4년	46	吳가 楚 침략, 수도 함락시킴.	子游 生

年代			공자 나이	행적	弟子生沒
기원前	周	魯			
505	敬王 15년	定公 5년	47세	魯 예악 문란. 季平子 去世. 孔子《六經》정리. 제자 增多.	曾參生
504	16년	6년	48	陽貨 鄭國 공략. 匡城 탈취. 陽貨 執政(陪臣執國命의 상황)	
503	17년	7년	49	陽貨가 孔子에게 삶은 돼지 보냄. 孔子 答訪, 歸路에 상면. 孔子는 陽貨를 돕지 않았음.	
502	18년	8년	50	'五十知天命' 擇善, 至善 努力. 季氏家臣 公山不擾(공산불요)가 반역, 費邑 점거. 陽貨 외국 망명.	
501	19년	9년	51	孔子 魯國 中都宰(地方官)로 첫 出仕. 定公이 孔子에게 問政.	
500	20년	10년	52	孔子 魯國 小司寇에 임용, 곧 大夫 級인 司寇(사구)로 승진, 노국의 사법 관장. 定公의 齊 景公과 夾谷(협곡) 會盟에서 활약. 외교적 승리.	
499년	21년	11년	53세	司寇 재임. 季桓子를 도와 국정 총괄(攝相事), 7일 만에 少正卯(소정묘) 주살. 魯國 大治.	
498	22년	12년	54	公權 강화, 私兵 타파를 목적으로 三桓이 불법적 축조한 성곽의 파괴 건의 시행(墮三都). - 좌절.	
497	23년	13년	55	봄, 齊는 魯國에 불안을 느껴 미녀와 好馬를 보냈고 계환자 접수, 魯君 정사 태만. 郊祭 후에 祭肉을 보내주지 않자, 孔子는 魯國을 떠나 衛에 도착. 이후 14년간 각국을 周遊. 衛靈公이 孔子를 예우. 10개월 뒤에 衛를 떠남.	

年代			공자 나이	행적	弟子生沒
기원前	周	魯			
496	敬王 24년	定公 14년	56세	陳國으로 가던 중, 匡邑에서 陽貨로 오인받아 포위 수난당함. 孔子는 顔回를 걱정, 衛로 돌아와 蘧伯玉(거백옥) 집에 居함. 吳王 夫差 繼位.	
495	25년	15년	57	위령공, 南子와 사냥하며 孔子를 다른 수레에 타고 수행케하자, 孔子는 수치로 여겨 衛를 떠나 魯에 일시 귀국. 定公 去世.	
494	26년	哀公 원년	58	孔子 魯에서 衛에 도착, 위령공이 孔子 등용의 뜻이 없자, 晉에 가려다가 回車, 晉 내분에 齊 衛가 晉을 공격. 위령공이 孔子에게 問陣, 孔子 다시 衛를 떠남.	
493	27년	2년	59	孔子는 曹에 가다 宋에서 桓魋(환퇴)에게 봉변을 당한 뒤에 鄭에 가서 체류, '喪家之狗같다'는 말. 衛靈公 去世.	
492	28년	3년	60	鄭→陳國, 이후 4년간 체류. 孔子 자술 '六十而(耳)順' 順天의 뜻을 확실히 함. 陳에서는 司城貞子 家에 체류. 魯國 宗廟에 화재, 季桓子 去世.	
491	29년	4년	61	계환자 장례 후 季康子는 孔子의 입국을 추진, 가신 반대로 포기. 대신 제자 冉求(염구)를 중용.	
490	30년	5년	62	晉 佛肹(필힐) 반기, 孔子 초빙. 孔子는 가려 했으나 子路가 반대, 포기.	

年代			공자 나이	행적	弟子生沒
기원前	周	魯			
489	敬王 31년	哀公 6년	63세	楚 昭王의 초빙을 받아 陳과 蔡를 경유하여 楚에 가던 중, 陳에서 포위되어 일행이 큰 곤경에 처했다. 나중에 초의 도움으로 풀려났지만 이어 昭王이 죽으면서 孔子는 衛로 귀환.	
488	32년	7년	64	孔子는 衛에 머묾.	
487	33년	8년	65	吳王 夫差가 魯國을 공격.	
485	35년	10년	67	孔子 아내 幵官氏(견관씨) 사망.	
484	36년	11년	68	孔子 魯로 귀국. 國老 대우받음. 제자교육에 전념, 출사하지 않음. 古 전적을 정리. 子貢의 외교활동.	
483	37년	12년	69	冉求 季氏의 家宰. 孔子 孫 孔伋(공급) 出生.	
482	38년	13년	70	孔子自述 '七十而從心所欲不逾矩.' 孔子 아들 孔鯉 去世.	
481	39년	14년	71	西狩獲麟. 孔子曰 "吾道窮矣!"	顔回 去世
480	40년	15년	72	衛國 政爭에 子路 被殺.	子路 被殺
479	41년	16년	73	孔子 去世. 周曆 4月 己丑日. 曲阜 城北, 泗水 근처에 장례. 弟子 守喪 3년. 남은 제자들이 孔墓 부근에 마을 형성(孔里).	

《史記 仲尼弟子列傳》[321] 譯註

[원문] 孔子曰 "受業身通者七十有七人", 皆異能之士也. 德行, 顔淵, 閔子騫, 冉伯牛, 仲弓. 政事, 冉有, 季路. 言語, 宰我, 子貢. 文學, 子游, 子夏. 師也辟, 參也魯, 柴也愚, 由也喭, 回也屢空. 賜不受命而貨殖焉, 億則屢中.

孔子之所嚴事, 於周則老子. 於衛, 蘧伯玉, 於齊, 晏平仲, 於楚, 老萊子. 於鄭, 子産, 於魯, 孟公綽. 數稱臧文仲, 柳下惠, 銅鞮伯華, 介山子然, 孔子皆後之, 不並世.

[해석] 孔子가 말했다. "나에게 배워 六藝에 능통한 제자가 77명이니[322] 모두가 특별한 능력을 가진 文士이다. 德行이 훌륭한 자는 顔淵(안연)과 閔子騫(민자건), 冉伯牛(염백우, 冉耕), 仲弓(중궁)이다.[323] 政事에 유능한 자는 冉有(염유)와 季路(계로)이다. 言語(應對)를 잘하는 사람은 宰我(재아)와 子貢(자공)이다. 文學(文獻)에는 子游(자유)와 子夏(자하)가 뛰어났다."

---

321 司馬遷은 自序에서 '孔氏述文, 弟子興業, 咸爲師傅, 崇仁厲義.' 했기에 〈仲尼弟子列傳第七〉를 짓는다고 말했다.

322 《孔子家語》에는 〈七十二弟子解〉가 있다.

323 이는 《論語 先進》에 수록되었다. 《論語》에는 言語가 먼저이나, 여기서는 政事를 먼저 열거했다. 德行, 言語, 政事, 文學을 孔門四科라고 하고, 顔淵, 閔子騫, 冉伯牛, 仲弓, 宰我, 子貢, 冉有, 季路, 子游, 子夏를 孔門十哲이라고 칭한다.

顓孫師(전손사, 子張)는 지나치고,[324] 曾參(증삼)은 魯鈍(노둔)하고,[325] 高柴[고시, 子羔(자고)]는 우직하고,[326] 仲由(중유, 子路 또는 季路)는 거칠고,[327] 顔回(안회, 顔淵)는 늘 궁색하였다. 端木賜(단목사, 子貢, 子贛과 同)는 天命을 받지는 않았지만 經商(理財)에 뛰어나 그 추측이 여러 번 적중하였다.[328]

孔子가 존경하는 사람은 周의 老子였다. 衛에는 蘧伯玉(거백옥)이,[329] 齊(제)에는 晏平仲(안평중, 晏子)이,[330] 그리고 楚(초)에는 老萊子(노래자)가[331] 있었다. 鄭나라에는 子産(자산)이,[332] 魯에는 孟公綽

---

324 辟은 치우칠 벽. 偏僻(편벽). 子張은 재주가 많으나 邪辟하고 꾸밈이 지나치다는 뜻.

325 魯은 노둔할 노(鈍은 무딜 둔). 曾子는 遲鈍(지둔)한 사람이라는 뜻. 머리 회전이 빠르지 못했다.

326 愚는 우직하다(愚直之愚).

327 원문의 喭은 거칠 안. 상말 언. 子路의 행실이 차분하지 못하고 거칠었다는 뜻. 卑俗하다.

328 공자의 이런 평가는 제자들이 자신을 알고 힘써 고쳐나가라는 뜻이었다. 《論語》의 문장과 약간 다르다. 屢空은 생활이 아주 곤궁하다는 뜻. 子貢은 理財에 밝아 중국인에게 儒商의 始祖로 추앙받고 있다. 《論語 先進》柴也愚, 參也魯, 師也辟, 由也喭. 子曰, "回也其庶乎, 屢空. 賜不受命, 而貨殖焉, 億則屢中."

329 蘧伯玉(거백옥)은 衛의 대부, 이름은 瑗(원), 伯玉은 字. 《論語 衛靈公》子曰, "直哉史魚! 邦有道, 如矢, 邦無道, 如矢. 君子哉蘧伯玉! 邦有道, 則仕, 邦無道, 則可卷而懷之."

330 晏平仲은 齊 대부인 晏嬰(안영). 平은 謚號, 仲은 字. 《論語 公冶長》子曰, "晏平仲善與人交, 久而敬之."

331 老萊子(노래자) - 성명은 미상, 춘추시대 楚國人, 《二十四孝》의 한 사람. 색동옷을 입고 춤을 추어 양친을 즐겁게 했다는 효자. 《史記 老子韓非列傳》참고.

(맹공작)이[333] 있었다. 그 외에도 臧文仲(장문중), 柳下惠(유하혜),[334] 銅
鞮(동제)의 伯華(백화), 介山(개산)의 子然(자연, 介子推)이었는데[335] 공
자는 그들보다 후대라서 같은 시기에 생존하지는 않았다.

● 顔回(안회)

[원문] 顔回者, 魯人也, 字子淵. 少孔子三十歲. 顔淵問仁, 孔子曰,
"克己復禮, 天下歸仁焉."

孔子曰, "賢哉回也! 一簞食, 一瓢飮, 在陋巷, 人不堪其憂, 回也不
改其樂." "回也如愚. 退而省其私, 亦足以發, 回也不愚." "用之則
行, 捨之則藏, 唯我與爾有是夫!"

回年二十九, 髮盡白, 蚤死. 孔子哭之慟, 曰, "自吾有回, 門人益
親."

魯哀公問, "弟子孰爲好學?" 孔子對曰, "有顔回者好學, 不遷怒,
不貳過. 不幸短命死矣, 今也則亡."

....

332 子産(?～前 522年) - 姬姓, 名僑, 字는 子産. 春秋 말기 鄭國의 재상. 鄭
國 백성의 존경을 받았다. 中國 宰相의 典範으로 추앙.

333 孟公綽(맹공작)은 魯의 대부. 淸廉, 寡慾(과욕)한 사람. 《論語 憲問》 子曰,
"孟公綽爲趙魏老則優, 不可以爲滕薛大夫."

334 柳下惠 - 성명은 展獲(전획), 柳下는 食邑 이름. 惠는 시호. 《論語 衛靈公》
子曰, "臧文仲其竊位者與! 知柳下惠之賢而不與立也."

335 銅鞮(동제)는 지명, 伯華는 인명. 羊舌赤(양설적), 春秋 시대 晉國의 大夫.
介山(개산)은 지명, 子然은 介子推(개자추). 개자추는 春秋 五霸의 한 사람
인 晉 文公을 섬겼다.

[해석] 顔回(안회)는 魯나라 사람으로 字는 子淵(자연)이다.[336] 孔子보다 30세 적었다. 顔淵(안연)이 仁에 대하여 묻자, 孔子는 "克己하여 復禮(복례)한다면 천하 사람들은 너를 仁德을 갖춘 사람이라고 칭송할 것이다."[337]

孔子가 말했다.

"顔回의 덕행은 훌륭하도다! 한 그릇의 밥과 물 한 바가지를 마시며 좁은 골목에 살아도 다른 사람은 그런 고생을 감당하지 못하지만 안회는 道樂을 바꾸지 않는다."[338]

"안회는 어리석은 것 같다. 그러나 안회가 물러난 뒤 그 행실을 살펴보면 내 가르침을 착실히 지키니, 안회는 결코 어리석은 사람이 아니다."[339]

....

336 顔回(前 521~481년)－字 子淵, 顔子, 顔淵(안연)으로도 호칭. 春秋 시대 魯國人(今 山東省 南部 濟寧市 관할 縣級 曲阜市). 孔子 72 門徒의 첫째. 孔門十哲 德行으로도 첫째. 漢代 이후로 안연은 72제자의 첫째 인물로 공자 제향 시에 늘 配享되었다. 이후 여러 추증을 받았는데, 明 世宗 嘉靖 9년(1530) 이후 「復聖」이라 존칭하였다.

337 克己는 約身也. 자신의 행실을 조심하다. 《論語 顔淵》 顔淵問仁. 子曰, "克己復禮爲仁. 一日克己復禮, 天下歸仁焉. 爲仁由己, 而由人乎哉?" 顔淵曰, "請問其目." 子曰, "非禮勿視, 非禮勿聽, 非禮勿言, 非禮勿動." 顔淵曰, "回雖不敏, 請事斯語矣."

338 《論語 雍也》. 子曰, "賢哉, 回也! 一簞食, 一瓢飮, 在陋巷, 人不堪其憂, 回也不改其樂. 賢哉, 回也!"一簞食(일단사)는 작은 대나무 그릇에 담긴 밥. 簞은 대광주리 단(笥也). 食은 밥 사. 먹이다.

339 《論語 爲政》 子曰, "吾與回言終日, 不違如愚. 退而省其私, 亦足以發, 回也不愚." 不違如愚는 가르치면 가르친 대로 고지식하게 그대로 따르다(默而識之). 亦足以發의 發은 啓發. 闡發(천발). 스승의 가르침을 자기에 적용하며 잘 지켜나가다.

"나를 등용한다면 출사할 것이고, 등용되지 않는다면 은거할 것이니, 이는 나와 너만이 똑같다."[340]

안회는 나이 29세에 머리가 하얗게 세었고 일찍 죽었다. 공자는 안회의 죽음에 통곡했다.[341] 그러면서 "내 문하에 안회가 있어 제자들이 나와 더 가까워졌다"고 말했다.[342]

魯 哀公이 물었다. "弟子 중에 누가 好學합니까?"

이에 공자께서 대답하였다.

"顔回란 제자가 있어 好學하였으니, 안회는 분노를 다른 사람에게 내보이지 않고 과오를 거듭하지도 않았습니다만 불행히 단명하여 죽

....

340 《論語 述而》子謂顔淵曰, "用之則行, 舍之則藏, 唯我與爾有 是夫!" 舍는 捨(버릴 사).

341 《論語 先進》顔淵死, 子哭之慟. 從者曰, "子慟矣!" 曰, "有慟乎? 非夫人之 爲慟而誰爲?" 慟은 서럽게 울 통. 안연이 머리가 센 것은 가난과 영양실조 때문이고, 나이 40 이전에 죽었다. 《孔子家語》에는 안회가 「年二十九而髮白, 三十二而死」라고 하였는데, 이는 착오이다. 공자의 아들 伯魚(孔鯉)가 50세에 공자보다 먼저 죽었는데, 그때 공자는 70세였다. 안회가 죽었을 때 공자는 '鯉也死, 有棺而無槨'이라 하였다. 《論語 先進》공리보다 나중에 죽었으니, 공자보다 30세 연하인 안회는 40세에 죽었다고 보아야 한다.

342 공자와 안회는 서로 의지하고 뜻이 같은 가까운 師弟 간이었기에 다른 제자도 공자를 가깝게 생각하였다는 뜻. 顔淵은 공자를 "우러러볼수록 높아지고, 뚫을수록 견고하시며, 앞에 보이다가도 어느덧 뒤에 있는 것 같도다! 스승께서는 순리대로 우리를 이끌어 주셨으며 나의 학문을 넓혀 주셨고 예로 나의 행실을 바로잡아주셨다. 이제는 학문을 그만둘 수도 없고 다만 나는 최선을 다하여 우뚝 일어설 수 있어야 한다. 스승의 뒤를 따르고자 하나 따라갈 수가 없도다!(仰之彌高, 鑽之彌堅, 瞻之在前, 忽焉 在後! 夫子循循然善誘人, 博我以文, 約我以禮. 欲罷不能. 旣竭吾才, 如有 所立卓爾. 雖欲從之, 末由也已!)"라고 탄식하였다.

였고 지금은 안회만큼 호학하는 제자가 없습니다."[343]

● 閔損(민손)

[원문] 閔損字子騫. 少孔子十五歲. 孔子曰, "孝哉閔子騫! 人不閒於
其父母昆弟之言." 不仕大夫, 不食汙君之祿. "如有復我者, 必在汶
上矣."

[해석] 閔損(민손)의 字는 子騫(자건)이다.[344] 공자보다 15세 적었다. 공
자께서 말했다.

....

343 《論語 雍也》哀公問, "弟子孰爲好學?" 孔子對曰, "有顔回者好學, 不遷怒,
不貳過. 不幸短命死矣, 今也則亡, 未聞好學者也." 孰은 누구 숙. 不遷怒
는 자기감정을 잘 통제할 수 있어 다른 사람에게 표현하지 않는다. 不貳
過는 같은 실수를 거듭하지 않는다. 공자는 季康子의 물음에도 안회가 호
학한다고 말했다. 《論語 先進》季康子問, "弟子孰爲好學?" 孔子對曰,
"有顔回者好學, 不幸短命死矣, 今也則亡."

344 閔損(민손, 前 536년~487년)-字 子騫(자건), 魯國人. 孔門十哲 중 德行으
로 유명. 閔子騫은 큰 효자였다. 어려서 모친을 여의고 계모 밑에서 생활
하였다. 어느 해 겨울에 계모는 두 아들에게만 솜옷을 입히고 민자건에
게는 갈대솜(蘆花, 蘆絮)을 넣은 홑옷(單衣)을 입게 했다. 민자건은 아버
지를 태우고 수레를 몰았는데, 너무 추워 실수를 하여 수레가 구덩이에
처박혔다. 아버지가 크게 나무라며 매질을 하자, 홑옷이 터지면서 갈대
솜이 날렸다. 부친이 사실을 알고 계모를 내쫓으려 하자, 민자건이 울면
서 말했다. "어머니가 계시면 저만 추위에 떨지만, 어머니가 안 계시면
자식 셋이 고생하게 됩니다." 부친은 계모를 용서했고, 계모는 잘못을 뉘
우쳤다. 이를 〈二十四孝〉 중 '單衣順母' 라고 한다.

"閔子騫(민자건)은 효자이다! 남들이 민자건의 부모나 형제에 대해
험담을 할 수가 없도다."[345] 민자건은 大夫로 출사하지도 않았고, 혼
탁한 주군의 봉록을 받지도 않았다. 그러면서 민자건이 말했다.

"만약 다시 나를 찾아온다면 나는 汶水(문수)를 건너 북쪽으로 갈
것이다."[346]

● 冉耕(염경)

[원문] 冉耕字伯牛. 孔子以爲有德行. 伯牛有惡疾, 孔子往問之, 自牖
執其手, 曰, "命也夫! 斯人也而有斯疾, 命也夫!"

[해석] 冉耕(염경)의 字는 伯牛(백우)이다.[347] 공자는 염유가 덕행이 뛰
어났다고 생각하였다. 염백우에게 惡疾(악질)이 있었는데, 공자가 찾
아가 문병하며 창문으로 손을 잡고 말했다. "운명이로다. 이런 사람

----

345 《論語 先進》子曰, "孝哉閔子騫! 人不間於其父母昆弟之言." 민자건은 말
수가 적고 신중하였기에 공자도 민자건을 칭찬하였다. 《論語 先進》魯人
爲長府. 閔子騫曰, "仍舊貫, 如之何? 何必改作?" 子曰, "夫人不言, 言必
有中."

346 《論語 雍也》季氏使閔子騫爲費宰. 閔子騫曰, "善爲我辭焉! 如有復我者,
則吾必在汶上矣." 費는 季氏의 家邑. 민손은 계씨의 가신이 되기를 거부
했다. 汶水는 魯의 북쪽에 있는 강. 나에게 또 그런 부탁을 한다면 나는
魯를 떠나 도망이라도 가겠다는 뜻.

347 冉耕(염경, 前 544년~?) - 冉은 나아갈 염. 천천히 움직이다. 孔門十哲의
한 사람(德行). 魯國의 中都宰 역임, 孔子도 염백우 능력을 높이 평가했
다. 염백우는 冉雍(염옹, 仲弓)과 同宗.

이 이런 병에 걸리다니! 운명이로다!"[348]

● 冉雍(염옹)

[원문] 冉雍字仲弓. 仲弓問政, 孔子曰, "出門如見大賓, 使民如承大
祭. 在邦無怨, 在家無怨." 孔子以仲弓爲有德行, 曰, "雍也可使南
面." 仲弓父, 賤人. 孔子曰, "犁牛之子騂且角, 雖欲勿用, 山川其舍
諸?"

[해석] 冉雍(염옹)의 字는 仲弓(중궁)이다.[349] 중궁이 政事에 관하여 묻
자, 공자께서 말했다.

　"집을 나서면 마치 큰 손님을 모시듯 조심하고, 백성을 부릴 때는
큰 제사를 모시듯 해야 한다. 제후를 섬기거나 경대부의 식읍을 다스

348　염백우는 惡疾(문둥병)으로 고생했다. 《論語 雍也》 伯牛有疾, 子問之, 自
　　牖執其手, 曰, "亡之, 命矣夫! 斯人也而有斯疾也! 斯人也而有斯疾也!" 거
　　듭 말한 것은 큰 슬픔을 표현(痛之甚也).

349　冉雍(염옹, 前 522年~?)-字 仲弓(중궁). 공자보다 29세 적음. 孔門十哲의
　　한 사람(德行). 冉伯牛의 宗族으로 좀 부족한 부친에게서 출생. 사람이
　　敦厚하고 氣度가 관대하여 孔門에서 德行으로 유명. 孔子는 중궁이 南面
　　하는 제후가 될 만하다고 칭찬하였는데(《論語 雍也》子曰, "雍也可使南
　　面.") 《論語》에 그 이름이 11번 나온다. 〈雍也〉는 《論語》의 편명. 중궁은
　　공자를 모시고 列國을 周遊하였다. 중궁이 (魯哀公十三年, 公元 前 482
　　년) 季氏宰가 되어 問政하자, 공자는 '먼저 관리들의 작은 잘못을 용서하
　　고 인재를 찾아 등용하라.(先有司, 赦小過, 擧賢才.)'고 말했다.

리며 다른 사람의 원망을 사지 않아야 한다."[350]

공자는 중궁이 덕행이 뛰어나다고 생각했다. 그래서 "염옹은 제후가 될 만하다."고 말했다.[351] 중궁의 부친은 미천한 사람이었다. 공자께서 말했다.

"얼룩송아지의 털이 붉고 또 그 뿔이 좋다면[352] (얼룩송아지라서) 희생으로 쓰지는 못하더라도 산천의 諸神은 그 제물을 버리겠는가?"

● **冉求**(염구)

[원문] 冉求字子有, 少孔子二十九歲. 爲季氏宰.

季康子問孔子曰, "冉求仁乎?" 曰, "千室之邑, 百乘之家, 求也可使治其賦. 仁則吾不知也." 復問, "子路仁乎?" 孔子對曰, "如求."

求問曰, "聞斯行諸?" 子曰, "行之." 子路問, "聞斯行諸?" 子曰, "有父兄在, 如之何其聞斯行之!" 子華怪之, "敢問問同而答異?" 孔子曰, "求也退, 故進之. 由也兼人, 故退之."

---

350 在邦無怨, 在家無怨. 在邦은 諸侯를 섬기다, 在家는 卿大夫의 가신이 되다.

351 子曰, "雍也可使南面."《論語 雍也》. 南面은 왕이나 제후. 〈雍也〉는《論語》의 편명.《論語》에 그 이름이 11번 나온다.

352 犁牛之子騂且角 – 犁는 얼룩소(雜文) 리. 밭을 갈다. 騂은 붉은 말 성. 털이 붉다(赤色也). 角은 뿔이 반듯하다. 山川寧肯舍之乎?는 부친이 미천하거나 不善하더라도 그 아들은 훌륭하기에 버릴 수 없다는 뜻.

[해석] 冉求(염구)의 字는 子有(자유)로 공자보다 29세 적었다.[353] 염구는 季氏(계씨)의 宰臣(재신)이 되었다.[354]

季康子(계강자)가 공자에게 물었다. "염구는 어진 사람입니까?"

공자께서 말했다 "千戶의 大邑이나 百乘의 大家에서[355] 염구는 그 軍政을[356] 담당할 능력이 있습니다. 仁德에 대해서는 나도 모르겠습니다."

그러자 계강자가 다시 물었다. "子路는 어진 사람입니까?"

그러자 공자께서 말했다. "염구와 비슷합니다."

염구가 물었다. "(스승님께) 배운 그대로 실천해야 합니까?"

공자는 "그대로 실행하라."

子路가 물었다. "배운 대로 행해야 합니까?

그러자 공자께서 말했다. "父兄이 계신데, 어찌 들은 그대로 행할 수 있겠는가?"

---

353 冉求(염구, 冉有. 前 522년~?) - 名은 求, 字는 子有, 冉有(염유)라고도 칭한다. 《論語》에서는 염유로 표기된 경우가 많다. 魯國人. 孔子弟子, 孔門十哲 중 政事에 이름이 올랐다. 冉有는 多才多藝하고, 性格謙遜하며 정사에 밝았다. 공자가 열국을 주유하고 魯에 귀국할 때 염유의 공이 컸다.

354 季氏宰 - 季康子(?~前 468年)는 魯國 季孫氏, 名은 肥(비), 魯國의 大夫, 季桓子(계환자)인 季孫斯(계손사의 아들, 공자가 열국에서 귀국할 당시는 물론 죽은 뒤까지 魯의 정사를 전담했다.) 염유는 季氏의 가신으로 徵稅 때문에 공자의 꾸중을 듣기도 했다.(季氏富於周公, 而求也爲之聚斂而附益之. 子曰, 非吾徒也, 小子鳴鼓而攻之可也!). 宰는 家臣 중 최고 책임자. 宰臣(재신).

355 千室은 卿大夫의 食邑. 卿大夫의 경우 家라고 칭했다. 諸侯는 千乘의 戰車를 보유할 수 있고 大夫는 1백 승의 전거를 보유할 수 있었다.

356 賦는 兵賦也. 軍政.

이에 子華(자화)가[357] 이상히 여겨 물었다. "같은 물음인데, 대답은 왜 다릅니까?"

그러자 공자께서 말했다.

"염구는 뒤로 물러서기에 적극적으로 격려하였다. 자로는 다른 사람보다 적극적이라서 자로를 눌러 물러서게 했다."[358]

● 仲由(중유)

[원문] 仲由字子路, 卞人也. 少孔子九歲.

子路性鄙, 好勇力, 志伉直, 冠雄雞, 佩豭豚, 陵暴孔子. 孔子設禮稍誘子路, 子路後儒服委質, 因門人請爲弟子. 子路問政, 孔子曰, "先之, 勞之." 請益. 曰, "無倦."

子路問, "君子尙勇乎?" 孔子曰, "義之爲上. 君子好勇而無義則亂, 小人好勇而無義則盜."

子路有聞, 未之能行, 唯恐有聞. 孔子曰, "片言可以折獄者, 其由也與!" "由也好勇過我, 無所取材." "若由也, 不得其死然." "衣敝縕袍, 與衣狐貉者立, 而不恥者, 其由也與!" "由也升堂矣, 未入於室也."

季康子問, "仲由仁乎?" 孔子曰, "千乘之國可使治其賦, 不知其仁."

----

357 子華는 公西赤(공서적)의 字, 공자의 제자. 살찐 말에 좋은 갖옷을 입고 齊에 출장 갔던 사람.

358 제자의 단점을 알고 있기에 바로잡아주려는 공자의 뜻이 들어있다.

子路喜從游, 遇長沮,桀溺,荷蓧丈人.

子路爲季氏宰, 季孫問曰, "子路可謂大臣與?" 孔子曰, "可謂具臣矣."

[해석] 仲由(중유)의[359] 字는 子路(자로)이며, 卞邑(변읍) 사람이다. 공자보다 9세 어렸다.

자로는 性情이 비루하였으나 용맹하고 힘이 세었으며, 그 뜻은 강직하였고 수탉의 벼슬 모양의 관을 즐겨 썼으며 돼지가죽으로 장식한 칼을 차고[360] 공자에게도 대들었다. 공자께서 예법으로 자로를 차차 가르쳤는데, 자로가 유생의 옷을 입고 예물을 바치자 門人들이 자로를 공자에게 제자로 받아주기를 요청하였다. 자로가 정사에 관하여 질문하자, 공자는 "솔선하고 백성을 위해 애써야 한다."고 말했다.[361] 자로가 더 요구하자, 공자는 "(먼저 말해준 것을) 게을리하지 말라."고 말했다.

子路가 물었다. "君子도 용맹을 숭상합니까?" 이에 공자께서 말했다. "(군자는) 대의를 숭상한다. 군자가 용맹하나 대의를 따르지 않는다면 난동이고, 소인이 용맹하나 대의가 없다면 도둑질을 하게 된

....

359 仲由(前 542년 ~ 前 480) - 字는 子路, 보통 季路(계로)로도 표기. 孔門 十哲의 한 사람(政事). 孔子보다 9살 아래이며, 공자를 가장 오랫동안 모셨으며, 공자를 따라 列國을 주유했다. 가정에서는 孝子로 〈二十四孝〉 중 '爲親負米'의 주인공.

360 원문 佩猳豚 - 佩는 찰 패. 차다. 猳는 수돼지 가. 豚은 돼지 돈.

361 "先之, 勞之."는 덕으로 백성을 先導하여 백성의 신뢰를 얻고 그런 다음에 백성을 힘써 다스리라는 뜻. 無倦은 백성의 신뢰를 얻고 백성을 위한 일에 게으르지 말라는 뜻.

다."³⁶²

자로가 가르침을 받으면 실천하기도 전에 또 다른 가르침이 있을까 걱정하였다. 이에 공자께서 말했다.

"한쪽 말만 듣고도 獄案(옥안)을 판결할 수 있는 사람은 아마 仲由(子路)이리라!"³⁶³

"仲由(子路)의 용기는 나보다 훨씬 낫지만 사리분별이 부족하다."³⁶⁴

"중유와 같은 사람은 제 명에 죽지 못할 것이다."³⁶⁵

"헌 솜옷을 입고도 여우 갖옷을 입은 사람과 나란히 서서 부끄러워하지 않고 당당한 사람은 아마도 중유뿐일 것이다!"³⁶⁶

....

362 《論語 陽貨》子路曰, "君子尙勇乎?" 子曰, "君子義以爲上, 君子有勇而無義爲亂, 小人有勇而無義爲盜."

363 《論語 顏淵》子曰, "片言可以折獄者, 其由也與?" 子路無宿諾. 片言은 한쪽의 말. 聽訟에는 양편의 말을 다 들어야 하지만 일방의 말로는 斷案할 수 있을 만큼 심지가 공평하다는 뜻.

364 《論語 公冶長》子曰, "道不行, 乘桴浮于海. 從我者其由與?" 子路聞之喜. 了口, "由也好勇過我, 無所取材." 無所取材의 材는 어떤 일에 적용하다. 자로의 好勇을 적용할 곳이 없다는 뜻.

365 《論語 先進》閔子侍側, 誾誾如也, 子路, 行行如也, 冉有子貢, 侃侃如也. 子樂. "若由也, 不得其死然." 자로가 정의감에서 목숨을 아끼지 않을 것이고, 그래서 제 명대로 살지 못할 것을 걱정한 것이다. 기원 前 480년, 衛國 蒯聵(괴외)의 난에 휘말려 자로는 전투를 벌였고 전투 와중에 冠이 떨어지자, 이를 바로 고쳐 쓰다가 포로가 되었고 "君子는 죽더라도 관을 벗을 수 없다(君子死冠不免)."면서 관을 바로 쓴 채 처형되니 그때 자로는 63세였다.

366 《論語 子罕》子曰, "衣敝縕袍, 與衣狐貉者立, 而不恥者, 其由也與? ~" 衣는 동사로 쓰였다. 敝縕袍는 헌 솜으로 만든 두루마기. 狐貉(호락)은 여우나 담비 가죽의 고급 갖옷. 其由也與!의 其는 '아마도 ~일 것이다.'

"중유는 마루에는 올랐지만 입실하지는 못했다."[367]

季康子가 "중유(자로)는 어진 사람입니까?"라고 묻자, 공자께서 말했다.

"(중유는) 千乘之國에서 군사를 운영할 능력이 있지만 인자한가는 모르겠습니다."[368]

자로는 (孔子의) 열국 순방에 기꺼이 수행하였는데,[369] 長沮(장저) 와 桀溺(걸익),[370] 荷蓧丈人(하조장인)을[371] 만났었다.

....

367 《論語 先進》子曰, "由之瑟, 奚爲於丘之門?" 門人不敬子路. 子曰, "由也 升堂矣, 未入於室也." 우선 入門한 다음에 升堂하니 승당은 학문이나 기예가 높은 수준에 도달하다. 入室하지 못했음은 최고의 경지나 精微(정미)한 단계에는 이르지 못했다는 뜻. 학문이나 入道의 단계나 수준을 의미한다.

368 《論語 公冶長》孟武伯問子路仁乎? 子曰, "不知也." 又問. 子曰, "由也, 千乘之國, 可使治其賦也, 不知其仁也." 賦는 군사. 옛날에는 田賦에 따라 군사를 내었다. 千乘之國은 1천 乘의 戰車를 동원할 수 있는 大 제후국.

369 자로는 공자가 魯를 떠나 列國을 周遊할 때(前 497~484년) 공자를 기꺼이 수행했다(喜從游).

370 長沮(장저)와 桀溺(걸익)은 당시 楚의 隱者였다. 공자는 지나가면서 자로를 두 사람에게 보내 나루터 가는 길을 묻게 하였다(問津, 濟渡處). 장저와 걸익은 공자가 어떻게 건너야 하는지(세상을 어떻게 구제하는지) 알고 있을 것이라며 나루터를 말해주지 않았다. 그러면서 자로에게 "사람을 피하는 사람보다는(孔子) 세상을 피하는 사람과(장저, 걸익) 같이 있는 것이 어떻겠느냐?(且而與其從辟人之士也, 豈若從辟世之士哉?)"고 말했다. 이런 말을 전해들은 공자는, 사람은 "새나 짐승과 같이 무리 지어 살 수 없다. 내가 세상 사람과 같이 하지 않는다면 누구와 같이 살겠는가? 천하에 道가 행해진다면 나 역시 세상을 바꾸려 하지 않을 것이다(天下有道, 丘不與易也)." 라고 말했다. 이는 《論語 微子》에 실려 있다.

371 丈人은 老人, 지팡이로 망태기를 어깨에 메고 있다는 뜻. 모습을 설명한 말이지만 이름처럼 쓰였다. 자로가 공자를 뒤에 따라가다가 노인을 만났

子路는 季氏(계씨)의 宰臣(재신)이 되었는데, 季孫氏가 공자에게 물었다.

"子路는 大臣이 될 만합니까?"

이에 공자께서 대답했다.

"그저 신하의 반열에 설 수 있는 사람입니다."[372]

[원문] 子路爲蒲大夫, 辭孔子. 孔子曰, "蒲多壯士, 又難治. 然吾語汝, 恭以敬, 可以執勇. 寬以正, 可以比衆. 恭正以靜, 可以報上."

初, 衛靈公有寵姬曰南子. 靈公太子蕢聵得過南子, 懼誅出奔. 及靈公卒而夫人慾立公子郢. 郢不肯, 曰, "亡人太子之子輒在." 於是衛立輒爲君, 是爲出公. 出公立十二年, 其父蕢聵居外, 不得入. 子路爲衛大夫孔悝之邑宰. 蕢聵乃與孔悝作亂, 謀入孔悝家, 遂與其徒襲攻出公. 出公奔魯, 而蕢聵入立, 是爲莊公. 方孔悝作亂, 子路在外, 聞之而馳往. 遇子羔出衛城門, 謂子路曰, "出公去矣, 而門已閉, 子可還矣, 毋空受其禍." 子路曰, "食其食者不避其難." 子羔卒去. 有使者入城, 城門開, 子路隨而入. 造蕢聵, 蕢聵與孔悝登臺. 子路

....

다. 하조장인은 공자를 四體로 일도 하지 않고 오곡을 분별하지도 못하는 사람(四體不勤, 五穀不分)이라 비난했다. 자로를 재워주며 닭을 잡아 대접했다. 다음 날 공자가 만나려 했지만 만나지 못했다. 이 역시《論語 微子》에 실린 흥미로운 이야기이다.

372《論語 先進》季子然問, "仲由冉求可謂大臣與?" 子曰, "吾以子爲異之問, 曾由與求之問. 所謂大臣者, 以道事君, 不可則止. 今由與求也, 可謂具臣矣." 曰, "然則從之者與?" 子曰, "弑父與君, 亦不從也." 공자가 생각하는 大臣은 "以道事君하다가 不可하면 그만 사임하는 신하"라고 생각했다. 具臣은 신하로 숫자나 채울 수 있는 사람.

曰, "君焉用孔悝? 請得而殺之." 蕢聵弗聽. 於是子路欲燔臺, 蕢聵懼, 乃下石乞, 壺黶攻子路, 擊斷子路之纓. 子路曰, "君子死而冠不免." 遂結纓而死.

孔子聞衛亂, 曰, "嗟乎, 由死矣!" 已而果死. 故孔子曰, "自吾得由, 惡言不聞於耳." 是時子貢爲魯使於齊.

[해석] 자로가 蒲邑(포읍)의 大夫가 되어[373] 공자에게 떠나는 인사를 했다. 이에 공자께서 말했다.

"포읍에는 壯士가 많고 또 다스리기가 어렵다. 그래서 내가 너에게 말하나니, 몸을 낮추고 겸손하면 용맹한 자를 제압할 수 있고, 관용과 正道로 백성을 거느리고,[374] 공손과 정직으로 백성을 安靜케 한다면 그것이 바로 윗사람에 대한 보답일 것이다."

그전에, 衛의 靈公(영공)에게 南子(남자)라는 寵姬(총희)가 있었다.[375] 靈公의 太子인 蕢聵(괴외)는 南子에게 죄를 짓고서 두려워 망명하였다. 靈公이 죽자 夫人은 公子 郢(영)을 옹립하려고 했다 그러

----

373 蒲(포)는 衛나라의 邑名. 子路는 그 邑宰가 되었다.

374 可以比衆의 比는 아우르다(並也), 다스리다(治也). 寬大하고 淸正하면 백성이 따라올 것이다.

375 衛靈公은 공자에게 軍陣에 관해 묻자, 공자는 "軍旅之事는 배운 적이 없다."면서 衛나라를 떠났다. 〈衛靈公〉은 《論語》의 편명. 공자의 "吾未見好德如好色者也."란 말은 《論語 衛靈公》과 《論語 子罕》편에 두 번 나온다. 南子는 위 영공의 총희로 淫行이 있어, 자로는 공자가 南子를 예방한 것을 싫어했다. 이에 공자는 "내가 예에 어긋났다면 하늘이 나를 버릴 것이다. 하늘이 나를 버릴 것이다."라고 말했다. 《論語 雍也》子見南子, 子路不說. 夫子矢之曰, "予所否者, 天厭之! 天厭之!"

나 輒(영)은 따르지 않으면서 말했다. "망명한 태자(괴외)의 아들 輒(첩)이 있습니다." 이에 衛나라에서는 輒(첩)을 주군으로 옹립하니, 이가 出公(출공)이다.

出公이 재위 12년, 그 부친 蕢聵(괴외)는 외국에 살면서도 입국할 수가 없었다. 子路는 衛 大夫 孔悝(공회)의 邑宰(읍재)였다. 괴외는 공회와 함께 반란을 일으키려고 공회의 집에 숨어들어갔고 마침내 그 무리와 함께 出公을 기습 공격하였다 출공은 魯나라로 망명했고 괴외가 입국하여 즉위하니, 이가 (衛의) 莊公(장공)이다.

공회가 반란에 동참할 때 子路는 외부에 있었는데 소식을 듣고 공회가 있는 곳으로 달려왔다. 자로는 衛 城門을 나오는 子羔(자고)를 만났는데, 자고가 자로에게 말했다. "出公은 이미 망명했고 궁문이 이미 닫혔으니, 당신도 떠나는 것이 좋을 것이니 공연히 화를 당하지 마십시오."

그러나 자로가 말했다. "그 봉록을 받은 자는(食其食者) (주군의) 난관을 외면할 수 없다."[376] 자고는 떠나갔다. 마침 入城하려는 使者가 있어 성문이 열리자, 자로는 사자를 따라 들어갔다. 자로는 괴외를 우연히 만났는데, 괴외는 공회와 함께 누대에 올라갔다.

이에 자로가 말했다. "君께서는 어찌 공회를 등용하십니까? 공회를 잡아다가 죽여 버리겠습니다." 그러나 괴외는 따르지 않았다. 자로는 누각에 불을 지르려 했는데 괴외는 두려워 떨며, 곧 石乞(석걸)과 壺黶(호염)을 보내 자로를 죽이라 했고, (이들은 자로를 공격하여) 자로의 갓끈(纓, 갓끈 영)이 끊어졌다. (사로잡힌) 子路가 말했다.

---

376 자로는 공회가 主君인 出公을 배신했다고 생각하였다.

"君子는 죽더라도 관을 벗을 수 없다." 그리고 갓끈을 맨 뒤에 죽음을 당했다.

孔子가 衛의 반란을 전해 듣고 말했다. "아! 중유가 죽겠구나!"

곧이어 죽었다는 소식이 왔다.[377] 이에 공자께서 말했다.

"내가 자로를 만난 이후로 (자로에 관한) 惡言을 들어보질 못했다."

이때 魯에서는 子貢을 齊에 사신으로 보냈다.

● 宰予(재여)

[원문] 宰予字子我. 利口辯辭. 旣受業, 問, "三年之喪不已久乎? 君子三年不爲禮, 禮必壞. 三年不爲樂, 樂必崩. 舊穀旣沒, 新穀旣升, 鑽燧改火, 期可已矣."

子曰, "於汝安乎?" 曰, "安." "汝安則爲之. 君子居喪, 食旨不甘, 聞樂不樂, 故弗爲也." 宰我出, 子曰, "予之不仁也! 子生三年然後免於父母之懷. 夫三年之喪, 天下之通義也."

宰予晝寢. 子曰, "朽木不可雕也, 糞土之墻不可圬也."

宰我問五帝之德, 子曰, "予非其人也."

宰我爲臨菑大夫, 與田常作亂, 以夷其族, 孔子恥之.

[해석] 宰予(재여)의 字는 子我(자아)이다. 달변에, 辯說(변설)에 능했

---

377 자로는 魯 哀公 15년(前 480)에 죽었다. 자로의 죽음은 공자에게도 충격이었다. 공자는 다음 해, 애공 16년(前 479) 4월 己丑日에 죽었다.

다.[378] 공자의 가르침을 받고서 물었다.

"3년의 친상이 너무 길지 않습니까? 군자가 3년 동안 禮를 행하지 않는다면 예는 틀림없이 붕괴되고, 3년 동안 음악을 아니 한다면 음악도 틀림없이 없어질 것입니다. 묵은 곡식이 다 없어지면 햇곡식이 여물고, 나무를 비벼 새 불씨를 만드는 것처럼[379] 3년 복상을 1년이면(期年) 될 것입니다."

이에 공자께서 말했다. "그렇게 하는 것이 너에게 편하겠는가?"

"편할 것입니다."

"네가 편하다면 그렇게 하라. 君子가 居喪하면서 좋은 음식을 먹어도 맛을 모르고, 음악을 들어도 즐겁지 않기 때문에 예악을 행하지 않는 것이다."[380]

재아가 나가자, 공자께서 말했다.

"재여는 마음이 어질지 않도다. 자식이 태어나 3년이 지나야 부모의 품에서 떨어질 수 있다. 그래서 삼년상은 온 천하에 두루 통하는 대의이다."[381]

....

378 宰予(재여, 前 522~458년). 宰가 姓, 名은 予, 字는 子我. 予我, 宰我(재아)로도 표기. 魯國人, 재여는 子貢과 함께 孔門四科 중 言語에 이름이 올랐다. 宰予는 孔子와 三年喪의 禮制나 仁의 問題를 함께 토론하였다. 利口는 말을 교묘하게 잘한다는 뜻으로 부정적 이미지가 있다.

379 鑽燧改火 – 鑽은 뚫을 찬. 燧는 부싯돌 수. 《周書 月令》에는 '4계절에 따라 각각 다른 재목(느릅나무, 대추나 뽕나무, 떡갈나무, 홰나무) 등을 마찰하여 불씨를 바꾼다(改火).'고 하였다.

380 食旨不甘의 旨는 美食也. '汝安則爲之'에는 부모에게 무정함을 심하게 책망하는 뜻이 들어있다.

381 이 문단은 《論語 陽貨》와 약간 차이가 있다. 《論語 陽貨》宰我問, "三年之喪, 期已久矣. 君子三年不爲禮, 禮必壞, 三年不爲樂, 樂必崩. ~.

宰予(재여)가 낮잠을 잤다. 이에 공자께서 말했다.

"썩은 나무에 새길 수가 없고, 썩은 흙으로 쌓은 담은 장식할 수가 없다."[382]

宰我(재아)가 五帝의 德에 관하여 묻자, 공자께서 말했다.

"너는(宰予) 그런 것을 물을 사람이 아니다.[383]

재아가 臨菑(임치)의 大夫가 되어[384] 田常과 함께 반란을 일으켜 멸족되었는데 공자는 이를 부끄럽게 여겼다.[385]

● 端木賜(단목사)

[원문] 端木賜, 衛人, 字子貢. 少孔子三十一歲.

子貢利口巧辭, 孔子常黜其辯. 問曰, "汝與回也孰愈?" 對曰, "賜也何敢望回! 回也聞一以知十, 賜也聞一以知二."

子貢旣已受業, 問曰, "賜何人也?" 孔子曰, "女 器也." 曰, "何器

---

382 《論語 公冶長》宰予晝寢. 子曰, "朽木不可雕也, 糞土之牆不可圬也, 於予與何誅?"

子曰, "始吾於人也, 聽其言而信其行, 今吾於人也, 聽其言而觀其行. 於予與改是." 朽는 썩을 후(腐也). 雕는 새길 조(雕琢刻畫). 糞土는 穢土(예토), 더러운 흙. 圬는 흙손 오. 벽장식을 하다(墁也). 썩은 나무나 썩은 흙 담은 공을 들여도 성취할 수가 없다. 재여에 대한 심한 질책의 뜻이 들어 있다.

383 五帝之德을 설명해줘도 네가 이해할 수가 없다는 뜻.

384 재여가 齊에 출사했다는 뜻. 臨淄(임치)는 齊의 도읍.

385 《左傳》에는 宰我와 田常의 반란 기록이 없다.

也?"曰,"瑚璉也."

陳子禽問子貢曰,"仲尼焉學?"子貢曰,"文武之道未墜於地, 在
人, 賢者識其大者, 不賢者識其小者, 莫不有文武之道. 夫子焉不學,
而亦何常師之有!"又問曰,"孔子適是國必聞其政. 求之與?抑與之
與?"子貢曰,"夫子溫,良,恭,儉,讓以得之. 夫子之求之也, 其諸異乎
人之求之也."

子貢問曰,"富而無驕, 貧而無諂, 何如?"孔子曰,"可也. 不如貧
而樂道, 富而好禮."

[해석] 端木賜(단목사)는 衛(위)나라 사람으로[386] 字는 子貢이다.[387] 공
자보다 31세 어렸다. 자공은 말을 잘하고 언변이 교묘하였지만 공자

386 端木賜(단목사, 前 520~446년) – 端木은 複姓. 端沐(단목)으로도 표기. 春
秋 말년 衛國人, 衛國은 周 武王이 동생 康叔(강숙)을 봉한 제후국으로 朝
歌, 楚丘, 帝丘, 野王 등에 도읍, 영역은 지금의 河南省 북부와 河北省 남
부 일대. 춘추시대 이후 趙, 魏, 齊, 楚 등 강국 사이에 끼여 겨우 명맥을
유지하다가 魏의 부용국이 되었고, 秦의 부용국으로 존재했었다.

387 字 子貢(子贛으로도 표기). 孔子의 제자 중 가장 得意한 사람이며(受業身
通), 孔門十哲 중 言語로 유명. 자공은 언어와 웅변은 물론 사업과 정무
에도 달통하여 일찍이 魯와 衛의 相을 역임했다. 또 經商之道에도 밝아
曹國과 魯國에서 千金의 재산을 형성하여 공자 學團의 재정적 후원자였
으며, 뒷날 중국에서는 훌륭한 인품과 학문이 뛰어난 富商에 대하여 '端
木遺風'이라는 成語가 통하였으며, 장사에서 '君子愛財나 取之有道'의
교훈을 남겼다. 後世에는 財神으로도 숭배되었다. 司馬遷은 〈史記 貨殖
列傳〉에서 子貢의 經商과 사업을 기록하였고 陶朱公〔范蠡(범려)〕과 나란
히 명성을 누렸으며 儒商의 初祖라 할 수 있다. 前 479年(魯 哀公 16년 4
月 己丑日)에 공자는 73세로 별세했고, 曲阜 城北의 泗水가에 장례를 치
뤘는데, 다른 제자들은 3년을 복상하고 떠났지만, 자공은 6년을 守喪(守
墳)하였다.

는 그 언변을 늘 싫어하였다.³⁸⁸ 공자께서 "너와 안회는 누가 더 낫다고 생각하느냐?" 하고 물었다.

이에 자공은 "제가 어찌 안회를 따라갈 수 있겠습니까? 안회는 하나를 배워 열 개를 알지만, 저는 하나를 들어 겨우 두 개를 알 뿐입니다."라고 대답했다.³⁸⁹

자공이 공자에게 배우면서 공자에게 물었다.

"저는 어떤 사람입니까?"

공자는 "너는 그릇이다."라고 말했다.³⁹⁰

그러자 자공은 "어디에 쓰는 그릇입니까?"라고 다시 물었다.

공자는 "너는 瑚璉(호련)과 같다."라고 말했다.³⁹¹

陳子禽(진자금)이 자공에게 물었다.³⁹²

....

388 공자는 巧言, 令色을 싫어했다.《論語 學而》子曰 "巧言令色 鮮矣仁." 《論語 公冶長》"巧言, 令色, 足恭, 左丘明恥之, 丘亦恥之. ~."

389 孰은 누구? 누가? 愈는 더 잘하다, 낫다(勝也, 强也).《論語 公冶長》"賜也何敢望回! 回也聞一以知十, 賜也聞一以知二." 聞一知十은 하나만 알아도 그것과 관련한 전체를 안다는 뜻으로 새길 수 있다. 이에 공자도 "안회만 못하다(弗如也), 나와 너는 안회만 못하다(吾與女弗如也)."라고 말했다. 弗如는 不如.

390 "女器也"는 그릇처럼 용도가 제한적이라는 의미. 공자는 "君子不器"라고 말했다.(《論語 爲政》) 이는 보편적이어야지 제한적이어서는 안 된다는 뜻으로 해석한다. 또 이는 자공이 아직 仁의 경지에 이르지 못했다는 공자의 평가를 표현한 대답일 것이다.

391 瑚璉(호련)은 종묘 제사에서 黍稷(서직, 기장)을 담는 아주 중요한 祭器이다.〔簠簋(보궤)와 同〕 그만큼 중요한 역할을 할 수 있다는 자공의 능력을 인정한 말이다.

392 焉學의 焉은 어찌 언, 어디(何也).《論語 子張》에는 '衛公孫朝'로도 기록했다. 衛의 大夫. 陳子禽(진자금)은 공자의 제자 陳亢(진항).〈季氏〉편에

"仲尼(孔子)의 학식은 누구에게 배운 것입니까?" 이에 자공이 말했다.

"文王과 武王의 예악의 道가 아직 땅에 떨어지지(없어지지) 않고 지금도 전하고 있어 賢者는 그 큰 뜻을 알고, 賢者가 아닌 사람이라도 그 文武之道를 알지 못하는 사람이 없으니, 夫子(孔子)께서는 어디서든 학문을 아니하셨으며 어찌 한 분한테서만 배웠겠습니까?"[393]

또 진자금이 물었다. "孔子께서 어떤 나라에 가시면 그 나라의 정치에 관하여 들으려 하십니다. 이는 꼭 알고 싶어서 그러시는지? 아니면 (제후국 主君이) 말해주는 것입니까?"

이에 자공이 대답하였다.

"夫子께서는 溫和, 善良, 恭敬, 儉素, 謙讓의 미덕을 갖추신 분입니다. 夫子께서 알고자 하시는 뜻은 보통 사람이 얻고자 하는 것과 다

서는 공자의 아들 伯魚(백어)에게 "아버지한테서 특별히 따로 배운 것이 있느냐」고 물었다. 또 〈子張〉편에서는 자공에게 '당신이 스승 공자보다 더 뛰어나다.'고 말했다.

393 자공은 공자의 학문이나 인격에 대하여 한없는 존경심을 갖고 있었다. 《論語 子張》에서 叔孫武叔(숙손무숙)이 "子貢이 仲尼보다 더 현명하다." 고 말했고, 이를 子服景伯(자복경백)이 자공에게 전해주었다. 그러자 자공은 "자신의 담장은 어깨 높이라서 담 안의 화려한 건물을 볼 수 있다. 그러나 공자의 담장은 아주 높아서 문을 통해 들어가지 않는다면 종묘의 미려한 건물과 백관을 볼 수 없는 것과 같으며 그 대문을 열고 들어오는 사람이 거의 없다."는 멋진 비유로 설명하였다. 또 숙손무숙이 공자를 헐뜯자, 자공은 "공자를 헐뜯을 수 없다. 현명하다는 보통 사람은 산과 같아서 올라갈 수 있지만, 공자는 日月과 같아 만지거나 올라갈 수가 없다. 사람이 어떻게 해와 달을 헐뜯을 수 있겠느냐?"고 말했다. 또 陳子禽이 자공에게 "공자가 당신보다 나은 것이 없다."는 뜻으로 말하자, 자공은 공자는 하늘과 같아서 층계로도 올라갈 수 없다는 비유로 공자의 위대함을 깨우쳐 주었다.

릅니다."[394]

자공이 공자에게 물었다.

"부유하나 교만하지 않고, 가난하나 아첨하지 않는다면 어떻습니까?"

이에 공자께서 말했다.

"괜찮다. 그러나 가난하면서도 樂道하고, 부유하면서도 예를 좋아하는 것만 못하다.[395]

[원문] 田常欲作亂於齊, 憚高,國,鮑,晏, 故移其兵欲以伐魯. 孔子聞之, 謂門弟子曰, "夫魯, 墳墓所處, 父母之國, 國危如此, 二三子何爲莫出?" 子路請出, 孔子止之. 子張,子石請行, 孔子弗許. 子貢請行, 孔子許之.

[해석] 田常(전상)이[396] 齊에서 반란을 일으키려 했는데 高氏, 國氏, 鮑

----

394 공자께서는 이런 五德을 갖추신 분이기에 人君이 공자에게 배우고자 먼저 말해준다는 뜻.

395 《論語 學而》에 실려 있다. 자공은 빈한했으나 巨富가 되었다. 자공은 자신의 성취를 공자가 어떻게 생각할까? 궁금하여 이런 질문을 했는데, 공자는 교만하지 않은 단계를 넘어 好禮하라고 미래의 목표를 제시하였다. 그러자 자공은 "詩云, '如切如磋, 如琢如磨', 其斯之謂與?" 곧 "부단히 노력하라는 뜻이 아닙니까?"라고 말했고, 공자는 "賜也, 始可與言詩已矣, 告諸往而知來者."라면서 자공의 그런 영민한 지혜를 칭찬하였다.

396 田常 ― 본래 陳氏 이름은 恒(恆, 항)에 古音 田과 陳音이 비슷하여 田恆(전항)으로 통칭. 齊나라 田敬仲完의 후손. 죽은 뒤의 시호가 成이라서 陳成子, 또는 田成子라 칭했다(이때 子는 경칭). 漢朝에서 文帝 劉恆(유항)을 피휘하여 田常이라 기록. 齊에서 전권을 행사하였고 그 후손(太公, 田和, 재위 前 386~383년)이 齊의 왕위를 차지해 이전의 齊(呂氏)와 구분하여 田齊라 통칭. 田齊는 前 221년 秦始皇에게 멸망.

氏, 晏氏 등의 일족이 걱정되어 그들의 군사를 동원하여 魯國을 원정
하려고 했다. 공자께서 이를 알고 門下의 제자들에게 말했다.

"魯는 (조상의) 분묘가 있는 父母之國이나 나라가 위기에 처했거
늘 왜 아무도 나서지 않는가?"

子路가 齊國에 가겠다고 말했지만 공자는 자로를 제지하였다. 子
張(자장)과 子石(자석, 公孫龍)이 자청했지만 공자는 허락지 않았다. 자
공이 청하자, 공자께서 승낙하였다.

[원문] 遂行, 至齊, 說田常曰, "君之伐魯過矣. 夫魯, 難伐之國, 其城
薄以卑, 其地狹以泄, 其君愚而不仁, 大臣僞而無用, 其士民又惡甲
兵之事, 此不可與戰. 君不如伐吳. 夫吳, 城高以厚, 地廣以深, 甲堅
以新, 士選以飽, 重器精兵盡在其中, 又使明大夫守之, 此易伐也."

田常忿然作色曰, "子之所難, 人之所易, 子之所易, 人之所難, 而
以敎常, 何也?"

子貢曰, "臣聞之, 憂在內者攻彊, 憂在外者攻弱. 今君憂在內. 吾
聞君三封而三不成者, 大臣有不聽者也. 今君破魯以廣齊, 戰勝以驕
主, 破國以尊臣, 而君之功不與焉, 則交日疏於主. 是君上驕主心,
下恣羣臣, 求以成大事, 難矣. 夫上驕則恣, 臣驕則爭, 是君上與主
有郤, 下與大臣交爭也. 如此, 則君之立於齊危矣. 故曰不如伐吳.
伐吳不勝, 民人外死, 大臣內空, 是君上無彊臣之敵, 下無民人之過,
孤主制齊者唯君也."

田常曰, "善. 雖然, 吾兵業已加魯矣, 去而之吳, 大臣疑我, 奈何?"
子貢曰, "君按兵無伐, 臣請往使吳王, 令之救魯而伐齊, 君因以兵迎
之."

田常許之, 使子貢南見吳王.

[해석] 자공은 魯를 떠나 齊에 가서 田常에게 유세하였다.

"君의 魯나라 원정은 잘못입니다. 魯는 정벌하기 어려운 나라이니 그 성벽은 부실하고 낮으며, 그 땅은 협소하고 저습한 지역입니다.[397] 노의 주군은 우매하고 不仁하며, 대신들은 거짓에 무능하고, 그 士民들은 군사와 전투를 싫어하니 이런 나라와는 싸우기 어렵습니다. 그러니 吳를 정벌하는 것만 못합니다. 吳나라의 성벽은 높고 견고하며, 국토는 넓고 비옥하며, 각종 병기는 견고하고 새로 제조하였으며, 정선된 군사에 군량도 충분하며 유능한 관리들이 수비하고 있으니 이런 나라는 정벌하기가 쉽습니다."

그러자 田常은 크게 화를 내고 얼굴을 붉히며 말했다.

"당신이 어렵다는 것은 다른 사람들에게 쉬운 일이며, 당신이 쉽다는 것은 사실 어려운 일인데, 왜 나에게 이런 말을 하는가?"

자공이 말했다.

"제가 알기로는, 내부에 우환이 있다면 강대국을 공격하고, 우환이 외부에 있다면 약소국을 정벌한다고 했습니다. 지금 당신의 걱정은 내부에 있습니다. 제가 듣기로는, 당신이 3번이나 君에 피봉되고자 했지만, 3번이나 뜻을 이루지 못한 것은 대신 중에 협조하지 않는 자가 있기 때문입니다. 지금 당신이 魯를 격파하고 齊의 강역을 넓히면 勝戰에 따라 주군은 더욱 교만해지고, 魯를 격파한 대신은 더욱 존귀해질 것이니, 당신은 공로를 인정받지도 못하고 주군과의 관계는 점

......

397 地狹以泄의 泄(설, 샐 설)은 低濕地(저습지)라는 뜻.

차 소원해질 것입니다. 이는 당신이 위로는 주군을 교만하게 만들고, 아래로는 여러 신하를 방자하게 만드는 것이니, 당신의 뜻을 이루기는 더욱 어려울 것입니다. 대체로 윗사람이 교만하면 방자해지고, 아랫사람도 교만하여 세력을 다투게 된다면, 위로는 주군과 틈이 벌어지고, 아래로는 여러 대신과 경쟁해야 합니다. 그렇다면 齊나라에서 당신의 지위가 위태롭게 됩니다. 그래서 魯나라 원정이 吳나라 원정만 못한 것입니다. 만약 吳나라 원정이 성공하지 못하면 백성은 전장에 나가 죽어 내부 대신들의 세력이 허약해져서 위로는 당신에게 반대하는 대신의 세력이 꺾이고, 아래로는 백성의 비난이 없어질 것이니, 제나라의 주군은 고립되고 당신만이 齊를 장악할 수 있습니다."

그러자 田常이 말했다. "좋습니다. 그렇지만 나의 군사는 이미 魯에 진격하였는데, 魯를 떠나 吳를 공격한다면 대신들이 나를 의심할 것이지 어찌해야 합니까?"

이에 자공이 말했다. "당신이 진격을 멈추고 공격하지 않으면 제가 가서 吳王을 설득시켜 魯를 구원하고 齊를 공격케 하겠습니다. 그러면 당신은 군사를 내어 吳를 맞아 싸우면 됩니다."

田常은 허락했고 자공을 남쪽으로 보내 오왕을 만나게 하였다.

[원문] 說曰, "臣聞之, 王者不絶世, 霸者無彊敵, 千鈞之重加銖兩而移. 今以萬乘之齊而私千乘之魯, 與吳爭彊, 竊爲王危之. 且夫救魯, 顯名也, 伐齊, 大利也. 以撫泗上諸侯, 誅暴齊以服彊晉, 利莫大焉. 名存亡魯, 實困彊齊. 智者不疑也." 吳王曰, "善. 雖然, 吾嘗與越戰, 棲之會稽. 越王苦身養士, 有報我心. 子待我伐越而聽子."

子貢曰, "越之勁不過魯, 吳之彊不過齊, 王置齊而伐越, 則齊已平

魯矣. 且王方以存亡繼絶爲名, 夫伐小越而畏彊齊, 非勇也. 夫勇者
不避難, 仁者不窮約, 智者不失時, 王者不絶世, 以立其義. 今存越示
諸侯以仁, 救魯伐齊, 威加晉國, 諸侯必相率而朝吳, 霸業成矣. 且王
必惡越, 臣請東見越王, 令出兵以從, 此實空越, 名從諸侯以伐也."

吳王大說, 乃使子貢之越.

[해석] (子貢이) 吳王에게 遊說(유세)하였다.

"臣이 알기로, 王者는 남의 代를 끊지 않고 霸者(패자)는 적국을 강
하게 만들지 않으며, 千鈞(천균)의 무게에 1兩이나 1銖가 보태지면[398]
저울이 움직인다고 하였습니다. 지금 萬乘의 대국 齊나라가 千乘의
魯나라를 차지하고서 吳와 패권을 다투려 하니 나의 생각으로 왕에
게는 위기라 할 수 있습니다. 일단 魯를 구원한다면 명성을 날릴 수
있고 齊를 정벌하면 큰 이득입니다. 그리하여 泗水(사수) 주변의 제후
를 慰撫(위무)하면서 포악한 齊를 무찌르고 강한 晉을 정복한다면 이
보다 더한 이득은 없을 것입니다. 멸망할 魯를 구원하여 존속시킨다
는 명분이지만 齊나라를 꺾는 실익을 얻을 수 있으니 智者인 누구도
의심치 않을 것입니다."

吳王이 말했다. "좋소이다. 그렇지만 나는 이전에 越나라와 싸워
왕을 會稽(회계)에 몰아넣었습니다. 그래서 월왕은 몸을 낮춰 군사를
길러 나에게 보복할 생각을 하고 있습니다. 당신이 내가 越을 정벌할
때까지 기다려 준다면 당신 뜻을 따르겠소."

----

398 千鈞之重加銖兩而移 – 前漢代에 1鈞은 1鈞(7440g)=30斤, 1斤(248g)=
16兩, 1兩(15.5g)=24銖(수) 1銖는 0.65g. 千鈞의 무게에 1냥이나 1수의
무게만 보태져도 경중이 달라진다. 곧 패권이 옮겨갈 수 있다는 뜻.

子貢이 말했다. "越의 무력은 魯만 못하고, 吳의 군사력은 齊만 못한데, 왕께서 齊를 버려두고 越을 정벌한다면 齊는 이미 魯를 평정했을 것입니다. 그렇다면 왕께서 代가 끊길 나라를 구원한다는 명분을 버리는 것이며, 약소국 越을 공격하면서 강한 齊를 두려워하는 것이니, 이는 勇氣가 아닙니다. 대체로 勇者는 난관을 피하지 않고, 仁者는 궁색한 자를 억압치 않으며, 智者는 때를 놓치지 않고, 王者는 남의 대를 끊지 않기에 그 대의를 실천합니다. 지금 越을 보전케 하여 제후들에게 仁義를 보여주고 魯를 구원하면서 齊를 정벌하여 晉國에 위엄을 떨친다면 제후가 서로를 이끌고 吳에 입조할 것이니 이렇게 되면 霸業(패업)을 성취하는 것입니다. 또 대왕께서 굳이 越나라를 걱정하신다면 제가 동쪽으로 가서 월왕을 알현하여 越이 군사를 내어 대왕을 돕게 한다면, 이는 越의 내실을 비우는 것이며 대왕에게는 제후를 거느리고 齊를 정벌한다는 명분을 만들어 줄 것입니다."

吳王은 크게 기뻐하며 자공을 越나라에 사자로 보냈다.

[원문] 越王除道郊迎, 身御至舍而問曰, "此蠻夷之國, 大夫何以儼然辱而臨之?" 子貢曰, "今者吾說吳王以救魯伐齊, 其志欲之而畏越, 曰'待我伐越乃可.' 如此, 破越必矣. 且夫無報人之志而令人疑之, 拙也, 有報人之志, 使人知之, 殆也, 事未發而先聞, 危也. 三者擧事之大患."

句踐頓首再拜曰, "孤嘗不料力, 乃與吳戰, 困於會稽, 痛入於骨髓, 日夜焦脣乾舌, 徒欲與吳王接踵而死, 孤之願也." 遂問子貢. 子貢曰, "吳王爲人猛暴, 羣臣不堪, 國家敝以數戰, 士卒弗忍, 百姓怨上, 大臣內變, 子胥以諫死, 太宰嚭用事, 順君之過以安其私, 是殘

國之治也. 今王誠發士卒佐之徹其志, 重寶以說其心, 卑辭以尊其
禮, 其伐齊必也. 彼戰不勝, 王之福矣. 戰勝, 必以兵臨晉, 臣請北見
晉君, 令共攻之, 弱吳必矣. 其銳兵盡於齊, 重甲困於晉, 而王制其
敝, 此滅吳必矣." 越王大說, 許諾. 送子貢金百鎰,劍一,良矛二. 子
貢不受, 遂行.

[해석] 越王은 길을 치우고 교외에서 영접하며 손수 수레를 몰고 객사
에 들어와 자공에게 물었다.

"이런 蠻夷(만이)의 나라에 大夫께서 어인 일로 몸소 왕림하셨습니
까?"

이에 자공이 말했다. "이번에 저는 吳王에게 魯를 구원하고 齊를
정벌해달라고 요청하였는데, 吳王은 마음을 정했지만 越을 걱정하면
서 '자신이 越을 정벌한 다음에 실행하겠다.' 고 하였습니다. 그렇다
면 吳王은 틀림없이 越을 격파할 것입니다. 대체로 남에게 복수하려
는 뜻도 없으면서 남의 의심을 산다면 稚拙(치졸)한 것이고, 보복할
뜻이 있으면서 상대가 뜻을 알게 한다면 이는 위태로운 일이며, 일을
벌이기도 전에 먼저 소문을 낸다면 위기에 봉착할 것입니다. 이 3가
지는 거사에서 크게 조심해야 할 일입니다."

句踐(구천)은[399] 머리를 숙여 재배하며 말했다. "저는 일찍이 우리

----

399 句踐(구천) – 춘추 말기 越王(前 496~464년 재위). 오왕 闔閭(합려)는 패
전 임종하며 아들 夫差(부차)에게 유언, 구천은 부차에게 패배, 范蠡(범려)
의 건의에 따라 투항, 美女 西施를 헌상하며 목숨을 구걸, 부차의 노비가
되었다가 3년 뒤에 귀국, 이후 臥薪嘗膽(와신상담)하며 10년간 백성을 모
으고 10년간 가르치며 국력을 키워 부차에게 복수했고 한때 제후국 패권
을 장악했다.

국력을 헤아리지 못하고 吳와 전쟁을 벌려 會稽(회계)에서 패전한 뒤 골수에 사무친 원한에 밤낮으로 입술이 타고 혀가 마를 정도였으며 오왕을 죽이고 뒤따라 죽겠다는 생각뿐이었습니다."

그러면서 월왕 구천은 자공에게 방책을 물었다. 이에 자공이 말했다.

"吳王은 사람이 사납고 거칠어서 많은 신하들도 감내하지 못하고, 계속되는 전쟁으로 나라는 피폐해졌으며, 사졸은 더 이상 견디질 못하고 백성은 윗사람을 원망하며, 대신은 내부에서 변란을 생각하고 伍子胥(오자서)는 바른 말 때문에 죽었으며,[400] 太宰인 伯嚭(백비)는 전권을 장악했지만 주군의 과오에도 순종하면서 사익만을 챙기고 있으니, 이는 망하는 나라의 정치입니다. 지금 대왕께서 진심으로 사졸을 동원하여 吳王의 뜻에 영합하면서 귀한 보물을 바쳐 환심을 사고 겸손한 말로 존중하는 예를 표하면 吳王은 틀림없이 齊를 원정할 것입니다. 吳가 싸워 패전한다면 왕에게 큰 복입니다. 吳가 승리한다면 틀림없이 군사를 거느리고 晉(진)을 공격할 것이니, 臣이 북으로 가서 晉의 군주를 만나 함께 吳를 공격케 한다면, 吳는 틀림없이 약해질 것입니다. 吳의 정병이 齊에서 패전하고 중무장한 군사는 晉에서 곤경에 처할 것이니, 대왕께서는 吳가 피폐하기를 기다렸다가 군사를 동원한다면 吳는 틀림없이 멸망할 것입니다."

越王은 크게 기뻐하며 허락하였다. 구천은 자공에게 황금 1百 鎰

---

400 伍子胥(오자서, ?~前 484)-본래 楚國 출신. 名은 員(원), 字인 子胥(자서)로 통칭. 吳王 闔閭(합려)에 의해 중용. 楚國을 대파, 북으로 齊와 晉을 제압, 吳王 夫差가 즉위 후 부차와 의견 대립, 결국 자결했다. 그러나 이때는 오자서가 죽기 전이었다.

(일)과[401] 보검 한 자루와 좋은 창 두 자루를 선물했다. 그러나 자공은 사양하고 떠나갔다.

[원문] 報吳王曰, "臣敬以大王之言告越王, 越王大恐, 曰, '孤不幸, 少失先人, 內不自量, 抵罪於吳, 軍敗身辱, 棲于會稽, 國爲虛莽, 賴大王之賜, 使得奉俎豆而修祭祀, 死不敢忘, 何謀之敢慮!'"

　後五日, 越使大夫種頓首言於吳王曰, "東海役臣孤句踐使者臣種, 敢修下吏問於左右. 今竊聞大王將興大義, 誅彊救弱, 困暴齊而撫周室, 請悉起境內士卒三千人, 孤請自被堅執銳, 以先受矢石. 因越賤臣種奉先人藏器,甲二十領,鈇屈盧之矛, 步光之劍, 以賀軍吏."

　吳王大說, 以告子貢曰, "越王欲身從寡人伐齊, 可乎?" 子貢曰, "不可. 夫空人之國, 悉人之衆, 又從其君, 不義. 君受其幣, 許其師, 而辭其君."

　吳王許諾, 乃謝越王. 於是吳王乃遂發九郡兵伐齊.

[해석] (자공이) 吳王에게 보고하였다. "臣이 삼가 대왕의 말씀을 越王에게 전했더니 월왕은 크게 두려워하며 말했습니다. '저는 불행히도 어려서 부친을 잃었고, 저 자신을 헤아리지 못하여 吳에 죄를 지었고, 패전하여 치욕을 겪은 뒤에 會稽(회계)에 살고 있지만 나라가 크게 피폐하여 大王(吳王)의 恩賜(은사)로 겨우 제물을 차려 조상의 제사를 지내고 있으니 그 대은을 죽더라도 잊지 못할 것인데, 어찌 감

---

401 鎰(일)－고대 중량 단위, 先秦 및 秦代에 사용. 황금 중량을 표시. 1鎰(일)은 24兩(1兩은 15g 정도)이라는 주석이 있다.

히 모반을 생각하겠습니까?' 라고 말했습니다."

그 5일 뒤에 越에서는 大夫 文種(문종)을 보내 吳王에게 아뢰었다.

"東海의 노비이며 고아인 句踐(구천)은 사자인 臣 문종을 보내 감히 下吏의 예를 갖춰 문안을 드립니다. 제가 지금 삼가 듣기로, 大王께서는 大義에 입각하여 강자를 주살하고 약자를 도우려 포악한 齊나라를 곤궁케 하며 周 王室을 慰撫(위무)하오니, 저의 국내의 사졸 3천 명을 모두 모아 출동케 하고 제가 직접 갑옷을 입고 무기를 들고 앞에서 적의 공격을 막아내겠습니다. 그리하여 우선 越의 賤臣인 문종에게 조상이 사용한 병기 중 갑옷 20벌과 도끼(鈇)와 屈盧(굴로)의 창(矛), 步光(보광)의 劍(검)을 바쳐[402] 軍吏의 신분으로 삼가 하례를 올립니다."

吳王은 크게 기뻐하며, 이를 자공에게 말했다.

"越王이 몸소 과인의 齊나라 원정에 참여하겠다는데 괜찮겠습니까?"

이에 자공이 말했다. "안 됩니다. 越의 군주 자리를 비워놓고 그들 군사를 모두 동원하여 그 주군을 따르게 한다면 대의가 아닙니다. 대왕께서는 그 예물을 받고 그 군사를 허용하며 월왕에게 사례하시면 됩니다."

吳王은 허락했고 월왕에게 사례하였다. 그리고 吳王은 마침내 9郡의 군사를 동원하여 齊나라 정벌에 나섰다.

[원문] 子貢因去之晉, 謂晉君曰, "臣聞之, 慮不先定不可以應卒, 兵

---

402 鈇는 도끼 부(斧也). 屈盧(굴로)와 步光은 창과 검의 이름.

不先辨不可以勝敵. 今夫齊與吳將戰, 彼戰而不勝, 越亂之必矣. 與
齊戰而勝, 必以其兵臨晉." 晉君大恐, 曰, "爲之柰何?" 子貢曰, "修
兵休卒以待之." 晉君許諾.

[해석] 자공은 이어 晉(진)에[403] 가서 晉의 主君에게 말했다.

　"臣이 듣기로, 대응책을 미리 마련하지 않으면 돌발 사태에 대응할
수 없고,[404] 병기를 미리 준비하지 않으면 적을 이길 수 없습니다. 지
금 齊와 吳가 전쟁을 할 것인데, 吳가 齊나를 이기지 못하면 越이 吳
를 혼란에 빠트릴 것입니다. 吳가 齊와 싸워 승리할 경우 吳의 군사
는 틀림없이 晉을 공격할 것입니다."

　晉의 군주는 크게 걱정하면서 "어찌해야 합니까?"라고 물었다. 이
에 자공이 말했다.

　"병기를 정비하고 군사를 쉬게 하면서 적을 기다려야 합니다."

　晉의 군주는 자공의 말에 따랐다.

[원문] 子貢去而之魯. 吳王果與齊人戰於艾陵, 大破齊師, 獲七將軍
之兵而不歸, 果以兵臨晉, 與晉人相遇黃池之上. 吳晉爭彊. 晉人擊
之, 大敗吳師. 越王聞之, 涉江襲吳, 去城七里而軍. 吳王聞之, 去晉
而歸, 與越戰於五湖. 三戰不勝, 城門不守, 越遂圍王宮, 殺夫差而
戮其相. 破吳三年, 東向而霸.

....

403 晉國은 周代의 姬姓 제후국, 周 武王의 아들. 周 成王의 同母弟를 봉한 제
　　후국, 지금의 山西省 일대. 지금도 山西省의 簡稱으로 쓰인다. 春秋 五霸
　　의 하나로 稱霸한 기간이 가장 길었다.

404 應卒의 卒은 돌발사태(非常之事, 急卒也).

故子貢一出, 存魯,亂齊,破吳,彊晉而霸越. 子貢一使, 使勢相破,
十年之中, 五國各有變.

[해석] 子貢은 晉을 떠나 魯로 돌아갔다. 吳王은 齊의 군사와 艾陵(애
릉)에서 싸워 齊의 군사를 대파하며[405] 齊 장군 7명이 거느린 군사를
포로로 잡은 뒤에도 귀국하지 않았고, 예상대로 군사로 晉을 공격하
여 晉의 군사와 黃池(황지) 근처에서 싸웠다.[406] 吳와 晉은 자웅을 겨
루었다. 晉의 군사가 공격하여 吳의 군사를 크게 이겼다. 越의 왕은
소식을 듣고 장강을 건너 吳를 침략하여 도성에서 7리 떨어진 곳에
주둔하였다. 吳王은 소식을 듣고 晉을 버려두고 회군하여 越의 군사
와 五湖(오호)에서 싸웠다. 吳는 3차례 공격하였으나 이기지 못했고
城門을 방어하지 못하여 越의 군사가 왕궁을 포위한 뒤에 吳王 夫差
(부차)를 죽이고, 吳의 宰相〔伯嚭(백비)〕도 죽였다.[407] 越은 吳를 격파
한 뒤에 동쪽으로 진출하며 霸者(패자)가 되었다.

그래서 자공이 한번 움직여 魯를 안정시키고(存魯), 齊를 혼란에
빠트렸고(亂齊), 吳가 격파되었으며(破吳), 晉을 강성하게 했고(彊
晉), 越은 霸者가 되었다(霸越). 자공이 한번 사자로 나가 서로의 세
력을 격파케 하였으니 10년 동안에 5나라에 변화가 있었다.

....
405 艾陵(애릉)은 齊의 지명.《左傳》哀公 11년(前 484년) 5월의 기사 참고.
406 黃池의 會戰은《左傳》哀公 13年(前 482년).
407 越이 吳를 멸망시킨 것은《左傳》哀公 22년(前 473년)의 일이다. 사건이
　　 연이은 것이 아니고 몇 년의 공백이 있지만 사건의 연관성이 있어 기록
　　 하였다.

[원문] 子貢好廢擧, 與時轉貨貲. 喜揚人之美, 不能匿人之過. 常相魯
衛, 家累千金, 卒終于齊.

[해석] 子貢은 재화의 매입과 시세에 따른 전매를 잘했다.[408] 자공은
다른 사람의 장점을 널리 알리기를 좋아하였지만, 다른 사람의 과오
를 숨겨주지는 않았다.[409] 자공은 魯와 衛나라의 재상을 역임했고,
집안에 천금을 비축했는데 나중에 齊나라에서 죽었다.

● **言偃(언언)**

[원문] 言偃, 吳人, 字子游. 少孔子四十五歲.

子游旣已受業, 爲武城宰. 孔子過, 聞弦歌之聲. 孔子莞爾而笑曰,
"割雞焉用牛刀?" 子游曰, "昔者偃聞諸夫子曰, 君子學道則愛人,

....

408 원문의 好廢擧, 與時轉貨貲 – 廢擧(폐거)는 비축하다(停貯也). 與時는 시
세에 따라(逐時也), 또는 물가가 쌀 때 사들이고 비쌀 때 팔다(買賤賣貴
也). 轉化는 시세에 따라 이리저리 轉賣하다. 貲는 재물 자(資 通).

409 《論語》에서 공자는 3차에 걸쳐 자공에게 '恕(서, 용서, 관용)'를 깨우쳐 주
었다. 자공이 "죽을 때까지 지켜야할 한마디 말이 무엇입니까?"라고 물
었을 때, 공자는 "其恕乎! 己所不欲을 勿施於人하라."고 말했다. 《論語 衛
靈公》 또 《論語 公冶長》에서 子貢曰, "我不欲人之加諸我也, 吾亦欲無加
諸人." 子曰, "賜也, 非爾所及也." 의 구절, 그리고 《論語 雍也》의 子貢曰,
"如有博施於民而能濟衆, 何如? 可謂仁乎?" 子曰, "何事於仁! 必也聖乎!
堯舜其猶病諸! 夫仁者, 己欲立而立人, 己欲達而達人. 能近取譬, 可謂仁
之方也已." 의 구절도 모두 자공에게 너그러운 마음을 가지라는 충고의
뜻이 들어 있다.

小人學道則易使." 孔子曰, "二三子, 偃之言是也. 前言戲之耳." 孔子以爲子游習於文學.

[해석] 言偃(언언, 前 506~443년)은 吳나라 사람인데,[410] 字는 子游(자유)이다. 공자보다 45세 연하이다. 자유가 공자에게 수업을 받은 뒤에 武城의 邑宰(읍재)가 되었는데[411] 孔子가 무성읍을 지나가다가 弦歌(현가) 소리를 들었다. 孔子가 빙그레 웃으며[412] "닭을 잡는데, 어찌 소를 잡는 칼을 쓰겠는가!"라고[413] 말했다. 이에 자유가 말했다.

"예전에 저는 夫子께 '君子가 예악을 배워 알면 백성을 사랑하고, 소인이 예악을 알면 쉽게 부릴 수 있다.'고[414] 들었습니다."

그러자 공자께서 말했다. "제자들아! 자유의 말이 맞다. 내가 한 말은 농담이었다."[415]

....

410 《孔子家語 七十二弟子解》에는 魯人이라 하였다. 언언이 魯에 출사하여 武城宰가 되었지만 吳郡에 言偃의 무덤이 있으며 吳郡人이라는 주석이 있다. 공자의 72 제자 중 유일한 남방 출신. 춘추시대 중국 동남방의 문화 발전에 크게 기여하였기에 '南方夫子'라는 稱譽가 있다.

411 魯 武城邑은 漢代 泰山郡 관할.

412 원문의 莞爾(완이)는 小笑貌.

413 원문 割雞焉用牛刀?는 武城과 같은 小邑을 다스리면서 어찌 나라를 경영하는데 적용될 예악의 大道를 적용하겠느냐 뜻으로 생각할 수 있다. 그러나 공자의 본뜻은 子游만한 최고의 능력자가 武城 같은 작은 고을을 다스리는데 대한 아쉬움의 표현으로 생각할 수도 있다.

414 道는 禮樂을 말함. 禮樂으로 和人하고 人和하면 쉽게 교화할 수 있다는 뜻.

415 二三子는 공자를 따라온 제자들(從行者). 스승이 두세 명의 제자를 부르는 말. (例) 子曰, "二三子以我爲隱乎? 吾無隱乎爾. 吾無行而不與二三子者, 是丘也."《論語 述而》

공자는 자유가 文學에 뛰어났다고 생각했다.[416]

● 卜商(복상)

[원문] 卜商 字 子夏. 少孔子四十四歳.

子夏問, "「巧笑倩兮, 美目盼兮, 素以爲絢兮」, 何謂也?" 子曰, "繪事後素." 曰, "禮後乎?" 孔子曰, "商始可與言詩已矣."

子貢問, "師與商孰賢?" 子曰, "師也過, 商也不及." "然則師愈與?" 曰, "過猶不及."

子謂子夏曰, "汝爲君子儒, 無爲小人儒."

孔子既沒, 子夏居西河教授, 爲魏文侯師. 其子死, 哭之失明.

[해석] 卜商(복상)의 字는 子夏(자하)이다.[417] 공자보다 44세 어렸다.

자하가 물었다, "「곱게 웃는 고운 얼굴에, 눈웃음치는 예쁜 눈, 흰 피부가 눈부시도다.」라는 시는 무슨 뜻입니까?"[418]

공자가 말했다. "바탕을 희게 칠한 다음에 채색 그림을 그린다는

....

416 文學은 詩, 書, 禮, 樂의 文章을 말한다. 현재의 文學과는 개념이 틀리다. 德行, 顏淵閔子騫冉伯牛仲弓. 言語, 宰我子貢. 政事, 冉有季路. 文學, 子游子夏.《論語 先進》

417 卜商(복상)은《孔子家語》에 衛(위)나라 사람이라고 했다.

418 倩은 예쁠 천. 예쁘게 웃는 모습. 盼은 눈이 예쁠 반. 눈웃음치다(動目貌). 絢은 무늬 현. 곱다. 문채 나는 모양(文貌). 巧笑倩兮, 美目盼兮의 二句는《詩經 衛風 碩人》. 素以爲絢兮의 一句는 逸詩.

뜻이다."[419]

"禮로 마무리한다는 뜻입니까?"[420]

공자께서 말했다. "卜商은 함께 詩를 논할 수 있다."[421]

子貢(자공)이 물었다. "顓孫師(전손사, 子張)와 卜商(복상, 子夏) 중 누가 더 현명합니까?"

공자께서 말했다. "자장은 넘치고, 자하는 미치지 못한다."[422]

"그러면 자장이 더 나은 것입니까?"

"지나친 것이나 부족한 것은 모두 마찬가지이다(過猶不及)."[423]

공자께서 자하에게 말했다.

"너는 君子와 같은 유생이 되어야지 小人儒가 되지 마라."[424]

공자가 죽은 뒤에 子夏는 西河(서하)에 머물면서[425] 제자를 가르쳤

....

419 繪事後素는 직역을 하면 그림 그리기는 바탕을 칠한 뒤이다. 곧 먼저 바탕을 희게 칠한(素) 뒤에(後) 그림을 그린다(繪事). 繪는 그림을 그리다. 무늬를 놓다(畫文也). 고운 자태의 미인이라도 본질인 禮를 갖추어야 그 미모가 돋보인다는 의미로 새겨도 된다.

420 "禮後乎?" 子夏는 인간의 바른 심성을 갖추는 일이 우선이고(素), 그 다음에 예를 갖춰 완성한다는 뜻으로 이해했다.

421 子夏가 나의 뜻을 충분히 이해하니 함께 《詩經》의 詩를 논할 수 있다는 뜻.

422 두 사람 모두 正中에 이르지 못했다(不得中)는 뜻.

423 《論語 先進》의 구절.

424 道를 밝힐 수 있는(明道) 儒者가 되어야 한다. 명성이나 얻으려 한다면 小人儒일 것이다.

425 漢代의 西河郡은 漢 武帝 때 설치했고, 치소는 平定縣(今 陝西省 榆林市 관할의 府谷縣)이었고, 後漢에서는 離石縣(今 山西省 呂梁市 離石區)이었으니 지금 山西省의 북부, 黃河의 동부 지역이다.
공자 사후 前 476年에 자하는 晉國의 西河(今 陝西省 渭南市)에서 학당

고, 魏 文侯의 사부가 되었다.[426] 자하는 아들이 죽자 심하게 통곡했고 그래서 失明했다.

● 顓孫師(전손사)

[원문] 顓孫師, 陳人, 字 子張. 少孔子四十八歲.

子張問干祿, 孔子曰, "多聞闕疑, 愼言其餘, 則寡尤. 多見闕殆, 愼行其餘, 則寡悔. 言寡尤, 行寡悔, 祿在其中矣."

他日從在陳蔡閒, 困, 問行. 孔子曰, "言忠信, 行篤敬, 雖蠻貊之國行也. 言不忠信, 行不篤敬, 雖州里行乎哉! 立則見其參於前也, 在

를 개설하고 제자를 교육했다. 그곳은 三家가 分晉한 뒤에 魏國의 영역에 속했다. 자하는 '西河學派'의 개조가 되었고, 그 문하에서 治國의 良才가 많이 배출되었고 뒷날 法家 성장의 요람이 되었다. 서하 일대에서는 子夏를 孔子처럼 대우하였다.《論語》一書도 많은 부분이 자하의 제자들에 의해 이루어졌다고 인정받고 있다.

426 「仲尼(중니, 공자)가 죽자, 70 제자들은 흩어져 제후에게 유세하였는데 크게 된 자는 공경이나 사부가 되었고, 작게 성취한 자는 사대부의 벗이나 스승이 되었으며, 혹자는 은거하며 세상에 나오지 않았다. 그래서 子張은 陳에 살았고 澹檯子羽(담대자우, 澹檯滅明)는 楚에, 子夏는 西河에 기거했으며, 子貢은 齊에서 죽었다. 田子方, 段干木(단간목), 吳起(오기), 禽滑釐(금활리) 같은 사람들은 모두 子夏(자하)에게 배웠다. 이때 오직 魏 文侯(재위 前 445~396年)만이 好學하였다. 전국시대에 천하가 다툴 때 유학은 배척되었지만 그래도 齊와 魯에서는 학자들이 유학을 폐하지 않았으니 齊 威王과 宣王 무렵에는 孟子와 孫卿(손경) 같은 사람들이 모두 夫子(孔子)의 학술을 받들고 더욱 발전시켜 당세에 학문으로 유명하였다.」 班固의《漢書 儒林傳》참고.

興則見其倚於衡, 夫然後行." 子張書諸紳.

子張問, "士何如斯可謂之達矣?" 孔子曰, "何哉, 爾所謂達者?" 子張對曰, "在國必聞, 在家必聞." 孔子曰, "是聞也, 非達也. 夫達者, 質直而好義, 察言而觀色, 慮以下人, 在國及家必達. 夫聞也者, 色取仁而行違, 居之不疑, 在國及家必聞."

[해석] 顓孫師(전손사, 前 503∼447년)는 陳나라 사람인데,[427] 字는 子張 (자장)이다. 공자보다 48살 적었다.

子張이 祿位(녹위, 관직)를 얻을 수 있는 방법을 묻자,[428] 孔子가 말했다.

"많이 배우면 모르는 것이 적을 것이고, 말을 조심하면 허물이 적을 것이다.[429] 많이 보면 위험한 일이 적을 것이니, 그런 다음에 행실을 조심하면 후회할 일이 적을 것이다.[430] 허물이 될 만한 말이 없고, 뉘우칠 짓을 하지 않으면 관록은 거기에 있을 것이다.

다른 날 공자 일행이 陳國과 蔡國의 부근에서 곤경에 처했을 때,[431]

---

427 陳 도읍은 宛丘(완구, 今 河南省 동부 周口市 관할 淮陽縣), 영역은 今 河南省 동부와 安徽省 북부. 漢代에는 陳郡.

428 《論語 爲政》의 구절. 子張學干祿.∼. 干은 방패 간. 구하다. 간여하다. 祿 은 祿位. 관직.

429 寡尤(과우)의 尤는 허물, 過誤. 잘 모르는 일은 상관하지 말라. 그런 다음에 말을 조심하라는 뜻.

430 寡悔(과회)의 悔는 뉘우침. 殆는 위태할 태. 위험한 행동을 하지 않으면 후회할 일이 없을 것이다.

431 蔡國은 今 河南省 중부의 鄭州市에 해당. 子曰, "從我於陳蔡者, 皆不及門也."《論語 先進》. 공자가 각국을 주유할 때, 陳과 蔡國의 경계에서 양식이 떨어지는 등 큰 곤경에 처했었다(在陳絶糧).《論語 衛靈公》.

자장이 어떤 행실을 가져야 하는가를 물었다.[432] 이에 공자께서 말했다.

"정성되고 신뢰할 수 있는 말에, 독실하고 경건한 행실을 한다면 비록 이민족이 사는 곳에서도 행실이 인정받을 수 있다.[433] 언행이 충실, 신뢰할 수 없고 행동이 돈독, 경건하지 않다면 비록 고향 마을에서도 실행할 수 있겠는가! 서있으면 이 말이 앞에 어른거리고, 수레가 언제나 멍에에 의지하는 것처럼 늘 생각하면 뜻대로 행할 수 있을 것이다."[434]

子張은 공자의 말을 써서 허리띠에 꽂았다.[435]

子張이 물었다. "士가 어떠해야 통달했다고 할 수 있습니까?"[436]

이에 공자께서 물었다. "네가 말하는 통달이란 무슨 뜻인가?"

자장이 대답했다. "제후국에 확실하게 알려졌고 家鄕에서도 소문난 것입니다."[437]

공자께서 말했다. "그것은 명성이지 통달한 것이 아니다. 바탕이 곧고 대의를 따르며, 남의 말이나 안색을 살펴 걱정하며, 겸양하여 남의 아래에 머물 수 있으며, 제후국이나 家鄕에서 틀림없이 두루 통

....

432 《論語 衛靈公》의 구절이다. 問行의 行은 행실, 또는 자신의 뜻을 실천하기.

433 蠻貊之國은 南蠻과 北貊(북맥). 貊은 북방 종족 맥. 중국인이 아닌 이민족을 지칭.

434 衡은 멍에(軛也, 軏也, 멍에 액). 수레는 소나 말의 멍에에 연결되어야 움직일 수 있다. 수레의 가로나무(橫木). 忠, 信, 篤, 敬을 언제나 생각하고 실행해야 한다는 뜻.

435 書諸紳은 書之於紳. 木簡이나 竹簡에 써서 생각날 때마다 읽으려고 허리띠에 꽂았다. 紳은 옷에 매는 넓은 띠. '허리띠에 기록했다'면 文理가 좀 부자연스럽다.

436 《論語 顏淵》의 구절. 士는 卿 - 大夫 - 士의 계층이라기보다는 文士나 武士의 구분 없이 일반적 지식인이라고 생각해야 한다. 達은 通達의 의미.

437 聞은 士가 사는 곳에서 명예로운 명성을 누리는 것을 의미.

달할 것이다. 그리고 명성이 있다는 자는 표정은 인자하나 행실이 어긋하고 위선으로 안거하면서도 위선을 의심하지 않으니, 그런 자는 제후국에나 가향에서 소문이 많을 것이다.[438]

● 曾參(증삼)

[원문] 曾參, 南武城人, 字子輿. 少孔子四十六歲. 孔子以爲能通孝道 故授之業, 作孝經. 死於魯.

[해석] 曾參(증삼)은[439] (魯의) 南武城[440] 사람으로, 字는 子輿(자여)이다. 공자보다 46세 연하이다.

孔子는 증삼이 孝道를 다 한다고 생각했으며[441] 증삼을 교육하였

---

438 명성만을 추구하는 간사한 자[佞人(영인)]를 설명하였다.

439 曾參(증삼, 前 505~435년) - 世稱 曾子, 孔門十哲은 아니나 儒家의 宗聖으로 불림. '吾日三省吾身' 하며 수양했고, 공자께서 "吾道一以貫之"라고 했을 때 曾子는 "夫子之道, 忠恕뿐"이라고 풀이했다. 병이 위독할 때 제자들에게 "啓予足! 啓予手!" 하라며 부모로부터 받은 신체를 훼손하지 않는 것이 효도의 시작이라고 말했다.

440 武城은 魯國의 지명. 子游(言偃)가 읍재로 있던 곳. 魯 武城邑은 漢代 泰山郡 관할. 山東省 중부 濟寧市 관할 嘉祥縣(가상현).

441 '二十四孝' 중 '齧指痛心(설지통심)'의 주인공. 증삼이 산에서 나무를 할 때 손님이 찾아왔다. 증삼의 모친은 기다렸지만 어떻게 알릴 방법이 없었다. 이에 모친은 손가락을 깨물어 피를 흘렸다. 산에서 나무하던 증삼은 갑자기 가슴이 아파 견딜 수 없었는데, 증삼은 모친에게 변고가 있다고 생각하여 급히 나뭇짐을 메고 돌아왔다. 모친은 내 손끝을 깨물어 너에게 알리려 했다고 말했다. 이를 齧指痛心(설지통심, 깨물 설)이라 한다.

다. 증삼은 《孝經》을 저술했고[442] 魯에서 죽었다.

● 澹臺滅明(담대멸명)

[원문] 澹臺滅明, 字 子羽. 少孔子三十九歲.

　狀貌甚惡. 欲事孔子, 孔子以爲材薄. 旣已受業, 退而修行, 行不由徑, 非公事不見卿大夫.

　南游至江, 從弟子三百人, 設取予去就, 名施乎諸侯. 孔子聞之, 曰, "吾以言取人, 失之宰予. 以貌取人, 失之子羽."

[해석] 澹臺滅明(담대멸명)의 字는 子羽(자우)이다.[443] 孔子보다 39세 적었다.

　(담대멸명은) 외모가 아주 추했다. 공자를 사부로 섬기고자 할 때 공자는 재주도 없을 것이라 생각했다. 가르침을 받고 물러나 실천했는데, 샛길로 다니지 않았고 공무가 아니면 경이나 대부를 찾아다니지 않았다.[444]

....

442 《孝經》全書는 1,800여 字로 儒家 十三經 중 분량이 가장 적지만 독립된 경전이다. 일반적으로 曾子의 저술로 알려졌지만, 공자 제자들의 여러 언행을 秦, 漢 시절에 儒者의 저작이라고 인정한다.

443 澹臺(담대)가 姓이고, 滅明(멸명)이 이름. 武城 사람.

444 子游(言偃)가 武城宰였다. 공자가 "너는 쓸만한 사람을 찾았느냐?"고 물었다. 이에 자유는 "담대멸명은 行不由徑하고 非公事면 자유의 私處에 오지 않는다"고 말했다. 지름길을 다니지 않는다는 것은 便利만을 추구하지 않고 행실이 공정하다는 뜻이다.

(담대멸명이) 남쪽으로 여행하여 長江에 이르렀는데 그를 따르는 제자가 3백 명이었고, 주고받거나 거취에 흠결이 없어 제후 사이에 이름이 알려졌다. 이를 공자께서 듣고서 말했다.

"내가 말재주로 사람을 고르다 보니 宰予(재여) 같은 자를 잘못 골랐고, 외모로 사람을 고르다가 子羽(자우) 같은 사람을 놓칠 뻔했다." [445]

● 宓不齊(복부제)

[원문] 宓不齊 字子賤. 少孔子三十歲. 孔子謂 "子賤君子哉! 魯無君子, 斯焉取斯?"

　子賤爲單父宰, 反命於孔子 曰, "此國有賢不齊者五人, 敎不齊所以治者." 孔子曰, "惜哉 不齊所治者小, 所治者大則庶幾矣."

[해석] 宓不齊(복부제)의 字는 子賤(자천)이다. [446] 孔子보다 30세 아래였다. [447] 孔子는 "子賤은 君子로다! 魯에 君子가 없었다면 子賤이 어

---

445 '以貌取人, 失之子羽' 라는 말은 《論語》에는 나오지 않는다. 공자는 "君子不以言擧人, 不以人廢言." 이라고 말했다.《論語 衛靈公》.《孔子家語》에는 '子羽有君子之容, 而行不勝其貌' 라 하여 本文과 정반대로 기록했다.

446 宓은 성 복. 본래 虙(위엄스러울 복, 성씨) 字이나 필사 과정에서 바뀌었다는 주석이 있다. 漢代에 濟南의 伏生(복생)이 《尙書》를 후세에 전했는데, 伏生은 虙不齊(宓不齊)의 후손이며 虙(宓)과 伏이 고대에 통용되었다는 주석이 있다.

447 《孔子家語》에는 「魯人, 字 子賤, 少孔子四十九歲」라 하여 本文과 다르다.

디서 배웠겠는가?"라고 말했다.[448]

자천이 單父(선보)의 읍재였는데[449] 돌아와 공자에게 복명하면서 말했다. "저의 임지에 저보다 현명한 사람이 다섯 분이나 있어[450] 제가 잘 다스리도록 가르쳐 줍니다."

이에 공자께서 말했다. "애석하도다! 복부제가 다스리는 곳이 작은 곳이나 큰 지역을 다스려도 아주 잘할 것이다."

● **原憲**(원헌)

[원문] 原憲 字 子思. 子思問恥. 孔子曰, "國有道, 穀. 國無道, 穀, 恥也."

子思曰, "克伐怨欲不行焉, 可以爲仁乎?" 孔子曰, "可以爲難矣, 仁則吾弗知也."

孔子卒, 原憲遂亡在草澤中. 子貢相衛, 而結駟連騎, 排藜藋入窮閻, 過謝原憲. 憲攝敝衣冠見子貢. 子貢恥之, 曰, "夫子豈病乎?" 原憲曰, "吾聞之, 無財者謂之貧, 學道而不能行者謂之病. 若憲, 貧也, 非病也." 子貢慙, 不懌而去, 終身恥其言之過也.

----

448 《論語 公冶長》의 구절이다.
449 單父(선보)는 今 山東省 서남부 菏澤市 관할의 單縣.
450 《孔子家語 七十二弟子解》에는 「不齊所父事者三人, 所兄事者五人, 所友者十一人」으로 본문과 다르다.

[해석] 原憲(원헌)의 字는 子思(자사)이다.[451]

子思가 恥辱(치욕)에 대하여 물었다. 孔子가 말했다.

"나라에 道가 행해지면 관록을 받는다. 나라가 무도할 때 국록을 받는 것이 치욕이다.[452]

자사가 물었다. "남을 꺾어 누르기, 자신을 뽐내기, 남에게 원한을 품기, 재물 욕심 등이 없다면 仁이라고 할 수 있습니까?[453]

공자께서 대답했다. "그것도 어려운 일이지만 그것이 仁인가는 잘 모르겠다."[454]

孔子가 죽은 뒤에 原憲은 (衛나라) 초야에 묻혔는데, 子貢이 衛의 재상이 되어 말 4마리가 끄는 수레를 타고 수행 기마를 거느리고 원헌의 거처에 찾아 들렀다. 원헌은 헤진 의관을 쓰고 자공을 만났다. 자공은 원헌의 그런 모습을 부끄럽게 여기면서 "어디가 편찮으십니까?"라고 물었다. 그러자 원헌이 말했다.

"내가 알기로, 재산이 없다면 가난입니다. 道를 배워 알면서도 실행하지 못한다면 病이라고 합니다. 나는 가난하지만 병은 아닙니다."

자공은 부끄러웠고 서먹하게 떠나갔지만 죽을 때까지 실언의 과오

....

451 전한 鄭玄은 원헌은 魯人이라고 했다. 《孔子家語》에는 「宋人. 少孔子三十六歲.」라고 했다. 《論語 雍也》에 나오는 原思爲之宰, 與之粟九百, 辭. ~의 原思가 原憲이다. 《論語 憲問》은 '원헌이 恥에 대하여 물었다'로 시작한다. 원헌은 공자가 魯의 사구가 되었을 때 원헌은 공자의 가신이 되었다.

452 穀은 穀食. 國祿. 邦有道면 응당 국록을 받고 살아야 한다. 君이 無道한 데도 섬기며 국록을 받아 영화를 누리는 것이 치욕이라고 생각했다.

453 克은 남을 이기려 함. 伐은 자신의 공을 내세우기. 怨은 원망, 시기 등의 감정. 欲은 貪欲.

454 四者의 실행도 어려운 일이지만 仁을 실천이라 보기에는 부족하다는 뜻.

를 수치로 여겼다.

● 公冶長(공야장)

[원문] 公冶長, 齊人, 字子長. 孔子曰, "長可妻也, 雖在累絏之中, 非
其罪也." 以其子妻之.

[해석] 公冶長(공야장, 前 519 ~ 470년)은 齊나라 사람이고, 字는 子長(자
장)이다.[455]

　　孔子가 말했다. "공야장은 딸을 줄만한 사람이니, 지금은 갇혀있지
만 그 사람의 죄가 아니다."[456] 그리고는 딸을 시집보냈다.

● 南宮括(남궁괄)

[원문] 南宮括 字 子容. 問 孔子曰, "羿善射,奡盪舟, 俱不得其死然.
禹稷躬稼而有天下?" 孔子弗答. 容出, 孔子曰, "君子哉若人! 上德
哉若人!"

　　"國有道, 不廢, 國無道, 免於刑戮."

....

455 公冶(공야)가 성씨. 長(또는 萇)이 이름. 字는 子長, 또는 子芝(자지). 公冶
長은 새의 말을 알아들었다는 이야기가 전해온다. 〈公冶長〉은《論語》의
편명. 여러 사람에 대한 인물평이 많다.

456 累(묶을 루)는 검은 밧줄. 絏은 고삐 설. 묶다. 죄인을 묶어 매다.

三復'白珪之玷', 以其兄之子妻之.

[해석] 南宮括(남궁괄)의 字는 子容(자용)이다.[457]

남궁괄이 공자에게 말했다. "(夏 말기) 后羿(후예)는 善射하고, 奡(오)는 배를 뒤집을 정도로 힘이 강했지만[458] 모두가 제 명에 죽지 못했습니다. 그러나 禹(우)와 后稷(후직)은 농사를 지었는데도 천하를 차지하였습니다."[459] 南宮括이 나가자, 공자께서 말했다.

"이 사람(남궁괄)은 군자로다! 이 사람은 덕을 숭상하는구나!"[460]

"나라에 道가 지켜지면 등용될 것이고, 나라가 無道하더라도 형벌에 처해지지는 않을 것이다."[461]

(남궁괄이) '白珪之玷(백규지점)'을 3번 반복하자 형의 딸을 아내로 주었다.[462]

---

457 《孔子家語》에는 南宮縚(남궁도)로 기록. 남궁은 복성. 魯나라 대부 仲孫氏(孟懿子)의 손자. 孟僖子의 아들. 《論語》에 南容으로 표기.

458 羿(예)는 有窮國(유궁국)의 君主, 夏后의 지위를 찬탈했다. 예의 아내와 寒浞(한착)이 예를 죽였고, 그 소생이 奡(오, 힘셀 오)이다. 오는 땅 위에서 배를 끌고 갈 정도로 힘이 세었다고 한다.

459 禹는 치수사업에 진력했고 뒷날 夏왕조를 열었으며, 后稷은 百穀을 심고 가꾸었는데 그 후손이 周를 건국했다. 남궁괄의 뜻은 禹와 后稷을 孔子에 비유하려는 뜻이었다.

460 不義를 천시하고 有德者를 높이기에 君子라고 칭찬하였다. 《論語 憲問》의 구절.

461 不廢는 등용된다는 뜻. 《論語 公冶長》의 구절.

462 《詩》云 '白珪(백규)의 하자(玷, 이지러질 점)은 오히려 갈아 없앨 수 있지만, 말의 잘못은 어쩔 수 없네.(白珪之玷, 尙可磨也. 斯言之玷, 不可爲也.)' 南容이 詩를 읽다가 이 부분을 3번이나 반복해서 읽었다. 이는 그 마음이 敬愼(경신)하는 것이다. 그래서 조카딸을 아내로 주었다. 《論語 先進》

● 公晳哀(공석애)

[원문] 公晳哀 字季次. 孔子曰, "天下無行, 多爲家臣, 仕於都, 唯季
次未嘗仕."

[해석] 公晳哀(공석애)의 字는 季次(계차)이다.[463] 孔子가 말했다.
　"天下가 道를 따르지 않고, 많은 사람들이 (諸侯나 卿大夫의) 가신
이 되어 도읍에 출사하지만 오직 계차만은 (지조를 지켜) 출사하지
않았다."[464]

● 曾蒧(증점)

[원문] 曾蒧 字晳. 侍孔子, 孔子曰, "言爾志." 蒧曰, "春服旣成, 冠者
五六人, 童子六七人, 浴乎沂, 風乎舞雩, 詠而歸." 孔子喟爾歎曰,
"吾與蒧也!"

[해석] 曾蒧(증점)의 字는 晳(석)이다.[465]

....

463 《孔子家語》에는 '公晳克(공석극)' 으로 기록.
464 《孔子家語》에서는 "지조를 굽혀 人臣이 되지 않았기에 공자가 특별히
　　　칭찬하였다." 라고 했다. 《史記 游俠列傳》에도 기록이 있다.
465 蒧은 풀이름 점(蒧, 通 點). 晳(살결 흴 석)은 曾參의 부친이다. 《孔子家語
　　　七十二弟子解》에는 曾點, 그리고 字를 子晳(자석)이라고 했다. 공자 초기
　　　의 제자. 공자보다 20세 정도 어렸다.

孔子를 모실 때, 孔子가 말했다. "너의 素志를 말해 보아라."[466]

그러자 증점이 말했다.

"春服이 마련되면 어른(冠者) 대여섯과 아이(童子) 예닐곱과 함께 沂水(기수)에서 목욕하고 舞雩(무우)에서 바람을 쏜 뒤에 노래를 읊으며 돌아오고 싶습니다."[467]

이에 공자께서 크게 한숨을 쉬고서는 말했다. "나도 너처럼 그러고 싶도다."[468]

● 顔無繇(안무요)

[원문] 顔無繇 字路. 路者, 顔回父, 父子嘗各異時事孔子.

顔回死, 顔路貧, 請孔子車以葬. 孔子曰, "材不材, 亦各言其子也. 鯉也死, 有棺而無椁, 吾不徒行以爲之椁, 以吾從大夫之後, 不可以徒行."

[해석] 顔無繇(안무요)의 字는 路(로)이다. 顔路(안로)는 顔回(안회)의 부친인데, 부자가 다른 시기에 공자를 스승으로 모셨다.[469]

....

466 言爾志의 爾는 너 이(女, 汝와 同).《論語 先進》참고.
467 冠者는 成人. 沂水는 大川 이름. 浴은 洗手, 洗面. 舞雩(무우)는 지명인데, 祭天祈雨之處라는 주석이 있다.
468 喟爾(위이)는 한숨을 쉬는 모습. 歎은 읊을 탄. 한숨을 쉬다.
469 無繇의 繇는 부릴 요. 요역, 부역.《孔子家語》에는 '顔由가 이름, 字가 路' 공자께서 闕里(궐리)에서 처음 후진을 교육할 때의 제자. 공자보다 6세 연하.

顔回가 죽었을 때 안로는 가난하여 공자의 수레를 팔아 덧널〔槨(곽)〕을 만들어 장례를 치르게 해달라고 요청했다.[470]

이에 공자께서 말했다. "재주가 있건 없건 모두 자식을 생각하는 것이다. 내 아들(鯉)이 죽었을 때 널을 썼지만 덧널을 써서 장례하지는 않았는데, 내가 수레를 팔아 덧널을 만들고 걸어 다닐 수 없었던 것은 내가 대부의 뒤에서 걸어 다닐 수 없었기 때문이다.[471]

● 商瞿(상구)

[원문] 商瞿, 魯人, 字子木. 少孔子二十九歲.

孔子傳《易》於瞿, 瞿傳楚人馯臂子弘, 弘傳江東人矯子庸疵, 疵傳燕人周子家豎, 豎傳淳于人光子乘羽, 羽傳齊人田子莊何, 何傳東武人王子中同, 同傳菑川人楊何. 何元朔中以治易爲漢中大夫.

---

470 시신을 넣는 것이 널〔棺(관)〕이고, 관 전체를 넣는 것이 덧널〔槨(곽)〕이다. 덧널이 나무이면 木槨(목곽)이다. 新羅의 고분의 구조는 木槨積石塚(목곽적석총)이다.

471 《論語 先進》에는 '材不材'가 아닌 '才不才'로 되어있다. 鯉(리)는 공자의 아들. 아들이 죽었을 때도 수레를 팔아 장례에 덧널을 쓰지 않았다. 孔鯉는 나이 50에 공자보다 먼저 죽었다. 공자는 대부 반열에 올랐기에 다른 사람의 喪事나 日常에 걸어 다닐 수 없다는 謙辭이다. 안회가 공자의 수제자였고, 공자도 안회의 죽음에 몹시 애통했지만 안회 부친의 요구는 事理上 무리한 요구였다.

[해석] 商瞿(상구)는 魯人이고, 字는 子木(자목)이다.[472] 공자보다 29세
연하였다. 孔子는 《易經》을 상구에게 전수했고,[473] 상구는 이를 楚人
馯臂子弘(한비자홍)에게 전수했으며,[474] 한비자홍은 江東 사람 矯子

....
472 瞿는 볼 구. 사방을 둘러보다. 나이가 38세에도 아들이 없었다. 다음의
有若(유약) 條 참고.

473 공자는 《易》을 즐겨 읽고 공부했다. 공자는 "나에게 몇 년의 여유가 있어
易에 대한 공부를 마칠 수 있다면 아마 大過가 없을 것이다.(子曰, "加我
數年, 五十以學易, 可以無大過矣."《論語 述而》)라고 말했다. 공자께서
《易》을 즐겨 읽은 사실을 말할 때 흔히 '韋編三絶(위편삼절)'을 언급하는
데, 이는 《論語》에 있는 말이 아니다. 《史記 孔子世家》에는 '공자는 만년
에 易을 좋아하여 주역의 내용을 해설하는 글을 지었고, 가죽 끈이 세 번
이나 끊어질 정도로 많이 읽었다.(孔子晚而喜易 序彖,系,象,說卦,文言,
讀易 韋編三絶.)' 라는 기록이 있다. 韋編은 竹簡이나 木簡을 매는, 곧 책
을 제본하는 가죽 끈이다. 옛날 종이가 발명되기 전에, 글자가 쓰여 있는
목간이나 죽간을 하나씩 넘겨가며 독서를 하다 보니 그 가죽 끈이 닳아
서 세 번이나 끊어졌으니 얼마나 열심히 독서했는가를 알 수 있다.

474 馯臂(한비)는 복성, 馯은 성씨 한, 말(馬) 이름 간. 《漢書 儒林傳》에는 馯
(간)이 성씨, 臂(비)가 이름. 字는 子弓으로 되어 있다. 《한서 유림전》의
이와 관련한 기록은 다음과 같다.
「魯의 商瞿(상구, 字 子木)는 공자에게 《易》을 배운 이후, 魯의 橋庇(교비,
字 子庸)에게 전수하였다. 子庸(자용)은 이를 江東의 馯臂(간비, 字 子弓)에
게 전수했고. 子弓(자궁)은 燕의 周醜(주추, 字子家)에게 전수하였다. 子家
(자가)는 東武縣의 孫虞(손우, 字 子乘)에게 전수했다. 子乘(자승)은 齊의
田何(전하, 字 子裝)에게 전수하였다. 秦代에 이르러 학문이 금지되었지만
《易》은 점치는 책(筮卜之書)이라서 금지되지 않았기에 전수자가 단절되
지 않았다. 漢이 건국된 뒤에 田何는 齊의 田氏로 杜陵(두릉)으로 이사하
여 杜田生이라 불리었는데, 《易》을 東武縣 王同(왕동, 字 子中)과 雒陽(낙
양)의 周王孫(주왕손), 丁寬(정관), 齊의 服生(복생)에게 전수했고 이들은
모두 《易傳》 여러 편을 저술하였다. 동시에 淄川(치천)의 楊何(양하)는 字
가 叔元인데, (武帝) 元光 연중에 부름을 받아 太中大夫가 되었다.」

庸疵(교자용자)에게 전수했다. 교자용자는 이를 燕人 周子家豎(주자가수)에게,[475] 주자가수는 이를 淳于國(순우국) 사람 光子乘羽(광자승우)에게 전수했고,[476] 광자승우는 이를 齊人 田子莊何(전자장하)에 전수했으며,[477] 전자장하는 〔琅邪(낭야)〕의 東武縣 사람인 王子中同(왕자중동)에게 전수했으며,[478] 왕자중동은 이를 菑川國(치천국) 사람 楊何(양하)에게 전수하였는데,[479] 양하는 (武帝) 元朔(원삭, 前 128 – 123년) 연간에 《易》을 전공하여 漢의 中大夫가 되었다.

● **高柴(고시)**

[원문] 高柴字子羔. 少孔子三十歲.

　　子羔長不盈五尺, 受業孔子, 孔子以爲愚. 子路使子羔爲費郈宰, 子路曰, "有民人焉, 有社稷焉, 何必讀書然後爲學!" 孔子曰, "是故惡夫佞者."

---

475 이름이 周豎(주수), 字가 子家(자가), 《漢書 儒林傳》에는 周醜(주추).

476 淳于(순우)는 당시의 국명이라는 주석이 있다.

477 田何가 성명이고, 字가 子莊이라는 주석이 있고, 《漢書 儒林傳》에는 성명이 田何이고, 字가 子裝이라고 했다.

478 王同이 성명이고, 字가 子中이라는 주석이 있다. 《漢書 儒林傳》에도 王同의 字가 子仲이라고 했다.

479 商瞿에서 楊何에 이르기까지 모두 八代에 걸쳐 전수되었다. 《漢書 儒林傳》에는 楊何의 字가 叔元이라고 했다.

[해석] 高柴(고시)의 字는 子羔(자고)이다.[480] 孔子보다 30세 연하였다.

자고의 키는 5척이 안 되었는데[481] 공자에게 배웠지만, 공자는 좀 어리석다고 생각했다. 子路가 자고를 費邱(비후)의 읍재로 삼자, 공자는 "남의 아들을 망쳐놓는다!"고 말했다.[482]

그러자 子路가 말했다. "백성이 있고 社稷(사직)이 있는데, 하필 독서만 해야 학문을 한 것입니까!" 이에 공자께서 말했다. "이 때문에 말을 잘 둘러대는 자를 미워하게 된다."[483]

● **漆彫開(칠조개)**

[원문] 漆彫開 字 子開. 孔子使開仕, 對曰, "吾斯之未能信." 孔子說.

[해석] 漆彫開(칠조개)의 字는 子開(자개)이다.[484]

---

480 高柴(고시)의 柴는 땔나무 시. 羔는 새끼 羊 고. 衛人, 또는 齊人으로 기록.

481 《孔子家語》에는 키가 6척이 안되었으며 외모가 아주 못생겼다고 했다. 5척이면 약 115cm 정도. 6尺 미만이라면 이해가 된다.

482 子羔의 학문이 완성되지 않은 상태에서 정사에 종사하는 것은 害人이라고 생각했다.

483 是故惡夫佞者의 惡는 미워할 오. 佞은 아첨할 영. 말만 번지르르하다. 공자는 잘못인줄을 알면서도 둘러대는 자로의 태도를 크게 싫어했다. 《論語 先進》의 구절.

484 漆彫開, 또는 漆雕開로도 표기. 漆彫는 복성. 이름은 啓(계), 字는 子開. 鄭玄(정현)은 칠조개를 魯人이라고 했다. 《孔子家語》에는 "蔡人이고 字는 子若이며, 공자보다 11세 연하이며 《尙書》를 공부했고 出仕를 좋아하지 않았다."고 기록되었다.

孔子가 칠조개에게 출사를 권했지만, 칠조개는 "제가 잘할 수 있을
지 자신이 없습니다."라고 말했다. 이에 공자는 기뻐했다.[485]

● 公伯繚(공백료)

[원문] 公伯繚 字子周. 周愬子路於季孫, 子服景伯以告孔子, 曰, "夫
子固有惑志, 繚也, 吾力猶能肆諸市朝." 孔子曰, "道之將行, 命也,
道之將廢, 命也. 公伯繚其如命何!"

[해석] 公伯繚(공백료)의 字는 子周(자주)이다.[486] 子周(자주)가 季孫氏
(계손씨)에게 子路(자로)를 참소했는데, (魯國의 大夫인) 子服景伯(자
복경백)이 이를 공자에게 아뢰면서 "夫子(季孫氏)가 아마 공백료에게
현혹되었겠지만, 저는 공백료를 죽여 거리에 내걸 수 있습니다."라
고 말했다.[487] 이에 공자께서 말했다.

"正道가 지켜지는 것도 天命이며, 正道가 없어지는 것도 命입니다.
공백료 같은 자가 천명을 어찌하겠습니까?[488]

....
485 《論語 公冶長》의 구절. 공자는 칠조개가 자신을 살피며 겸허한 것을 기
뻐했을 것이다.
486 公伯繚(공백료)의 公伯은 複姓. 魯人이라고 했다. 繚를 遼로도 표기. 《孔
子家語 七十二弟子解》에는 公伯繚에 관한 기록이 없다. 대신 申繚子周
(신료자주)란 사람이 들어있다.
487 肆諸市朝의 肆는 시신을 여러 사람에게 보라고 방치하다. 市朝는 저잣
거리. 市場.
488 《論語 憲問》의 구절.

● 司馬耕(사마경)

[원문] 司馬耕 字子牛. 牛多言而躁. 問仁於孔子, 孔子曰, "仁者其言
也訒." 曰, "其言也訒, 斯可謂之仁乎?" 子曰, "爲之難, 言之得無訒
乎!"

問君子, 子曰, "君子不憂不懼." 曰, "不憂不懼, 斯可謂之君子乎?"
子曰, "內省不疚, 夫何憂何懼!"

[해석] 司馬耕(사마경)의 字는 子牛(자우)이다.[489]

사마우는 말이 많고 성급한 사람이었다. 사마우가 공자에게 仁에
대하여 묻자, 공자는 "仁者는 그 언사가 어눌한 듯 조심한다."라고
말했다. 사마우가 "말을 천천히 조심하면 仁이라 할 수 있습니까?"
라고 물었다.

이에 공자께서 말했다. "仁은 실천하기가 어렵다. 그러니 말을 조
심하지 않을 수 있겠느냐?[490]

사마우가 君子에 대하여 묻자, 공자는 "君子는 걱정도 두려움도 없
다."라고 말했다.[491] 그러자 "근심도 두려움도 없다면 바로 군자라

---

489 司馬耕의 司馬는 복성. 本傳에는 이름이 耕(경)이나 《論語》에서는 이름
이 犁(리)이다. 宋 司馬桓魋(사마환퇴)의 동생, 字는 子牛. 《論語 顔淵》에
나오는 司馬牛가 바로 이 사람이다.

490 訒은 말 더듬을 인. 발음이 유창하지 못하다는 뜻이 아니라 생각하며 신
중하게 말하기에 마치 더듬는 것 같다는 뜻이다. 《論語 顔淵》의 구절.

491 사마우의 형 사마환퇴가 宋에서 반란을 일으켰고, 사마우는 공자를 찾아
와 배웠는데 늘 두려워했기에 공자가 사마우를 위해 말해주었다는 주석
이 있다.

할 수 있습니까?"라고 물었다.

　이에 공자께서 말했다. "마음으로 반성하여 허물이 없다면 무엇을 근심하고 무엇을 두려워하겠느냐!"⁴⁹²

● 樊須(번수)

[원문] 樊須 字子遲. 少孔子三十六歲. 樊遲請學稼, 孔子曰, "吾不如 老農." 請學圃, 曰, "吾不如老圃." 樊遲出, 孔子曰, "小人哉樊須也! 上好禮, 則民莫敢不敬. 上好義, 則民莫敢不服. 上好信, 則民莫敢 不用情. 夫如是, 則四方之民襁負其子而至矣, 焉用稼!"

　樊遲問仁, 子曰, "愛人." 問智, 曰, "知人."

[해석] 樊須(번수)의 字는 子遲(자지)이다.⁴⁹³ 孔子보다 36세 연하였다.

　樊遲(번지)가 농사를 배우고 싶다고 말하자, 공자께서 말했다. "나 는 늙은 농부만 못하다." 번지가 채소 농사를 배우겠다고 청하자, 공 자는 "나는 경험 많은 노인만 못하다."라고 말했다.⁴⁹⁴ 번지가 물러

492　內省不疚의 疚는 오랜 病 구. 自省하여 잘못이 없다면 두려울 것이 없다 는 뜻. 《論語 顔淵》의 이 구절 뒤에 바로 사마우가 '남들은 모두 형제가 있지만 자신은 형제가 없다.'고 걱정하자, 子夏가 군자가 조심하며 실수 하지 않으며 공손하고 예의를 지킨다면 '온 세상 사람들이 모두 형제(四 海之內, 皆兄弟也).'라고 말한 구절이 이어진다.
493　鄭玄은 樊須(번수)가 齊人이라 했지만 《孔子家語》에서는 魯人이라고 했다. 《論語》 곳곳에 樊遲(번지)로 나온다. 공자를 위해 수레는 모는 御者였다.
494　稼(심을 가, 농사)는 오곡(主食) 농사. 圃(밭 포)는 채소를 심고 가꾸기.

나자 공자께서 말했다.

"번수는 小人이로다!⁴⁹⁵ 윗사람이 好禮하면 공경치 않는 백성이 없을 것이다. 위에서 好義하면 감히 불복하는 백성이 없을 것이다. 위에서 好信한다면 감히 속이려는 백성이 없을 것이다. 이렇게 되면 사방의 백성이 자식을 강보에 싸안고 모여들 것인데, 어찌 농사를 지어야 하겠는가?⁴⁹⁶

번지가 仁에 대하여 묻자, 공자는 "백성을 사랑하는 것"이라고 말했다. 問智하자, 공자는 "사람을 아는 것"이라고 말했다.⁴⁹⁷

●有若(유약)

[원문] 有若少孔子四十三歲. 有若曰, "禮之用, 和爲貴, 先王之道斯爲美. 小大由之, 有所不行. 知和而和, 不以禮節之, 亦不可行也."

"信近於義, 言可復也, 恭近於禮, 遠恥辱也, 因不失其親, 亦可宗也."

....

495 小人은 細民, 사물이나 事理의 大體를 알지 못하고 평범한 志氣를 가진 사람.

496 공자의 뜻은 군자가 禮義와 信義를 갖춰 德을 베푸는 것이 곧 교화이다. 농사기술이 아니라도 백성을 교화할 수 있다는 뜻. 襁은 아이를 감싸는 포대기 강.《論語 子路》의 구절이다.

497 공자의 대답에도 번지가 이해를 못하자, 공자는 "擧直錯諸枉, 能使枉者直."이라고 보충 설명을 해준다.《論語 子路》또 다른 곳에서 번지가 問仁하자, 공자는 "居處恭, 執事敬, 與人忠. 雖之夷狄, 不可棄也."라고 대답했다.《論語 子路》

孔子既沒, 弟子思慕, 有若狀似孔子, 弟子相與共立爲師, 師之如
夫子時也.

他日, 弟子進問曰, "昔夫子當行, 使弟子持雨具, 已而果雨. 弟子
問曰, '夫子何以知之?' 夫子曰, '詩不云乎? 「月離于畢, 俾滂沱
矣.」昨暮月不宿畢乎?' 他日, 月宿畢, 竟不雨. 商瞿年長無子, 其母
爲取室. 孔子使之齊, 瞿母請之. 孔子曰, '無憂, 瞿年四十後當有五
丈夫子.' 已而果然. 問夫子何以知此?"

有若默然無以應. 弟子起曰, "有子避之, 此非子之座也!"

[해석] 有若(유약)은 공자보다 43살 연하였다.[498]

유약이 말했다. "禮의 實用은 調和를 귀하게 여기는 것이며, 先王
之道는 조화를 중시했기에 훌륭했다. 크고 작은 모든 일이 조화에서
시작되며 (조화로) 이루어지지 않는 것이 없다. 그렇더라도 조화의
실용을 알고, 조화만 추구하고 그것이 禮로 조절되지 않는다면 아무
것도 이루지 못할 것이다."[499]

"올바른 신의가 지켜져야 약조를 실천할 수 있고, 공경에 禮度가
있어야 치욕을 멀리할 수 있으며, 信義와 禮儀에 의거하여도 親和를

....

498 유약은 《論語 學而》에서 有子로, 《論語 顏淵》에서는 有若으로 기록되었
다. 《論語》에서는 有子와 曾子 두 사람만 본명을 표기하지 않았는데, 이
때문에 《論語》 편찬이 有若과 曾參의 門人들에 의해 이루어졌을 것이라
는 추측했다. 《孔子家語》에는 有若이 "魯人, 字 子有, 少孔子三十三歲."
라 했다.

499 사람들이 禮貴和를 알고 매사에 和만 추구하며 예로 조절되지 않는다면
아무것도 성취하지 못할 것이라는 뜻.

잃지 않을 때 서로 높여 공경할 수 있을 것이다.[500]

공자가 죽은 뒤에 제자들은 공자를 思慕하였는데 有若(유약)의 외모가 孔子와 비슷하다 하여 제자들은 서로 유자를 스승이라 생각했고 공자가 살아계신 듯 받들었다.[501] 어느 날 제자들이 유약을 찾아가 물었다.

"예전에 夫子께서 외출하면서 弟子들에게 우비를 갖추라고 하였는데 얼마 뒤에 정말로 비가 내렸습니다. 제자들이 '夫子께서는 어떻게 아셨습니까?' 라고 묻자, 夫子께서는 《詩》에서도 「달이 畢星(필성)에 접근하니 큰비가 오겠네.」라고 말하지 않았더냐?[502] 엊저녁에 달이 필성 곁에 머물지 않았더냐?' 그러나 다른 날, 달이 필성에 접근했어도 끝내 비가 오지 않았습니다. 그리고 商瞿(상구)는[503] 나이가 많았는데도(38세) 아들이 없어서 그 모친이 새 아내를 맞이하려고 했습니다. 공자가 상구를 齊에 사자로 보내려할 때 그 모친이 상구를 보내지 말라고 요청했습니다. 그때 夫子께서는 '걱정하지 마십시오. 상구는 40세 이후에 아들 다섯을 둘 것입니다.' 라고 말했습니다. 그

---

500 《論語 學而》의 구절. 恭이 不合禮하다면 非禮이다. 禮에 의거 恥辱을 멀리할 수 있는 것이 禮이기에 우리가 예를 지키는 것이다. 親하다 보면 무례할 수 있고, 그래서 親함을 잃을 수 있다. 親으로 親을 잃지 않는다면 宗敬(높여 공경하다)할 수 있다는 뜻.

501 공자 사후에 子夏, 子張, 子游 등이 공자와 외모가 비슷한 有若을 스승처럼 모시면서 曾子에게도 그렇게 하자고 했으나 증자는, 공자는 누구도 따라갈 수 없다며 유자에게 스승 대우를 하자는 의견에 반대하였다. 《孟子 滕文公 上》他日 子夏子張子游 以有若似聖人 欲以所事孔子 事之 彊曾子 曾子曰 不可 江漢以濯之 秋陽以暴之 皜皜乎不可尙已.

502 畢(필)은 별 이름. 달이 陰星에 접근했으니 비가 내릴 것이라는 뜻. 滂는 비 퍼부을 방. 沱는 큰비가 내리는 모양 타.

503 魯人이고 字는 子木(자목). 공자로부터 《易》을 전수받은 제자.

뒤에 과연 그러했습니다. 夫子께서는 상구가 아들을 얻는다는 것을 어떻게 아셨는지 알고 싶습니다.”

그러나 유약은 묵묵히 아무 대꾸도 못했다. 그러자 제자들이 일어나 말했다.

“有子께서는 (夫子의) 자리에서 물러나십시오. 여기는 당신의 자리가 아닙니다.”

● 公西赤(공서적)

[원문] 公西赤 字子華. 少孔子四十二歲.

子華使於齊, 冉有爲其母請粟. 孔子曰, “與之釜.” 請益, 曰, “與之庾.” 冉子與之粟五秉. 孔子曰, “赤之適齊也, 乘肥馬, 衣輕裘. 吾聞君子周急不繼富.”

[해석] 公西赤(공서적)의 字는 子華(자화)인데 공자보다 42세 연하였다.

자화가 齊에 사자로 가는데 冉有(염유, 冉求, 前 522년~?)가 공서적의 모친을 위해 곡식을 내주겠다고 하였다. 이에 공자께서 말했다. “釜(부, 六斗四升)를 내주어라.” 염유가 조금 더 주어야 한다고 말하자, 공자는 “庾(유, 十六斗)를 주라.”고 하였다. 그러나 염유는 곡식 5秉(병)을 내주었다.[504]

이를 알고 공자께서 말했다. “공서적이 齊에 갈 때 살찐 말을 타고

---

504 16斛(곡)이 1秉(병)이니 5병이면 80斛(곡)이었다. 前漢 시대에 1斛은 10 斗이고, 1斗는 2,000cc정도였다.

가벼운 갖옷을 입었었다. 내가 알기로, 군자는 남의 위급을 도와주지
만 부자에게 보태주지는 않는다고 했다."[505]

● 巫馬施(무마시)

[원문] 巫馬施 字子旗, 少孔子三十歲. 陳司敗問孔子曰, "魯昭公知禮
乎?" 孔子曰, "知禮." 退而揖巫馬旗曰, "吾聞君子不黨, 君子亦黨
乎? 魯君娶吳女爲夫人, 命之爲吳孟子. 孟子姓姬, 諱稱同姓, 故謂
之孟子. 魯君而知禮, 孰不知禮!" 施以告孔子, 孔子曰, "丘也幸, 苟
有過, 人必知之. 臣不可言君親之惡, 爲諱者, 禮也."

[해석] 巫馬施(무마시)의 字는 子旗(자기)인데 공자보다 30세 연하였다.
　　陳나라의 司敗(사패)가[506] 공자에게 물었다. "魯 昭公은 禮를 아는
분입니까?" 그러자 공자는 "禮를 압니다."라고 말했다. 공자가 나가
자 진사패가 巫馬旗(무마기, 巫馬施)에게 읍을 하고 말했다.
　　"내가 알기로, 君子는 편을 들지 않는다고 하였는데, 공자 같은 君
子도 역시 편을 듭니까?[507] 魯의 주군(昭公)은 吳王의 딸을 부인으로

<hr>

505 冉有(염유)는 孔子弟子로, 孔門十哲 중 政事에 이름이 올랐다. 염유가 너
　　무 많이 주었다고 염유를 비난했다. 《論語 雍也》의 구절.
506 司敗는 官名(大夫), 魯의 司寇(사구)와 같음. 陳은 國名.
507 서로 한편이 되어 非行을 숨겨주는 것을 黨이라 한다. 禮에 同姓不婚인
　　데 昭公은 동성과 결혼했고 응당 吳姬라고 칭해야 하나 孟子라고 했으
　　니, 禮를 안다고 말할 수 없는데도 공자는 예를 안다고 하였으니 편을 들
　　었다는 뜻.

맞이했고 그 부인을 吳孟子(오맹자)라고 하였습니다. 맹자의 성이 본래 姬姓(희성)이고, 同姓을 피해야 하기에 부인을 맹자라 불렀습니다. 魯君이 知禮한다면 예를 모르는 사람이 어디 있겠습니까?"

무마시가 이를 공자에게 아뢰자, 공자께서 말했다. "나는(丘也) 多幸하니, 나의 잘못은 다른 사람이 틀림없이 알게 된다. 臣은 주군이나 부친의 잘못을 말하지 않는 것이 禮이다."[508]

[원문] 梁鱣 字叔魚. 少孔子二十九歲.

顔幸 字子柳. 少孔子四十六歲.

冉孺 字子魯. 少孔子五十歲.

曹恤 字子循. 少孔子五十歲.

伯虔 字子析. 少孔子五十歲.

公孫龍 字子石. 少孔子五十三歲.

[해석] 梁鱣(양전)의 字는 叔魚(숙어)이다. 공자보다 29세 어렸다.

顔幸(안행)의 字는 子柳(자류)이다. 공자보다 46세 어렸다.

冉孺(염유)의 字는 子魯(자로)이다. 공자보다 50세 어렸다.

曹恤(조휼)의 字는 子循(자순)이다. 공자보다 50세 어렸다.

伯虔(백건)의 字는 子析(자석)이다. 공자보다 50세 어렸다.

公孫龍(공손룡)의 字는 子石(자석)이다. 공자보다 53세 어렸다.[509]

----

508 《論語 述而》참고.

509 鄭玄은 公孫龍을 楚人이라 했고, 《孔子家語》에서는 衛人이라고 했다. 《孟子》에서는 莊子와「堅白同異之談」을 한 사람이라고 했다.

[원문] 自子石已右三十五人, 顯有年名及受業見於書傳. 其四十有二
人, 無年及不見書傳者紀於左.

[해석] 子石(公孫龍) 이전의 35명은 그 이름과 나이 및 수업을 한 사실
이 서책에 기록된 사람이다. 이외 42인은 이름이나 연령의 기록이 서
책이 나오지 않지만 아래에 기록했다.[510]

[원문]	**[해석]**
冉季字子産.	冉季(염계), 字는 子産.
公祖句玆字子之.	公祖句玆(공조구자), 字는 子之.
秦祖字子南.	秦祖(진조), 字는 子南.
漆雕哆字子斂.	漆雕哆(칠조치), 字는 子斂(자렴).
顏高字子驕.	顏高(안고), 字는 子驕(자교).
漆雕徒父.	漆雕徒父(칠조도보).
壤駟赤字子徒.	壤駟赤(양사적), 字는 子徒(자도).
商澤.	商澤(상택).
石作蜀字子明.	石作蜀(석작촉), 字는 子明.
任不齊字選.	任不齊(임부제), 字는 選(선).
公良孺字子正.	公良孺(공량유), 字는 子正.
後處字子裏.	後處(후처), 字는 子裏(자리).
秦冉字開.	秦冉(진염), 字는 開(개).

....
510 《孔子家語》에는 이런 사람 37명이 기록되었다. 이들 중 公良孺(공양유),
秦商(진상), 顏亥(안해), 叔仲會(숙중회) 등 4인은 《孔子家語》에 행적기록
이 있지만 《史記 仲尼弟子列傳》에는 기록이 없으며 인명 수록 여부에 약
간의 차이가 있다.

公夏首字乘.	公夏首(공하수), 字는 乘(승).
奚容箴字子皙.	奚容箴(해용잠), 字는 子皙(자석).
公肩定字子中.	公肩定(공견정), 字는 子中.
顏祖字襄.	顏祖(안조), 字는 襄(양).
鄡單字子家.	鄡單(교단), 字는 子家.
句井疆.	句井疆(구정강).
罕父黑字子索.	罕父黑(한보흑), 字는 子索(자색).
秦商字子丕.	秦商(진상), 字는 子丕(자비).
申黨字周.	申黨(신당), 字는 周(조).
顏之仆字叔.	顏之仆(안지부), 字는 叔(숙).
榮旂字子祈.	榮旂(영기), 字는 子祈(자기).
縣成字子祺.	縣成(현성), 字는 子祺(자기).
左人郢字行.	左人郢(좌인영), 字는 行(행).
燕伋字思.	燕伋(연급), 字는 思(사).
鄭國字子徒.	鄭國(정국), 字는 子徒(자도).
秦非字子之.	秦非(진비), 字는 子之.
施之常字子恒.	施之常(시지상), 字는 子恒(자항).
顏噲字子聲.	顏噲(안쾌), 字는 子聲.
步叔乘字子車.	步叔乘(보숙승), 字는 子車(자거).
原亢籍.	原亢籍(원항적).
樂欬字子聲.	樂欬(악해), 字는 子聲.
廉絜字庸.	廉絜(염혈), 字는 庸(용).
叔仲會字子期.	叔仲會(숙중회), 字는 子期.
顏何字冉.	顏何(안하), 字는 冉(염).

狄黑字皙.	狄黑(적흑), 字는 皙(석).
邦巽字子斂.	邦巽(방손), 字는 子斂(자렴).
孔忠.	孔忠(공충).
公西輿如字子上.	公西輿如(공서여여), 字는 子上.
公西蒇字子上.	公西蒇(공서침), 字는 子上.

[원문] 太史公曰, "學者多稱七十子之徒, 譽者或過其實, 毀者或損其
眞, 鈞之未睹厥容貌. 則論言弟子籍, 出孔氏古文近是. 余以弟子名
姓文字悉取《論語》弟子問並次爲篇, 疑者闕焉."

[해석] 太史公이 말하나니,[511] "많은 학자들이 70 제자들을 언급하는
데, 칭찬하는 경우에는 그 실제보다 지나치고, 비방할 경우에는 그
진실조차 나쁘게 말하지만, 이 모두가 그 실제 모습을 보지 못하고
하는 말이다. 제자의 명단을 논하면서 孔氏 저택에서 나온 古文이 그
래도 사실에 가까울 것이다. 나는 제자의 성명이나 행적을 모두《論
語》에서 취하고 제자의 문답을 함께 엮으면서 의문이 나는 것은 그대
로 비워두었다."

....

511 '太史公 曰'은 司馬遷의 論贊이다. 贊(찬)은 文體의 하나로 稱述하고 평론
하는 글이다. 贊은 雜贊, 哀贊, 史贊으로 대별하는데, 雜贊은 인물의 뜻을
襃彰(포창)한 글이고, 哀贊은 사람의 죽음을 애도하며 그 덕을 祖述하였
고, 史贊은 역사적 인물에 대한 평론과 함께 그 행적을 襃貶(포폄)한 글이
다. 이러한 史贊의 시작은《左傳》이 '君子曰'이라 할 수 있다. 司馬遷은
모든 編에 '太史公曰'로 시작되는 논찬으로 자신의 의견을 피력하였다.
사실 사찬은 역사적 인물이나 사건에 대한 객관적인 평가나 의혹을 풀기
위한 서술이지만, 매 편에 사찬을 붙여 번잡한 史論이 생기는 단서를 열었
다는 비판도 있다. 《한서》는 이 체제를 이어받았는데 반고는 '贊曰~'이
라 하였다. 范曄(범엽)의《後漢書》에도 '贊曰'로 시작하는 논찬이 있다.

弟子名 간편 찾아보기 (字, 가나다순)

아래는 《論語》에 일반적으로 통칭되는 제자들을 가나다순으로
배열하며 그들의 특성을 간단히 설명한 참고 자료이다.

○ 公冶長(공야장) ; 字는 子長. 公冶는 複姓. 공자의 사위. 《論語》의 5
번째 편명임.

○ 南容(남용) ; 본명은 南宮适(남궁괄), 字는 子容. 공자의 조카사위.

○ 伯牛(백우) ; 본명은 冉耕(염경), 字는 백우. 孔門十哲 중 德行의 一
人. 나쁜 병(나병)에 걸렸기에 공자가 문병을 하며 "이 사람이 이
런 병에 걸린 것은 운명이다."라며 통탄했다.

○ 樊遲(번지) ; 본명은 樊須(번수), 字는 子遲(자지).

○ 顔淵(안연) ; 본명은 안회(顔回), 回로도 표기. 字는 자연(子淵), 보통
顔淵으로 많이 나옴. 공자는 '회(回)야!' 라고 이름을 자주 불렀는
데, 이는 안회에 대한 각별한 애정의 표시였다. 공자의 어머니 쪽,
곧 공자 外家의 일족이라고 주장하는 사람도 있다. 안회는 공자보
다 30세 연하. 孔門十哲의 덕행 분야에 뛰어났다. 공자의 수제자로
공자는 안회의 好學을 극구 칭찬했으며, 남에게 화를 내지도 않고
같은 잘못을 두 번 저지르지 않는다고 칭찬하였다. 곤궁 속에서도
배움과 인을 실천하는 즐거움을 바꾸지 않았고 안빈낙도의 경지에
이르렀으나 영양실조로 29세에 백발이 되었다가 40여 세에 죽었
다. 안연이 죽자, 공자는 "하늘이 나를 버렸다." 통곡했다. 안회의
부친은 顔路(안로).

ㅇ冉有(염유) ; 본명은 冉求(염구), 字는 자유(子有), 흔히 '冉有(염유)'
로 표기. 孔門十哲 政事의 한 사람. 魯나라 실권자 季康子의 家臣
이었다.

ㅇ有子(유자) ; 본명은 有若(유약), 공자보다 43세 연하. 효제(孝悌)를
강조하였음.《論語》에는 有子(유자)로 나옴. 외모가 공자를 닮았기
에 제자들 중에는 유자를 스승처럼 모시기도 했다.

ㅇ子騫(자건) ; 본명은 閔損(민손), 공자보다 15세 연하. 孔門十哲 중
德行의 한 사람. 효자로 널리 알려졌으며 벼슬의 유혹에도 당당했
다. 과묵하지만 말을 하면 반드시 사리에 맞는 말을 한다고 공자가
칭찬했다.

ㅇ子羔(자고) ; 본명은 高柴(고시).

ㅇ子貢(자공) ; 본명은 端木賜(단목사). 賜(사)로도 표기. 子貢(子贛)은
그의 자(字), 孔門十哲 중 言語에 뛰어났다. 공자의 제자로서 다방
면에 유능했는데, 특히 구변이 뛰어나 외교 분야에도 활약하였다.
공자는 顔回와 子貢을 자주 비교하였는데 안회는 극도로 가난했으
나, 자공은 처음에는 가난했으나 나중에는 큰 부자가 되었고 공자
의 재정적 후원자 역할을 다했다. 공자를 지성으로 섬기었고, 공자
사후에 6년간이나 복상했다. 자공의 스승에 대한 존경은 끝까지
변함이 없었다.

ㅇ子禽(자금) ; 본명은 陳亢(진항). 字가 子禽. 제자 여부는 미정.

ㅇ子期(자기) ; 본명은 巫馬施(무마시).

ㅇ子路(자로) ; 본명은 仲由(중유), 季路(계로)로 표기. 공자보다 9세 연
하. 과감하고 용기 있었기에《論語》에는 여러 기록이 많음. 솔직하
고 직선적인 사람으로 공자를 잘 섬기며 공자와 많은 대화를 나누

었다. 孔門十哲 중 政事에 뛰어났다. 공자보다 1년 먼저 죽었는데, 공자가 매우 비통해하였다.《論語》의 13번째 편명.

○ 子思(자사) ; 본명은 原憲(원헌), 자는 子思. 공자의 후기 제자.

○ 子晳(자석) ; 본명은 曾蒧(증점, 曾點), 字는 子晳. 曾子의 부친.

○ 子若(자약) ; 본명 漆彫開(칠조개), 字는 子若.

○ 子淵(자연) ; → 顔回(안회).

○ 子牛(자우) ; 본명은 司馬犁(사마리), 司馬耕(사마경).《論語》에서는 司馬牛.

○ 子羽(자우) ; 본명은 澹臺滅明(담대멸명). 子羽는 그의 자. 외모가 아주 추했으나 행실은 바르고 뛰어났다. 공자가 "말하는 것으로 사람을 보았다가 宰予(재여)를 잘못 보았고, 외모로 사람을 보았다가 子羽를 잃을 뻔했다."라고 말했다.

○ 子游(자유) ; 본명은 言偃(언언), 공자보다 45세나 어렸음. 孔門十哲의 한 사람으로 문학 분야에 뛰어났다. 후기 제자의 한 사람으로, 20여 세의 젊은 나이에 무성(武城)의 읍재(邑宰)로 근무하며 예악으로 다스려 공자의 칭찬을 받았다.

○ 子張(자장) ; 본명은 顓孫師(전손사), 사(師)라고 이름만 기록되기도 함. 공자보다 48세나 어렸음. 성격이 활달하고 외향적이었으며 修己보다는 명성을 따르는 편이었다. 또 공자에게 당시 인물에 대한 인물평이나 정치 현실, 벼슬을 얻는 방법 등 매우 실질적인 질문을 많이 했다. 子張은《論語》의 19번째 편명.

○ 子賤(자천) ; 본명은 宓不齊(복부제).

○ 子夏(자하) ; 본명은 卜商(복상). 공자보다 44세나 어렸음. 공문십철의 한 사람으로 문학 분야에 뛰어났는데 특히 經學에 밝았다. 공자

가 함께《詩》를 논할 수 있는 제자였다. 공자가 '너는 君子儒가 되어야지 小人儒가 되어서는 안 된다.'는 가르침을 주었으며, 공자의 학문과 사상을 후세에 전하는데 공이 많았다.

○ 子華(자화) ; 본명은 公西赤(공서적), 字는 子華.

○ 宰我(재아) ; 본명은 재여(宰予), 字는 자아(子我). 孔門十哲 중 言語에 뛰어났다. 낮잠을 자다가 공자한테 지적을 받았다. 뒷날 齊나라에서 대부로 근무하다가 田常(전상)의 난에 휘말려 일족이 주살 당했고, 공자는 이를 부끄럽게 여겼다는 기록이 있다.

○ 仲弓(중궁) ; 본명은 冉雍(염옹), 자는 仲弓. 孔門十哲 중 덕행으로 유명. 분야에 뛰어났다. 그 아버지가 천민이었다고 한다. 공자는 염옹은 임금이 될 만한 덕행을 갖추었다고 칭찬했다.(雍也 可使南面). 옹야(雍也)는《論語》6번째 편명.

○ 曾子(증자) ; 본명은 증삼(曾參, 기원전 505~435), 자는 자여(子輿). 공자보다 46세 연하. 아버지 曾晳(증석)과 함께 부자가 모두 공자의 제자였음. 공자의 학통을 이은 제자로, 종성(宗聖)으로 추앙받고 있다. '하루에 자신을 세 번 살피는(日三省吾身)' 수양을 했다.《大學》과《孝經》을 저술했으며 효자로 널리 알려졌다. 또 曾參殺人(증삼살인)과 曾子殺猪(증자살저, 猪는 돼지 저) 등 여러 故事의 주인공.

저자 약력

陶硯 진기환陳起煥

서울 대동세무고등학교 교장을 역임하였고 개인 문집으로《陶硯集》출간.

주요 저서로는 중국 고전소설《儒林外史》국내 최초 번역,《史記講讀》,《史記 人物評》, 《中國의 土俗神과 그 神話》,《中國의 신선이야기》,《上洞八仙傳》,《三國志 故事成語 辭典》,《三國志 故事名言 三百選》,《三國志의 지혜》,《三國志 人物評論》,《精選 三國演義 原文 註解》,《中國人의 俗談》,《水滸傳 評說》,《金甁梅 評說》,《논술로 읽는 論語》,《十八史略 中(下)·下(上)·下(下)》,《唐詩三百首 上·中·下》共譯,《唐詩逸話》,《唐詩絶句》,《王維》, 《漢書》全 10권,《後漢書 (一)·(二)·(三)·(四)·(五)·(六)권》외

E-mail : jin47dd@hanmail.net

논어명언삼백선

論語名言三百選

초판 인쇄   2018년 9월 14일
초판 발행   2018년 9월 20일

편   역 | 진기환
발행자 | 김동구
디자인 | 이명숙·양철민
발행처 | 명문당(1923. 10. 1 창립)
주   소 | 서울시 종로구 윤보선길 61(안국동)
          우체국 010579-01-000682
전   화 | 02)733-3039, 734-4798(영), 733-4748(편)
팩   스 | 02)734-9209
Homepage | www.myungmundang.net
E-mail | mmdbook1@hanmail.net
등   록 | 1977. 11. 19. 제1~148호

ISBN 979-11-88020-63-8 (03140)
25,000원